JN206642

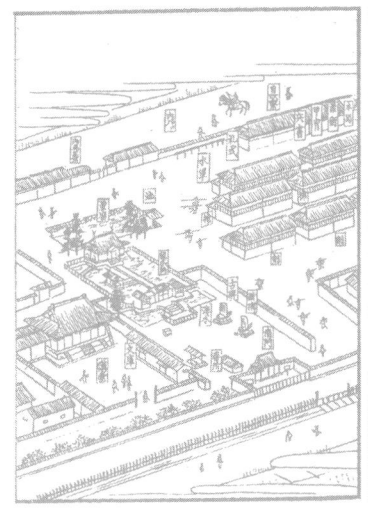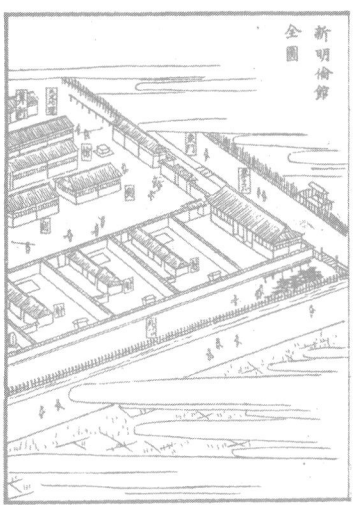

著名人輩出の地域差と中等教育機会

「日本近現代人物履歴事典」を読む　　中村 牧子

関西学院大学出版会

著名人輩出の地域差と中等教育機会

「日本近現代人物履歴事典」を読む

著名人輩出の地域差と中等教育機会　目次

1章
著名人の輩出と社会構造の変動

1節　「人名事典を読む」という試み

読み物としての人名事典

　明治維新後、既に1世紀半が経過した。この長い年月の間には、実に多くの日本人が、様々な分野において活躍した。今日の日本があるのは、有名、無名の彼らによって、いわゆる「近代日本」の社会が創造され変革されてきたからに他ならない。彼らのなかには、政治的に枢要な位置を占め、国策に大きな影響を及ぼした者もいれば、経済領域で大きな仕事を成し遂げた者もいた。知識人として国民を導いた者もいたし、派手な業績こそ残さなかったけれども個々の現場で重要な働きをした者たちも、もちろんいた。

　彼らは一体どんな人々であり、彼らと社会の変動との間にはどのような関係があるのだろうか。このような問いに対して最も豊かな示唆を与えてくれるのは、彼らのうちでも優れた業績を達成し、あるいは衆目を集めた「著名人」に関する諸資料である。「著名」でない人々を軽視するわけでは決してないが、やはり著名人はその履歴に関する情報量において際立っている。この人々については多数の人名事典、人物履歴事典等が著されており、その中には各人の出生年・本籍地から学歴・職歴に至るまで、一人ひとりの生きた軌跡を示す情報が、ぎっしりと詰め込まれているからである。加えてそこに添付された自伝・評伝情報まで利用すれば、各人が具体的にどのような生い立ちをし、どのような文脈で何を考えながら生きたかを詳しく知ることも、不可能ではない。

　本書が狙いとするのは、そうした人名事典に収録された著名人たちの生きざまの向こう側に見えてくる近代日本社会の到達点と、そこに至るプロセスを捉えることである。つまり、著名人を切り口として、日本社会の社会構造変動を捉えたいと考えている。

　基本的に、著名人を通して社会構造の変動を見る方法には、2通りのものがありうる。一つは、著名人一人ひとりがその独自なプランや政策を通じて、社会にどう働きかけてきたかに注目するもので、いわば個々の著名人の個性的・独創的な活動の集大成として日本社会を見るやり方である。こちらの方法を取る研究のほうが、どちらかといえば多数派かもしれない。しかし本書で取る方法は、それとは逆である。本書では、近代という時代のなかの折々の時期に、特定の属性を備えた著名人が多く現れることに注目する。例えば、ある時期には政治の分野で活躍した人々が多く、別な時期には文化領域で業績を残した人々が多いのは何故か。あるいは、ある時期の著名人は極めて高い学歴をあたかも必要条件のように所持しているのに、別な時期には学歴はほとんど不問とされるのは何故なのか。これらの違いに注目することで、著名人の輩出の仕方やその変遷の向こう側に、規定要因としての近代日本の社会構造、およびその変動を遡及的に読み取ることを目指している。ここにおいて著名人は、社会がある状態に形作られたことの原因というよりも、むしろ社会構造によってもたらされた結果として位置付けられる。

　だが著名人は、他に卓越しているから著名人なのではないか、その意味で彼らは特殊な人々ではないのかという反論もあろう。しかし本書では、著名人とその他の人々との間に、本質的な違いはないものと考える。例えば、維新期にリーダーシップを発揮し、歴史の重要な局面で活躍し、やがて新政府の要人としてトップに上りつめた著名人がいるとしよう。無論、誰もがこのように成功し後世に名を遺すとは限らないが、社会には、この人と同様の出自を持ち、同様の教育を受け、そして同様の活躍領域に至った人々のグループがあったに違いない。先に想定したような社会的な規定要因があるとすれば、それは同じ条件下にある人々全てに同じ影響を及ぼすはずであり、その影響の被り方において、著名人と非著名人に差はないはずだからである。そ

の意味で著名人は、同様の条件下にある人々のグループの代表とみなしうる。ただ著名人の場合は、それに加えて強い意志や好運、才能などに恵まれて、名を遺すに至るのであろう。従って、著名人の足跡を辿ることは、その同類の人々が辿った社会的なトラッキング構造の探求に通じると考えられるのである[1]。

　こうした関心からすると、人名事典は実に貴重な読み物である。確かに、この種の事典を小説のように「読む」人はあまりいないかもしれない[2]。多くの人は、特定の人物の情報を得るためにただ「辞書を引く」感覚でこれを利用しているのだろう。しかしそれは、宝の持ち腐れの感がある。数千名に及ぶ著名人の履歴を収録したそれは、彼ら一人ひとりの辿った足跡について、そして彼らを輩出させた社会構造について、様々な事柄を語ってくれているからである。それは辞書というよりもむしろ魅力的な物語であり、おそらくは一種の大河小説なのである。

　その種の人名事典の一つに、『日本近現代人物履歴事典』（秦郁彦編, 2002）（以下では『事典』と略記する）がある。ここには多様な領域で活躍した計3246名の著名人が収録されており、各人について、父の職業や本人の出身地（本籍地、出生地）、中等学校以上の教育履歴全般、さらには転職の履歴までが、かなり詳細に掲載されている。親族や姻戚に著名人がいる場合にはそれも記載されているなど、周辺情報も豊富である。よって以下ではこの書物を、著名人についての基本的な海図として「読む」ことを試みたい[3]。

著名人輩出の地域差

　本書の考察の中心に置かれるのは、人々を著名人として日本社会という大舞台に送り出す諸々のしくみのなかでも、「各地域それぞれが持つ著名人輩出のしくみ」である。何故なら、『事典』を読んでいく際に最も強い印象を受けるのが、著名人の輩出に関する様々な地域差だからである[4]。ある地域（ここでは都道府県を単位と見る）は、主に実業家タイプの著名人を輩出するが、別な地域は専ら知識人を輩出している。それらの隣に、政治家や官僚を大量に輩出する地域があるかと思えば、ほとんど著名人を輩出しない地域もある。

4

加えて輩出の契機も地域により多様で、「政治的功績」あるいは「学歴」を主な跳躍のバネとする地域があるかと思えば、その隣には「叩き上げの経営者」のような著名人を多く輩出する地域が並んでいる。つまり『事典』の著名人たちを地図上にプロットすると、諸地域は様々な色遣いできれいに塗り分けられるのである。

　しかもこの地図は、時期によって変化する。一つの地域の中で主要な著名人のタイプが変わることもあれば、地域の輩出率の全国的な順位が変わることもある。輩出の契機となるものも、時期によって異なる。

　こうした地域ごとの特徴とその変化はその背後に、どのような日本社会の構造と、その変動を隠しているのだろうか。近代日本社会は、どんな社会として成立してきたのか。そしてそれは最終的に、人々にどのような輩出のチャンスを与える社会となったのか。以下では、そうした問いを抱えて、著名人輩出の変化のプロセスを追跡してみたい。この作業からは、多くの著名人を出した地域の没落、目立たなかった地域の新たな台頭といった、地図上に現れる様々な動きの背後に、着実に立ち上がってくる近代日本社会のすがたを見て取ることができるだろう。

2節　分析の方法

著名人とはどのような人々か

　分析に先立ち、そもそも誰を著名人と呼ぶのかを明確にしておく。一般的に言えば、「著名人」という用語から連想されるのは、いわゆる「エリート」かもしれない。実際「著名人」と「パワー・エリート」「中央エリート」（北川・貝沼，1985，麻生編，2004ほか）などは、指示対象を部分的に重ならせている。しかし、これらの「エリート」は高級官僚や財界のトップなど、政治的リーダーシップや強い財力・権力と結びつけて捉えられる傾向が強いため、人気の高い小説家、あるいは社会主義の運動家や活動家などは除外される。それに対して、本書で扱う著名人には、学術的に秀でた者も芸術的才能のある者

も、権力の中枢に位置していた者も反権力的な立場を貫いた者も、ともに含まれている。その意味で「著名人」は、より広義のものとして、即ち社会において何らかの意味で影響力を及ぼす人であると広く認められた（＝著名な）人々として捉えられる。このような基準で整理すると、『事典』に収録された著名人のうち、趣旨にそぐわない若干名の人々（犯罪で有名になったもの等）以外は、基本的に著名人の範疇に含めて考えることができる[5]。

　ただし、以下に示す人々は、社会構造との対応付けが困難であるためサンプルから除かれる。まず1926年以後の出生者が除外されるが、これは、彼らが教育を受けたのが戦時中から戦後にかけてであるため、教育履歴の一部が新制に移行しているケースも多く、教育制度との関わりに主眼を置く以下の分析に混乱を招きがちだからである。これを除くことで、本書で扱われる教育機関は全て旧制（旧制中学、旧制高校等）で統一される。また、女性も除外されるが、これはもともと女性著名人の収録数が極めて少ない上に、明治・大正期における教育や職業の履歴に関して、性別による差は非常に大きかったからである。存命者も除外されている。結果、データを利用できる著名人は2833名となった。

著名人の出身地域と出生年による区分

　著名人の出身地域は基本的に、府県を単位とする。分析は、主に本籍地府県を基準として行われるが、時期によっては本籍地よりも出生地のほうが分析に適することもあるので、その場合は出生地が基準とされることもある。

　また著名人は出生年によって、3つのグループに区分される。1867年以前出生者（＝第一期著名人）、1868-1900年出生者（＝第二期著名人）、1901-1925年出生者（＝第三期著名人）という区分であり、以下ではこれらを比較対照しながら考察が進められる。第一期の著名人は明治以前の生まれだが、その6割以上が1850年以降、8割以上が1840年以降に生まれており、多くが幕末・維新期から明治初期を中心に活躍した人々である。人数にして696名がここに含まれる。第二期は、明治以降の出生者のうち、明治中期までに誕生した人々である。彼らの活躍時期は明治の中・後期から大正を経て昭和前半期ま

でに及ぼう。また、彼らは多くが明治期のうちに成人していることから、彼らを輩出するしくみとは、主に明治期のそれであったと見ることができる。この第二期には、1524 名が含まれる。第三期は、明治中期以降に出生した613 名を含む。これは大正から昭和初期に教育を受け、昭和中・後期に活躍した人々である。

　この時期区分はまず、明治以前生まれの第一期と、明治以降生まれの第二・三期を分割する意味で 1868 年を一つの区切りとしたものである。第二期と第三期は、明治以降を大まかに前半と後半に区分したもので、1900 年という年に特別の意味を込めたものではない。しかし、第一期からの転換期として多くの重要な情報を含む第二期を中心に据え、そのさらなる変質期であり完成期である第三期と区別する意味で、世紀の変わり目ごろに区切りを入れるのが好都合であった。加えて明治期は、近代的な学校制度を利用する習慣（これは構造変動に大きな役割を果たしたと考えられる）が徐々に普及してきた時期であるため、この学校教育に触れる機会を身近に持つようになった人々を捉える上で、このあたりで区切ることに意味があった。結果、サンプル数を約 1500 と大きめにとった第二期と、その前後にそれぞれ 600 〜 700 サンプル規模の第一期、第三期を配するという形で、3 つの時期が区分されることになった。なお第二期については、必要に応じて前半期と後半期の性格が比較考察されることもある。

3 節　著名人タイプの変遷と「知」の交替

第一期著名人のプロフィルと府県の特徴

　各時期には、どの府県出身のどんな人々が、どの領域で活躍する著名人となったのだろうか。各時期の著名人たちのプロフィルやそれを輩出した府県を見比べていくと、各時期にはそれぞれの際立った特徴があること、しかも第一期と第二期以降との間で、著名人タイプや、輩出率の高い府県に、著しい相違があることに気付かされる。この節では、そうした時期ごとの著名人

タイプや府県の輩出率についての、全体的な特徴を示していく。

　第一期に含まれる696名の著名人の活躍領域は、表1-1に見るとおり、政治家・初期官僚など政治領域での活躍者（政治人）が圧倒的に多くて52％を占める一方で、学者や作家、画家や俳優などといった文化領域での活躍者（文化人）は33％と少ない。経営者や銀行家など経済領域での活躍者（経済人）はさらに少ない。「著名人」の性質上、政治人が多数を占めることはある程度当然としても、このような政治人の比率の高さは、後の時期には見られない特徴である。

　また同じく表1-1によれば、彼らの本籍地の府県は、西南日本に集中している。特に薩長土肥に対応する鹿児島・山口・高知・佐賀は、地域人口あたりの著名人輩出率も高い。表1-2では、「地方別出入人口竝本籍及現住人口　明治9年」（内務省内閣統計局編．1993a）による1876（明治9）年の本籍人口（男性のみ）[6] を分母として、第一期の府県の輩出率順位を示しているが、それによれば鹿児島は2位、山口3位、高知1位、そして佐賀6位と、上位をほぼ独占している。

　これに対して、岩手（15位）・福島（12位）・新潟（22位）など、政治的な意味での敗者、即ち薩長に対抗して敗れ去った諸藩を含む東北諸県は、輩出率の順位で劣っている。また、政治人ではなく文化人を輩出する府県が多い。

　そしてやや意外なことだが、敗者側の諸府県よりもさらに不振なのが、神奈川（45位）や大阪（23位）など、現在は大都市として不動の地位を占める諸府県である。これらの府県からは政治人のみならず、文化人も経済人もほとんど出ていない。第一期の著名人数は大阪が8名、神奈川に至ってはわずか3名に留まっている。

第二期以降の著名人のプロフィルと府県の特徴

　第二期に含まれる1524名の著名人は、明治中・後期以降の活躍者だが、その性格は第一期と大きく異なる。表1-1で活躍領域の分布を見ると、政治人の割合が後退して47％まで低下する一方で、文化人が増加して41％に達している。その多くは帝大卒のインテリで、しばしば各地の国立大学教官を歴任している人々である。

表1-1　各時期の府県別人数と活躍領域

| | 第一期 | | | | | 第二期 | | | | | 第三期 | | | | （単位：人） |
| | 総数 | 活躍領域 | | | | 総数 | 活躍領域 | | | | 総数 | 活躍領域 | | | |
		政治	経済	文化	他		政治	経済	文化	他		政治	経済	文化	他
北海道	0	0	0	0	0	6	3	2	1	0	10	2	1	7	0
青森	6	2	0	4	0	16	6	1	6	3	9	4	0	5	0
岩手	13	6	1	6	0	26	8	2	16	0	1	0	0	1	0
宮城	7	2	1	4	0	19	11	0	7	1	8	4	1	3	0
秋田	8	2	2	4	0	18	9	2	6	1	12	7	0	5	0
山形	5	3	1	1	0	37	16	2	19	0	13	4	1	8	0
福島	17	11	0	6	0	37	19	6	12	0	13	7	0	6	0
茨城	7	3	1	3	0	23	12	2	8	1	16	10	3	3	0
栃木	2	1	0	1	0	16	10	4	2	0	5	2	1	2	0
群馬	10	3	1	6	0	28	8	5	15	0	9	4	1	4	0
埼玉	8	3	2	3	0	26	11	4	11	0	3	1	0	2	0
千葉	12	5	0	7	0	27	15	3	9	0	11	3	4	4	0
東京	40	17	2	21	0	140	57	10	70	3	85	43	3	38	1
神奈川	3	3	0	0	0	29	16	4	9	0	9	6	0	3	0
新潟	21	7	4	10	0	42	18	3	21	0	14	9	1	4	0
富山	3	0	2	1	0	16	12	1	3	0	8	4	2	2	0
石川	7	1	1	5	0	49	19	5	25	0	11	3	0	8	0
福井	13	6	1	6	0	20	9	2	9	0	12	7	0	5	0
山梨	5	2	3	0	0	18	8	6	4	0	11	4	5	2	0
長野	21	10	4	6	1	54	27	7	19	1	20	9	0	11	0
岐阜	12	3	3	6	0	28	20	2	6	0	15	8	2	4	1
静岡	20	12	1	7	0	39	16	5	18	0	11	7	1	3	0
愛知	14	5	2	7	0	48	19	3	24	2	14	5	4	5	0
三重	11	3	5	3	0	33	16	2	15	0	13	5	1	7	0
滋賀	7	3	2	2	0	19	8	3	8	0	8	2	3	3	0
京都	26	14	5	7	0	47	20	4	22	1	25	8	2	15	0
大阪	8	3	3	2	0	47	15	9	23	0	12	5	1	6	0
兵庫	23	9	1	13	0	66	20	13	33	0	30	15	2	13	0
奈良	5	2	1	2	0	17	6	3	8	0	8	3	1	4	0
和歌山	8	4	0	4	0	31	12	2	16	1	8	3	0	5	0
鳥取	4	3	0	1	0	22	7	4	11	0	7	3	0	4	0
島根	11	6	1	4	0	23	14	0	9	0	12	7	0	5	0
岡山	26	14	3	9	0	60	30	6	24	0	15	9	1	5	0
広島	13	9	1	3	0	48	29	4	15	0	22	13	1	8	0
山口	47	35	5	7	0	56	34	5	15	2	17	9	1	7	0
徳島	6	3	1	2	0	11	5	2	4	0	7	4	1	1	1
香川	5	1	1	3	0	12	6	1	5	0	11	6	0	5	0
愛媛	12	4	1	7	0	32	14	5	13	0	9	4	3	1	1
高知	48	26	10	9	3	30	13	4	11	2	12	5	0	6	1
福岡	38	19	7	11	1	48	32	4	12	0	24	13	3	7	1
佐賀	20	15	2	3	0	31	18	2	11	0	13	12	0	1	0
長崎	17	11	1	3	2	18	7	3	7	1	7	0	2	4	1
熊本	29	17	2	9	1	32	15	1	15	1	10	5	1	4	0
大分	13	4	5	4	0	35	18	5	12	0	7	2	0	5	0
宮崎	5	3	1	1	0	6	5	0	1	0	2	1	0	1	0
鹿児島	59	47	6	6	0	33	16	4	13	0	10	6	1	2	1
沖縄	1	1	0	0	0	5	3	0	2	0	4	4	0	0	0
計	696	363	96	229	8	1524	712	167	625	20	613	297	54	254	8
比率	1.00	0.52	0.14	0.33	0.01	1.00	0.47	0.11	0.41	0.01	1.00	0.48	0.09	0.41	0.01

表 1-2　各時期における著名人輩出率の府県順位

順位	第一期	第二期	第三期（本籍府県基準）	第三期（出生府県基準）
1	高知	東京	東京	東京
2	鹿児島	石川	京都	山梨
3	山口	山口	福井	京都
4	福岡	京都	佐賀	島根
5	東京	鳥取	山梨	兵庫
6	佐賀	佐賀	高知	岡山
7	京都	岡山	島根	香川
8	岡山	高知	岡山	福井
9	熊本	山形	山口	佐賀
10	長野	和歌山	鳥取	大阪
11	長崎	長野	兵庫	福岡
12	福島	大分	香川	高知
13	福井	兵庫	福岡	長野
14	静岡	群馬	長野	鳥取
15	岩手	山梨	石川	神奈川
16	大分	福島	山形	北海道
17	兵庫	大阪	奈良	広島
18	群馬	福岡	秋田	山口
19	滋賀	岩手	茨城	山形
20	島根	静岡	岐阜	奈良
21	山形	三重	三重	岐阜
22	新潟	広島	青森	石川
23	大阪	愛媛	広島	茨城
24	愛媛	奈良	滋賀	青森
25	宮崎	福井	和歌山	群馬
26	三重	愛知	福島	愛知
27	和歌山	鹿児島	富山	滋賀
28	青森	神奈川	群馬	三重
29	山梨	島根	宮城	大分
30	岐阜	熊本	神奈川	沖縄
31	秋田	岐阜	徳島	徳島
32	奈良	青森	愛媛	熊本
33	愛知	滋賀	千葉	千葉
34	千葉	宮城	熊本	秋田
35	宮城	秋田	大分	福島
36	石川	埼玉	沖縄	富山
37	鳥取	新潟	愛知	長崎
38	広島	長崎	静岡	新潟
39	徳島	栃木	鹿児島	宮城
40	埼玉	北海道	新潟	静岡
41	茨城	茨城	長崎	愛媛
42	香川	千葉	大阪	栃木
43	沖縄	富山	北海道	和歌山
44	富山	香川	栃木	宮崎
45	神奈川	徳島	宮崎	埼玉
46	栃木	宮崎	埼玉	鹿児島
47	北海道	沖縄	岩手	岩手

注 1)　第一期は1876年本籍人口（男性のみ）（「地方別出入人口並本籍及現住人口　明治9年」, 内務省内閣統計局編, 1993a）に基づく。
　　2)　第二期は1888年本籍人口（男性のみ）（「日本帝国民籍戸口表　明治21年」, 内務省内閣統計局編, 1992）に基づく。
　　3)　第三期は1918年本籍人口（男性のみ）（「日本帝国人口静態統計　大正7年」, 内務省内閣統計局編, 1993b）と1920年現住人口（男性のみ）（「国勢調査報告　大正9年」, 湯沢監修, 1993a）に基づく。
　　4)　第一期と第二期は, 府県境界を可能な限り現在の境界に補正してある。

　経済領域での活躍者にも、大学教官が退官後に大企業の社長・専務・取締役等に就任したケースが少なくない。そうでない経済人、政治人たちも、多くが大学を卒業するようになった。つまり第二期には文化人の台頭と並んで、高度な学問を修めた上で著名人となるルートの一般化を見て取ることができる。

　輩出率の府県順位も変動する。表1-2では、「日本帝国民籍戸口表　明治21年」(内務省内閣統計局編, 1992) による1888(明治21) 年の本籍人口 (男性のみ) を基準として、第二期の輩出率を算出している。それによれば輩出率の順位は、かつて政治人を高い比率で輩出した府県が転落し、かつてはまるで目立たなかった府県に上位を明け渡している。とりわけ劇的な転落は高知 (1位から8位へ) と鹿児島 (2位から27位へ)、熊本 (9位から30位へ) に見られるが、他にも長崎・宮崎など九州勢のランクダウンが目立つ。これに代わって順位を上げたのが、大阪 (23位から17位へ)・広島 (38位から22位へ)・神奈川 (45位から28位へ) など、第一期には不振であった諸府県である。これらがいずれも近代都市へと変貌しつつある地域であったことが、何か重要な鍵を握っているのかもしれない。東京が順位を上げて5位から1位に躍進していることも、この推測の正しさを示唆している。他には、石川 (36位から2位へ)・山梨 (29位から15位へ)・山形 (21位から9位へ)・鳥取 (37位から5位へ)・和歌山 (27位から10位へ) のランクアップが著しい。これら5つの府県のうち、特に石川や山形は、第一期中に地道に学校教育制度を整えてきた諸府県である。ここから、著名人の輩出において、学校で学ぶという要素が次第に重要性を増してきていたことが窺われる。

　第三期にも、第二期と共通の傾向が見出される。第三期の613名の著名人は昭和中・後期に活躍した人々だが、表1-1に見るその内訳は、政治人が48%であるのに対し、文化人は41%で、文化人の勢力はやはりかなり大きい。

　他方、「日本帝国人口静態統計　大正7年」(内務省内閣統計局編, 1993b) による1918 (大正7) 年の本籍人口 (男性のみ) を分母とした輩出率の府県順位を見ると、東京 (引き続き1位)、京都 (2位)、兵庫 (11位) などが高い順位にあり、鹿児島等はなお低いランクのまま (39位) である。ここから、近代都市優位

という第二期の傾向もまた、継続していると考えられる。もっともそれは、あまり明瞭に現れてはいない。これは後で詳述するように、第三期には他府県出生者が増加し、「本籍地」という基準の意味を弱めてしまっているためである。そこで出生地を基準とする順位に差し替えてみると、傾向はより鮮明になる。この出生府県基準の輩出率は、『戦前期国勢調査報告集　大正9年　1』(湯沢監修, 1993) による 1920 (大正9) 年の現在人口 (男性のみ) を基準として算出したものである。

　以上を要約するならば、本書の分析対象とする 1 世紀弱の期間のうち、最初の 3 分の 1 にはまず政治人の時代、そして西南日本が優位に立つ時代があった。ところがそれに続く時期では、文化人の時代 (ないしは政治人と文化人が双璧をなす時代) へ、そして東京を始めとする都市的府県が優位に立つ時代への転換が進んでいるのである。これを 2 枚の地図で表したのが、図 1-1 である。これは第一期において輩出率上位であった府県と、第三期において輩出率上位になった府県 (出生府県基準) の分布を対比したものである。ここに現れている変容の背景を探ることが、本書を貫く課題ということになる。

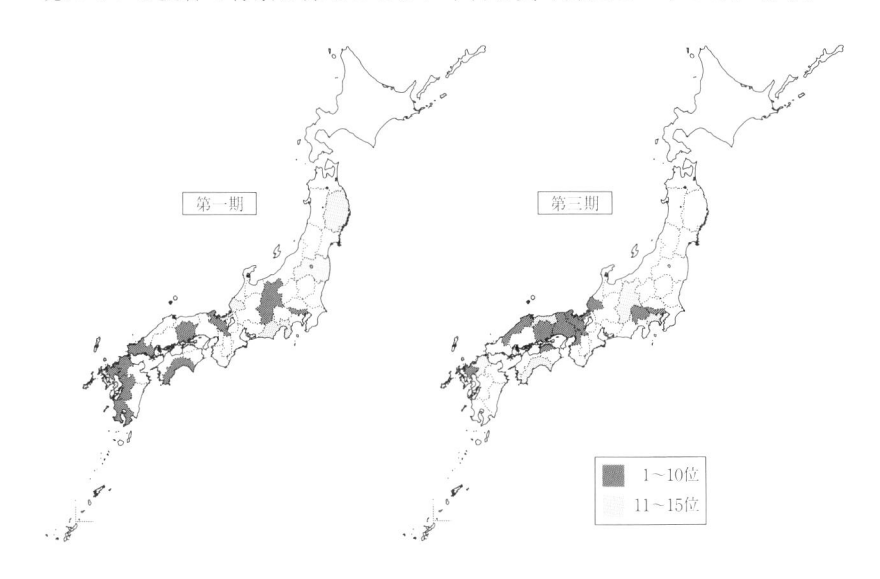

図 1-1　第一期・第三期の輩出率上位府県

社会の統合と「社会的に要求される知」

　このように第一期と第二期以降との間で、著名人タイプの交替や著名人を輩出する府県の順位変更が生じているのは、何故なのだろうか。まず著名人タイプの交替に関しては、その背後に、両時期間での、社会の統合方式における根本的な変更があったことが推測される。

　そもそも社会とは、その中でメンバーたちが社会関係を維持したり生き続けたりする上で重要な知識・技術を中核として、統合されるものと考えられる。つまりそれらの知識・技術（＝「社会的に要求される知」。以下では「知」と略記）に長けた人々が高く評価され、リーダーシップを取るということである。古代のように生活が農耕に大きく依存していた社会では、農耕に関する知識・技術（天文学等を含む）の持ち主が指導者（「日知り＝聖」、宗教的な権威）となった。隣国との戦争に直面している状況では、緊急事態として軍事的なリーダーが最高指導者の地位に就くこともあった。

　そうだとすれば、政治人が多数輩出されリーダーシップを取る社会は、彼らの持つ「知」こそが社会統合に不可欠な社会であったのだろうし、文化人の輩出が多い社会は、彼らの持つ「知」こそが統合の要となる社会なのだと見ることができよう。

第一期の「知」：軍事学・政治的手腕・政治思想

　では、近代日本の各時期の社会に特有の「知」とは何なのか。これは第一期、および第二期以降の著名人たちの生きた時代の性格を見ていくことで、理解できるだろう。

　第一期の著名人たちの時代、即ち幕末・維新期は、軍事・政治的な面での優越が重要な局面を決する変革期であった。だからこそ、この時期の著名人には政治人が多いのであろう。ここで強く要求されたのは、モデルとなる西洋の国制・法制についての知識、明確な国家観と結びつく政治思想、および軍事的知識・技術や政治・行政上の手腕など、変革を主導しうる知識・技術であったと考えられる。これらを駆使して武力・実力の対決に勝利し、あるいは他藩や諸外国との交渉を巧みにこなし、さらには新しい政治体制を構築

していける能力が求められたということである。

　このように考えると、第一期著名人の履歴にしばしば「戊辰戦争従軍」などの記載があることも、理解しやすい。軍事・政治面での「知」は、折々の重要な局面で、人がどれほど冴えた働きをなしうるかによって測られる。よってこのような軍事・政治的功績が、この時期においては人の資質を測る重要な判断基準だったのであろう。そしてそうした功績は、後の出世の契機にもなったのであろう。彼らの自伝・評伝には、当時の彼らの活躍ぶりが有力者の目に留まり、維新後の体制の要として抜擢されたといったエピソードが溢れている。この種の功績を含む履歴の持ち主は、薩長土肥の4藩を継承する鹿児島・山口・高知・佐賀において、最も頻繁に見ることができる。

　資質の評価基準となったのは、幕末の闘争を勝利に導いた戦功だけに留まらない。薩長土肥に限らず全国的に見られることだが、藩の役職を歴任しながら次第に重要な地位に就いたという履歴を持つ著名人も多い。彼らは、行政面ないし軍事面での働きを藩主等に認められて頭角を現してきた人々であることが、やはり評伝等からわかる。

　つまりこの時期の政治人たちは、戦功や職務上の業績という軍事・政治的才能の様々な場面における披瀝を契機として、著名になった人々であった。「知」の有無を判断する基準は、この時期にはそのような意味での広義の「功績」だったのである。

　社会統合の要がそのような「知」であり、その有無は「功績」という基準によって測定されたと考えれば、戊辰戦争で敗北した諸藩のあった府県から政治人があまり出ないことにも説明がつく。政治人の比率は表1-1から計算すれば、鹿児島の80％を筆頭に、佐賀75％、山口74％そして高知54％と薩長土肥では軒並み高いが、新潟では33％、岩手は46％などと低い。それらの藩の藩士は、戊辰戦争等で活躍する（勝利する）という功績を挙げることはありえなかったからである。あるいは、軍事・政治的才能即ち「知」を有する人であっても、敵方であるため維新後に逃亡・潜伏せざるを得なかったり、かつて発揮された才能が新政府首脳に知られずに終わったりした可能性もある。つまり彼らは、「功績」で測られるためには幾重にも不利であった。

　確かに、敗者側でありながら新政府の中で才能を発揮した人材も、皆無ではない。敵ながらその実力を認められ、新政府側から協力の要請を受けて、政治的な要職を提供され業績を遺した人もいた。しかし、それはあくまで例外であって、全体的な傾向としては、「明治新政府の要職は、みな薩長藩閥によって占められ、朝敵の岩手出身者は、もはや官界や財界での立身出世は望むべくもなかった」（長岡，1986，p. 304）といわれる状態であった。岩手に限らず、当時「白河以北一山百文」とまで侮蔑されたという東北諸地域に、これは共通する状況であったと思われる。

　では、そのような弱い立場の人々はどうしたのか。前掲書には、「残された道は、学者か軍人かになることであった」（同上，p. 304）とある。しかし、軍人としての活躍には限界があった。星（1990，p. ii，211）は、軍人になったが会津出身ゆえに少将以上の昇進が叶わず、結局教育界に転じた藩士の例を紹介している。戊辰戦争時に会津藩を率いて戦った家老山川浩（軍人ゆえ『事典』の収録外である）も、その軍事的才能を買った高知の谷干城の推薦で戦後陸軍内に職を得たが、トップに立てる実力を持ちながら、いかに功績を挙げても昇任にはやはり上限があった。これに対して弟の健次郎（福島1854年生）は、エール大学等で学んだ後に教育界で活躍し、東京帝大総長を始めとして各地の帝大総長等を歴任した。即ち文化領域のトップの地位に到達したのである。

　つまりこの時期に、「功績」を経由する輩出経路に併走していたもう一つの経路は、学者となる道、即ち物事の理を知り、それを使いこなしうる知識・技術の持ち主となることを通じた輩出であった。この経路を辿ったのは、明らかに敗者側府県から出た著名人たちが多かった。「功績」を評価されにくい立場に置かれたこれらの府県

山川健次郎
エール大学留学時代。

の人々は、新潟の「米百俵」に象徴されるように、敗北をバネとして学問に打ち込み、学問を通じた汚名返上を期した。そして結果的には、この種の「知」——まもなく専ら「学校」で学ばれるようになる知識・技術——が評価される非政治的領域に、より多く流入したのである。石川も同様である。石川からは、文化人が5名出ているが、政治人はわずか1名しか出ていない。

第二期以降の「知」：自然科学と社会科学

　第二期以降の著名人たちが活躍する時代——明治中・後期以降——が始まるころには、既に国家の骨格は固まり、行政機構の運営もほぼ軌道に乗り、産業の振興や国民の教育も進み始めていた。この社会では、いわゆる自然科学や社会科学に通暁した人々の需要が高まった。各種の産業育成にこれらの知識・技術を応用し、指導力を発揮することが期待されたからである。また学校教育の裾野が拡大し、高等教育の充実も進むなかで、この自然・社会科学という知識・技術を教える能力に対しても需要が高まった。これは政治的な術策や、武力で相手を圧倒することなどの次元からは離れた、アカデミックな「知」である。時代は、この新しいタイプの「知」の持ち主が高く評価される段階に至っているのである。

　そういう「知」の所有者か否かを測る基準は、「学歴」である。当時の自然・社会科学的な「知」は、少数の高等教育機関の中に囲い込まれた状態にあった。当初は東京大学、後には東京帝大・京都帝大等がそれである。ゆえに、それらの「知」の所有者となるには、まさにこれらの学校に学ぶことが必須であった。実際、第二期以降の著名人の履歴にはしばしば、それらの高等教育機関の卒業が記載されるようになる。この狭き門を出た証明書を持つ著名人が、拡大してきた文化人グループを構成しているし、先述のように、経済人や政治人といえども第二期には、帝大卒業者が多くなっている。

　第一期の敗者側府県の著名人たちが辿ったのは、実はそういう時代先取的な性格の経路であった。「功績」で評価されることのできない彼らは、成立しつつある社会の新しい「知」の性質を、いち早く見抜いていたのかもしれない。この学問を通じた輩出の経路は、第一期には細く地味なものに過ぎな

かったのだが、社会の変質に伴い第二期にはいつしか主要な経路へと変化してきたのである。

　要するに、第一期と第二期以降の著名人タイプにおける相違の背景には、この社会の基本的な編成様式 —— どのような「知」によって社会を統合するか —— における変動があった。著名人輩出の母体である日本社会は、明治という時代のなかで一つの曲がり角を曲がったのである。1868年に看板を掛け替えた新しい社会は、いったん明治という時代を走り出しておいてから、向きを変えた。そしてその方向を決めた一つの重要な鍵が、「社会的に要求される知」、即ち各社会の編成の要として要請される知識・技術だったということである。

4節　著名人輩出を規定する中等教育

輩出の地域差をもたらす府県の中等教育

　では、こうした「知」の変化という大枠の中で、各府県の著名人輩出率の地域差、即ち同じ時期でも輩出率の高い府県と低い府県があることについて、さらには輩出率の府県順位の変動について論じるには、どこに視点を定めるのがよいだろうか。これらを、各府県を比較しうる統一的な視点から、また著名人輩出のプロセスが見えるような形で捉えるには、どのような切り口が最も有効なのか。

　例えば第一期に、政治人が山口や鹿児島からとりわけ多く現れてくるのは何故なのか。「それは彼らが社会を牛耳っていたからだ」と言うならば、そもそも何故、長州藩や薩摩藩は幕末・維新の争いで勝利者の側に立てたのか。そうした政治人は、大阪や神奈川からはおよそ現れなかった。それどころか大阪・神奈川では、敗者側府県の人々が細々と辿っていた学問を通じたマイナーな輩出経路さえ、辿る人々はほとんどなかったのだが、それは一体何故か。あるいはまた、第二期になると逆に、不振だったこれらの府県のほうが輩出率を高めるのは何故か。さらには、この時期に多くの文化人が、東

京・大阪・神奈川・京都などから輩出されてくるのはどんな理由によるのか。

　こうした謎を、「知」による統合様式とその変動という枠組みのもとで解こうとする場合、注目されるのは、各時期の「知」へのアクセス可能性が、地域ごとに異なる仕方で準備されていたという事情である。即ち、「知」の教育の体制に地域差があるために、住民が容易に「知」を獲得できる地域と、そうでない地域があったということである。

　そして、こうした地域による相違の鍵を握るのは、中等教育であったと考えられる。この「中等教育」という用語は、明治中期以降のある程度確立された学校制度の中の一定の学校種（中学校・実業学校等）を指すものとしてではなく、幕末・維新期から明治初期における幾つかの教育課程をも指すものとして広義に用いている。幕末については寺子屋や藩校の基礎課程よりも一段進んだレベルの教育課程（藩校や私塾などで教えられる）がそれにあたる。また明治初頭の教育体制においては、初等課程（小学校）と高等課程（専門学校・大学）の間に置かれた様々な教育課程がここに含まれる[7]。

　中等教育に特に注目するのは第1に、どの時代においても、リーダーシップの源泉となるような「知」は、読み書き算盤のような初等レベルの教育ではなく、ある程度の専門的知識を与える中等以上の教育のなかで得られるものだからである。そして第2に、幕末・維新期のみならずそれ以降においても、中央政府によって統括されず、遅くまで各地域の独自な裁量のもとに進められたのは、この中等レベルの教育だったからである[8]。

　未だ中央集権的システムのなかった幕末における各地の教育が、諸藩や町、村などを単位として個々に推進されたことは、驚くにあたらない。しかし国家が教育を管轄するようになったはずの明治期になってもなお、中等教育だけは、地域の裁量のもとにそれぞれ違った形で整備されてきたというのが実態であった。何故なら当時の政府は、一方で国を担う人材を養成する高等教育に力を入れ、他方では国民の啓蒙のための初等教育に意を注ぐ反面、その間に挟まる中等教育に関しては、当面地方にこれを委ね、各府県がその実情に応じて多様な取り組みを進めていくのに任せたからである。その後は積極的な中等教育政策への転換が進むが、それでも中学校の教科、修業年限

や時間数、規模や設備の基準、進学系統等が徐々に明確化されてくるだけでも、1880年代の前半期いっぱいを要した（国立教育研究所編, 1974a, pp. 1110-1147）。そのため、各府県内の中等教育の進み方は、その地域の力に依存するものとなった。例えば、地域住民の社会的属性や経済力の如何である。また地域の政治的状況、即ち中央との関係や地域的統合の有無、諸勢力の対立の程度である。さらには、地域住民が中等教育の機能を「中央に送る人材の養成」と見るか「地域の担い手の養成」と見るかの違いも、教育を左右する一因となった。よって以下では、各府県の中等教育を切り口とし、その整備状況や利用状況の比較を通じて問題に迫るという手法を採用したい。

府県外教育のための地域移動

　中等教育にこれだけ地域差がある場合、看過できないのが、府県外で教育を受けるための地域移動である。就学年齢に達した個人が、仮に低い教育レベルの府県に居住していた場合に、この個人は、府県内の教育に甘んじるのでなく、あえて他府県に移動し、そこで高いレベルの府県外教育を受けるという選択肢も持つ。この選択を可能とするのは、本人の属性（能力のほか家庭の経済力や縁故など）でもあろうし、地域が個人を他府県に向けて送り出してやる制度でもあろう。つまりここにも、移動する本人の側の要因や、地域の制度的要因を包含する、もう一つの「地域の力」がある。

　実際、『事典』の著名人たちは、時期ごとに異なる様態の地域移動を行っていた。それがどれほど活発に行われるかは府県によって異なり、その活発さの度合いが著名人輩出率に少なからず影響してもいた。その意味で、以下の分析においては地域移動への視点が欠かせない。しかも、（通常注目されるような高等教育のための地域移動ではなく）他府県の中等教育を利用するための地域移動を捉えうる枠組みを設定する必要がある。

　これまでの移動研究では、地域移動の比重は大きくなかった。地域移動そのものが主題とされることは稀で、大抵は社会移動に付随するものとして処理されてしまう傾向があった[9]。しかし本書では、地域移動を主役の一つに加えて考察を行う。それが実際、府県の輩出率を左右するだけの重みを持っ

たことや、それを見てこそ各時期の著名人輩出の機会構造も理解されてくることを、後段で示していくつもりである。

分析の枠組みと本書の構成

　以上の論点を踏まえ、本書では、地域の青少年の中等教育機会を左右する条件に焦点を当てて、考察を進める。これは輩出の機会構造の中核をなすものと位置付けられる。地域の特性は、府県内教育・府県外教育の軸、および制度的要因・本人側要因の軸を交差させた平面において分析される。

　府県内教育、即ち各個人の出身府県内で行われた中等教育の実態に関しては、まず制度的要因、即ち府県内教育を支える教育制度の側の条件（開放性や充実度等）が取り上げられる。府県内にどんな教育機関があり生徒たちをどの程度抱えていたか、教育を推進する社会層がどれほど存在したか、地域住民が地域の中等教育を巡ってまとまる力はどれほどだったかなどである。これは、いわば受け皿にあたる要因の考察である。次いで、この受け皿を満たす中身である本人側要因が取り上げられる。これについては住民の、府県内の教育機関への就学の意欲や必要性、学問への関心や素養、家庭の文化的雰囲気や経済的豊かさなどを見ていくことになる。

　府県外教育、即ち地域移動を通じた他府県の教育機関への就学についても、制度的要因と本人側要因が考察される。制度的要因としては、府県外に青少年を送り出すシステムの有無などが取り上げられ、本人側要因としては、移動を支えうる家庭の経済的豊かさの有無や、家庭の職業の影響などが論じられる。

　次章以下では、これらの各項目について、『事典』に収録された著名人たちの伝記・自伝や各府県の歴史・教育史の文献によりつつ分析を進め、各時期の著名人の輩出傾向とその変動をもたらした背景を探る。

　2章と3章では、第一期について論じる。2章では、この時期特有の「知」を供給する府県内の諸制度を取り上げるが、ここに見えてくるのは著しい多様性である。当時の中等レベルの教育機関としては藩校、私塾および語学校が鼎立していたが、それらを利用する社会層は多様であり、彼らが子弟のた

めに制度を整備する際の熱意や力量も、府県ごとに様々であった。そうした多様性と第一期の輩出率との関連が、まず描き出される。

3章では、諸制度を整備する主体としても、それを利用する主体（本人側要因）としても、士族という特定の身分階層が中心的な位置を占めたことが示される。また、教育の府県間格差は府県外教育の意義を一層大きくするが、この府県外教育においても士族は際立って有利だったことが示される。より有利な教育環境を求めて地域移動した著名人たちの足跡を辿ると、士族子弟だけが有していた、幾つもの好適な条件が見えてくるのである。こうして府県内教育・府県外教育それぞれで有利な人々が同一の身分階層であったことが、第一期の輩出傾向を規定する重要な背景をなしたという展望が、ここから導かれる。

4章と5章では、第二期について論じる。まず4章では、府県内の諸制度の変容を辿るが、ここでは「知」の交替に応じてシフトし始めた、各府県の中等教育制度のすがたが捉えられる。このシフトは、無から何かを作り出すものではなく、既存の諸制度の中に埋め込まれた、新時代の「知」の供給機関に必須の素材を、再発見、改良ないしは整備拡充していくという形で実行された。従って、既に優れた素材を有していた府県は、順調に制度の方向転換を達成した。第一期においてはただの「石」であった素材が「玉」として再発見されることもあり、その場合には、「石」を持っていた府県が大躍進することにもなった。この分析を通じて見出されるのは、そうした既存の素材を最大限活用できる新しい社会層 —— ホワイトカラーという職業階層 —— の成長である。またこの社会層には、職業内在的な諸事情から、教育への熱意や就学上の有利さも備わっていたことが明らかにされる。

5章では、府県外教育を取り上げる。今や「知」は「学校」で学ばれるものと化し、著名人たちの地域移動は、上級学校に進学する上でより有利な中等教育機関を目指すものとなる。これを成功裡に達成できたのは誰かを巡る考察からは、府県外教育を最大限利用し、それを切り札として地位を獲得できた人々が、府県内教育において有利な職業階層と同一であることが明らかにされる。このように、府県内教育・府県外教育両面で有利な新しい階層の出

現が、第二期の輩出の傾向を強く規定しているというのが、第二期に関する展望である。

　ここでいうホワイトカラーとは、当時「公務自由業」と総称された官公吏・教員や、近代産業の発展に伴い急増した銀行員・会社員を主な構成メンバーとする。この人々が集住することで、都市的府県が「ホワイトカラーのエリア」化していくのが、第三期の特徴である。6章と7章では、この第三期を取り上げる。6章では府県内教育の変質を辿り、7章では主に府県外教育の変質を考察し、第三期における都市的府県の優越という現象の背景を解き明かす。また、合わせて近代日本社会の到達点のすがたを描き出す。ここに見出されるのは、都市的府県と非都市的府県における輩出の機会構造の相違である。とりわけ前者における、身分・職業を超えて都市出生者一般に開かれた輩出チャンスの出現が注目される。これは従来の近代日本社会と教育の関係を巡る議論からは取りこぼされていた局面であり、それに注目することで既存のイメージを反転させうる重要な契機だからである。

　結びの8章では、この社会における輩出傾向の変容を総括し、それが「学歴」を基幹とするものになっていることを確認する。また、この「学歴」の発動され方から見て、第三期の社会が、かつてない独特な輩出の機会構造を持つ社会であることを示す。この議論は、従来の社会階層論の枠組みにも、新しい視点の導入を促し、近代日本社会の階層構造に関する新しいイメージをもたらすものである。人を輩出させるしくみとは、階層乗り越えの機会を規定するものであり、輩出のしくみを知るとは結局、この社会の階層がどれほど堅固な、あるいはフレキシブルなものなのかを理解することだからである。この観点から見て、近代日本社会は、秩序化・階層化を進める一方の社会ではなく、都市的府県と非都市的府県の関係しあうダイナミズムの中に、階層を乗り越える新しい機会を内蔵する社会となっていることが明らかにされるだろう。

注

1) 佐藤（粒来）（2004）では、戦前日本の社会移動を分析する上で、天野（1996）のような教育社会学の立場からのいわゆる「立身出世研究」は代表性に疑問があるとされている。分析対象が一定以上のリテラシーの人々のみであるためである。そして、その短所を克服するものとして、国民全体を母集団とする SSM 調査データの分析が提案されている。この観点に立てば、著名人に絞った分析も代表性に問題ありということになろう。しかし著名人の場合は、社会調査の質問項目への「受動的な」回答だけではなく、彼らが自ら語り出した経験の厚みが今に伝えられているという点で、社会調査とは別な次元の情報の豊かさを持つ。本書ではその点を重視し、あえて著名人の自伝等を主な資料として選んでいる。

2) 人名事典のデータから身分や出生地等の情報を抽出し、集計して傾向を割り出すことは、従来からなされている。秦（1983）や北川・貝沼（1985）のエリート研究がその例である。麻生（1991）はそれに加えて、自伝・伝記等の資料を用いたエリート（官僚）の人格形成過程の分析を行っているが、これはかなり「読む」に近い作業といえる。

3) 秦はその後、2012 年末までの活躍者 203 名を加えた第 2 版（秦編，2013）を著している。本書では、対象を 1925 年以前の出生者に限っているため、新版から人物の追加はしていない。ただし、中等教育履歴や父職についての新情報が追加されている場合には参考にした。また秦はこれらの著書で、軍人を収録対象から外している。本書でも軍人は除外しているが、これは軍人の就学する教育機関に幼年学校など他と異質なものが含まれており、中学校から進学する場合も陸軍士官学校、海軍兵学校など特殊なコースに進みがちなためである。本書のように、高校・大学への進学を想定した中等教育の側面に注目する場合には、軍人を含めてはかえって議論を混乱させる。軍人については、別枠での考察が必要であろう。

4) 既存研究では、著名人の輩出がその出身地域と関連付けて分析されることは少ない。いわゆるエリート研究の分野でも、「地域」はこれまであまり顧みられないか、深く掘り下げられないことが多かった。この点については中村（2005）で論じられている。なおこの論文は、著名人輩出の分析の第一ステージに属するものだが、そこでは著名人中の高等学歴活用者と非活用者を対比する視点はまだない。また地域特性、地域移動あるいは何世代も繰り返される移動などの契機に注目はされているが、それらを積極的に位置付けて社会像を描くには至っていない点など、本書と異なる部分を幾つも含んでいる。

5) 政治・経済・軍事領域における権力集中と結びつけてエリートを論じる「パワー・エリート」の視点に立てば、反体制派知識人などがエリートから除外される。逆に「権力者ないしは権力者の意思決定過程、あるいは世論形成・文化形成に影響を及ぼす人々」（山内，1995，p. 24）のように広義にエリートを捉える場合には、反体制派知識人のみならず科学者や道徳的ないし文化的指導者などもエリートの範疇に含まれることになる。ここに革命思想家や棋士、喜劇俳優のように多様な分野の活躍者も含められるとしたら、本書でいう著名人は、この後者の定義にほぼ重なる。しかしこれをあえて「エリート」と呼ばないのは、後段でこの語を、高等教育を受け、あるいはそ

れに相当する「知」を得て、そのことを評価の基準として職歴形成した人々 —— 大学卒の高級官僚や企業幹部等を典型とする —— を指すために用いることによる。この人々（その活躍領域は4章において政治人1・経済人1・文化人1にカテゴライズされる）の総称を「エリート」とするのである。この語法に従えば、高根（1976）の「政治エリート」（高級官僚等と並び国会議員や政党役員も含む）や、万成（1965）の「ビジネス・エリート」（学校出の経営者も叩き上げの実業家もともに含む）には、エリートと非エリートがともに含まれることになる。

6) 1876年は、第一期著名人の最年少者にとってはまだ10歳になるかならないかの時期であるが、多数派である1850年ごろの出生者にとってはちょうど教育達成期にあたるため、基準年として採用した。（これ以上古いデータは、入手できなかった）。第二期については1888年の人口を基準とするが、これは第二期の最年長者がちょうど20歳の時期である。年少者にとってはより後年のデータが望ましいが、これも資料的な制約がある。第三期は、1918年の人口（出生人口基準は1920年）を基準に取っているが、これも第三期の最年長者がほぼ成人に達する時期に揃えてある。

7) 幕末・維新期の昌平黌、大学南校・東校や開成学校などは、後の高等教育に連なるものであるため、中等教育機関には数えない。

8) この意味で、後年設置された官立の高等中学（高校）は、地域の中等教育とはやや異質である。よって中等諸学校が後段で論じられる際には、高校はそれと別枠で扱われる。

9) この点については拙著（中村．1999）も批判を免れない。就労や教育のための地域移動を正面から取り上げているのが、佐藤（粒来）（2004）である。ただしそこでは、教育のための地域移動は専ら高等学歴を取得するための（おそらく単身での）移動の側面のみが扱われている点で、中等教育を基準とする本書とは分析次元を異にし、従ってそこに描き出される地域移動者の特徴も、必ずしも同じものではない。

2章
藩校・私塾・語学校
—— 第一期の府県内教育における３つの系譜

1節　「知」の供給機関 その1 —— 藩校

府県内教育のしくみと著名人輩出

　前章で見たように、第一期（1867年以前出生）と第二期（1868-1900年出生）以降とで、異なる属性を帯びた著名人が輩出されてくる背景には、各時期特有の「社会的に要求される知」があった。第一期には軍事・政治面の知識・技術や政治思想が、第二期には自然・社会諸科学の知識・技術が求められ、その要求を満たす者が多く著名人として輩出された。そうだとすれば、これらの「知」の教育が各府県でいかに整備され利用されたかが、各府県の輩出率の明暗を分ける、一つの重要な決め手になったと見ることができよう。

　そこで本章と次章では、まず、第一期著名人の府県内教育における各府県の特徴から見ていくことにする。本書では、主に制度的要因（「知」を供給する教育機関の整備状況）を取り上げる。第一期の主要な教育機関としては、藩校、私塾そして語学校が挙げられる。藩校は読み書きの基礎も教えるが、より高度な知識・技術も教えるものであり、その守備範囲は後の区分でいう初等教育から高等教育までの全てを網羅していた。私塾は、寺子屋的な基礎教育を行うものもあったが、洋学・漢学・皇学等の各専門分野を深く掘り下げるものも多く、特に著名人たちが多く学んだ名の知れた私塾はそうであった。さらに語学校は、後年の中学校で必須となる外国語教育の先駆的教育機関であり、やはり中等レベル以上の教育機関と位置付けられる。以下の分析では、『事典』の著名人が学んだ語学校のうち、まもなく専門学校に昇格し

てしまった官立の学校[1] など若干のもの以外は、中等教育機関として数えている。以下ではこの3種の教育機関のそれぞれが、府県の著名人輩出を支える上でどのような効果を持ったかを考察する。

幕末の藩校教育の先取性

第一期に特有の「知」── 軍事・政治面の知識・技術と政治思想 ── を供給した重要な教育機関の筆頭は、諸藩の藩校である。

もともと藩校は、藩士の教育機関として設立されたものである。江戸中期以降、多くの藩が教育を藩の基礎と考えるようになり、藩校を整備して、文武両道を旨とする藩士教育を行うようになった。「文」は四書五経を始めとする漢学教育を、「武」は刀槍などの武芸の鍛錬を主とした。しかし幕末には、外国船の来航など日本を取り巻く情勢の変化に刺激されて、各藩で改革が実施され、藩校は西洋的な知識・技術の教育機関としても機能するようになった。笠井助治『近世藩校の総合的研究』によれば、幕末には藩校272校中の38校が、「洋学」を正科に採用していたという。「洋学」とは「外国語学としての蘭語・英語・露語の外に、医学・地理学・兵学・天文学・測量学・器械学及び舎密学等をも含む広い範囲の名称」（笠井, 1960, p. 260）である。つまり文理両面の諸学を網羅し、例えば自然科学系では地学・物理学・化学等の各分野を幅広く含むのが、洋学であった。

洋学は軍事面の知識・技術も含んでいたが、なかでも西洋砲術は好んで学ばれた。異国船から藩を防御する必要性を感じた加賀藩や、外交の要地長崎の防備を任された佐賀藩などはこれにとりわけ熱心で、佐賀藩は全国の先頭を切って「新砲術の研究と訓練、大砲の鋳造、伊王島・神ノ島の砲台築造、海軍編成訓練等」（同上, p. 241）を行い西洋砲術の習得に励んでいた。会津藩も、藩校内に西洋砲術の訓練場を設けていた。洋学は、他にも医学教育や殖産興業など多様な目的で学ばれたが、そうした需要に応えて知識・技術をいち早く提供できたのが藩校だったということである。洋学の水準が特に高かった佐賀藩では、洋書の所蔵部数も700部以上に上ったという（国立教育研究所編, 1974a, pp. 121-125）。

　藩校の教科には、「皇学」も取り込まれた。これは日本の歴史や制度、古典などを学ばせることで国民的自覚や皇国本位の意識を育て、尊王攘夷思想に影響を与えたとされる。佐賀・岩手・会津・和歌山などを始めとする多くの藩で、これを学科に採用していた（笠井，1960，巻末表）。

藩校教育の高い水準と就学強制

　藩校で学ぶことは、相当にレベルの高い教育を身に付けることを意味した。藩校は基本の小学から高度な大学までの系統立った教育システムを持ち、年齢的にはおよそ8歳から成年までを包括するものであって、先述のように中等・高等教育にも及ぶ高度な知識・技術を藩士子弟に授ける場だったからである。

　熊本藩の藩士であった小崎弘道は、藩校時習館での教育のすがたを自伝で回想している（小崎，1927/92，pp. 6-7）。それによれば、時習館では生徒は大抵7、8歳で入学し、15、6歳まで専ら句読（四書五経などの漢書の素読）を学んでから訓導（解釈講義）に進み、18、9歳ごろにこれを卒業すると、大講堂で経書の講義を聴講する段階へ進んだ。こうして、やがて古典の奥義に通じるまで深められたのが漢籍、即ち「文」の教育である。時習館では文武両道を教えており、午前は文の部、午後は武芸の部となっていた。午前8時ごろに出席して漢籍の学習を終えた生徒は、午後は道場で撃剣・柔術・槍術などを、それぞれの指南役から教えられる。身体の基礎ができてくる15歳ごろから始められるこの武芸もまた、やがて幾つかの流派の免許皆伝に至るまで極められた。

　しかも幕末には、上層の藩士に藩校就学を義務付ける藩も増えていた。藩校での成績を家督相続や人材登用の重要な参考資料とするほか、学科末了者に対しては官途不採用、家督相続の制限ないし不許可の規定を設けるなどして、教育の徹底が図られた。こうした規定は会津藩、佐賀藩、佐倉藩、萩藩を始めとする様々な藩に見られる（笠井，1960，pp. 215-218）。熊本藩校時習館では、武芸を数項目相伝できていなければ、藩士は家格によっては家督相続が許されず、不足分だけ家禄が目減りした。次男以下の場合は、相伝数が足

りないと世間並みの交際もできず、他家の養子にもなれなかった（宇野. 1931/83. pp. 7-8）。

　福島の会津藩校日新館でも、藩士への要求水準はかなり高い。「会津藩日新館は、藩士の子弟十歳より、毎朝塾に入り誦師に就いて業を受け、習書寮に入り書を学び、十一歳より礼容及び配膳の儀を、十三歳より算術を学び、十五歳より武学寮に入って弓・馬・槍・刀の修業をなさしめ、塾生中、学業の優れたる者を撰んでさらに大学に昇らしめた。……三十五歳までを出席年齢とし、次男は二十一歳までであった。定格に至らざれば出席年齢を過ぎるも勝手次第たるを得ない。また一方、定格に至れば年齢に拘らず勝手次第と云う規定もあって、年齢よりも質による義務的教育制である。長・次男とも若し学問書学みな定格に至らず、弓馬・槍刀・火術の内一芸の許を得ざる者は、素読所も勝手次第たるを得ない。定年を過ざるも、なお勝手次第たるを得ないものは、水戸藩弘道館講習別局の如く、別に年長席を設けて出席講習せしめた」（笠井. 1960. pp. 201-202）。この「勝手次第」の基準は文学と武芸のそれぞれについて、出生順位と石高とによって定められていたが、基準に到達できないならば、何歳になろうと一人前とはみなされなかった。

　このように家格と対応付けた厳しい教育の姿勢は、藩校の目指すのが為政者教育であるためである。だからこそ、藩士のなかでも格上の者が格下の者より厳しく訓練され、次男以下より長男に対して高度な要求がなされた。これらの藩士子弟は、社会のリーダーシップを取りうるように、素養から行政面の知識、社会哲学そして軍事面の技術までをきっちりと教え込まれ、育成されていったのである。

　以上のような藩校の性格ゆえ、それは「知」を供給し輩出の後押しをする教育機関となりえた。特に、もともと士族の比率の高い府県 —— 熊本・長崎・佐賀など —— では、藩校の性質と士族率の高さの相乗効果で、全国的にも高い輩出率を挙げることができた。また士族率の低い府県 —— 福島・青森・愛媛・岩手など —— でも、その地域の藩士子弟は確実に藩校を経由して世に送り出されていた。

藩校教育の地域差 —— 山口・福島

このような教育の熱心さでは共通性を持ちつつも、藩校は本来、各藩の独自な教育機関である。従って、どの方面の教育に重点を置くかは藩ごとに多様であった。そしてまさにこのことが、当時の「知」の教育に地域差をもたらした。

幾つかの藩校は、豪胆さの養成や武芸の鞭撻に高い価値を置く一方で、学問的方面にはさほど力を入れていなかった。しかし別な幾つかの藩校は、高度な学問を修得させ、儒教的倫理を体得させることを最優先とした。こうした差はやがて、そこで学んだ者たちの将軍家や帝に対する態度の違いとして、あるいは維新後の社会に自らの立ち位置を見出していく仕方 —— 政治家として身を立てるのか学問を極めるのか —— の違いとして現れてくる。

また藩校のなかには、時代の動きを読んで早くから洋学を取り入れ、実践的教育を行ったものもあれば、儒教的教育の枠からほとんど踏み出していないものもあった。そのため、まもなく訪れる幕末の動乱期には、卓越した軍事技術を駆使して実戦に勝利していく諸藩と、旧態依然たる武器と兵力ゆえに敗北する諸藩が、明暗を分けることになる。これらの相違がとりわけ不幸な形で現れたのが、山口の長州藩と福島の会津藩のケースであった。

三方を海に囲まれた山口では、ペリー来航のころから海防の必要が強く意識されていた。下関事件（馬関で外国船を砲撃し、報復されて大敗を喫した）の苦い経験が、これに拍車をかけた。諸外国との直接的戦闘が藩の姿勢の大転換に繋がったという事情は、鹿児島の薩摩藩とよく似ている。薩摩藩の場合も、イギリスに攻撃をしかけ、報復されて大きな損害を受け彼我の力の差を思い知ったことが、過激な攘夷主義から親英主義へと舵を切る契機になった。以後薩摩藩はイギリスに教えを請い、その軍事技術を積極的に導入していく。つまりこれらの藩は、外海に面しているという地理的条件と、その海上に何度となく外国船が来航しそれらと戦火を交えさえしたという歴史的経験をきっかけとして、積極的な西洋軍事学の摂取に向かったのである。

さて山口では、藩校明倫館を中心として、海軍・陸軍の操練場が整備され、士庶それぞれに軍事的訓練をほどこすシステムが作られた。これは後述

するように地域の寺子屋や私塾等をも組み込むことで、地域全体を包括する総合的な教育体制となっていくが、その頂点に位置する総元締めが、明倫館であった。明倫館は、兵学教育（16歳以上の諸士子弟を対象とする）の修学年限を3倍以上に延長するなどの措置をとり、軍事教育のために外国人も含む英学・洋学の教師を招聘した。8歳以上の諸士子弟には身分を問わず就学を義務付け、学科を修了しなければ官途に採用しないなど、人材教育をも一新した（海原，1990，pp. 95-97）。こうして山口は、地域全体を巻き込む西洋軍事学の教育体制を実現させた。

　対するに会津藩の藩校日新館は、この方面ではかなり遅れを取っていた。確かに日新館では維新前から洋学教育を行い、静岡で学ばせた西洋砲術も教科に採用していた（笠井，1960，p. 241，264，274）。しかしその軍事教育は、当時の平均的水準は上回っていたにせよ、薩長に比肩しうるものではなかった（星，2001，p. 109，pp. 120-121）。前者が洋式編成の大砲隊、小銃隊を最新式の装備で訓練しているのに対し、後者の銃砲は国産であり、刀槍隊の練成に励んでいた。おかげで京都の禁門の変にも、会津藩は（勝ちこそしたが）槍を持って飛び出しては鉄砲で撃たれるという、まずい戦法をとることになったのであり、後の戊辰戦争では兵力の差から、結局敗北を喫するに至ったのである[2]。このように、藩校教育の地域差がもたらすものは、時には戦の勝敗という極めて深刻な結果でもあった。

敗者復活のチャンスを与えた「文」の教育 —— 福島

　しかし会津藩校日新館は、軍事面以外では非常に優れたものを持っていた。それは文武両道、即ち武芸と学問のバランスのよい教育の伝統であり、その名声ゆえ幕末には全国からの学習者がここを訪れるほどであった。『事典』でも、第一期の福島出身の著名人の多くは会津の出身者であり、17名中の8名が日新館で学んでいる。（ただし第一期末ごろの出生者が就学年齢に達する時期には、日新館はもう戦火で焼失しているので、利用者は主に第一期前半の出生者であるが）。従って、先述の就学強制の側面も考慮すれば、会津地方の士族（武士）ならば誰でも、相当の教養と学びの習慣を身に付けていたと見てよいだろう。

　戊辰戦争の敗北によって会津藩は解体され、会津藩士は東京や越後高田に移送されて謹慎生活を送ることとなった。後には下北半島の斗南藩に移住を強いられるが、ここは厳寒の荒野ゆえ、開墾作業も困難を極め、死亡者も少なくなかった。しかしこの危急時において、会津藩士の持つ高い教養は、彼らに生き残りのチャンスをもたらすことになった。

　会津藩士たちは、子弟の将来のために様々な戦略をとったが、その際に重視されたのは、子弟に学問を与えることであった。会津を離れて北辺の地に移住をする際に、子弟だけ東京に残した人々がいた。慶應義塾や沼間守一の英語塾、ヘボン塾などに子弟を入れる者もいれば、海外留学を計画した者もいた。彼らは、敗者として生きていく上で学問が役立つことをいち早く見越し、また自ら学問に高い価値を認める人々であるゆえに、「学問を身につけ懸命に励めば必ず報いられる」（星，1990，p. 147）と、子弟に最良の教育機会を与えようとしたのである。

　彼ら自身が明治の世を生き延びるための拠り所も、やはり学問であった。旧藩士たちは、小学校教員などになって生計を立てた。斗南藩では、新設小学校の校長の多くが会津藩士であったという。青森県師範学校長になった者もいた。その背景には、官公庁が薩長土肥の出身者に独占されて、教員となる以外には働く場もなかった（同上，p. 214）という事情もあるが、そうした場面で教育職に転じるだけの素養が身に付いていたというのは重要なことである。なかにはこの素養をさらに「帝大卒」や「米国留学」まで高めた会津藩士たちもいた。彼らは、教育家として大学を創設し、あるいは医学者や中国学者として大成し名を遺した。

　このように藩校の教育体制は、政治的手腕を発揮する場がなく「功績」によっては輩出する見込みのない敗者側の人々に、学問を通じた敗者復活のチャンスを与える上で、重要な意味を持った。福島に限らずとも、その地の藩校教育がある程度優れていた場合には、たとえ敗者側府県でも何名もの著名人を――ただし文化人として――輩出しているのを見ることができる。例えば藩校作人館の伝統を持つ岩手では、著名人の46％は文化人の領域から、農政学者・理学者・啓蒙家・東洋史学者・法律家・ジャーナリストとし

て出ている。文化人の比率は、青森も67%、新潟でも48%などと高い数値である。しかし勝者側である鹿児島では10%、山口・佐賀で15%、高知で19%などと揃って低い。また勝者側は政治領域、敗者側は文化領域という活躍領域の住み分けも、かなり明瞭に見て取れる。

第二期への可能性を孕む語学教育

　藩校の「文」の教育はもう一つ、重要な要素を含んでいた。語学教育である。それはまず、敗者側府県から文化人として輩出する上で、重要な支えとなった。語学は、当時の代表的な高等教育機関である東京大学や、その後身の帝国大学等に進学する上でも、必須だったからである。近代化を急ぐ明治初頭の政府は、即戦力の人材を育てるために、これらの学校で先進的な西洋の知識・技術を学ばせた。そしてその卒業者に、社会のトップ・エリートの地位を与えようとしたのであるが、これらの大学で教壇に立ったのは外国人講師であった。彼らは外国語文献を使って外国語で講義を行ったため、学生は語学ができなければ学ぶこと自体が不可能だったのである。

　また長期的に見れば、こうした藩校の語学教育は、第二期の輩出率を高める上でも重要な意味を持つ。語学は、第二期に重要となる「知」―― 自然・社会科学に関する高度な知識・技術 ―― を得るための基礎にもなるからである。各地の藩校が、中学校という、上級学校進学のために語学教育を重視する教育機関に改編されていく際に、藩校の語学教育が充実していればいるほど、新生の中学校は時代の要請に叶う、優れた教育機関となることができた。

藩校教育の伝統を支えた士族 ―― 佐賀

　では藩校の教育や、藩校の中学校への改編を進める上で重要な役割を果たしたのは、どのような人々だったのか。それは、地域の士族（武士）であった。幕末の藩校を運営したのは言うまでもなく各藩だが、藩校教育を維新後の社会に存続させ、発展させる上でも、旧藩主や士族たちによる支援は重要な鍵となった。廃藩置県の措置により、藩校は制度的にはいったん廃止され

るが、その際旧藩主や旧藩の士族有志が主体となって、資金や土地建物を寄附し、藩校を地域の学校（中学校や師範学校など）として復興し整備しようという運動が、多くの府県で起きていたからである。

　佐賀では、1876（明治9）年に、藩校弘道館跡に佐賀変則中学が設置された。地方税と授業料で維持された学校であったが、1878（明治11）年には長崎県立佐賀中学となり邦文・英文の2つの部を持った。このとき旧藩主鍋島家は、英文部に対し、年額4000円という多額の資金援助を与えた。まもなくこの英文部が廃止され邦文部のみとなってからも、これに10年間にわたり同額の資金援助を与えた。この学校は、1882（明治15）年時点では、207名の生徒を擁していた。のち1884（明治17）年には、県下の8つの中学校のうち7校を廃止して優れた設備の中学校1校を作ろうということで、この中学校は県立佐賀中学となったが、その規模はやはり大きく、1886（明治19）年に369名もの生徒がいた。つまりここでは既存の藩校が、藩主の支援を得て、府県の有力な中学校へと移行しているのである（佐賀県教育史編さん委員会編，1990，桜井，1942，pp. 60-62，p. 177）。

　佐賀のもう一つの有力な中学校である鹿島中学も、旧藩主鍋島氏と旧藩士たちが校費を提供して、鹿島藩校の跡地に義塾を建てたのが始まりというから、やはり藩校の流れを汲む教育機関である。これは、中学校令の翌1887（明治20）年に廃校とされたが、その際にも鍋島氏および有志が鹿島英語学校を開設して対処し、以後も鍋島氏が経費を負担した。これは、後に県立鹿島中学となった（桜井，1942，p. 61）。

　以上のように、佐賀では県内各地域において、旧藩主を中心とする士族の有志が学校の開設・維持に努め、中等教育制度が不安定な時期全体を通じて、士族子弟の就学機会を守っていた。佐賀は士族の比率の高い府県であったから、こうした手厚い支援は県全体を覆い、1884（明治17）年には、県立中学が8校も並び立つ盛況ぶりであった。

　維新期に存続した藩校は、全国の藩校の約3割に上るというが、そこには多少なりともこうした旧藩主や士族有志の力が働いていた。また、これらの藩校の多くはやがて府県立中学という、府県の最有力な中等教育機関となっ

ていく。その意味で、藩校を支援した士族たちは、将来の府県内教育にも大いに貢献したわけである。

士族率の高い府県の藩校教育 —— 熊本・佐賀・長崎

　第一期には、著名人の多くが藩校やその後身の中等学校に学んでいる府県が、幾つも見出される。これらを、藩校タイプの府県（図2-1）と呼ぼう。代表的なものは7府県だが、そのうち府県の士族比率が高いのが熊本（府県士族率9%）・長崎（10.3%）・佐賀（15.5%）である。愛媛（4.5%）・福島（4.8%）・岩手（2.0%）・青森（6.4%）は、府県士族率が低い。以下では、この両グループから幾つかの府県を取り上げ、それぞれにもたらされた藩校の教育効果を見てみることにする。なお府県士族率は、後段の表3-1に一覧がある。

図2-1　藩校タイプの府県

　熊本は、藩校の利用資格を士族（武士）の子弟に限定し、そのなかで徹底したエリート教育を行った事例である。第一期著名人のうちの熊本出身者が利用しているのは熊本藩校時習館で、全29名中の13名もが、この藩校を経由している。しかも時期的には、1856年までの出生者に集中し（これは藩校が1870（明治3）年に廃校となったことによる）、この時期に限れば16名中の13名が時習館で学んでいる。この藩校が推進していた、少年期・青年期を通じた教育のプログラムについては、先に小崎弘道の自伝で見たとおりである。

　時習館の教育の目的は藩の人材養成であるため、格上の者が教育の主な対象であった。それに対して「軽輩」は、藩校内での席は下座と称する片隅であったし、そもそも藩校よりも私塾的な学習所で学ぶ傾向があった（同上, pp. 32-34）。このように下層武士や町人・百姓を排除していても、熊本は元来、士族の比率が高い地域であるから、この教育機関で選別される士族（武士）のエリートたちの数は非常に多い。彼らが著名人として輩出された結果として、熊本の著名人輩出率は極めて高く、全国でも9位となっている。

　同様に、高い府県士族率を背景として高い輩出率を挙げたのが、佐賀である。佐賀は先述のとおり、旧藩主や各地の士族が藩校の存続を支援しており、藩校経由で著名人を輩出させる態勢ができていた。第一期著名人で佐賀の出身者が利用した藩校は、佐賀藩弘道館が最も多いが、他に佐賀藩校蒙養舎、唐津藩の志道館、鹿島藩校、長崎致遠館なども利用されている。府県全体が一つの藩校で統括されるのではなく、諸藩がそれぞれに藩士子弟の教育に努め、成果を上げていた。府県士族率の高さと、士族のこの積極的な藩校支援がもたらした総合的な効果は、全国で5位という高い輩出率であった。

　これと似た方法で成果を上げていたのが、やはり府県士族率の高い長崎である。ここには天領長崎と複数の小藩による複雑な支配が入り組んでいたが、各藩はいずれも教育熱心で、独自の藩校教育を行っており、維新期にも旧藩主などの支援により各藩校の存続を図った。長崎出身の第一期著名人は16名中の8名、即ち半数が、これらの藩校のいずれかに学んだ履歴を持っている。この藩校教育に支えられ、長崎は全国で11位という輩出率を挙げることとなった。

　長崎の特徴は、これらの藩校の幾つかが武士以外にも開放されていた点にある。平戸藩のように、藩士子弟のための藩校維新館とは別に、町人子弟のために（社会教育としての）藩校を用意して学ばせたところもある。大村藩の藩校五教館のように、藩士の藩校を百姓・町人に開放したところもある（外山．1984．p. 181）。なるほど長崎の第一期著名人は、全員が士族（武士）であるから、この時点で平民を輩出するほどの態勢はまだなかったのかもしれない。しかし、こうして地域の教育が平民をも包括するものであったことは、続く第二期に中等教育を順調に発展させるための、重要な布石となったと思われる。府県内で高い比率を占める士族が旗振り役として中心的な役割を果たしつつ、それを順調に庶民勢力に引き渡せるだけの基盤が、長崎にはできていたと見うるからである。

士族率の低い府県の藩校教育 ── 愛媛・岩手・青森

　以上の諸府県とは異なり、府県士族率があまり高くない府の一つが愛媛である。しかし愛媛の著名人中の士族率は、83％にも上る。これを支えたのは、松山藩校明教館と宇和島藩校明倫館である。士族である著名人12名のうち半数は、この両校のいずれかに学んだ履歴を持っている。（明確な記載はないが就学した可能性のあるケースが他に数名いる）。第一期の末には松山中学と宇和島中学の就学者が各1名いるが、両中学は、先の2つの藩校の後身であるから、結局全体の7〜8割が、藩校的な教育を経て輩出している計算になる。

　この両校の教育内容は漢学と習字が主であり、後に皇学・洋学を導入したものもあるが、山口などのように洋学摂取に積極的ではなかった。しかし、『文部省第五年報』には「旧藩治所ノ跡ノ如キハ少年輩ノ較々高等ナル学科ニ従事センコトヲ希望スル者常ニ多シ」であるために松山、高松、宇和島に3校の公立中学が設置されたとあり（桜井．1942．p. 68）、地域内の諸藩が、藩士子弟のために競って藩校を盛り立て、中等教育を整備していたことは確かなようである。こうして設置された中学校の規模も大きく、1878（明治11）年には松山中学は、東京以外で唯一、200名以上の生徒を誇る大規模な中学校になっている（同上．p. 80）。後の1885（明治18）年にも、県立の3中学（第一＝松山・

第二＝高松・第三＝丸穂）は生徒数がそれぞれ約250、150、150とかなりの規模であった（同上，p.176）から、藩校から中学校への移行もほぼ順調になされたと考えられる。

　また岩手では藩校作人館が、青森では東奥義塾が、それぞれの藩士の教育機関として置かれ、著名人の輩出にも貢献していた。この両府県は敗者側であるため、著名人輩出率自体はあまり高くないが、それでも藩校作人館には、岩手出身の著名人13名中の6名が学び、東奥義塾には青森出身の著名人6名中の3名が学んでいる。

　以上のように、堅実な教育を行っている藩校が存在しさえすれば、それは地域の士族子弟を —— 府県士族率の如何に拘わらず —— 著名人として輩出させる結果を出せている。つまり藩校は、輩出のためのステップとして確実に機能していたということである。

2節　「知」の供給機関 その2 —— 私塾

府県内教育を補完する私塾の教育

　第2の重要な教育機関は、私塾である。これは藩校や（後述の）語学校が健在な府県でも頻繁に利用されており、それらと併存することで様々な補完機能を果たしていた[3]。

　もともと私塾とは、塾主が個人的に自宅などを開放し、生徒を集めて教えるものであるから、その内容も水準も多様である。中等レベル以上にわたるものとしてはまず伝統的な漢学塾があり、江戸後期から幕末にかけては国学塾、蘭学塾、英学塾や、洋学塾、西洋砲術の塾など、国家思想や洋学を教える塾が各地に現れていた。江戸には佐久間象山の西洋兵学の塾を始めとする、西洋系の学問の私塾が密集し、大阪には緒方洪庵の適塾（蘭学・医学）があった。地方にも、大分の咸宜園（漢学）や山口の松下村塾（尊王攘夷思想）のように、全国的に知られた私塾が開かれていた。武芸の塾もあった。

　私塾は、塾主の社会的属性も多様であった。武士が全国から集まる東京

（江戸）では、武士の開いた私塾が多かった。松下村塾の塾主である吉田松陰も長州藩士であった。しかし京都などには、町人の開いた塾があった。咸宜園の塾主である広瀬淡窓も、地元の裕福な商人の息子であった。塾主のこうした多様性は各地域の特性によるところが大きいが、その個性に応じた私塾が、個性的な人材を育てることを通じ、著名人輩出に貢献していた。

　私塾の第1の特性は、こうした多様性のおかげで、藩校が掬いきれない人材や、既存の枠に収まらない人材・思想を収容できたことである。私塾には、藩校に学ぶ資格のない格下の武士たちが集まることが多かった。長野のように、私塾が平民の教育機関として、府県内教育の広範な基盤となった府県もあった。藩校と異なり私塾は、身分・格式を問わず学ぶことができたからである。松下村塾のように、藩校の掲げる藩の正統な思想とは相容れない思想を教える私塾もあった。こうした私塾の柔軟さは、新時代の人材を育てた重要な特性として高く評価されている（Rubinger, 1979= 石附ほか訳, 1982）。

　第2の特性は、私塾の空間的・社会的な開放性である。それは、全国から訪れる学習者に対して、また士族（武士）と平民（町人・百姓）の双方に向けて開かれており、特定地域の特定身分のための教育機関ではなかったがゆえに、多様な人々の間に出会いを作り出すことができた。あるべき社会や国家についての理念・思想を、限られたエリアに封じ込めることなく、全国各地の学習者間に共有できるようにした。また身分・地域を超えた交流を基礎として、各地の出身者が連絡しあい協力しあう状況をも生み出した。私塾で育まれた全国規模の交友関係を手掛かりとして中央に出る人材も、少なからずいた。京都では、私塾の縁で武士に対し町人が活動資金を提供することもあった。

藩校主導の全域的教育とこれを補完する私塾 —— 山口

　『事典』の第一期著名人のうち、私塾で学んだ人々が際立って多い府県が幾つかある。そのなかでも山口・長野・高知・鹿児島・福岡の5つの府県は、私塾が藩校と併用された府県である。これを私塾・藩校併用タイプの府県（図2-2）と呼ぼう。これらの府県では、私塾が様々な意味合いで藩校を補完して

図 2-2　私塾・藩校併用タイプの府県

いる。以下に示す諸事例からは、私塾と藩校との多様な関わり方が、それぞれの府県の個性を作り出しているのを見ることができる。

　第1の事例となる山口では、第一期著名人のうち 1850 年以前生まれの 18 名中、半数にあたる 9 名が藩校明倫館で学び、3 名が松下村塾で学んでいる。1851 年以降生まれの 19 名は、少年期が動乱の時期に重なるためか、中等レベルの教育に関する記載を欠くものが多いが、先述の就学強制の体制から見て、藩士ならば藩校教育は受けていたと考えられる。そして彼らは高等レベルでは、東京大学ないし東京帝大という「学校」経由の輩出をしている。(東京大学ないし東京帝大を経た著名人は 7 名に上る)。町人・百姓のなかからも、第一期末に沢瀉塾の就学者が 2 名現れている。

　山口は府県の士族比率が非常に高く、勝者側府県の筆頭でもある。従って、著名人が藩校経由で多数輩出されるのは不思議ではない。しかしその藩

校教育が、私塾との連携で一層効果的に達成されたところに、山口のもう一つの特徴がある。

維新前夜の藩校明倫館において、藩校教育の目的は、「自藩の軍事的強化を支えるべく兵学教育を充実すること」と「新時代にふさわしい秀れた藩政担当者を育成する」(海原, 1990, p. 95) ことの2点に集約されていた。藩の教育はこれらの目的のもとに、明倫館を頂点とするシステムに統合されていた。既に19世紀半ばの改革で、藩内の教育機関一般 (支藩藩校、各郡郷校、私塾、寺子屋など) は、藩校明倫館を最高学府とする教学体制に編成されていたが、これが後にも受け継がれたのである (同上, p. 94)。

明倫館の軍事教育の面は先に見たが、この軍事中心の教育システムは、やがて学問中心のシステムへとスムーズに転換されていく。兵学寮・文学寮と並んで、洋学部門が独立した「寮」として新たに加えられた。また、かつては高等教育機関の面も備えていた15年間の教育課程が11年半に短縮され、明倫館は中等教育機関としての性格を明確にする。1870 (明治3) 年には、名称も山口中学および萩中学に変更された。そして、その4級以上の者には遊学を許可し、5級以上の者は大学に進学させることも規定された (同上, p. 99)。つまりこれらの中学校は、早くも明治初頭の時点で、大学進学のための準備教育機関という位置付けを与えられたのである。(ちなみにこの中等教育整備には、旧藩主毛利氏の資金援助を始めとする旧藩関係者の大きな尽力と、中央政府を固める山口出身者からの支援があった)。山口の第一期著名人における大学卒業者の多さは、このことと関係がある。

この教育システムが成立当初から、その末端において、私塾を通じてしっかり人々を取り込むものとなっていたところが、山口の特色である。ここで私塾が果たした機能は、藩校に入れない町人・百姓のための教育機会を提供し、彼らを藩校教育に接続することであった。もともと山口には、江戸時代から郷校や私塾の伝統があり、私塾の塾主は多くが武士、即ち明倫館で学んだ人々であったことから、藩校と私塾の教育内容には連続性があった(同上, pp. 97-98)。よって私塾は、武士的な教育を住民一般に普及させる効果を持つことができた。つまり山口の私塾は、幕末・維新期における軍事・政治面の

「知」を府県全域に普及させる上でまず意義があった。さらには次世代の、専ら「学校」で学ばれる「知」を重視する社会へ向けて順調に舵を切る上でも、基礎固めをしたと見うるのである。

　山口の私塾はさらに、藩校の許容しない思想や知識を学ぶ機会を提供し、それをステップとして著名人になりうるような、もう一つの道筋をつける働きもした。代表例が、吉田松陰の松下村塾である。この私塾は、藩校明倫館の思想的に硬直化した姿勢に飽き足らない人々を掬い取り、より柔軟な思想的方向付けをする役割を果たした。そこには、藩校での教育方針（教育内容や基盤となる国家観）に賛同しがたい藩士たちが、好んで集まっていたようなのである。藩の正統派である藩校とこの私塾は相容れず、教育の方向性では真っ向から対立する。藩の望まない行動を続ける塾主吉田松陰は、正統派によって投獄されることにもなった。

伊藤博文
志士時代。

　しかし、それでも松下村塾は伊藤博文（1841年生・後の初代首相）を始め数名の著名人を輩出した。伊藤は藩校に学ぶ資格を持たない足軽の子であり、松下村塾の門人となることで初めて学ぶ道が開けたが、ここで彼が学んだのは、藩を絶対視しない思想であった。また伊藤は、藩が京都へ派遣する人材を探していた際に松陰が彼を推薦してくれたおかげで、京都の情勢を知り、木戸孝允や井上馨など藩の上層の人々と知り合い、身分の差を超えた同志として彼らの信頼を得ていくチャンスをつかんだ。松陰は早くから伊藤の「周旋屋」としての資質を見込んでいたとい

うが、実際、後に伊藤は、下関事件後の外交交渉などに優れた手腕を発揮し、認められていくのである。このように私塾は、府県の著名人輩出の第2のルートを作るという意味でも、藩校を補完するものであった。

「文」の伝統に基づく藩校と私塾の機能分担 —— 長野

　長野では、第一期著名人のうち士族（武士）は藩校に就学し、平民（町人・百姓）は地元の私塾に学ぶ傾向が見られる。士族は、高遠藩の進徳館に3名が学んでいるほか、松本藩の崇教館、高嶋藩の長善館などを利用している。平民では、医師や僧、儒者に学んだケースがあり、加藤塾（漢学）、豊科学校などの地元の教育機関も利用されている。なお第一期の末ごろに、松本中学と上田中学に学んだ者が3名現れているが、この時期に中学校就学者が見られるというのは全国でもかなり早い。

　まず私塾のほうから見ていこう。長野の私塾には、「武」よりも「文」を重視する傾向が見られる。その背景をなすのは、この地域の町人・百姓が共有してきた「向学の気風」である。1872（明治5）年の時点で、長野の寺子屋数は全国一であり、私塾の数も岡山に次いで全国第2位である（文部省編, 1972a, 文部省編, 1972b）。その塾主には武士が多かったが、就学者は武士に限らず、百姓等の子弟も学んでいた（野沢, 1990, p. 279）。

　そのさらなる背景には、この地域の文化的伝統がある。この信州の地には古くから養蚕業が栄え、街道筋にあったこと（江戸・京都を結ぶ中山道、金沢・甲府へ至る北国街道と甲州街道が信濃国を通っていた）や、善光寺参りの信徒の参集などで、文物の交流は盛んであった。これらが、町人・百姓の間に学問の伝統を育んだ。現在の長野は、明治期には長野県と筑摩県（岐阜の一部をも含む）から構成されていたが、「明治七年督学局年報」（『文部省第二年報』）には、筑摩県の初等教育の実態が、次のように述べられている（原文は漢字カナ混じりの長文であるため、以下には現代語訳を記す）。「筑摩県は、教育を県治上不可欠のものとみなし、全ての官庁がこれに力を注いでいる。生徒の多くは7、8級にいるが、5、6級に進んだ者はよく勉強している。学校を参観に来る人民が甚だ多い。……。教員某氏を東京に送って、東京師範学校の授業を見学させ

た」(現代語訳)。

　確かに、地域住民が初めから学校教育の必要を理解していたわけではない。同じく『文部省第二年報』所収の「明治七年各府県学事年報」では、筑摩県は「従来人民は学問の何たるかを知らないのみならず、かえってこれを厭忌する情も少なからずあった。今日に至り初めて、学問の不可欠であることが一般に理解され、富者は資金を出し貧者は力役をなしつつ、学事の旺盛を希望するようになった」(現代語訳)とある。また筑摩県よりは学事が遅れていたという長野県も、「人民のなかにはまだ就学を喜ばないものが多少あるが、説諭を重ね、生徒が進歩するに従い、学問の有益さがわかってきて学校を保護すべきだとわきまえるようになったものが7、8割である。今後は、奨励誘導して学事を進歩させる見込みである」(現代語訳)とある。つまり当時の長野は、地域のリーダーが初等教育の普及に力を注ぎ、それが目下進行中という状態であった。

　しかし全国的に見れば、この 1874 (明治7) 年時点で、これほど教育が普及している府県は珍しい。例えば同年の福島県 (現在の福島の一部) は、「従来蒙昧の人民は、学問は士人以上の事とみなし、自分の姓名を書けず自分の姓氏を読めなくても不思議にも思わず、旧習にしがみついていた。教師精選、教則改正などを経て、生徒がやや進歩したのを実見し、学問の何たるかをだいたい理解したといっても、それは1、2割の人々に過ない。現在では次第に理解が進み、学資を献じ田園を寄附して、学校を新築する区が現れた。だが概ねこれは、学問が不可欠であるのがほぼわかったというだけである」(現代語訳)と評されている。小田県 (現在の広島・岡山の一部) は、「学に向かう者は甚だ少ない。福山・高梁等の地方は、これまで文教の素質があるので、他よりはやや優っているように思われる。だが備中・備後・共奥郡の村々では、学制の主意が貫徹せず、学校経営を官に頼る向きが強い。甚だしいところでは、学校は官のためにするものと間違えている者も往々にしてある。よって今後1、2年間は勧誘を目的とし、巡回・説諭・勧奨に努めれば、数年のうちに進歩が見られるであろう」(現代語訳)とある。さらに青森は、翌1875 (明治8) 年の年報において、「地形のせいもあり、子弟の教育を普及させられず

にいる。住民は学問の何たるかを知らず、言語もあたかも異邦人のようである」（現代語訳）と記されている。このように、小学校就学のための説諭にこれから取りかかるという府県もなお多かった。

これらに比べればはるかに向学的な長野において、町人・百姓や医師などの子弟は、父や近隣の医師・僧侶や儒者の私塾、著名なものとしては加藤塾などで学び、やがて尾張や江戸へ出て一層の研鑽を積んだ。医師の子で、博物館専門家となった者（1838年生・田中芳男）もいる。農業・製糸業を営む家庭に生まれ、加藤塾などに通い、授業生や学務委員をして教育畑を歩いた後に、やがて数社を束ねる実業家となった者（1859年生・今井五介）もいる。彼らは長野のこうした風土に支えられて、研鑽を積み大成できたのであろう。

他方、藩校は、高遠藩の藩校進徳館、高嶋藩の藩校長善館などがそれぞれ藩士教育を行っていた。これらの藩校を経由した著名人には、2名の教育行政官、文部官僚、2名の法律家、2名の学者などが含まれている。士族であっても政治領域よりも文化領域に入りがちである点には、やはりこの地域の教育的風土の影響が窺われる。

維新後には、松代藩の藩学を継承し洋学も取り入れた松代学校、松本の開智学校の中等部門を継承し1876（明治9）年に開設された松本変則中学、上田藩の藩学の後継である1873（明治6）年設置の松平学校および、この地域の中等教育を継承して後年設置された上田変則中学などが置かれ、中学校の本格的開設までの繋ぎの役割を果たした。これらは実際、4名の第一期著名人によって利用されている。長野の初等教育への取り組みの早さはやがて、他の府県に先駆けて小学校卒業者を続々と誕生させた。これが地域の中学校設置への新たな圧力となり、長野は1879（明治10）年ごろから、中学校の設置を進めている（長野県教育史刊行会．1978．pp. 630-633．p. 636）。

以上に見た山口と長野においては、いずれも士族だけでなく平民を巻き込む形で教育 —— しかも学問重視の —— が進められていた。これは、第一期における成功とともに、第二期への接続をスムーズにする要因としても重要な意味を持ったと考えられる[4]。

「武」の伝統のなかの藩校致道館と私塾 ── 高知

　長野とは対照的に、藩校と私塾がともに「武」を重視する傾向のあった府県もある。その代表例が、高知と鹿児島である。

　高知には、土佐藩の藩校致道館があった。この藩校は、1853 年のペリー来航で海防の必要性を痛感した吉田東洋が、藩の軍備を強化すべく行った既存藩校の大改革で誕生した。1862 年設立のこの新しい藩校（初め文武館と称した）は、「文」のみならず「武」にも力を入れるようになり（それまで武芸は各武芸家に任せていた）、入学資格を下士・軽格・民兵まで（維新後は平民にも）拡大し（それまでは上士子弟のみに限っていた）、16 ～ 39 歳の全藩士に入学を義務付け（それまでは任意であった）、異学・洋学・医学を採用した。高知の第一期著名人のうち 4 名が、この文武館や致道館で学んでいる。

　一方、私塾に学んだのは、致道館が掬いきれなかった人々であった。1862 年まで、この藩校は専ら上士の教育機関であったから、下士や軽格など下層の武士は私塾に学ぶしか道がなかった。ところが高知の下層武士、とりわけ「郷士」はもともと百姓であった人々で、上士との懸隔が著しく、書に親しむ習慣もあまり持たなかった。むしろ彼らが価値を置くのは武芸であり、ゆえに彼らの就学する私塾は、大抵が武芸を教える私塾であった。

　こうした私塾は実際、高知の著名人輩出を支えていたようである。彼らのなかで、藩校就学の記録を持たない人々の履歴を詳細に調べてみると、何らかの武芸の私塾に学んでいることが多いからである。例えば伊賀家下士の子で初期官僚となった大江卓（1847 年生）は、「幼年の頃には専ら武術の習練に努めた」という。大江は 15 歳のとき、父に随い高知に遊学して藩校に学び、陽明学の師にも就いたが、彼が「文」に関しきちんとした教育を受けるのはこれが最初であった。「生来書を読むことが好きであった。が家にあるのは戦国策の端本ばかりで、論語、孟子というあり触れた書物でさへ、他から借りて読むといふ有様であった。十五歳の折に……高知へ出て、初めて師を得て学んだ訳であった」（雑賀．1987．p. 26）とある。大江は郷里に戻ってから郷校日進館で学習するが、それと併行して和洋兵術を学んでおり、後には宇和島、長崎へ遊学してさらに英式兵術・洋式兵術を学ぶ。これが 19 歳ごろの

ことであった。この例を見ても、教育の内容は「武」に偏っている。

　「文よりも武」の傾向は、下層武士に限らず存在した。例えば板垣退助（1837年生・後の政治家）は、土佐藩上士のかなり裕福な家柄に生まれたにも拘わらず、吉田東洋から入門の誘いを受けた際に、これを「文弱の徒」として拒んだという。板垣は後に、新政府中に重要な地位を占めるに至るが、その契機はまさに戦功であった。板垣は戊辰戦争を官軍の司令官として戦い、会津若松城を攻め落とした功績と軍事的才能を買われたのである。

板垣退助

土佐藩士の子で後に政治家となる片岡健吉（1844年生）の伝記にも、「一九歳ごろまで各種の兵術を学ぶ」という趣旨の記載があるだけで、「文」の教育履歴は何も記されていない。よって「武」の重視は、下士のみならず、高知の全般的な風土でもあったのであろう。

　そのような「武」のみを鍛える経歴を辿っても、武士ならばやがて出仕をし、「功績」を挙げる機会を与えられた。とりわけ幕末の動乱期には、戦闘に加わって「功績」を挙げれば、それを機として藩政のなかに重要な地位を与えられた。それはやがて、新政府の中に重要な地位を得る足掛かりともなる。履歴に「戊辰戦争参加」などの記載のある著名人は、士族だけでなく平民の子弟にも見られ、郷士や庄屋の子弟が全く教育履歴を空白にしたまま参戦して、後に著名人となっているケースも見られる。おそらく、高知が薩長土肥の一員として勝者の側に立ったおかげで、それらの「功績」の持ち主は、全国に通用する著名人になり得たのであろう。

　戊辰戦争や海援隊等で活躍するというタイプの「功績」によって著名人となった事例が、これほど多い府県は他にない。まさに歴史的・政治的事情を背景に、種々の「功績」を媒介として著名人を生み出しているのが、高知の

とりわけ第一期前半の特徴なのである。その意味で高知の「武」の伝統は、この府県の明暗を左右する重要な要素であった。そしてこの伝統は同時に、長崎などとは異なる意味において、輩出のチャンスをエリートに限らない広い階層に開く上での、重要な鍵であったといえるだろう。

　もっとも第二期への接続という点で考えると、こうした「武」の偏重は決して好ましいものではない。「文」を軽視することにより、中学校整備期には遅れを取る危険性もあるからである。高知の第一期における高い輩出率が第二期に継承されなかった背景には、そうした事情もあったものと考えられる。

藩校造士館と郷中教育の二重構造 ── 鹿児島

　鹿児島は、高知以上に「武」を重んじた府県である。その第一期著名人には、鹿児島（薩摩）藩校造士館に学んだ者が多い。しかし伝記等を見ていくと、多くの著名人が藩校入学以前に「郷中」と呼ばれる地域組織における教育を経験し、そこから強いインパクトを受けていることがわかる。鹿児島の教育は、旧藩時代から続くこの独特な二重構造 ── 郷中における私塾的教育と藩校教育 ── を特徴とする。藩校は、藩の人材養成のための非常に高度な教育を、選り抜かれた少数者に対して行った。他方で郷中は、下層まで及ぶ武士一般に対する精神教育を行っていた。

　まず藩校造士館は歴史が古く、1773 年の創立であるが、幕末には島津斉彬による改革で、「藩の指導者のための高度な知識技術の教育機関」（越井. 1990. p. 141）として再編された。「学問の標的は修身斉家治国平天下の道理を研究、本末前後を知別いたし、然而当時の政務奉行候而も能くその任に堪候様に心掛懸専要の事に候」とし、そこで学ぶ者は「西洋和解の諸書にも熟覧致し外夷の風俗器械をも弁別」するだけの高度な知識を持つべきとした（同上. p. 142）。この藩校は 1871（明治4）年にいったん廃止されたが、それを継承する学校が設置され、それに対して藩主島津氏による学資援助がなされている（『文部省第八年報』）。1884（明治17）年には造士館が再興され、翌年開校されるが、ここでも藩主の貢献は大きかった[5]。

　他方、郷中とは、「方切」と呼ばれる一定地域に住む武士の子弟によって組織されるもので、一定年齢になると加入する決まりとなっていた。14〜25歳の年長者（二歳）が指導者となり、朝起きてから夜寝るまでの全生活を、郷中のプログラムと掟によって規制していた。そこで重視されたのはまず敢闘精神で、これは遊戯や軍書講読を通じて身に付けられた。また詮議、即ち具体的な場面で武士としていかに行動すべきかの問答を通じては、武士の自覚が浸透させられていった。このような教育方法ゆえに郷中は、仲間の固い団結を培うと同時に、学問よりも実践を重んじる態度を育てた（同上．pp. 144-145）。それゆえ他の藩、例えば東北諸藩などと比べると、鹿児島の藩士の教育は、「武」に大きな比重を置くものとなった。そこに形成された精神や行動様式は、他藩の者から見ればかなり恐ろしげな、奇異なものでもあったようだ。

　鹿児島におけるこうした教育方針の背後にあるのは、薩摩藩の対内的、対外的な独特の立場である。幕府との関係においては、薩摩藩は外様であり、幕府との間に距離を置くと同時に、一種の独立国的な領域を日本の西端に築いていた。島津氏の支配が700年近くにわたり継続していたことも、この独立国的性格を補強したであろう。一方、諸外国との関係においては、まさに西端という地理的条件ゆえに、幕末期には外国船の接近を経験し、関東の人々よりもはるかに強く、「日本」を意識しその防衛に危機感を持たざるを得ない立場にあった。これらの事情ゆえ鹿児島は、武力・実力を恃みとする土地柄となった。ゆえに薩英戦争でも、全力でイギリスに立ち向かい、砲台を破壊され町を焼かれながらもイギリス艦隊に相当な痛手を与えたのであった。

　このような「武」と実践の教育が、幕末・維新期における鹿児島の人々の行動を強く規定し、それを成功に導く上でも有効であったことは、ほぼ間違いない。しかし高知と同様、こうした「武」の偏重は、第二期への接続においては必ずしもプラスにならない。加えて鹿児島は、後に西南戦争の敗北という事件を経験する。士族たちは、「武」がもはや切り札とならないという現実を突きつけられた。彼らは弱体化し、府県の教育を主導する力を失い、その子弟はむしろ個々に上京遊学してしまうようになる（同上．p. 161）。とこ

ろが彼ら士族に代わって教育を担うべき平民は、未だ育っていなかった。その多くは貧しくて教育どころではなく、しかも高知とは異なり鹿児島では、平民を巻き込んだ教育は行われていなかったからである。結果として鹿児島は、第二期に大きなランクダウンを経験することになる。

藩校の洋学教育と私塾の精神教育 —— 福岡

　福岡の第一期著名人には、藩校利用者と私塾利用者が混在している。柳川藩の系統である文武館・伝習館およびその後継である柳川中学、福岡藩の系統の修猷館に学んだ者が8名、そして高場乱塾と向陽義塾（玄洋社）に学んだ者が6名である。ここで藩校と私塾は、まず教育内容面で、また活動の時期という面でも、相互補完的な関係にあった。

　もともと福岡は、佐幕派の強い藩が多く、この政治的立場の難しさが「維新以後の福岡県旧諸藩の中央への人材送り込みを極度に困難なものとし……自県県政の主要ポストさえ、ほとんど他藩県人に占められてしまう結果となった。そして以後一〇年余、福岡県地方は保守的士族階級の叛逆的エネルギーが蠢動する政治地帯となった」（大森, 1990, p. 184）とある。維新後、福岡の諸藩は学問によって勢力を回復すべく、旧体質を改めて洋学を積極的に採用した。小倉藩の育徳館、柳川藩の伝習館、福岡藩の文武館（のち修猷館がその洋学教育を引き継いだ）、久留米藩の明善堂に、この方向性を持つ教育を見ることができる。廃藩置県後には、小倉地区には育徳館の分校として大橋洋学校ができ、福岡には福岡変則中学のち英学校が、柳川には柳川洋学校が、久留米には久留米洋学校ができた。後二者は、まもなく宮本洋学校となって1874（明治7）年まで存続した。このように、各雄藩による洋学教育の競合が、福岡のハイレベルな中等教育の基礎を築いていた。

　しかし西南戦争の敗北で士族が没落し、かつ気力喪失するのに伴って、藩校系統のこれらの教育も不振となった。その隙間を埋めたのが、政治的色彩を帯びた多数の私塾である。この地域にはもともと私塾が多かったが、1875〜1878（明治8〜11）年ごろには複数の学科を持つ中学校類似の私立学校も誕生し、政治教育・精神教育を担い、地方の人材だけでなく国家的な人材をも

多数育てた。代表例が、自由民権運動の拠点となった向陽義塾と、尊王国家主義のメッカとなった高場乱塾である。これらは藩校系統の教育の低迷を底支えすると同時に、藩校の洋学教育では掬いきれない精神教育の側面をもフォロウした。

　1876（明治9）年、他の県を吸収して巨大な県となった福岡は、藩校の流れを汲む教育機関を中心とする中等教育を、再び意欲的に推進するようになった。西南戦争以後、もはや政治的な勢力挽回が不可能となった士族たちが、改めて学問を通じた再起を期したという事情もあった。次第に成長してきた豪農・豪商が、子弟の中学校教育に関心を持ち始めた時期が、これに重なった。かくして1879（明治12）年には、福岡（224名）・久留米（111名）・柳川（126名）・豊津（162名）という大規模な県立中学4校が並び立ち、福岡は教育の盛んな地域となっていく（大森．1990．p. 200）。このように時期により交替しながら交互に府県の教育を支えたのが、福岡の藩校と私塾であった。

中央志向を支えた思想系私塾と洋学系私塾 —— 東京

　府県のなかには、藩校よりも私塾が主に利用されたものもある。これを私塾タイプの府県（図2-3）と呼ぼう。その典型は、東京と京都に見られるが、両者は方向性を非常に異にする。東京は、幕府そして中央政府の所在地であるだけに、私塾に学ぶ人々は初めから、政治的中枢としての「中央」への志向を明確に持っていた。私塾は、まさに輩出のための最短経路と目された。ところが京都には、そうした志向はほとんど見られない。京都を特徴付けるのはむしろ、「嗜み」や「教養」のための教育へのニーズである。以下では、この対照的な性格を持つ2つの府県を順に見ていくことにする。

　東京の第一期著名人は、東京や近隣府県の様々な私塾で学んでいる。東京の私塾としては箕作秋坪の洋学塾、斎藤弥九郎塾（剣術・思想）、中根塾（洋学）、進文学舎（外国語）などが利用されている。1860年代の出生者になると、東京府中学や共立学校など公私立の中等学校に学んだ者が増えてくるが、それまでは私塾が教育の主流である。そしてこれらが全体として、第一期の東京の全国5位という高い輩出率を支えている。

図2-3　私塾タイプの府県

　これほど私塾が多く利用されたのは、東京の特異な土地柄による。東京（江戸）は、幕臣や江戸藩邸詰め藩士の集住で士族（武士）人口が非常に多いにも拘わらず、特定の藩校を持ってはいなかった。各藩は藩邸内学校を持つだけであったが、レベルの高い多様な私塾があったため、それで不都合はなかった。私塾は、政治思想のみならず洋学・軍事学等でも、またそれらの学習の基礎となる語学でも、「知」の教育機関たるに十分な力量を備えていた。東京の私塾のうち明治以前に開塾されたものは90校に上り、そのうちの60校が維新以後まで存続したという（東京都立教育研究所編, 1994, p. 54）。明治以降に開設された私塾も多く、特に洋学ブームで洋学塾が急増したため、1873（明治6）年には私塾・家塾は合わせて900校前後に上っていた（同上, p. 209）。

　これらの私塾は、塾主が士族（武士）のものが圧倒的に多く、同じく士族（武士）の子弟たちに、中央に至るためのステップとしての幅広い学びの機会を

提供した。それは、彼らのニーズに合っていた。士族（武士）は、もともと立身への関心が極めて強い。維新以後には、彼らは幕藩制下の地位を失い、新たな地位を獲得する必要にも迫られる。彼らが私塾に学んだのは、それが彼らの新しい地位を以前と同じかそれ以上のものにするための、最も利用しやすい教育機関だったからである。（なお東京は、華族の比率も全国一高い府県であり、彼らのための学校 ── 学習院 ── が京都から移された後には、その中等科も中等教育の一端を担った）。

　幕末には、私塾は幕臣などへの登用のステップとして機能した。著名な私塾として、伊東玄朴の象先堂（蘭学）、佐久間象山塾（西洋軍事学）、福沢諭吉の慶應義塾（英学）などがあるが、これらの私塾で学ぶことにより、たとえ浪士や庶民であっても藩士や幕臣に登用される道が開けたから、私塾はまさに輩出への王道であった。

　維新後には、私塾で学ばれた語学や西洋の知識・技術が、「官員」即ち高級官僚への道を開いた。当時の東京では、思想面では国漢塾が、西洋軍事学など外来の学については洋学塾が、そして語学については語学塾が、時代の求める知識・技術を与える機関として軒を連ねていた。明治初頭の官員への道は、個々に能力を身につけて自らを売り込むという経路か、あるいは東京大学などの高等教育機関を経る経路が用意されていたが、私塾で身に付けた知識・技術はそのいずれにとっても役立った。大学に入るための基礎的学力も、これらの私塾で習得することができたからである。

　やがてこの「学校」経由の輩出が主流となってくると、私塾の多くは私立中学や外国語学校などに名称を変えながら、高等教育に進むための準備教育を担う主力となった。これは東京が、必要な中等教育機関を新たに設置するよりも、既存のものを活用するという選択をした結果である。なるほど1870（明治3）年には東京府中学が「高等教育へのエリートコース」という位置付けで設置され（東京都立研究所編，1994，p. 178）、翌1871（明治4）年には洋語学校も設置されて、公立の中等教育が始まる兆しはあった。しかしそれらは、1873（明治6）年には文部省に移管され、やがては高等教育の一環をなす専門学校レベルの教育機関に改組されてしまって、公立の中学校は再び不在

となる。その遅れは後まで尾を引き、公立中学（府立一中など）が輩出のメインルートとしての威信を確立するには、明治も30年代まで待たねばならなかった。それまでのかなり長期にわたる期間中、東京の中等教育の担い手は、私塾とその後継者だけであった。しかしそれらの持つ中央志向体質や洋学教育の充実は、第二期への移行においてもプラスの効果を持ったのである。

思想系私塾と嗜みとしての教養系私塾 —— 京都

京都も、第一期著名人が多く輩出された府県であり、全国的にも7位という高い輩出率を示している。これを支える府県内教育の制度として、数多くの私塾が開かれていた。しかしそれは、東京の私塾とはかなり異なる性格を帯びていた。

第1に、私塾の塾主にも生徒にも平民（町人）が多い。これはこの地域の、平安時代から続く朝廷の座としての伝統と、商工業者の町として繁栄してきた歴史によって支えられている。それらは町人の間にゆとりを生み出し、優れた文化を発展させていた。彼らの間には学問の伝統が浸透し、各種の私塾でより高度な知識を学ぶ富商も多くいた。そしてその水準は、全国でも際立っていた。第2に、これらの私塾は、東京のように中央進出や上級学校進学へのステップとはならず、あくまで「嗜み」や「教養」を与える場として存在していた。これらに学ぶ人々が、立身とは異なる形の輩出を志向していたからである。

京都の私塾に学んで輩出した第一期著名人にも、士族（武士）は少ない。平民（町人・百姓）の子弟が、何名も出ている。『事典』に収録されている平民出自の著名人は6名で、その生家は農業1名のほか酒造業・法衣商・菓子舗・料亭経営・たばこ商が各1名である。また彼らは、実務経験を重ねて実業家や経営者、財閥主として大成したケースが多い。酒造業者の子で丁稚奉公などを経て後に財閥を築いた古河市兵衛（1832年生）、農民の子で大阪での奉公などを経て銀行業を創始した松本重太郎（1844年生）、煙草屋の子で商売に工夫して成功し、後に銀行業を営み実業家となった村井吉兵衛（1864年生）などである。これらは皆、実地に働くなかで培われた経験や勘に支えられた輩出

であり、上級学校に進学するための教育機関はそもそも必要がない。それで
も彼らが私塾で学ぶのは、それによって人としての道が学べる、必要な教養
が身に付けられるといった理由によるものであった。この他に、商人の子弟
で日本画家となった著名人も2名（富岡鉄斎、竹内栖鳳）いるが、彼らにとって
も進学は不要である。彼らは、その活躍領域に直接関係する画塾で学ぶと同
時に、人格形成に必要な知識を与えてくれるものとして、漢学塾で儒学を学
んでいた。

　これと並んで京都には、私塾で学んで輩出する華族（公家）の子弟たちがい
た。京都の政治的伝統ゆえ、この地には公家が多く、そのなかから著名人が
出ているために著名人中の華族の比率は東京に次いで高い。合計26名のう
ち、11名が公家の家柄であり、その関係者（家臣など）3名を加えれば半数を
超えてしまうほどである。華族子弟はその身分にふさわしく、両親や家庭教
師による教育を受けたが、加えて思想的な「知」を学ぶ場として思想系の私
塾や学習院に出入りした。これらの教育機関が彼らの、幕末・維新期におけ
る活発な政治活動に方向付けを与え、維新後における地位達成をも支えた。
このように、地域の文化的、商業的性格を直接の背景とした独特の輩出を支
えたのが、京都の私塾であった。

　私塾と住民の持つこうした方向性は、人々を中央へと方向付ける働きかけ
に対して、東京とは非常に異なる反応を住民間に生み出すことになる。

　確かに、私塾の伝統は京都を、初等教育の先進地にした。『文部省第二年
報』所収の「明治七年各府県学事年報」の京都府の項には、次のようにある。
「8年前に京都市中に小学校を建築せよと言ったときには、可とするものは
いなかった。再び説いて、3割が賛成、さらに説いて半ばが賛成、何度も説
得してようやく承服したものである。ところが今では、いかなる僻村や貧し
い家でも、学校が大いに役立つことを知らない者はなく、競ってその隆盛を
望んでいる」（現代語訳）。同年報、同学事年報の「学監申報」でも、「予等巡回
中最モ心ニ感シタルハ京都府ナリ」と京都は絶賛されている。「京都が今日
まで教化の中心となり、しかもこの国の中でも工業・工芸に卓抜の地と称揚
されるのを見れば、かつてこの地が確実に栄えていたことがわかる。政府は

移ったが人民は少しも気力や望みを失わず、工業などは従来と同様に磁器製造は日毎に盛んとなり帝国中で最も繁盛している都市の一つに入る。人民がこのように賛美すべき勉励をなすようになったのには、府官の尽力が少なくない。知事から各吏員まで教育の緊要であることをよく理解して労力を注いでいるのだ。京都の学校では、洋学は普及していない。元来この地では、東京や大坂に比べて外国語学教育の進歩は著しくない。所轄学校で計 5 名の外国人教師が教えているだけである。もっともこれにも良い点があって、日本語学の学校がよく整備されており、かつ生徒の多いことは日本一である。京都は中学校を創立しなくてはいけない。今や小学校を終えようとする生徒が既に夥しく存在しており、やや高等の学術を教授する学校がなくては進歩のしようがない。本府は文部省所轄の中学校を設立するによい位置にあり、今こそそうすべきである」（現代語訳）とある。しかし、県官等が推奨した教育の方向性と住民のニーズは、必ずしもかみ合っていなかった。それを示すのが、次の京都府中学のエピソードである。

　もともとこの京都の地には、2 つの大きな学校があった。一つは京都大学校という、学習院の流れを汲む官立学校である。1870（明治 3）年の時点で、ここには華族 86 名とその他 190 名、合わせて 276 名もの生徒がいた。「その他」のなかには各藩から派遣された諸藩士族 46 名（鹿児島 11 中津 9 宇和島 6 岡山 6 など）も含まれており、府県外からも多くの人々が学びに来ている学校であった。もう一つは 3 ヶ国語を教える語学校、欧学舎である。これは全国的に有名で、やはり他の諸府県からも就学者が集まる盛況ぶりであった[6]。この両校が 1879（明治 12）年に合体し、上級学校進学のための条件である語学教育の課程も備えた学校として作られたのが、京都府中学である（京都府教育会，1983，pp. 312-346，467-468）。

　もとの 2 校の隆盛を考えれば、この京都府中学にも大勢の生徒が集まりそうに思われる。ところがこの中学校は、京都の住民にはおよそ人気がなかった。1891（明治 14）年には志願者数が不十分なため、各郡区役所から学務委員等に入学勧奨まで行ったが、それでも郡部からは数十名しか志願者が集まらなかったという（同上，p. 600）。つまり、もとの 2 つの学校の人気はいずれ

も、他府県からの生徒によって支えられており、京都の住民自身は、上級学校への進学には無関心であった。実際、京都の第一期著名人で欧学舎や京都府中学を利用しているのは、わずか1名に過ぎない。

　以上のように京都では、進学のための教育に対する需要は低く、それを整備しようという勢力も住民の間からは現れなかった。輩出のために利用される主要な制度は、むしろ教養系ないしは思想系の私塾であった。京都の著名人輩出率の高さの背景にあるのは、華族の多さ、絵画等の芸術に関する先進地であるという事情、商売に親しむチャンスのある地であるという事情と、それを支えるような内容を持った私塾の存在に尽きるのである。

3節　「知」の供給機関 その3 —— 語学校

語学校の多様な設立主体と設立意図

　藩校・私塾と並ぶ第3の教育機関は、語学校である。これは文字どおり、語学教育を主とする中等教育機関である。語学は、藩校や私塾でもしばしば教えており、それらが後に中学校に名称を変えて語学教育を継続することも多い。しかし本書ではこの用語を、藩校・私塾的起源を持たない、英語その他の語学を教授する学校一般という意味で用いている。つまり英語学校、外国語学校、洋学校などの名称で設立されてきた、語学教育を主体とする諸学校一般を指している。

　こうして広義にとらえた語学校は、その設立主体が極めて多様である。例えば大分では、開明的な藩主が住民の啓蒙のために英語学校（中津市校）を設立した。新潟では、富農・富商がリーダーシップをとって英学校（これがまもなく県に移管されて新潟学校となった）や長岡洋学校（長岡の士族と平民の合作であり、平民が主導権を取っていた）を設立、運営した。京都では先述のように、公立の外国語学校（欧学舎）が作られた。神奈川では、大商人の手によって高島学校（1871設立）が作られたが、これは商業と語学を併せて教える学校であった。そして明治初頭には、官立の語学校も幾つか設置された。

　語学校の設立主体のこうした多様性は、設立意図の違いを意味する。藩主による語学校には、藩の将来を担う人材の養成という意味合いがあったであろう。官立の語学校は、これを府県や国という規模で考えるものである。士族による語学校は、子弟の教育環境を守ろうとする強い意志を反映する。また大商人による語学校は、例えば神奈川の高島学校が語学とともに商業教育を重視したことからも明らかなように、むしろ商売に必要な語学力の養成という実学的関心と結びついている。

輩出の経路としての語学校

　著名人輩出という観点から見て語学校が重要なのは、それが幾つかの府県において、藩校や私塾に代わる輩出の経路を提供していたからである。既に藩校が整備されているところでは、それが教育を支える主翼となったから、さらに語学校を置く必要はない。しかし、戊辰戦争に敗れて士族が弱体化してしまった地域や、小藩のため有力な藩校がない地域では、語学校が藩校の代替物となる。これを利用すれば、必要な語学力を身に付け、高等教育機関に入学して、早くも第一期において「学校」経由の輩出をすることも可能である。しかも「学校」経由の輩出は第二期には主流となっていくのであるから、この種の教育機関を持つことは、次の時期における輩出のために有利な拠点を準備することにも通じる。

　語学校は、志を持つ平民子弟にとっても、好ましい教育機関であった。平民のなかには、自らも平素から学問に親しみ、子弟にも学問をさせたいと思うような、向学の気風に富む人々がいる。しかし平民の子弟は通常、藩校には入れなかったため、その代わりに語学校を利用した。あるいは、自らそれを設立しさえした。こうした語学校は、後に平民が士族に代わり府県の教育を担うようになる時期には、彼らの格好の拠点ともなるのである。

　著名人輩出において語学校が活用された典型的な府県は、新潟と大分である。他に京都や神奈川などにも語学校は設置されていたが、これらの府県では（京都については既述、神奈川については後述のように）地域住民は語学校を、必ずしも進学のための教育機関とはみなさなかった。彼らが語学を、上級学校

図 2-4　私塾・語学校併用タイプの府県

進学のための手段と認識し始めるためには、まだ他に幾つかの要因が必要で
あった。それが、新潟や大分には備わっていたのである。

　新潟の場合、敗者側府県としての復興の悲願が、商人たちも含む諸勢力を
団結させたことが重要であった。大分では、語学校の主催者が中央志向の流
れに平民をも巻き込みながら、地域の教育振興を進めていくという経緯が
あった。以下ではこの2つの府県の事例を考察する。両者は、語学校と私塾
を併用しているため、これを私塾・語学校併用タイプの府県（図2-4）と呼ん
でおく。

復興の意志と向学の伝統が支えた語学校 ── 新潟

　新潟は、府県の士族比率はわずか2％だが、平民に経済力と向学心があっ
た府県である。『事典』では、新潟の第一期著名人21名中10名が平民の出

である。その内訳は、豪農、大庄屋、大名主、住職、酒造業2名、医師3名などであり、富裕層の多さが窺われる。

新潟には、新潟学校と長岡洋学校という2つの語学校があった。新潟学校は、開港場である新潟の、英学志向の風土を反映して作られた学校であった。新潟の町民有志が創設した英学校がその起源で、これが1872（明治5）年に県に移管され、翌年には規模拡充されて新潟学校と命名されたのである。その教育は、「……丁度中学程度といふ形のもので……専ら英語を主とする傍ら洋算に力を込めたものである。……その組織は何れかと云へば西洋の中学校をその儘日本へ持って来たといふ風であった」（春城代酔録：石附，1990，p. 248）と当時の在校生が回顧しているように、語学を中心とし、教育水準はかなり高かった。規模も大きく、1874（明治7）年度には、全国の官公私立外国語学校が91校あるなかで、教員数では2位、就学生徒数では5位を占めていた。当時、それに勝る規模のものは慶應義塾や東京外国語学校など、東京に立地する数校だけであったという（同上，p. 156）。

他方、長岡洋学校は、長岡藩士族有志による士族学校が起源である。この学校の創設・維持は、支援米として贈られた「米百表」を、飢えを忍んでも教育費に充て藩校を復興しようとする、教育への強烈な意志によって支えられていたが、諸事情により頓挫し、新潟学校の分校として吸収されていくことになる。この分校も、豪農・豪商らが積極的に経営に関与し、平民学校として運営していった。ここには、やはり平民の大きな力が窺われる。『事典』の著名人には、これらの学校で学んで東京帝大に進み、後に大学設立者となった平民子弟（1858年生・井上円了）のケースも見ることができる。

こうした教育の進展を支えた背景には、旧藩的な教育の伝統に加えて、豪農・富商の経済力と郷学・私塾の伝統があった。この経済力は、新潟が米作地帯であり海運の拠点でもあり、さらに開港場をも持つことによって培われたものである。1874（明治7）年の工業物生産表では、新潟は、工業生産の大きい地域にランキングされている。（後年と異なり、新潟は東京に勝ってさえいる）。そしてこの経済的基盤の上に、各地に郷学や私塾が栄えた。初等レベルを超えた高度な学問を教える私塾も一つならずあり、藩校に優る教育内容

を持つため町人・百姓のみならず藩士にも利用された私塾もあった（同上，p. 234，237）。

　こうした伝統ゆえにこそ、平民は独自に平民学校を設立もしたのであり、士族学校との合併話が出た際には、「むしろ士族学校を平民学校に併合すべき」（同上，pp. 242-243）と主張してこれを断行してしまうほどに、強い自信を持ち得たのであろう。

　その結果として新潟は、明治初頭には既に、「向学の気風」に満ちた府県として評価されるようになっていた。「明治八年督学局年報」の新潟県の部には、「従来学事民間ニ散布シ」無理強いしなくても人々の間に向学の気があるため、就学奨励に汲々とせずに済む。なるほど現在のところ、見るべきものなしの面もあるが、優良な教員を聘するなどすれば、非常に将来性のある地域であるという趣旨の記載がある（『文部省第三年報』）。また新潟は、中学校数や生徒数も、全国有数のレベルにある。1879（明治12）年度において、新潟の中学校数は公私立合わせて11校にも上り、「英語ヲ授ケル学校」としては全国最高水準の4校を数える（同上，p. 256）など、語学校の経験をみごとに開花させているのである。このように優れた教育水準は、明治10年代を通じて維持されていく（同上，pp. 267-269）。

士庶を両輪とする中央志向の教育体制 ── 大分

　大分では、第一期著名人の多くが中津地区の教育機関を利用している。中津渡辺塾、中津藩校・中津市学校に学んだ者が、13名中の5名に上る。私塾では、咸宜園も利用されている。他に、各藩の藩士が自藩の藩校に学ぶケースも多いが、大分には複数の藩地が並立しているため、特定の藩校が際立った重要性を占めることはない。

　ここではまず、中津藩校・中津市学校が注目される。それは早い時期から中央への強い志向を持つことで、輩出の経路となりうる素質を備えていたからである。もともと中津藩は、幕末・維新期には他藩と同じく文教政策を推進しており、藩校進脩館は洋学等の学科を採用していた。貢進生の制度も積極的に活用していた。これは優秀な藩校生徒を東京・大阪などの先進地に派

遣して学事や兵事を研修させるための、国の制度であるが、この制度を藩士に利用させるべく、中津藩はかなりの藩費を割いていたのである。貢進生は50名を超え、大学南校、大阪の医学校などに学んだ。とりわけ、中津の下級士族の出である福沢諭吉が開いた慶應義塾には、過半数の30名近くの生徒が派遣された（鹿毛，1984．pp. 197-198）。『事典』の著名人にも、中津藩校に就学した後に慶應義塾に学んだ者がいる。

　この藩校の洋学教育は、やがて中津市校に引き継がれる。設立者の旧藩主奥平昌邁は、進取の気風に富み、慶應義塾出身の旧中津藩士たちとアメリカに留学した経験も持っていた。廃藩置県を機に福沢らと協議し、自ら資金援助もしてこの学校を立ち上げた[7]が、それは慶應義塾の姉妹校としての、洋式英学校の試みであった。この開明的藩主は『中津市学校記』に、次のように開校理念を記している。「学問は身のためにすべきなり、人のためにするに非ず。いはんや、一時職分の軽重によつて、学問に勉不勉のあるべきに非ず。……。このたび中津に一処の洋学校を開き、その他、県内の諸方に郷校を設くるの議を決したれば、旧藩の士族はもちろん、百姓町人も余が微意を体して勉強、三五年の後、余も外国より帰り、互ひに学業上達の上、再会いたすべき事、今より楽しむ所なり」（同上，p. 210）。ここに示されるように、この学校は平民の子弟にも門戸を開いており、附属小学校も設けて就学を勧め、本科では英語専修、別課では訳書により西欧諸科学を学ばせた。この学校は1883（明治16）年まで存続した（同上，pp. 209-211）。つまり明治初頭の重要な時期に、この地域は住民一般の英学教育に向けて一歩を踏み出していたのである。

　藩校・市校の教育と並んで、大分の輩出率を支えたのが私塾である。中津に限らずこの地域は一般に、近世以来の私塾の伝統があり、学問に親しむ平民の分厚い層を生み出していた。寺子屋が古くからあることにかけては長野・大阪に次いで全国有数であり、武士の教育機関の発達に先駆けて、庄屋などの主導で民衆間に教育が普及していたという。近世における寺子屋・私塾の多さも、九州では熊本に次ぎ、全国的にも高い水準にある。幕末・維新期には、漢学だけでなく国学・洋学を教える私塾や、「天下国家を論じる」

私塾も増えてきていた。なかでも大きな影響力を持ったのが、渡辺塾と咸宜園である。

　渡辺塾は、近世の寺子屋数が県内最多であった中津に生まれた国学塾である。国学者の渡辺一門によって経営され、多くの門人を集めた。彼らは国学の議論を通じて、尊攘思想に傾倒し連帯を生み出していったという（鹿毛, 1984, p. 194）。門人は武士（士族）に限られなかったから、他の多くの府県で武士の専有物であった国家や政治への関心をより広い層に普及させる上で、この私塾は重要な役割を果たしたといいうる。

　咸宜園は、19世紀初めに、日田の御用商人の子の広瀬淡窓が開いた塾である。広瀬は長男であったが家督を弟に譲り、自らは儒者となった。この私塾の評判は高く、全国から門人が集まった。淡窓一代で門人は約3600名に及び、1897（明治30）年まで存続して、4600名を超える門人を出したという。そこからは、幕末から明治期にかけて各界の活躍者が多く出た。幕府の要職に就いたり、維新後には県令・判事・議員・陸軍大学校教授、大審院長などの職に就いたりした門人が、多数見られるのである（同上, p. 135, pp. 199-200）。

　この門人たちは、武士が6％、僧侶が34％、その他が60％と（Rubinger, 1979＝石附ほか訳, 1982, p. 83）、身分的に多様であった。私塾の授業法もユニークで、門人は身分・年齢・学歴を問わず、細かく区分された等級の最下段から始め、定期的に試業を受けて進級するシステムになっていた。つまりこの私塾は、教育を受ける機会だけではなく教育達成を評価される機会についても、士庶に等しい可能性を与えていた。

　この私塾の教科は漢学を中心としたが、他に蘭学・医学・数学なども含み、「大規模の藩校と比肩する科目数」（鹿毛, 1984, p. 133）であった。幕末・維新期には、天下国家の論も語られた（同上, p. 193）。また、ここには中央への志向が強く見られ、初代の広瀬淡窓を始めとする歴代の塾主は、幕府に進言したり、あるいは自ら官途に就いたり衆議院議員となったりしていた。これはもともと日田が天領として幕府との連絡を密にしており、江戸との往来が繁く行われるなかで豪商が成長してきたという歴史にもよるのであろう。塾主

の淡窓自身、そういう豪商の家の出であった。

　大分は、学び方の面でも中央志向が強い。これらの藩校・市校や私塾で学んだ後には、東京や大阪での高度な教育に進む傾向が見られるのである。その最大の受け皿はやはり慶應義塾で、大分の第一期著名人13名のうち8名が、後に慶應義塾に学んでいる。

　以上で、第一期著名人の利用した3種の教育機関の展望を終えた。中等教育制度の整備という統一的な視点から各府県を比較考察することで、この3種の学校が府県ごとに使い分けられ、その内部にさらに多様な相違を含みつつ並び立っていたことが確認された。また、この相違から、著名人が輩出されてくるプロセスの違い、輩出率の府県間格差がある程度理解できることが示された。ではこうした制度的要因は、学ぶ主体の側の条件とどのように関わっていたのだろうか。次章では、この本人側要因について考えたい。

注

1 ）1872（明治5）年、文部省は中学校を外人教師による進学を目的とする特別の学校とそれ以外とに分け、前者として東京の南校と洋学校をそれぞれ第一大学区第一番中学および第二番中学に、大阪の開成所を第四大学区第一番中学に、また長崎の広運館を第六大学区第一番中学に改組した。しかし翌1873（明治6）年にはこれらを専門学校に昇格させ、それぞれ開成学校、外国語専門学校、開明学校、広運学校とした。さらに1874（明治7）年には愛知、広島、新潟、宮城に官立外国語学校を作り、開明学校と広運学校も外国語学校に改称して官立中学校は全廃した。以後、これらのみが大学進学教育の機能を持つことになり、地方の中学校や外国語学校は、これらの外国語学校へ進学する前段階のものとして再定位された（本山，1990，pp. 13-15）。ただし、これらの官立外国語学校は同年中に英語専修となり「英語学校」に改称された。1877（明治10）年まで続いたこれらの学校は、本書では中等教育に含める。東京英語を分離して他の外国語の専門学校として残った東京外国語学校と、同じ1877（明治10）年に大坂英語学校を改組した大坂専門学校は、高等教育として扱う。

2 ）日新館のもう一つの特色は倫理教育であった。礼儀を重んじ身分を弁えることを重視するこの教育は、厳格な身分階層の最上位者である将軍への忠義を絶対とする価値観を生み、藩祖保科正之による徳川将軍家への忠義の教えもあいまって、徳川将軍から京都守護職就任を求められた際、これを断りきれない立場に会津藩を置いた。これにより会津藩は幕末の闘争の中心部へと否応なく引きずり込まれ、薩長の憎しみを一身

に引き受け、ついに本拠地まで攻め込まれて藩を滅ぼすこととなった。

3) 新谷（1997, pp. 4-7）では、明治初期の中等教育の源流は、各地方の藩校と並んで私塾の伝統のなかに求められることが主張されている。これらの教育機関を、それが本来目指していた地域のリーダーの養成という機能（藩政における指導者育成など）から、近代の中学校に要請される中央の人材の養成機能へ、またそれを前提とした上級学校進学の階梯としての位置付けへと、いかに転換させていくかに関して、各地域それぞれの試練があったと新谷は捉え、これを福岡の諸学校について検証している。実際、中央志向の価値観が中等教育の担い手たちに、どのタイミングでどれほど共有されるかは多様であり、それによって府県の著名人輩出率も左右されたことは、『事典』のデータからも読み取ることができる。

4) 岡山も、平民間に私塾の伝統のあった地域の一つである。近世における私塾数は、府県に50もあれば多いほうだったが、当時岡山には144の私塾が設けられていた。私塾数が100を超えるものは他に長野が125、東京が123、山口が106という3例しかない。地域の豪農たちは率先して郷学を組織し、地域住民に教育の場を提供してきたが、なかでも閑谷校は評判が高く他地域からも入学者を集めた。私塾も平民が塾主であることが多く、岡山藩の藩校でさえ、士庶共学という稀な慣行を持っていた。

5) 1864年創設の開成所でも洋学教育が行われた。各地には郷校が置かれ、そこでの成績優秀な者は造士館への留学生となることができたという（越井, 1990, p. 142）。

6) 欧学舎は、西洋の諸知識を吸収するための語学教育という新しい要請に答えうる、公立の学校であった。もともと、独逸学校・仏学校・英学校を始めとする5つの学校が府の主導で設立されていたが、これらが1872（明治5）年に合併して欧学舎となった。この学校の人気は高く、既に合併の前年において、独逸学校138人、英学校108人、仏学校76人、新英学校124人、同女生徒154人という大所帯をなしていた。ここには滋賀県、山口県、奈良県など管外府県からの遊学者もあったことが記録にある（京都府教育会, 1983, pp. 339-341）。

7) 中津市校には旧藩主の資金のほか、旧藩士らの組合の醵金も提供されていた。福沢諭吉も、相談役として教育・経営両面で協力した。福沢はこの学校の開設によせてパンフレットも執筆したが、それが有名な『学問のすゝめ』である。そうした意味で、佐賀や熊本と同様、士族のバックアップの意義は大きい。

3章

士族の時代
—— 第一期の府県外教育と身分原理の支配

1節　府県内教育における士族の有利

士族子弟の向学的な教育環境

　前章で見出された各府県の中等教育制度の違いを踏まえ、本章の前半では
まず、第一期の府県内教育における本人側要因を考察する。制度の効果は、
それを利用する人々がいてこそ生まれるからである。また、制度が府県ごと
にかくも異なるならば、他府県の教育を受けるべく地域移動をしてその差を
埋めようとする試みの成否が重要となる。実際、この第一期における府県外
教育の比率はかなり高い。よって本章後半では、府県外教育の実態を考察す
る。この府県外教育の動向を踏まえて初めて、第一期の著名人輩出の全体的
傾向は理解できるだろう。また、そこに作動していた輩出原理も明らかにな
ろう。

　前章で見た3種の教育機関に就学し、そこでの学びを輩出に繋げられたの
はどのような人々なのだろうか。ここには、際立って有利な条件に恵まれた
人々がいた。それは士族（武士）身分に属する人々である。

　士族（武士）の子弟とは、武芸・学問を人格形成の要として当然視する雰囲
気のなかで育つ人々であった。彼らは幼少のころから、「家庭教育」として、
父母や祖父、兄などから基本的な読み書きや道徳を教え込まれる。6歳ぐら
いになると、父兄やその同僚の藩士に就き、または近隣の私塾に入って、漢
学・和歌・書などを学ぶ。7、8歳に達すれば、朝は夜明け前に起きて私塾
に行き、ついで藩校で学び、夕刻には再び私塾に通うという忙しい日課のな

かで、高度なレベルまで学問を究める。15歳ごろからは、併行して数種の武芸の稽古が始まり、藩校や私塾がその修行の場となる。私塾には他にも政治思想の塾、洋学塾などがあり、さらには鹿児島の郷中や高知の盛組のように武芸を磨き武士精神を涵養する独特の私塾的組織もあったが、彼らはそれらのなかから複数のものを取捨選択し、学問と武芸の修練に励んでいた。

　三重の桑名藩士の子である加太邦憲（三重1849年生・後の裁判官）は、自らが受けた教育を次のように回顧している。「安政二年よりは、隣町に大塚桂とて藩の学頭を勤むる漢学者あり、これより『唐詩選』『三体詩』の手本を受け、家庭にて習字または読書を学び、翌年の夏より大塚私塾に通学し、読書・習字を為せり。安政四年、予、九歳の正月、藩校立教館に入門し、大塚と双方において学問す。藩の制、私塾において勉学するものといえども、藩校の入学は欠くべからざることなりし故、私塾には早朝に行き、多少の読書・習字を為したる後、藩校に出席し、午後は十日に二回藩校に出席し復読するほか、私塾にて勉強したり。……。安政五年四月、舞修行命ぜらる。舞楽は、相応の家柄ある家の当主嫡子にして、十三、四、五歳のものを選みて藩より命じたるものなり。……。これより十六歳までの間は、日々立教館と大塚私塾とにおいて勉学したり」（加太, 1931/1982, pp. 31-43）。この記述からは、各種の教育者に囲まれて、本人も学問に前向きであった様子が窺われる。

　学制発布後には、彼らは小学校に通うことになるが、士族の子弟には小学校の教育内容は易しすぎ、今一つ満足しがたいものだったようで、親が子弟を私塾（時には複数の）にも通わせることが広く行われた。なかには私塾に寄宿する者もいた。小学校の教師が同時に私塾を経営していることもあり、その場合は小学校と私塾の「先生」が同一人物というようなこともあったらしい。彼らは、こうして終日学び暮らしたのである。

　一般の藩士よりも高い身分の子弟には、親の指定した教育担当者が数名、交代で通ってきて個人レッスンをするという、より丁寧な教育が行われた。これは、単に家庭教師に任せきるのではなく、親が自ら家庭教育をしっかり与えた上で教育係に委ねるのである。例えば1842年に武士の子として広島に生まれた浅野長勲（後の広島藩主）の場合は、祖父と父から読書・習字など

門野幾之進
14歳のころ。

を教わり、剣術道場に通った。14歳で広島藩主の支封家の養子になってからは、養父のもとで各担当者から文武を学んだ（浅野, 1937）。鳥羽藩士の子で家老の養子となった門野幾之進（三重1858年生・後の実業家）の場合は、養父が自ら教育にあたるとともに、家庭教師的な数名の師を付けて学ばせた。14歳になると単身上京させ慶應義塾に入れたが、これも子弟の教育について熟慮した結果である。養父は、自ら「西洋的」学問に触れる機会があって、その経験から子には洋学を是非とも学ばせなくてはいけないと判断し、あえて遠方に送り出したのである。

　以上のように、士族以上の人々の教育は非常に手厚いものであった。長い年月にわたり家庭教育、私塾教育、藩校教育そして維新後の公教育等の混合物に接することが、彼らの学びであった。こうした複合的教育を受けたからこそ、彼らは歴史の変わる重要な瞬間に重要な場面に居合わせて、「功績」を挙げられた。あるいは職務上の事務処理能力を発揮でき、維新後の新体制下でさらに高等な学を修める必要が生じても、それに十分対応できたわけである。

士族子弟を支えた藩校の教育システム

　先述のように、士族（武士）子弟には多くの場合、藩校就学が義務付けられていた。これは、士族（武士）子弟であれば否応なく、教育的環境の中に投げ込まれたということを意味する。藩校は、さらに多面的な就学支援もした。成績が優秀な者のなかから数名を選んで就学を援助したり、より高度な教育

を受ける手助けをしたりしたのである (笠井, 1960, p. 211)。岩手の南部 (盛岡) 藩校作人館では、成績優秀者を藩費生として、寄宿寮の入寮費用を藩から支給していた (長岡, 1986, p. 124)。優秀な者を藩命によって長崎、江戸に留学・遊学させた藩もあった (笠井, 1960, p. 211)。

　一例として、安中藩中士の子として生まれた新島襄 (群馬 1843 年生) を取り上げよう。後に宗教家・教育家となり、同志社を創立した人物である。新島は武士の長男として、早くから漢学・武術を学んでいた。13 歳のとき藩主に指名され、蘭学を学んだ。15 歳で元服し祐筆職補助を命ぜられたが、就任後も 17 歳で天文学・物理学の初歩を学び、ついで幕府の軍艦操練所で数学・航海術を学んだ。18 歳から 21 歳までは私塾で高等数学と航海術を学んだが、併行して英学塾に寄寓してもいる。後には海外にも留学した。ここには、藩主に認められてその後援を受けつつ、私塾や幕府の教育機関を巡り歩いて研鑽を積む武士子弟のすがたを見ることができる。しかも藩命による遊学者は大抵、3 年ほどたつと藩に呼び戻されて試験を受け、成績が悪ければ遊学許可を取り消された。このような「ムチ」の存在も、遊学者を一層精進させる効果を持ったであろう。

　本来これらは、(国家ではなく) 藩の将来を担う人材の育成を狙いとしている。しかし例えば松江藩校修道館におけるように、維新後になると、藩よりもむしろ国家のための人材養成という意味合いで支援が行われることもあった。こうした制度ゆえに、士族子弟は一層輩出しやすいしくみになっていた。

平民子弟の教育環境

　これに対して平民 (町人・百姓) 子弟はまず、向学的な家庭環境を欠く。多くの平民は、子に学問は不要という意識を持っていた。例えば商人の子である渋沢栄一 (埼玉 1840 年生・後の実業家) は、6 歳で父に読書を学び、8 歳で従兄弟に経・書・小学等を学んだ。12 歳から剣法を学び、おじから書法を学んだ。これは平民としては相当に学問をさせてもらえたケースだが、「私が十四五歳の頃になると、父は読書や撃剣や習字などの稽古ばかりさせて居っては、時勢にかぶれて武士風になり、家業を嫌うようになっては困るという

渋沢栄一
フランス留学中、パリにて。

ので」（渋沢栄一（口述）, 1938/1993, p. 20）家業に身を入れるようにと常に諫め、15歳ごろからは農業・商業に専念させた。しかし学問を諦めきれない渋沢は、18歳のころに再び地元の儒者について学び、22歳で江戸に出奔して海保漁村の塾生となった。24歳で一橋家に出仕したが、27歳のときにはフランスに留学している。つまりその就学履歴は、周囲の期待に逆らいつつ様々な教育機会を見つけて細切れに学ぶことの積み重ねだったのである。まして貧しい農民等の子弟となれば、寺子屋より高いレベルの学問などおよそ論外であったろう。

　加えて一般の平民子弟には、藩校で学ぶ可能性もほとんどなかった。諸藩のなかには、長崎の平戸藩や大村藩の藩校、金沢藩の明倫堂や大野藩、岡山藩、加賀藩の藩校のように、士庶の双方に開放された藩校を持つものも稀にあったとはいえ（笠井, 1960, p. 185, 193）、それらの多くでは、農工商の子弟はいても数名であった。また、庶民の就学者は座席や教場を武士の子弟とは厳密に区別されており、文武のうち「文」は学んでよいが武芸は許されないなど、特別な扱いを受けていた。

　確かに、維新以前の豪農や豪商のなかには、武士に準ずる教養を嗜む者もあった。地方に暮らしながら、わざわざ京都の私塾で学ぶ町人もいた。そのような人々は子弟にも、ある程度の教育達成をさせるのを当然とみなした。例えば1842年に兵庫に生まれた原六郎（後の実業家）は、父が大庄屋であり製糸業も営んでいたが、6, 7歳ごろには寺の住職に素読を学び、14歳のときには私塾に入っている。16, 7歳ごろには地元の小野藩校にさえ通った。士

分でないのに藩校に通ったというのは珍しいが、豪農の子弟ゆえ特別に許されたのかもしれない。原は、幕末に政治活動に携わったという点でも、武士子弟とほとんど異ならない経歴を持つ。しかし、これはあくまで例外と見るべきであろう。『事典』に収録された著名人で、平民であるのに藩校に学んだ履歴を持つ者は、ごくわずかしかいないからである。

平民子弟の輩出の経路

　では一般的な平民子弟は、どのような輩出経路を辿ったのだろうか。そもそも平民の子弟は、輩出のチャンス自体がそう大きくはない。周囲に反対され、あるいは自らも強い向学心や中央志向を欠くことにより、無名のまま終わる可能性は高い。だが仮に輩出するとすれば、辿られるのはしばしば「無学歴の叩き上げ」という経路であった。例えば1866年に高知に生まれた金子直吉（後の鈴木商店経営者）は土佐藩免許商人の子であったが、貧しくて学校に行けず、14歳ごろから質店の店番の合間に読書をしただけの、全くの独学者である。金子はやがて、乾物屋などの丁稚を経て鈴木商店に入り、その働きぶりを高く評価されて、後に専務取締役となった。

　1858年に三重に生まれた御木本幸吉（後の養殖真珠業者）は、うどん製造業者の子である。家業を手伝い、学問は寺子屋師匠から読み書き算術の初歩を学んだのみで、あとは独学をした。青物行商や穀物商などをしていたが、東京や大阪に見学旅行に出かけ、水産業に目を付けた。彼は23歳で地元の議員となり興業に努めながら、次第に知人を増やし実力も養って、ついに真珠養殖業者として大成し東京の銀座に出店するまでになった。このように、一般の平民の輩出の経路は通常、「功績」も「学校」も経由しない。また、最終的に到達される活躍領域も、政治よりも経済の領域に偏りがちである。

2節 輩出の決め手としての「身分」

府県士族率と輩出率の対応

　以上の事情を背景として、府県の著名人輩出率が高い府県は、府県住民中の士族の比率も高めであり、著名人中の士族比率も高いという傾向が生まれる。表3-1によれば、輩出率が10位以内に入る府県の多くが、府県士族率の高い府県である。鹿児島の約24％、佐賀16％、熊本9％などは際立っている。高輩出率の府県では著名人中士族比率も、高知81％、鹿児島85％、山口72％、佐賀90％などを筆頭に、やはり高めである。表全体として見ても、この数値の高い府県が上位に並ぶ傾向が見られる。

　士族が優勢であれば藩校が整備される可能性も高いため、これらの多くが藩校タイプや藩校・私塾併用タイプの府県となる。ゆえにこの両タイプの府県の輩出率は概して、非常に高いものとなっている。山口や熊本はその典型である。しかし士族は、私塾にも積極的に学んだから、士族の多い府県は私塾タイプの府県として高い輩出率を持つこともある。東京がその典型であろう。ここからわかるように、藩校は、いかに輩出の主要な経路であったとしても、それ自体が高い輩出率の必要条件ではない。より根本にあるのは、士族という身分の力なのである。

　また、おそらく士族のこうした特性ゆえに、仮に府県の士族比率が中程度でも、彼らのための藩校やそれを継承する教育機関が健在である府県では、この士族子弟たちが確実に就学しているため、輩出率はある程度まで高められている。岩手・福島・青森・愛媛がこの部類に属する。これらの府県では、府県の士族比率こそ際立って高くはないが、輩出される著名人には士族が多い。府県士族率は2％だが南部（盛岡）藩校作人館を持つ岩手は、順位において15位（著名人中士族比率は100％）である。府県士族率が5％だが会津藩校日新館を持っていた福島は12位（79％）である。また府県士族率が6％だが藩校の後身としての東奥義塾を持ち、英学教育に力を入れていた青森は28位（83％）であり、複数の藩がそれぞれ藩士教育に意を尽くしていた愛媛は、府

表 3-1　府県士族率と著名人中の（華）士族比率（第一期）

輩出率順位	府県	府県士族率（%）	著名人中士族比率	著名人中華士族比率
1	高知	7.5	0.81	0.81
2	鹿児島	23.9	0.85	0.85
3	山口	8.1	0.72	0.72
4	福岡	7.0	0.63	0.68
5	東京	7.7	0.63	0.65
6	佐賀	15.5	0.90	0.95
7	京都	3.1	0.12	0.54
8	岡山	3.7	0.38	0.38
9	熊本	9.0	0.66	0.69
10	長野	3.2	0.62	0.67
11	長崎	10.3	0.59	0.71
12	福島	4.8	0.79	0.79
13	福井	4.8	0.54	0.62
14	静岡	4.1	0.65	0.65
15	岩手	2.0	1.00	1.00
16	大分	4.8	0.69	0.69
17	兵庫	2.8	0.65	0.65
18	群馬	3.3	0.70	0.70
19	滋賀	2.8	0.57	0.57
20	島根	3.3	0.55	0.55
21	山形	8.1	0.80	0.80
22	新潟	2.3	0.48	0.48
23	大阪	0.9	0.00	0.13
24	愛媛	4.5	0.83	0.92
25	宮崎	18.0	1.00	1.00
26	三重	2.7	0.55	0.55
27	和歌山	5.4	0.63	0.63
28	青森	6.4	0.83	0.83
29	山梨	0.4	0.20	0.20
30	岐阜	2.2	0.67	0.75
31	秋田	5.5	0.88	0.88
32	奈良	5.0	0.20	0.20
33	愛知	3.9	0.57	0.57
34	千葉	1.9	0.50	0.50
35	宮城	5.7	1.00	1.00
36	石川	7.5	0.86	0.86
37	鳥取	6.6	0.75	0.75
38	広島	2.8	0.31	0.38
39	徳島	5.5	0.33	0.50
40	埼玉	1.0	0.25	0.25
41	茨城	3.5	0.57	0.57
42	香川	3.8	0.60	0.60
43	沖縄	欠	0.00	0.00
44	富山	2.1	0.00	0.00
45	神奈川	1.4	0.00	0.00
46	栃木	2.2	0.50	0.50
47	北海道	4.5	欠	欠

注 1)　著名人中士族比率・華士族比率は著名人総数を1と見た場合の割合（藩医・典医を除く）。
　　2)　府県士族率は内務省内閣統計局編，1993，『国勢調査以前日本人口統計集成　別巻1』，東洋書林より1880年の数値に基づく。男性のみ。

県士族率が5%だが24位（83%）に入っているという具合である。

府県士族率の低い府県における高い輩出率の規定要因

　そうは言っても、府県士族率の低い府県が際立って高い輩出率を挙げるためには、また別な諸条件が必要となろう。それは大多数を占める平民の持つ、学校維持力であり、向学心・上昇志向であり、あるいはまた独自な文化でもあったように思われる。

　第1の条件としての平民の学校維持力とは、平民が自らの子弟を学ばせる教育機関として、語学校や私塾を設立・維持する力である。それは新潟のような経済力のこともあれば、岡山のような私塾の伝統のこともある。岡山は府県士族率が4%に過ぎず、著名人中の士族率も38%だが、輩出率は8位である。新潟も府県士族率が3%と低く、著名人中の士族比率も48%に過ぎないが、輩出率の順位は22位につけている。つまりこの条件が整えば、府県の士族比率が低くても、著名人——しかも平民出身の——が多数輩出されうるのである。

　第2の条件としての平民自身の向学心・上昇志向とは、平民の子弟が、府県の教育機関において学ぶ意志や願望を持つことである。しかも彼らが、士族的な中央志向を持つならば、一層効果的であろう。そうした中央志向が見られる府県として、先に大分の例を見たが、岡山も人々の意識は中央に向かっていた。これらの条件が揃えば、彼らは平民であっても著名人の列に伍することができる。しかも、その場合には平民子弟は、「無学歴の叩き上げ」ではなく、士族子弟と同様の「学校」経由のルートで輩出してくることになる。

　第3の条件としての平民の独自な文化とは、教養や嗜み程度の教育しか受けていなくても、経済活動等を通じて著名人となりうる独特の風土であり、先述の京都を典型とする。京都は府県士族率が3%という低さだが、輩出率は7位なのである[1]。この条件が備わっている場合、平民子弟は経営の才などを発揮して輩出し、「学校」経由の著名人とは異なるタイプの著名人となる。もっとも経済領域での輩出は、個人の商才に強く依存するためか、府県

図 3-1　輩出率不振の府県

としての著名人の輩出数はあまり多くないようである。

諸条件を欠く平民的府県の不振

　以上の諸条件の裏返しとして、府県の士族比率が低く、しかも平民の学校維持力や向学心等も弱い府県は、著名人を最も輩出しにくいことになる。その例として、大阪・神奈川・埼玉・千葉・滋賀・広島などが挙げられる。これら輩出率不振の府県は、図 3-1 に示した。

　これらの府県はまず、府県士族率が非常に低い。わずか1％のものが大阪・神奈川・埼玉、2％のものが千葉、そして3％のものが滋賀・広島である。しかもこれらの府県では、士族という向学心ある主体や強力な藩校の不在に加え、大多数を占める平民が専ら実学的な関心の持ち主であるせいで、進学のための語学教育が重視されない傾向がある。仮に語学校などが存在して

も、それを進学準備教育に利用して著名人への階梯を上る者は、ほとんど現れない。進学のための中等教育機関を整備しようという関心自体が薄いため、制度的な要因に関しても遅れを取りがちになる。

　加えて、実はここに挙げた府県の多くが、東京・京都のような学問の先進地に隣接するという地理的条件を持つ。このことが、制度的要因に関してさらなるマイナスの効果をもたらす。つまり、高度な学問を本気で志向する者は隣の府県の学校に就学すれば済み、しかもそのレベルが十分に高いために、住民は、府県内に中等以上の学校をわざわざ設置する必要を感じなかったのである。ゆえにこれらの府県では概して、中学校数や中学校生徒数の少なさが目立つ[2]。例えば千葉には千葉中学があったが、明治 10 年代の半ばになお、進学希望の者は東京へ越境すればよいのだから、県経済の厳しい今日に無理して県費で中学校を設置する必要はないという主張がなされていた。一時はこの主張が主流となって、県会で中学校費を廃する決議が可決されてしまい、動揺した生徒の退学続出、次年度における生徒募集の停止などで中学校教育が頓挫する一幕もあった（千葉県教育会編，1979，pp. 941-942，956-962）。こうした他府県依存の傾向が明治中期まで続いたこれらの府県では、実業系の学校は設置されても、中学校の設置や発展は遅れがちであった。

　だが、住民がこうした意識を持ち、かつ地元に教育機関が整備されないならば、初等教育を終えた人々を進学に誘う府県内の要因は、ほぼ皆無となる。よって彼らのなかからは、「学校」経由の著名人はほとんど現れず、これが全体にも影響して、著名人の輩出そのものも少なくなるのである。このような輩出率不振の府県のなかから、以下では滋賀・大阪・広島・神奈川を取り上げよう。これらの府県における実学的関心の強さは、経済活動に対する独特の志向をもたらし、一定数の経済人の輩出をもたらしてはいる。しかしもともと経済人は大量に輩出されることがないため、府県の輩出率としては低く抑えられるのである。

近江商人の伝統と叩き上げによる成功 —— 滋賀

　滋賀は、いわゆる近江商人の本拠である。近江商人とは、近世以来この地

域で活躍してきた商人のなかでも、地元に本拠を置きつつ行商によって全国展開し、江戸等の各地に支店を置いて多品目を商うという、大規模な商業活動を行った人々である（末永，2000）。明治以降は、その多角的経営の一環として、外国貿易に乗り出す者も出た。その活動範囲の広さは、全国的な視野を養い、また全国レベルでの経営の成功を実現可能にもしたであろう。その意味で彼らの間には、経済人として輩出するための素地ができていたと考えられる。またここには、地元から10代の子飼いを採用して丁稚から育て上げ、全国の支店に配置するというリクルートのしくみもあった。こうした商人の拠点であることで、滋賀には「叩き上げによる成功」という社会的上昇のイメージが、普及していたようである。

　この伝統を反映してか、滋賀の第一期著名人7名のうち2名が、府県内で学ぶことなく早くから労働の世界に入り、後に住友財閥の関係者となっている。広瀬宰平（1828年生）は、家庭で四書五経の素読の手ほどきを受けただけであり、養父が住友勤務であった関係で、早くも11歳で住友別子銅山の給仕となっている。その後、独学しながら叩き上げ、住友財閥幹部の地位に上り詰めた。伊庭貞剛（1847年生）は広瀬の甥だが、神官である父からやはり素読の手ほどきを受けただけである。上洛して京都の私塾に通い、その師に誘われて戊辰戦争にも参加したが、その際に知り合った志士の紹介で職を得て、やがて住友の経営者になった。ここでは、肝心なのは「学校」での学びよりもむしろ機転や商才である。

　こうした出世観は、地域の普通中等教育整備に対する無関心に通じる。滋賀はかなり後年の1884（明治17）年になお県立中学を持たず、町村立彦根中学は、規模が不完全で教員も常に不足しているといわれている。そして「彦根地方に中学校の高等科を設置したところで数名しか入学しないであろうから、高等科を廃し初等中学校としたうえでその資格を十分に完備するほうがよい」（現代語訳）（『文部省第一二年報』）と提言がなされている。

　1888年に生まれた石田退三（後の豊田紡績社長）――この人は『事典』の著名人ではなく出生年もやや遅いが――は、少年期に母親から「貧乏はだめだ。とにかく出世しなければ……貧乏していたら、まず第一にだれにも頭が上が

らん……」とビシビシ教育されたといい、これが「江州商人の思想」であると語っている（濱口，1979，p. 77）。石田はこの「出世」のために、滋賀一中の卒業後は、（既に第二期であるから上級学校進学の風潮も普及しつつあるのに）商人を目指して京都の洋家具店に丁稚奉公に入って経験を積み、三井物産等で活躍中の親戚の縁故で、豊田紡績に就職した。さらに下って 1910 年生まれの馬場可一（後の小川テント社長。これも『事典』の収録外である）に至ってさえ、小学校卒業後、まずは「五大江州商人に数えられる地元の商家・阿部家に丁稚奉公」（濱口，1979，p. 84）に入るところからキャリアを始め、やがて大阪店に転勤して見聞を広めた。このように、滋賀における進学への無関心はかなり後年まで見られる。

腕一本での成功を目指す平民たち ── 大阪

　大阪にも、滋賀に似た商人的価値観があった。1879（明治 12）年生まれの鳥井信治郎（後の経営者）の伝記には、「明治初年の大阪では、子供を将来立派な商人に仕立てるには、商取引の実地に応用できない無用の学問や知識で彼等の頭をいっぱいにするより、まだ精神も肉体も柔軟なうちに、商業の現場に当って下積みの苦労をなめさせ、生活の知恵を経験によって体得させるほうがかしこいやり方とされていた」（杉森，1983，p. 12）とある。ここに端的に示されるように、大阪の商人たちは普通中等教育を評価していなかった。1880（明治 13）年に設置されたのも商業講習所、即ち商業学校である。その目的は「実地商業ニ適切ナル学芸ヲ講習シ善良ナル商売ヲ養成スルニアリ」（「学事巡視功程」）とされている。

　実際、大阪の第一期著名人には、「功績」とも「学校」とも無縁な輩出経路を辿る者が何名もいる。田中市兵衛（1838 年生）は大阪の干鰯問屋の子で、丁稚から叩き上げて銀行を設立した。鴻池善右衛門（1865 年生）は、鴻池家の子として家督を相続したが、家業を発展させて銀行業などに拡大し、財閥を築き上げた。いずれも新規の事業に携わり、商才によって成功した人々である。経済活動の中心地に成育することは、このように経済人として「腕一本での成功」を成し遂げる上では、大きなメリットだったのであろう。だがこ

れは、「学校」経由の輩出とはあくまで別な次元での輩出であった。

　もっとも大阪からは、滋賀や神奈川とは異なり、「学校」経由の著名人も若干名輩出している。その場合は大抵、府県内の私塾などで学んだ後に大坂英語学校を経由して高等学歴を取得するコースが辿られている。この時期の末ごろには大学出の経営者さえ誕生している。これは、府県内に設置されていたこの官立学校のおかげで、学問を志す者はわざわざ他府県に出て行かずとも、この学校を利用できたことによるのであろう。ただしそれは、大阪の著名人の一般的な輩出経路ではない。また、この学校を利用して輩出した者も全て平民で、菜種砂糖商の子弟などが見られるところが、商人のまち大阪らしいところである。

非向学的・非中央志向の平民たち —— 広島

　広島も、平民の意識が向学的でなかった府県である。学問に対する住民の関心は（福山など若干の地域を除いて）概して低かった。1875（明治8）年以前の学事年報には、住民がいかに学事に無理解であるか —— 小学校の教育に対してさえ —— が、繰り返し述べられている。『文部省第二年報』所収の「明治七年各府県学事年報」には、「備中・備後・共奥郡の村々では、学制の主意が貫徹せず、学校経営を官に頼る向きが強い。甚だしいところでは、学校は官のためにするものと間違えている者も往々にしてある」（現代語訳）とある。また同年報中の「広島英語学校年報」には、「農工商は旧政府のときと変わらず、学問は武士以上のなすものとしてこれを顧みる者が少なく、県官から説諭されれば裁判所の言い渡しを受けるような気持ちで聞き、学校をあたかも牢獄と同じとみなし、時には父母が子女に対し、言うことを聞かないと学校に入れてしまうよ、といった諫め方をすると聞いたことがあるが、今実地に見聞するとまさに聞いたとおりである。農工商はこのようであって学問の何たるかを知らないので、今日、学に志す者は旧士族だけである」（現代語訳）と記されている。先に見た新潟や岡山の平民とは、随分隔たった意識のありようである。

　ここでは、中央への志向もそう強くはなかった。士族の間でさえ、子弟を

国家の有為の人材として育てようという意識は、概して希薄だったようである。例えば広島藩下士（足軽）の子である秋山雅之介（1866年生・後の外交官）は、漢学者に師事するなどの教育を受けた後に広島中学に入学し、その後上京して上級学校に学ぶことを熱望したが、当時広島県庁の官吏であった父は、息子を上京させることをためらい、地元の識者に相談をした。すると識者は「それは飛んでもないことだ。考へても見い、大学を卒業して、広島にもどってきて、何をしようといふのだ。そのやふな大物を使ふ場所が、この広島のどこにもないではないか。無理なことだ、是非やめさせたがよからう」と忠告した。県庁でも、「あんたの息子さん、東京へだして勉強さしては、広島に帰らんやうになるで、こちらに置かれた方がよいでせう」と、わざわざ言ってくれる人もあったという（秋山雅之介伝記編纂会, 1941, pp. 25-26）。官公吏はいわゆる公務自由業であり、士族が多かったはずであるにも拘わらず、その関心は必ずしも国家や中央には向かわなかったということである。

平民の実学志向と東京依存 ── 神奈川

　神奈川は、学ぶ主体の側の問題点を最も鮮明に表しているケースである。ここは府県の士族比率がとりわけ低い上に、東京に隣接していることで、府県内教育を不振とする条件が全て揃ってしまった府県だからである。

　神奈川には1882（明治15）年に、実業系の学校として横浜商法学校（のち横浜商業学校）が設立された。しかし普通中等教育への熱意は薄く、中学校は不振であった。横浜の師範学校付設の中学校も、設立はされたが開店休業状態でまもなく閉鎖され、小田原と横浜に置かれていたものも、1884（明治17）年には横浜のほうの私立若米中学が資力乏しく維持不可能になって廃校となり、小田原中学は「事故アリテ休業」（『文部省第一二年報』より「神奈川県年報」）しているありさまで、1886（明治19）年の中学校令を機についに廃止された。1892（明治25）年になお県会は、「本県は都会に近接しているから中学校を設立する必要はない」と、上からの設置要請をつっぱねている。そのさらに5年後に、文部省の圧力でようやく横浜一中が設置されたときには、中学校を持たない府県は全国にもはや一つも残っていなかった。こうして神奈川が

10年以上、そして全国で最も遅くまで中学校を欠いていた理由として、桜井（1942. p. 309）も「県の経済事情」と並び「隣接せる東京市等に於いて就学する便宜」があったことを指摘している[3]。

　しかも皮肉なのは、神奈川における実学的関心の高さが生んだ先述の横浜商業学校や、同じく外国貿易に必要な語学を学べる私塾が、住民たちのためではなく他府県から流入して学ぶ人々のための、輩出のステップになったことである。次節で述べるように、府県間の教育水準の格差は他府県で学ぶための地域移動を生み出したが、その際、他府県の人々の目には、開港場である神奈川の語学校や私塾は十分、魅力的なものに映ったのであろう。『事典』では、東京から6名もの著名人が、また千葉、群馬、静岡、山口、高知からも1、2名ずつが、ヘボン塾や修文館、横浜英和学校、横浜奉行所附属英学校などで主に英学を学んだことがわかっている。つまりこれらの語学塾や語学校は、府県内教育の機関としてではなく、むしろ他府県者のための府県外教育の機関として機能してしまったわけである。

　かくして、第一期におけるこれらの府県の著名人輩出率は、不振の極みとなった。輩出率順位は、滋賀が19位、大阪23位、千葉34位、広島38位、埼玉40位、そして神奈川45位と軒並み低い。なるほど滋賀や大阪には、独自の価値観に従った独自の輩出経路——「叩き上げて」経済人となる道——もあり、この経済人たちが輩出率をある程度まで押し上げている。しかし、そのような経路に比重を置く府県の輩出率は、政治人を大量に輩出する山口等の輩出率には及ぶべくもなかった。まして広島や神奈川のように、富貴への野望すらあまり強くない府県では、どの分野の著名人もほとんど現れることがなかった。

3節　府県外教育における士族の有利

「知」の配分の府県間格差と地域移動

以上の分析で明らかになったのは、府県内教育に関する士族子弟の優位で

ある。彼らは藩校で必要な「知」を手に入れ、この教育機関のメリットを大いに享受した。家庭教育を通じても、容易に「知」を得ることができた。あるいは平民の私塾や英学校・洋学校を利用することもあって、平民の子弟がまだ実学的関心から抜け出せないのを横目に見つつ、「知」を手に入れて著名人となった。このように、士族固有の教育機関である藩校や、士族という社会層の特性が最大限に活かされたという意味において、第一期の輩出のキーワードは、まさに「士族という身分」であった。しかし士族の強みは、それだけではない。実は府県外教育の利用においても、士族であることには大きなメリットがあった。

これまでに見てきたように、第一期の府県内教育の水準には、府県間でかなりの差があった。とりわけ洋学・軍事学・国家思想の私塾は幕末・維新期にもそれ以前にも、東京（江戸）や京都などに集中しており、官立の英語学校も東京・大阪・長崎などだけに設置されていた。この格差を埋めるべく行われたのが、他府県で教育を受けるための地域移動である。好適な教育機関が府県内になく、それでも学問をしたいと望むとき、人は他府県の教育機関を利用して、必要な「知」を得ようとするのである。

もしもこれらの地域移動が、出身階層の如何に拘わらず誰にでも開かれたものであるならば、府県外教育の利用は教育水準の府県間格差を、そして輩出率の府県間格差そのものを、縮める効果を持つはずである。ところが実際には、府県外教育の利用はむしろ逆方向に作用し、格差をさらに拡大することになった。何故ならここには、そうした他府県への地域移動に特になじむ人々と、そうでない人々とがいたからである。しかも移動になじむのは、府県内教育でも有利であった士族という特定の階層であった。第一期の輩出率に大きく影響したのはこの、府県内・府県外教育の両方に関して有利な身分階層が存在するという、いわば士族身分のダブル効果であったと考えられる。

士族子弟の府県外教育を支えた諸要因

『事典』によれば、第一期著名人のうち、府県外の中等教育機関で学んだのは全体の42％である。ということは、府県の輩出率の半分近くが、この

府県外への移動者の動向によって左右されるわけであり、この試みの成否は極めて重要だったということになる。

　府県外教育を受けた人々のなかには、府県内で初等レベルの教育（寺子屋・小学校等）を修了しただけで、他府県の私塾や洋学校・英語学校・中学校等に入学する人々もいた。府県内の藩校や私塾・中学校等で学んだ後に、さらに別な私塾、中学校で学ぶために府県外に出る人々もいた。いずれにせよ、その主流をなすのは士族（武士）子弟であった。第一期著名人のうち、府県外で教育を受けた人々の内訳は、士族が7に対し平民はおよそ3である。ちなみに、府県内で教育を受けた人々の内訳は、士族3に対し平民1であるから、府県内と府県外のいずれにおいても、教育機会は士族の半独占状態であったといえる。

　では士族（武士）は何故、そのように府県外教育でも比率が高いのか。それは、この人々が持つ幾つかのメリットによる。その第1は、地域移動への親和性である。彼らは、代々守るべき耕作地を持つわけではないから、その意味で土地に縛られていない。さらに、参勤交代の制度のおかげで、藩地と江戸の往来は常のことであったから、地域移動には慣れている。従って、他府県で学ぶという決断は彼らにとっては、さほど困難でなかったと考えられる。また、父が江戸藩邸詰めともなれば、その子弟は家族ぐるみで移動をし、東京（江戸）という教育の中心地で幼年期を過ごすこともある。幕臣の子弟ならば、江戸に限らない全国の任地を巡る父に従い、行く先々で府県外教育を受けることもある。例えば1847年に新潟で生まれた益田孝（後の実業家）は7歳のときに、幕府外国奉行である父が函館勤務となったため家族で北海道に転居し、そこで英語を学ぶ機会を得た。のち父の転任に従い一家で上京し、江戸でも漢学・英語を学んだ。こうした語学の知識は、彼が幕府の通弁（通訳）として職歴を始める際の基盤となったばかりでなく、後に横浜を拠点として実業界への思い切った転身を遂げる際にも、強みとなったに違いない。しかもこうした父の仕事上の理由による地域移動のケースでは、府県外教育といってもその実質は、居住する地域でそのまま受ける教育であって、本人が決断する必要すらないのである。

第2は、東京（江戸）と藩との緊密な繋がりである。江戸に藩邸があれば、そこに親類・知人がいるわけであるから、たとえ単身で上京しても頼る先がある。しかも藩はそこに藩学を設置していたから、彼らは府県内教育の連続線上で府県外の学校に学ぶことができた。維新後にも、例えば岩手では「旧藩主南部家が旧藩の子弟のために東京に開設した英学塾『共慣義塾』をたよって上京し、貧苦に耐えて勉学につとめ、さらに上級学校の官費生を志す者が多かった」（長岡，1986，pp. 304-305）とある。このように、旧藩の藩士子弟の府県外教育のために、旧藩関係者による直接的支援もなされていた。

益田孝
17歳、パリにて（元治元年）。

　以上の諸点に加えて、一層重要と思われる本人側要因は、中央への強い志向、即ち立身出世して国家の有為の人材とならんとする意志である。地方にあって、たとえ地元の教育機関に学んでいたとしても、この地域の枠を超え国家というレベルまで上昇していこうとする大志が、士族子弟の間にはある。例えば1867年に愛媛に生まれた正岡子規（後の俳人）は、やはりそうした大志を抱く藩士子弟の一人であった。正岡は、地元愛媛の松山中学で学んだが、生徒間では当時、上京熱・遊学熱が著しかったといい、彼の親戚筋の青年も1年前に、彼の親友も1ヶ月前に上京したばかりであった。正岡が叔父に上京の許可を求めて出した手紙には、自分もまた世の人と同じく「天下万人と後先を争はんと欲する」が、そのためには「学問勉強」が肝心であり、その学問は「田舎の微々たる学校に於て」ではなく「都府の隆盛なる洋宮に於て」すべきであるから、「今時日を空しく松山に費して一年間に一寸の智識を得んよりは寧ろ一年の時日を東京に費して一尺の智識を取らん事」こそ

を望むと、熱っぽく綴られている（梶木, 1996, pp. 10-11）。叔父の許可が下りるやいなや、正岡はわずか4日のうちに中学校を中退し、単身上京してしまった。そして須田学舎、共立学校などで受験勉強をし、大学予備門に入学したのである。

本人側要因としての中央志向は、府県内教育が不振である場合のみならず、下級武士のため藩校に学べない場合や、藩の方針と主義・主張が相容れない場合にも、府県外教育を利用する動機付けとなる。実際、維新期の指導層のなかには、藩校の外で学んだ人々が

正岡子規
中学時代の友人たちと。前列右が子規（明治16年）。

かなりいた。私塾がとりわけ豊富な東京（江戸）は、多くの地域移動者の目的地となった。『慶應義塾七十五年史』（慶應義塾編, 1932）によれば、東京の英学塾であった慶應義塾には、1869（明治2）年ごろには「日本の各所から来た殆ど二百人の学生が其所に集まっていた」が、1863年の開設から1871（明治4）年までの入塾生総数1329名のうちで、平民はわずか40名であったという。以後は平民も徐々に増え、1880（明治13）年には過半数に達したが、それでも人口中に占める平民の比率が9割超であることを考えれば、士族の優位は揺らがない。そして、当時の塾生の3分の2強は、和歌山・（大分の）中津・鹿児島・（新潟の）長岡つまり地方の出身であった（石附, 1990, p. 244）[4]。

東京に限らずとも、有名な私塾には全国から人々が集まった。ルビンジャー（1979=1982, p. 81, 127）は、大分の咸宜園や大阪の適塾の塾生の出身分布を示しているが、その出身府県は全国に分布し、東北からさえ遊学者のあったことがわかる。そしてその多くは、やはり士族（武士）子弟であった。

平民子弟の異なった地域移動

無論、平民子弟が全く府県外教育を受けなかったわけではない。仮に平民子弟が学問を志すとしたら、府県内には自分たちのための学校があるわけでなく、藩校に学ぶのも困難なのであるから、地元に留まる限りは、近隣の私塾で細々と学ぶしかない。従って、一定レベル以上の学問をしたければ、むしろ彼らは外へ出たほうがよい。実際、先述の渋沢栄一も地元で学んだ後は府県外に出たのであった。百姓や商家の後継ぎにしようとする周囲の圧力から逃れるために、まずその地を離れたいこともあっただろう。その意味では、そもそも著名人を目指すならば、平民子弟は府県外へ出なくてはならなかったともいえる。

しかし彼らの辿る経路は、士族子弟とは異なっていた。これは、他府県へ出て学ぶことで輩出に成功した平民子弟の諸事例から、はっきりと読み取られる。熊本藩の明照寺住職の子として1850年に生まれ、後に首相となった清浦奎吾の事例を見よう。平民といっても僧侶・神官等は、知識人階層に属する分だけ、一般の農民よりは学問に対する姿勢も積極的である。だがそのような環境にあってさえ、その子弟は、同じ熊本の士族子弟が辿ったような学びの道を辿ることはできなかった。清浦は7、8歳から父に就いて論語などを学び、11歳からは師に就いてさらに漢学を学んだ。身分上、藩校への就学は叶わないためである。13歳からは私塾でさらに学んだが、「かやうな時勢では、どうしても片田舎の村夫子塾では面白くない。もっと大きな、天下の形勢もわかる処へ出て、学ばなければならぬ」(井上編輯，徳富監修，1935，pp. 9-10)と考え、16歳で単身大分に出て、23歳まで咸宜園で学んだのである。

同様の履歴は、医師や儒者の子弟にもしばしば見られる。例えば1842年に徳島に生まれた芳川顕正(後の明治期官僚)は医師の子だったが、10歳から師に就いて四書五経を学び、16歳からは徳島に出て医学と漢学を学んだ。22歳ごろからはついに府県外に出て、長崎養生所で学問を続けたのであった。1847年に大分に生まれた物集高見(後の国文学者)は儒者の子だが、8歳で藩医に漢学を学び、9歳で藩儒に師事し、15歳からは父の家塾で学んだ。だがその後は、長崎に蘭学修行に行き、京都で玉松操に学び、21歳で一家

を挙げて上京した後は平田鉄胤、近藤真琴らに就いて学んだ。つまり平民子弟は、小さな就学機会を乗り継ぐようにして、あちこちで細切れの学びを積み重ねるが、府県内の学びには限界がある。そのとき、その学びを途切れさせないために、彼らは府県外教育を利用するのである。

　ただしこれらは、住職、医師や儒者の家に生まれたからこその履歴であり、一般の平民が同じような教育履歴を達成できるとは限らなかった。むしろ、当初の希望を妨げられ、方向を曲げられてしまった学びのすがたが、平民の履歴からはしばしば読み取られる。例えば1864年に山口の農家に生まれた渡辺祐策（後の宇部興産創業者）は、家庭や小学校で学んだ後に15歳で岩国の沢潟塾に入ったが、望む上京遊学は家人に反対されて実現しなかった。せめて師範学校へ行きたいと思い山口へ出奔したが、連れ戻された。やむなく渡辺は地元の役場に勤め、村会議員を務めた後に起業するという、「学校」経由ではないコースを経て著名人となったのである。このように、彼らは結局、府県外教育の機会を得られずに終わることも珍しくなかった。

　あるいは彼らの地域移動は、府県外教育のための移動ではなく、他府県に出てそこで就業するための移動のこともある。このタイプは特に、近世から行商型の商人の地としての伝統を持つ富山や滋賀に見られる。この両府県には、府県外に積極的に出ている平民子弟が比較的多いが、それらの移動は、大阪や東京（江戸）に丁稚奉公に出て商人への第一歩を踏み出すために、あるいは横浜に出て一儲けする算段として、行われている。

　これらの諸事情により、府県外教育利用者の構成比には、先述のような士族と平民の大差が生じてくるわけである。

並立する2つの移動圏

　士族子弟と平民子弟の地域移動は、移動の空間的なパターンにも違いがある。士族子弟は、地元の藩校等で学んだ後は京阪や、特に東京（江戸）へ出るのが一般的であり、通常これを1回の移動で成し遂げる。先述の正岡子規も、愛媛からの距離をものともせずに東京へ出た。1862年に南部藩勘定奉行の子として生まれた新渡戸稲造（後の啓蒙思想家）も、東京に店を構え成功

している叔父から「いつまでも田舎に子供をおいてはとても出世は出来ない。いっそ東京へ出してはどうか」という手紙が来たのを機縁として、岩手から一気に上京し、築地の英学校に入学した（石井，1935/1992, p. 45）。つまり彼らにとって府県外教育とは、まさに「上洛・上阪」や「上京」をして受けるものに他ならなかった。

それに対して平民子弟は、まずは府県内の比較的大きな都市の私塾か、隣接県の私塾に入り、その後でようやく大阪や東京（江戸）の私塾に移るという、段階的な移動を行う傾向がある。その背景となるのは前述のような、いきなり上京しても受け入れ先となる藩邸や、要職に就いている親類・知人があるわけでもないという平民特有の事情なのかもしれない。また、そもそも彼らの日常生活圏が、その地方の中心地さえも「大都会」と感じさせるような、農村的色彩の強い地域だったためでもあるだろう。彼らにとって東京などは、日常からかけ離れ過ぎていたということである。加えて、百姓・町人子弟が従来行ってきたいわゆる「出奉公」が既に、この段階的移動のパターンを持っていたという事情も考えられる。彼らは、まずは地域内の都市的地域（まち）へ向かい、それから改めて大阪や江戸へ向かうという移動を代々繰り返してきた（速水，1992）。ゆえに、それが第一期の平民の抱く移動イメージを規定していたとも見うるのである。

先に紹介した清浦奎吾は、熊本から大分に出た。芳川顕正は徳島の田舎からまず町に出て学び、さらに長崎に出て学んだ。物集高見は大分から長崎、京都、東京へと数年ごとに移動を重ねたのであった。2章で紹介した長野の医師の子の田中芳男の場合は、決して「草深い田舎」などではなく小京都とも呼ばれた城下町、経済力も文化も備えた飯田の出身なのであるが、それでもその移動パターンは物集らのものと異ならない。田中はまず父や医師・僧を師として漢学などを学び、長崎留学の経験がある父からは西洋の知識も学んだ。やがてさらなる学問を求めて長野から出郷するのだが、その行き先は江戸ではない。まずは尾張に出て伊藤圭介に洋学を学び、後に師の上京に随行してようやく江戸に達するのである。

ちなみに同様の移動パターンは、第二期の出生者においてもなお見出され

る。例えば豪農の子として1881
（明治14）年に徳島の農村に生まれ
た秋田清（後の政治家）の伝記によ
れば、この村では、「その頃足代
村から徳島の中学校や師範学校へ
入学するということは、それだけ
で大評判になるほどの事件であっ
た」。その「事件」をあえて起こし
て秋田は徳島中学に入学するが、
徳島は「生まれた村とは比べもの
にならぬ都会」（秋田清伝記刊行会.
1969. p.58）であった。彼が4年で
中退し単身上京して錦城中学に入
学するのは、その後のことであ
る。1872（明治5）年に三重に生ま
れた佐佐木信綱（後の歌人・国文学
者）も、同様の移動パターンを

秋田清
16歳、徳島中学時代（明治30年）。

辿っている。佐佐木の父は代々庄屋を務める家柄で、自らは歌人として名を
挙げ、子にも早くから歌道を学ばせていた。この父が子に「都会で教育を」
受けさせるためにと、わざわざ転居した先は松阪であった。佐佐木が「教育
のため」にさらに東京に転居して語学を学び、14歳という若さで東京大学に
入学するのは、そのさらに後のことである（鈴鹿市教育委員会編. 1970）。

　このように、平民子弟が学問の基礎を学び終えて「もっと都会へ出なくて
は」と思うとき、その「都会」とは、三重県人にとっては松阪であり、徳島
県人にとっては徳島である。大阪・東京などは、たとえ望んでも親族から猛
反対されるような、移動可能なエリアから外れた世界、ないしは段階的移動
の後に最終的に到達されるべき世界であった。

　加えてここには、経済的な事情もあったかもしれない。士族子弟のよう
に、ある程度藩からの援助を見込めるならば、大阪・京都や東京がいかに遠

方でも移動の負担は軽い。しかしそのようなバックアップが一切ないとすれば、移動先は自ずと、旅費を出せる程度の近隣に限られてくる。近隣ならば、既に就労している兄や嫁いだ姉などがいるかもしれず、そうなれば住居や資金面での援助を見込むこともできるからである。このように、平民子弟と士族子弟は、移動圏そのものを異ならせていた。そしてそれは平民子弟を、中央から遠ざけ輩出から遠ざける効果を持ったに違いない。

　以上のような士族子弟と平民子弟の移動パターンを集計したのが、表3-2である。これは、第一期著名人が府県外教育を利用した場合の、移動先の分布を示している。表3-2①では、人々の移動先を出身府県のエリアごとに集計しているが、そこには東京への強い一極集中傾向が読み取れる。東京を移動先とするものは移動総数316中の193で、61%に達している。府県ごと、あるいは関東、北陸などのエリアで見ても、東京へ向かう者ははっきりと多い。

　しかし、東京への集中傾向は族籍によって異なり、士族では高いが平民はそれほどでもない。どの地方でも士族の東京集中度は平民に勝り、トータルでは表3-2②に示されるとおり、東京への移動は士族中では66%なのに対し、平民中では51%となっている。しかも平民は移動数自体が少ないため、移動総数中の比率にすれば、士族の44%に対して平民はわずか17%に過ぎなくなってしまうのである。

「身分の時代」としての第一期

　以上のように、府県外教育においても、士族子弟は平民子弟に比べ、教育にアクセスする手段をより多く持つことができた。士族の有利さとは、単に府県内教育を利用しやすかっただけではない。府県内に十分な制度がないならば、士族子弟はその高い移動性によって大きな空間的距離を克服し、他府県の優れた教育機関に自ら学びに行くことができた。この士族ならではの本人属性を最大限に活用して、彼らは著名人への道を歩んだ。そのおかげで彼らは、平民子弟よりもはるかに高い比率で、著名人となりえたのである。

　従って、この第一期における著名人輩出を理解する上で、「士族」は強い

表 3-2 ①　第一期の府県外教育における移動先府県の分布

(単位：移動数)

エリア	族籍	移動先府県					計
北海道・東北	士族	東京18	宮城2	福島・大阪・三重・北海道・静岡各1			25
	平民	東京1	千葉1	大阪1			3
関東	士族	東京10	神奈川4	静岡2	群馬・三重・京都・茨城各1		20
	平民	神奈川5	東京4	千葉1			10
北陸	士族	東京4	愛知1	北海道1			6
	平民	東京7	大阪3	長崎2	宮城・石川・京都・神奈川各1		16
東海	士族	東京11	京都1	愛知1			13
	平民	東京8	愛知1	神奈川1	京都1	三重1	12
近畿	士族	東京21	京都3	大阪1	千葉・長崎各1		27
	平民	東京9	大阪2	京都1	山口1		13
中国	士族	東京13	大阪5	長崎3	京都2	愛知・北海道・神奈川・イギリス各1	27
	平民	東京11	京都3	長崎2	大阪2	熊本・広島・神奈川・三重・岡山・愛媛各1	24
四国	士族	東京21	大阪4	京都2	長崎・神奈川各1		29
	平民	東京2	長崎2	大阪1			5
九州・沖縄	士族	東京42	京都7	長崎5	鹿児島2	大阪2　石川・静岡・和歌山・熊本・山形・大分・岡山・アメリカ各1	66
	平民	東京11	京都3	大阪3	長崎2	大分1	20
計	士族	東京140	東京以外73				213
	平民	東京53	東京以外50				103

注 1)　同一人が複数府県に移動している場合は、移動数で数えているため、数値は府県外教育利用者の人数とは一致しない。
　　2)　他府県出生者を除く。

表 3-2 ②　族籍別に見た移動先の傾向

族籍	移動先	移動数	総計中の比率	族籍中の比率
士族	東京	140	0.44	0.66
	東京以外	73	0.23	0.34
	計	213	0.67	1.00
平民	東京	53	0.17	0.51
	東京以外	50	0.16	0.49
	計	103	0.33	1.00
総計		316	1.00	

意味での鍵概念といってよい。この時期は、教育機会の利用に関するメリットが、府県内教育と府県外教育の両方において、士族という特定の身分と結びついていた時期である。その意味で、第一期はまさに「身分の時代」であり、それが輩出率順位の分布において、士族の多い府県を上位に押し上げる効果をもたらしていたと見ることができる。

注

1) 京都は華族が多い特殊な地域であり、著名人中士族率は低くても華士族比率は高い。華族には、士族に類似した輩出の傾向があるから、それによっても京都の輩出率は支えられていると考えられる。

2) やや後年の中学校数で見ても、これらの府県の多くが極めて低調である。1880（明治13）年データでは、大阪こそ公立8校私立2校を持つものの、神奈川には公立1校しかなく、広島は公立4校私立2校しかない。千葉は公立1校私立4校、埼玉は1校も中学校を持たず、滋賀は公立2校である（『文部省第八年報』）。1876（明治9）年データでも、ほぼ同様であった（『文部省第四年報』）。その他の府県でも、1880年時点で、奈良には中学校がなく、茨城には公立1校のみ、愛知は公立1校のみ、栃木は公立2校などとある（『文部省第八年報』）が、これらの府県も多くが東京や京都に隣接するか、または実学志向であるという、本文で触れたマイナス要因を持つ府県であったことが注目される。

3) 埼玉も、神奈川と並んで遅くまで中学校を持たなかった府県である。1896（明治29）年に2校を得るまで、私立中学のような学校1校だけで過ごしている。その背景について桜井はやはり、経済的理由と、大都市近郊ゆえに学校が発達しないという事情を挙げている（桜井，1942，p. 309）。

4) 第二期に入っても暫くは、同様の傾向が観察される。1889〜1894（明治22〜27）年の東京府立第一中学卒業生徒の出身と族籍に関するデータでは、他府県出身生徒は平民中では45％なのに対し、士族中では57％を占めており、士族の移動傾向の強さが窺われる。しかも生徒の構成比は士族が63％であるから、人数的には他府県生徒の3分の2強が士族であったことになる。特に、記録が始まる1889（明治22）年には、他府県出身の生徒は全て士族である（『東京府第一中學校一覽』）。

4章

明暗を分けた「府県の中学校」

—— 第二期の府県内教育を規定した諸要因

1節　輩出率の順位変動と「知」の交替

変わる輩出率の府県順位と著名人の活躍領域

　第二期の著名人（1868-1900年出生）では、輩出率の府県順位は大きく変動する。第一期に優勢を誇っていた士族的府県の幾つかが転落し、別な幾つかの府県と交替した。また、江戸時代から栄えてきた伝統都市を持つ府県が順位を下げる一方で、新興の近代都市を持つ府県が急上昇してきた。その変動は、表1-2に見たとおりである。

　ここには、著名人の活躍領域の変化も起きている。これも表1-1で見たように、政治人の比率が減る一方で文化人の比率は上昇し、第一期の33％から、第二期には41％にも上っているのである。その内訳にも変化が見られる。表4-1は、活躍領域の政・経・文3つの区分に、高等学歴ないしそれに相当する「知」を持つことによって到達される職業（「1」）か否（「2」）かの区分を掛け合わせて再編したものである。第二期以降の場合、政治人1とは、高等教育を受けた後、資格試験などを経て到達された高級官僚や外交官、司法官僚、検事、弁護士等の職を指す。これに対置される政治人2は、地方議会の議員等からスタートした政治家や組合活動等で頭角を現した活動家・運動家を典型とする。議員や大臣は、そこに至るまでに官僚的な職歴を経由しているか、地方議員当選などを経由しているかによって、それぞれ政治人1と2に分類される。経済人1は、高等学歴を持つことにより（＝学校出として）採用されトップに上りつめた企業幹部や経営者、銀行家等であり、これに対置

表4-1　時期別に見た著名人の活躍領域（細分類）

（単位：人）

	活躍領域							
	政治人1	政治人2	経済人1	経済人2	文化人1	文化人2	他	計
第一期	313	50	27	69	187	42	8	696
	0.45	0.07	0.04	0.10	0.27	0.06	0.01	1.00
第二期	572	140	99	68	515	110	20	1524
	0.38	0.09	0.06	0.04	0.34	0.07	0.01	1.00
第三期	229	67	38	15	191	64	9	613
	0.37	0.11	0.06	0.02	0.31	0.10	0.01	1.00

される経済人2は、学歴と無関係な起業や叩き上げによる実業家・経営者を典型とする。文化人1は、大学に残って研究を続けた学者が典型であり、そうした学歴を必要としない彫刻家・俳優・棋士や僧侶・牧師・新興宗教教祖などの芸術・芸能や宗教部門の活躍者は、文化人2に分類される[1]。

　この表4-1によれば、文化人2即ち芸術・芸能・宗教系の文化人ではなくて、文化人1即ち学者といういわば正統的な知識・技術を司る人々が、第一期の27％から第二期には34％に増加している。また経済人についても、かつて主流であった経済人2即ち「無学歴の叩き上げ」グループに、経済人1即ち「高学歴の経営者」グループが加わり、しかも後者が前者を上回る比率になっている。つまり経済領域ととりわけ文化領域のなかに、高等学歴取得者がかつてなく入るようになっていることがわかる。実際、著名人の個々の履歴を見ても、「各地のナンバースクール（一中・二中など）を経て一高、東京帝大」という経路を、判で押したように辿る人々が ── 官僚や学者だけでなく経営者などにおいても ── 、第二期に入ると急速に増えてくるのが観察される[2]。

「学校」を経由する著名人

　その背景には、「社会的に要求される知」の交替が進み、この「知」にアクセスする方法も変化したという事情があると推測される。

　明治中期になると、かつて重要であった軍事・政治学や政治思想といった「知」に代えて、自然・社会科学的な知識・技術の重要性が一層高まった。

取り組むべき課題が国の体制作りから、国内の産業振興・経済発展へと移ってくるからである。これに伴い教育の分野では、中等以上の諸学校、専門学校、大学の拡充が進み、教育者に対する需要が高まった。民間の産業諸分野においては、1890（明治23）年前後から、外国人技術者に代えて日本人技術者が盛んに採用されるようになった（森川，1975，pp. 44-46）。ここには、外国人技術者の月俸が日本人の5〜10倍にも上るというコスト面での負担感や、直輸入の技術を日本独自のものに練成して産業育成・国力増進を進めようという意図があったという。常務以上まで昇進し、経営陣として活躍する技術者も増えた。森川によれば、戦前の鉱工業会社のトップマネジメントにおいて、技術者は40％近くを占めており、部門によっては過半数がそうであった（同上，pp. 40-44，123-142）。

　しかも「後進国の特徴として、行政・学術教育・産業各分野が一体となって、産業建設を軸とする国家目標に協力しあう傾向が存在する」（同上，p. 22）。技術者も官・産・学の間で活発に転職していたことを森川は指摘しているが、『事典』に収録された第二期著名人のなかにも実際、複数の領域にまたがる履歴を持つ人は少なくない。帝大教授から官僚へ、官僚から会社社長へ、官僚から政治家へなど、様々な領域間の移動が見られるのである。つまり「知」の持ち主は、政・経・文のいずれの領域にも使い回しが利くようになっている。ここから第二期著名人の特徴、即ち自然・社会科学系の「知」を習得した人々が政・経・文の全てにおいて頂点に位置するという傾向が、生まれてくるわけである。

　では、この新しいタイプの著名人たちは、いかにして「知」を獲得したのか。その方法は、着々と制度化されつつあった。以前ならば、この「知」の教授を行う高等教育機関——東京大学のような——に入学する力量を持つ者ならば誰でも、藩校で学んだ者であれ、各地の私塾を遍歴した者であれ、たとえ独学者であっても受け入れられていた。しかし今や、大学に学ぼうとする者は、それに先立つ学校教育の階梯を辿らなければならなくなった。

　この階梯ができてくるのは、1890〜1900年代である。明治初頭には、大学教育と中等教育はまだ明確に接合していなかった。1886（明治19）年の中学

校令で尋常中学（5年）と高等中学（2年）が制度化されたが、発足当初の尋常中学は、「そこを卒業することが進学等の必要条件として要求されることは一般的でなかった」（国立教育研究所編，1974b，p.319）。当時の中学校は、「中人以上の職業に就くため」と「上級学校に進学するため」という教育機能を求められていたが、後者の機能が特に重視されるということもなかった。

ところが、本来中等教育の後期部門として設置された高等中学校——1894（明治27）年に高等学校に改称——は、次第に大学の予備教育の意味を持つようになり、大学に進む階梯として制度化されてくる。高校と、その前段階の教育機関との接続も制度化される。1902（明治35）年、高校入学に際しては全国共通の選抜試験を受けるべきことが定められ、その受験資格は中学校卒業とされた。そうでない者は、予備試験を受けて合格しなければ選抜試験を受けられなくなった。翌1903（明治36）年には「専検」の制度ができて予備試験は不要となったが、この数年間で中学校から高校への接続が確立したのである。

かくして、著名人となるためには、官員を目指すにも民間企業での成功を目指すにも、まずは中学校から始まる教育の階梯を上らなければならなくなった。第二期の著名人たちが、中等教育から順次学んだ末に高い学歴を得ている背景には、こうした諸事情がある。

決め手となった府県の中学校整備力

この段階に至り、著名人輩出の要は、第一期的な各府県独自の教育機関から「中学校」に一本化されてくる。ここでようやく、全府県の中等教育が、学校種としても統一的尺度のもとに展望できるようになったわけである。では、そこに見えてくるのはどのような光景か。それは、この新尺度に照らして分散の著しい各府県の教育のすがたである。つまり当時の中学校は、校数や規模から教育水準に至るまで、非常に大きな地域差を持つものであった。

もともと明治初頭の中等教育は、1章で述べたように、各地域の自主性に大きく依存しながら発展してきたものである。明治政府は、一方では官僚促成のために高等教育を整備し、他方では国民啓蒙のために初等教育を奨励し

たが、中等教育については、当面は各府県に任せて干渉しない方針を取っていた。英語や自然科学等を必須の学科と定め、「正格」の中学校の条件を明確化する（1881 年）など、徐々に画一化への圧力を強めてはきたものの、それ以上の踏み込みはまだなかった。ゆえに各府県は、それぞれの事情 ── 教育に対する関心の程度や経済力など ── を背景として、多種多様な中学校を整備し、あるいは全く何も整備せずに、明治初頭の十数年を過ごしたのだった。このように、近代中等教育の黎明期において、各府県が独自な歴史を蓄積させてきたということが、中学校の地域差をもたらす第 1 の事情であった。

　1886（明治 19）年の中学校令で、一府県一中学校の原則（地方税で賄われる公立中学は各府県 1 校のみとする）が打ち出されると、府県の中学校整備はさらに、地域の統合の有無という条件にも左右されるようになる（国立教育研究所編，1974b，pp. 282–292）。府県の中学校をどの 1 校に絞り込むかに関して、府県全体の意志統一を図る必要が生じたためである。かつては、府県の一部住民が教育に高い関心を持つならば、彼らは子弟のために独自に中学校を設置すればよかった。しかし「府県の中学校」という枠組みになれば、反対者がいて中学校が設置できないケースや、他校を残して自分たちの学校は廃校にしなければならないケースも生じる。その際に住民は、府県のために個別の利害を犠牲にする決断を迫られる。こうした場面において、府県内諸勢力の友好関係や力関係の如何が、改めて重要な意味を持ち始めるのである。府県としてのまとまり方は、やはり各府県の歴史に左右される。党派の分立や諸勢力の競合は、幕末・維新期における藩の態度決定のような、根源的な問題にまで遡る場合もあるからである。

　さらに 1890 年代後半から 1900 年代には、中学校教育が一部の特権的階層 ── 士族 ── の専有物ではなくなり、より広範な社会層に普及していく。その背景として米田（1992，pp. 108–111）は、学制発布以来進められてきた初等教育の成果が現れて、全国的に小学校卒業者が増加してきたことなどを指摘している。各地域では中学校開設運動が活発に展開され、これまで中学校開設に無関心であった府県でも、県会等で熱心な議論が行われ、次々と中学

校が設置されるところが現れた。この時期には、中学校整備力は、現時点における住民の経済力によっても、かつてなく大きく規定されるようになる。「設置はしたいが資金がない」という事情が、しばしば設置を断念する理由となったからである。ここで決め手となる地域の経済力については、「都市化の程度」という観点から考えることができる。将来性のある産業が地域にどれほど根付いているか、その活動がどれほど人を集めて活発に行われているかが、府県とその住民の経済的な豊かさを左右するからである。ちなみに、それが近代的産業であればあるほど、就業に際して学歴が必要とされる程度も強まる。従って「都市化の程度」は、住民の職業構成を媒介として中学校整備への彼らの熱意を多面的に規定したと見ることができよう。

　以上の諸要因によって府県ごとに異なる中学校整備力が、第二期の輩出率を左右している。府県内に教育熱心な地域や経済力のある地域が多ければ、府県の中学校教育の水準は高まる。上級学校の進学率が高まり、多くの著名人を輩出させることができる。逆に教育に無関心な地域や住民の貧しい地域が大半を占める府県では、中学校教育は弱体となる。ここからはほとんど進学者が出ず、著名人も多くは輩出されない。本章の冒頭で見た府県順位の変動の背後には、こうした中学校整備力の変動や格差が隠れていると考えられる。

　次節以下では、各府県の住民の中学校整備力、即ち彼らがどれほど中学校教育に関心を持ち、またその関心に即して制度を整える力をどれほど持っていたかという制度的要因について考察する。取り上げられるのは、士族の持つ推進力、平民間における向学の気風、府県の統合、府県内地域の都市的性格、そして高等中学（高校）・大学など後期中等以降の教育機関の設置という5要因である。まず次節では、府県の歴史と密接に関わる最初の3つの要因から見ていくことにする。

2節　中学校整備を規定した歴史的要因

歴史的要因その1：士族の持つ推進力

　府県の中学校の整備状況を規定する第1の要因は、士族の持つ推進力である。士族という身分には、中学校教育を推進する上でプラスに作用する様々な属性が備わっていた。ゆえに黎明期の中学校の設立・維持は、しばしば士族を主体とするものになっている。

　士族にはまず、「学問重視の家風」がある。伝統的に、彼らは子弟の教育に熱心であり、制度的にも藩校という教育機関を持っていた。ゆえに2章で見たように、近代的教育への切り替えが行われた明治初頭に、士族が有力な府県では、既存の藩校を自主的に整備し、資金援助もして存続させる努力が盛んに行われたのであった。府県の中学校をいざ整備しようとなった際に、その拠点となる学校が既に地域に用意されていたことは、それだけ有利に作用したと見ることができる。士族の力によって維持されてきた学校は、第二期にはしばしば府県の最有力な中学校へと転生を遂げていくのである。

　しかもこの第二期に、士族は公務自由業という職業に多く就いていた。これは官公吏や教員、神官、医師などの知識人的職業であり、その威信の高さゆえに、彼らに好まれた職業である。彼らの子弟も、やはり同様の職業を選びがちであるが、そのためには学問的素養が改めて必要になる。専門的な知識が業務上必要であることに加え、採用時に高い学歴が求められることも多いからである。つまり彼らは、まさに生計を立てる上で学問を必要とした。ゆえに士族は、子弟の教育のための中学校整備に、とりわけ熱心となった。

　それに対して平民は藩校を持たず、学問重視の家風を持つことも稀であった。しかも彼らは、公務自由業に就く比率も低い。ゆえに平民の多い地域は、それだけ不利なスタートに置かれたといえる。この第1の要因に関する成功例として、以下に山口と佐賀を取り上げる。

藩校教育を礎石とする統一的な教育システム ── 山口

　山口が、藩校明倫館を中心とする教育を、維新後に存続させた経緯については2章で紹介したとおりである。旧藩主毛利家の寄附などにも支えられ、ここには早くも1870（明治3）年の時点で既に、大学進学を想定した中等教育機関として、明倫館を改称した2つの中学校 ── 山口中学、萩中学 ── による教育体制が確立されていた。

　その後、1872（明治5）年には、県を4つの中学区に分けて各1校ずつ中学校を設置する計画が始動し、毛利家や旧藩士たちの尽力に支えられて4校体制が成立した。しかしこれらの中学校はなお、学校相互間の連絡や進学教育が不十分なために、中途退学して上京し慶應義塾その他に進学するものが後を絶たなかった。そのため県は1880（明治13）年、旧藩勢力が支えるこれら4校を5つの県立中学に置き換え、山口中学にのみ高等科を置いてその尋常科や他の4中学の卒業者を入学させることとした。高等科での成績優秀者には、貸費で大学予備門その他へ進学させる制度も設けた。本校が全体の学事を統括するシステムも確立された（梅原，1990，pp. 124-127）。しかも1886（明治19）年の中学校令における「一府県一中学校」の通達に対しては、山口本校を高等中学とし、その尋常中学科と他の4つの中学校は山口高等中学予備門とすることで、事実上、旧来の教育制度をそのまま維持した（同上，pp. 134-135）。他府県では、この通達を機に多くの中学校が廃止に追い込まれたのだが、山口はこの危機をもうまく乗り切ったわけである。このころには小学校卒業者も既に多数出ていたため、中等教育のレベルを維持しようとする県のこの方針は、全県的な支持を得たという。この山口高等中学は後には山口高校となって、府県からの進学のルートを提供し続けていく。つまり山口は、士族独自の推進力によって、藩校を明治中期の優れた進学準備教育の機関へと、みごとに転換しおおせたのである。

　実際、山口出身の第二期著名人は、多くがこの教育体制を利用している。府県内で生まれた49名のうち18名が山口中学で学んでおり、そこから山口高等中学（山口高校）を経て東京帝大に進学しているケースも多い。後に内務官僚となった江木翼（1873年生）のように、進学のために上京し共立学校で受

験勉強をしていたのが、郷里に山口高等中学が設置されると帰郷して入学し、後に東京帝大に進学し、大学院まで進んだという事例もある。

旧藩主・士族による強力なバックアップ —— 佐賀

　佐賀も、藩校が旧藩主や士族から経費その他の支援を受け、府県の有力な中学校へと無事に移行した事例である。2章で詳しく見たように、ここでは藩校の流れを汲む佐賀中学と鹿島中学という2つの中学校が、いずれも旧藩主や士族たちによる強力な経済的支援によって維持・整備され、県内の生徒たちの就学機会を守ってきたという歴史がある。

　これらの学校はまもなく、大学への進学のための機関として明確に位置付けられた。1886（明治19）年から翌年にかけての県会の議事録によれば、当時の議員は佐賀が進学率で他府県に劣ることを悔しがり、大学への階梯とならないような県立中学は全廃してしまえ、その方が地域の力で優秀な郡立中学等が成長してくるから望ましい、と主張していた。「大学への進学」という目的については当事者間に既に合意があり、その上でこれをどう達成するかが議論されていたのである。

　こうした全県的な中央志向は、佐賀中学の制度的充実をもたらし、それによって就学者たちを中央へ押し出した。佐賀出身の第二期著名人22名は、半数にあたる11名が佐賀中学に学んでいる。彼らは五高や一高などを経て東京帝大に進学しているから、府県の中学校は著名人輩出の第一歩をしっかり支えていたといえるだろう。

歴史的要因その2：平民間における向学の気風

　第2の規定要因は、平民間における向学の気風である。教育に関心の高い平民たちがおり、その勢力が地域の教育を担えるほどに強かった幾つかの府県では、本格的な中学校整備が始まるころには、利用しうる学校が既に確保できていた。それは概して、近世以来の私塾の伝統を維新後に継承した府県である。これらの府県では通常、初等教育にも力を注いできたから、このころには中等教育への進学者予備軍の分厚い層も形成されている。「府県の中

学校」の設置という課題に対しては、住民の一部だけが突出して学問志向であるよりも全体のまとまりが重要であるから、住民が全体として学問になじんでいたことも、中学校教育の質を高める上で大きな意味を持つことになった。

　ただし向学の気風にも様々な方向性があり、中学校での学びがどのように意味付けられているか —— 中央に進出する手掛かりか、地元の生活を改善するための知識・技術の習得か —— によって、輩出率は異なってくる。以下では、向学の気風が輩出に結びついた府県として岡山と大分を取り上げ、それらとの対比において長野、青森を取り上げる。

平民間に共有される中央志向 —— 岡山

　岡山では、豪農たちが地域住民の教育を導き、向学の気風を持つ平民層を作り上げてきたことを2章で見た。このような傾向は第二期にも続いており、著名人中の平民と士族の比率は平民36名に対し士族は9名と、やはり平民が多い。そしてこの平民たちが持つ意識のありようが、重要である。岡山には維新当時、士族が藩校の伝統を守ろうと設置した遺芳館があった。これは強い中央志向を持ち、様々な試練のたびに外国語学校、各種学校等に名称を変えつつ存続の努力が重ねられていたが、やがて教員養成機関に一部が合流するような形をとって、1876（明治9）年に岡山師範学校が成立した。その変則中学科が1879（明治12）年に岡山中学となり、以後はこれが岡山の中等教育の中心となっていく。このような師範学校との繋がりの強さからしても、岡山中学は、士族的な伝統をそのまま継承するものではない。しかし藩校という士族の学校と、師範学校という平民的な色合いの学校が融合するなかで、士族的な価値観の共有も進んだのであろうか、ここには平民間にも広範な中央志向が共有されていた。

　当時の県の教育の性格について『岡山県の教育史』は、「東都遊学の前に基礎学力をつけることを目的に教育が行われたのであり、卒業するか否かは二の次であった」（ひろた・倉地，1988，pp. 318-319）と書いている。この目的ゆえに英語教育が重視され、中央から教員を招くなどして教育にあたっていたと

いう。岡山中学に学んだある生徒は、当時の中学校生徒のことを、「鋭気ニハヤル連中ハ田舎ノ学校デ辛抱ガデキズ、我レ先キニ都ヲ目ガケテ飛出シテ行ツタノデ、卒業迄居残ツタモノハ、多少ノ例外ハアルガ先ヅ学資ノ都合ガツカヌカ意気地ナシカノ連中」（同上，p. 319）であったと回想している。

　このように「卒業するか否かは二の次」であれば、卒業者は当然少なくなろう。しかしたとえ半途退学でも、それは進学の有効なステップとして機能していたように思われる。岡山出身の第二期著名人には、岡山中学を経由している者が、数名の半途退学者を含めて 18 名もいる。そしてこの 18 名のうちの少なからぬ人数が、後には大学予備門あるいは一高や六高を経由して、東京帝大などに進学している。

中央と繋がる平民たち ── 大分

　岡山の事例では、平民間の向学の気風に士族的要素が加わることで、著名人輩出の効果が高められている。士族的な中央志向は、学びの性格を「地元で実業に就くための教養」から「国家の有為の人材となるための第一歩」に変えるからである。この点に関しては大分も、平民的な向学の気風に、士族的要素が仕上げを施した府県であったと考えられる。

　大分は 2 章で見たとおり、私塾の伝統のもとに平民たちの学びが定着していたが、ここは福沢諭吉の出身地でもあるため、福沢との繋がりが緊密であった。福沢は大分の英学教育に助言を与え、中津の英学校に教員を派遣し、英学校からの貢進生も受け入れていた。そのため大分の出身者は既に第一期に、かなり多くが慶應義塾に進学していた。私塾、咸宜園の代々の塾主も、県や中央との繋がりが強かった。こうした人脈の太さと教育面での連携の緊密さは、中学校生徒たちの目を中央へ向けさせ、かつ大分からの輩出を容易にもしたと考えられる。

　大分出身の第二期著名人が多く学んだ大分中学は、1885（明治18）年に設立され、後の中学校令を機に県立大分中学になった。これは中津の英学校を直接継ぐものではないが、慶應義塾との繋がりはやはり密であった。1890 年ごろに、県は慶應義塾の塾長を大分中学の校長として招き、進歩主義の教育

を行うことを求めている。こうして中央の空気と中央並みの水準を持ち込んだ大分中学の教育は実際、そこに学んだ第二期著名人のうちの10名近くに、五高（ないし三高・七高）を経て東京帝大に進むルートを辿らせているのである。

中央志向を欠く平民的府県 —— 長野

これに対して長野は、向学の気風を持つ平民は多いものの、強い中央志向や中央との繋がりは持たなかった府県である。ここでは、地域のリーダーが早くから平民の説諭に力を入れ、初等教育の浸透に努めてきたが、それは必ずしも、高等教育に進みやすい中学校の整備をもたらさなかった。教育者たちの関心は専ら地域の啓蒙に、従って初等教育にあり、中等教育の質を高める方向にはなかったからである。しかも長野の初等教育は、卒業後は就業する人々のための教育であった。ゆえに、初等教育と中等教育の接続を良くすることにも、さほど関心は払われていなかった。こうした事情ゆえ、整備された小学校教育が卒業者を着々と生み、これに促されて中学校の設置も進められた（長野県教育史刊行会, 1978, pp. 630–633, 636）という割に、その実質は進学準備教育としては不十分なものであった。

広い県域を持つ長野では、1870 年代半ばから地域ごとに置かれてきた中学校が、1884（明治 17）年に統合されて、県立長野県中学となった。本校は長野に置かれ、支校が松本、飯田、上田に置かれた。ところが 1892（明治 25）年の県会では、この中学校の有り方が問題とされている。とりわけ学校間の接続の悪さ、それも本人側に原因がある進学しにくさが指摘された。小学校を卒業しても中学校に入る実力がなく、中学校を卒業もできず、卒業しても学力が付いていない（長野県教育史刊行会, 1981, p. 390）というのである。

入学志願者の学力については、入学試験で受験者の約半数が合格ラインに届かなかった年もあったことから、実際学力は低かったようである。高等小学校修了後に私塾などに学んでも、なお合格できない者も複数いた。1890（明治 23）年に中学校を卒業したある生徒は、合格率がかくも低いことを憂えて、中学校に合格するには「東京の私立である共立学校・城北学校・郁文館

等で一年間学んで後、地方の尋常中学校に転学する」（同上, pp. 387-388）のが
よいだろうと、後輩にアドバイスを与えている。こうした状態はなかなか改
善されず、1902（明治35）年の時点でも、志願者数が定員を割っているのに合
格者が少ない中学校が存在していた（同上, p. 440）。

　他方、中学校生徒の学力の低さについては、落第が非常に多く、卒業して
も「東京修業」の過程を経なければ上級学校に入れない者がいたことが知ら
れる（同上, p. 401）。つまり中学校は、高校等への進学に十分な準備教育を行
えていなかった。これでは、進学したい生徒はむしろ東京の学校で学ぶべく
流出してしまうことになろう。実際、『事典』の第二期著名人にも、「東京の
学校」に就学したきり戻らなかった事例が、4ケース含まれている。

　かくして長野では、平民間の向学心が、著名人輩出に繋がっていかなかっ
た。東京との距離の近さや、東京出生者の相対的な多さなどの好条件のおか
げで輩出率は高めだが、それらがなかったら、もっと低くなったと推測され
る。長野は当初、初等教育の普及した「教育県」として、進学率の高い府県
にランクインしていた。1896（明治29）年の中学校卒業者の進学率は69％で、
全国9位である（同上, pp. 400-401）。しかしそれは長続きせず、1904（明治
37）年には進学率は35％という、この年の全国平均50.7％と比べてもかなり
低い数値に落ち込んでいる（同上, p. 461-463）。

向学の気風を欠く平民たち ── 青森

　府県のなかには、平民間に学問が浸透しないまま明治前半期を過ごしたも
のもある。青森・岩手・宮城などがその例である。いずれも、藩士たちは独
自の文化を共有していたが、他の住民は大半が貧しい農民・漁民で、武士の
文化とは隔絶された生活を送り、僻遠の地ゆえに京の文化に触れることもな
いまま年月を経てきた点に、共通性がある。

　青森では、維新期にいったん廃止された藩校が、1873（明治6）年に「東奥
義塾」の名で復興された。設立の主体は、藩命により慶應義塾に留学してい
た旧藩士たちであり、彼らはこの校名が象徴するように慶應義塾をモデルと
し、慶應出身の教師を何名も招いて、英語重視の教育を行った。正則の英語

を教えるためにアメリカから教師を招きもしたが、その結果、この教師自ら
が学んだアメリカの大学3年生程度までの教育内容を、そのまま移植したよ
うな高度な教育が実現された。この点で、慶應義塾の模倣どころかそれを凌
駕する面すら持っていたという。アメリカへの留学生に対する学資援助も行
われた（北原, 2002）。実際、第一期の著名人のなかには、東奥義塾で学んだ
後にアメリカのアズベリー大学等へ留学している事例が、数名見られる。

　この学校は規模も大きく、1880（明治13）年には、生徒数200名を超える全
国有数の中学校であった（桜井, 1942, p. 141）。しかしそれは、旧藩校の設備
や教員をそのまま引き継ぎ、あくまで士族子弟の就学を想定した学校であっ
て、平民一般の啓蒙を目指してはいなかった。青森の第二期著名人も、13
名中の8名までが東奥義塾で学び、特にその前半期はほぼ全員が東奥義塾生
であるが、その過半数はやはり士族子弟によって占められている。

　ところが、青森の士族比率はあまり高くはなく、大多数を占めるのは平民
であった。その大半は貧しく、向学の気風とは無縁で、中学校設置運動の主
体には到底なりえなかった。その影響もあってか、県として中学科を設置す
る案が出ても、それは自然に立ち消えとなり、結局青森は東奥義塾を私立中
学に転換し、当面それ1校で県の中等教育をまかなうことを決めた。1879
（明治12）年から各郡に設置された公立中学も、中学校の基準を満たすものは
ほとんどなかった。1884（明治17）年に、基準を満たす青森県中学が設立され
た際も、この中学校で教諭の資格を持つのは校長だけという状態であった
（葛西, 1985）。

　そんななかで東奥義塾は、専ら旧藩主津軽家に仰いできた経済的支援が打
ち切られる事態となった際、たちまち経済的に困窮した。市に移管され、さ
らに県に移管されたが、1913（大正2）年にはついに廃校となった。その際住
民は、弘前に県立中学は2校も要らない、1校は工業学校にしたほうがいい
と主張したという。（当時、青森県中学が移転して弘前中学となっていた）。つまり
青森では、中学校教育が士族の専有物から平民との共有財へ移行していくこ
の時期に、平民的な継承者を見出すことができなかった。その結果、士族が
担ってきた中学校教育のレベルと輩出率を、ともに手放してしまうことに

なった。青森は第一期には輩出率28位であり、これは当時の青森の政治的立場を考えればかなりの高さといいうるが、第二期には32位にダウンしてしまう。このように府県の平民に学問的関心が欠けていた地域では、第二期になって輩出率の低下を見ることが少なくない[3]。

歴史的要因その3：府県の統合

　規定要因の第3は、府県の統合ないしは教育政策におけるリーダーシップの有無である。住民の大半の意識が向学的かつ中央志向であっても、府県がまとまりを欠けば、順調な中学校教育の発展は期待できない。府県の教育制度が特定の党派だけに有利なものとなったり、制度整備のリーダーシップが失われたりして、躓く危険があるからである。これは、府県住民の元来の性質——党派抗争が盛んであるか等——とも深く関わる要因である。

　府県の統合の問題は、士族の多い府県でとりわけ顕著に現れた。これは士族という層がもともと為政者であることで、政治的関心が高いためと思われる。士族比率の高い府県は既述のような種々の有利さを持つはずであるのに、府県の統合に失敗した府県では、教育が政治に翻弄されてしまって足並みが揃わない。こうした足並みの乱れは、中学校教育を「府県として」推進することが必要になったこの時期には、致命的な欠陥となりうる。その失敗例は高知や熊本に、逆に成功した事例は山形に見ることができる。

党派的対立に翻弄される中学校教育 —— 高知

　2章では、高知の教育が「文」よりも「武」に傾斜していたことを見た。しかしそこには、中学校教育を発展させる要素が皆無だったわけではない。藩校致道館の維新後の改革では、語学教育にも力が入れられた。この藩校が1872（明治5）年に廃止された際にも、他に設置していた2校の洋学校をまとめて共立学校（のち共立学舎）とすることで、英語教育は継続された。この学校が経済的事情などにより廃校の危機に瀕するたびに、県当局が存続を図り、文部省からの再度の廃止要請を乗り切ってきた。そして1874（明治7）年に再び廃校となった後には、これを旧藩関係者の設立した立志学舎、静倹学

舎、海南私塾土佐分校などの各種私立学校に引き継ぐ対応がなされた。

　なかでもレベルの高い学校として知られた立志学舎は、旧藩の藩校を校舎に借り受け、設立資金2万円も旧藩主から借用して開設された、士族的色彩の強い学校であった。同時に、政治団体である立志社の学校として社から維持費の補助を受け、社長からは書籍費の寄附なども受けていた。後には、英学教育の必要性を悟った立志社の幹部らによって、慶應義塾から英語教師を招聘して授業が行われ、当時は土佐の唯一の英語教育機関として「関西の慶應義塾」の異名も取るほどであった。ゆえに英語を習得したい人々には人気が高く、1877（明治10）年の新聞には「有志の少年先を争うて入学し、当時随分盛なり」という記事も掲載されている（本山，1990，pp. 60-64）。

　これを見る限り、高知の中等教育は県や士族の力で順調に支えられてきたように見える。しかし問題は、これらの中等教育機関がいずれも、立志学舎と立志社の結合のように、その背後に常に政治的勢力を持っていたことにある。本山は「中等教育が、何よりも政治と密接に関連しながら発達してきたこと」を高知の特徴と捉え、「経済的にも、文化的にも、さして教育の近代的発展を支えるような条件の少なかった明治初年の高知県では、県内の政治情勢の展開のみが、士族や郷士たちの手によって進められてきたこの県の中等教育を動かすほとんど唯一の条件だった」（同上，p. 43）と述べているが、そうした傾向は明治の中期まで継続するのである。いわば、第一期的な「武」即ち実力によって勝ち上がることの重視が、政治的対決による勝ち負けの重視に姿を変えたとはいえ、「文」を二の次とする風土はここに、そのまま温存されている。

　政治的諸勢力はそれぞれ学校を持ち、それを通じて青少年を教化しようとした。生徒たちは、学問よりも政治に関心を示し、進学準備より政治演説に力を注いだ。県当局は、これらの学校が政争の道具とされないよう教育の中立化を図ろうとしていたが、埒が明かないために1884（明治17）年、ついにこれらを全廃してしまう。後には、非政治化された高知中学1校のみが残された（同上，pp. 83-84）。ここに至り、県の教育機能は急激に縮小する。4校のうちの3校までを失い、生徒の受け皿がなくなったからである。

　しかもこの高知中学の進学準備教育は、必ずしも優れてはいなかったよう
である。この中学校は、県が先述の共立学舎を復興して中学校に改編したも
ので、尋常科は語学教育の課程をなくして地方的人材育成の場に限定する一
方、高等科は専門学校へ進むための階梯と位置付け、英語教育を課して進学
の便を図っていた。1880（明治13）年に、高知中学には231名の生徒がおり、
全国でも京都中学に次いで第2位の規模であったという（桜井, 1942, p.
141）。しかし1885（明治18）年に、この中学校を終えて東京大学予備門英語専
修科を受験した6名の受験生は、いずれも点数不足で不合格になった（『文部
省第十三年報』より「高知県年報」）。同年報には、「民間にはやった政論が少年子
弟の思想を惑乱したこと等の影響で、教育はこの5年ほど進歩を見ていな
い」という趣旨の記述がある。
　高知の第二期著名人は、高知中学よりもむしろ様々な私立学校を利用して
いる。特に前半期にはそうである。活躍領域は、官僚よりも新聞記者などを
経て政治家や思想家、社会主義者となるケースが極めて多いが、これも政治
色の濃い教育環境の産物と見うる。しかし輩出率のほうはあまり好調ではな
く、第一期の1位から第二期には8位までランクダウンしている。それでも
高知がこれ以上に順位を下げずに済んだのは、第一期に藩閥として多くの人
材を中央に送り込んでいることに一因がある。その効果はこの第二期にも、
「他府県生まれ」の多さとして現れている。この点は鹿児島と似ているが、
高知は西南戦争のような躓きによる中央との断絶が起こらなかった分、恵ま
れていたのかも知れない。

政治団体の学校としての中学校 —— 熊本

　熊本でも、府県を割る政治的対立が見られた。この県の教育は、幕末・維
新期以来、常に佐幕派と開明派の対立に彩られてきている。開国によって政
権を握った開明派の実学党は、抗争に敗れた側の学校（藩校時習館）を廃止に
した。実学党は自分たちの洋学校を持ったが、党に賛同しない者はこれに入
学するよりも、各自で私塾に通うほうを選んだ。一方、佐幕派（学校派）は自
分たちの変則中学（温古堂）を設立するが、ここには対立する実学党の子弟は

入学しなかった（宇野，1931/83，p. 147）。このような状態に対し、「その職員はすべて学校派の人々であり、入学生徒は、皆士族の子弟計り、他の農工商の子弟は入学せず、又同じ士族にしても、実学党の子弟は入学して居らぬ。両派の間、柄鑿常に相容れないから、折角此の学校を設けても、遍く教化に霑はぬ弊害がある。別に中学校を創立せねば、教育は普及せぬ」という意見が多くなり、この学校は 1876（明治9）年には廃止された（同上，pp. 169-170）。1873（明治6）年には、実学党が政府の支持を失い党員が要職を追放される事件が起きた。すると洋学校の生徒は学校を見限り、東京や京都へ出て行ってしまった。

　このように府県としての統一性を欠く教育が、第二期半ばにも継続している。その一方の主役は、1882（明治15）年設立の済々黌である。これは、創立者の佐々友房（熊本 1854 年生・後の政治家）らが皇室中心・国権拡張主義を貫くための機関として設立した同心学舎（1879 創立）の後身で、しかもその政治的姿勢は、済々黌では一層明確になっている。この学校の学校史には、設立理由として「国家を救済するには其事一にして足らずと雖も教育の効力最も多きに居るものとす。況や方今非常多故の際に於て苟も心を国家に存するもの教育に従事し青年子弟を薫陶し一世の元気を振揮し以て国家有用の資に供せざるべからざるなり」（佐々克堂先生遺稿刊行会編，1936，p. 158）とある。この目的を踏まえ、この学校では将来の中国経営のために中国語を教科に取り入れるなど、独自な教育も行っていた。これを支えるのは国権党という国家主義的政治団体だったが、その中心は中士以上の家柄であったから、実質的にこの学校は、士族子弟のための教育機関の枠を出ることはなかった。ちなみに『全國公立尋常中學校統計書』（三井原編，1898）によれば、済々黌の生徒は、1898（明治31）年においてもなお 61％が士族子弟である。

　他方、ここには民権思想の色合いを帯びた県の学校として、熊本中学があった。これは 1879（明治12）年の創立で、県下唯一の正則中学であった。しかし 1881（明治14）年、これを大学予備学校にしたいと文部省に申し入れて断られると、この学校から利益を得るのが熊本区の住民のみであることや、今これを卒業しても大学に入る見込みがなくなったことなどを理由に、

県は廃止を決議し、1888（明治21）年には本当に廃止してしまう（桜井，1942，p. 138）。その際にも、済々黌を支持する党派と、熊本中学を支持する党派が議会で対立し、前者が後者を数で押し切って予算の削除を決定する経緯があったという（熊本県，寺本編，1961）。その後1893（明治26）年に済々黌が県の尋常中学となるまで、熊本に県立中学が置かれることはなかった[4]。このように統合を欠く熊本の輩出率は、第一期には9位であったのが、第二期には30位に下降してしまっている。

　以上の2つの事例が示すように、士族勢力の強い府県にありがちな「府県の統合の欠如」は、士族の比率の高さや士族の属性の持つメリットを帳消しにしてしまうような、マイナスの影響を及ぼすことがあった。

強力なリーダーシップで推進された中学校整備 —— 山形

　これに対し、府県を統合しうるリーダーシップが発揮される場合には、その地域の中学校教育は順調に発展できる。先に見た山口は、府県としての足並みを揃えて中学校整備ができたという意味で、この面でも成功した事例である。同様に中学校整備に成功した事例として、山形を挙げることができる。

　山形は維新期に、多数を占める士族が専ら初等教育に力を注いだ府県である。彼らの熱心な説諭のおかげで、一般の農民の意識はかなり変わってきたようで、『文部省第二年報』所収の「明治七年各府県学事年報」山形県の項には、「学校設立の当初は、人民はまだ学問の何たるかを知らなかったので、説諭をしなければならなかったが、近時は諸学校が競い興り、生徒は着々と進歩し、人民は学校と子弟就学の不可欠を理解するようになった」（現代語訳）と記されている。置賜県の項にも、説諭の結果「今では村長・父兄を始めとして教育の不可欠を悟り学校設立、生徒増加が盛んである。数年のうちに不学の戸・不学の子弟はなくなるであろう」（現代語訳）とある。

　この基盤の上に登場したのが、県令三島通庸であった。三島は1835年に鹿児島の藩士の子として生まれ、戊辰戦争で活躍したのち初期官僚となった、第一期著名人の一人である。当時の山形は自由民権運動が盛んで、農民の反乱に為政者が手を焼いていた。これを鎮める手腕を期待された三島は酒

田県令——1876（明治9）年の3県統合後は山形県令——に就任し、初等・中等教育の整備に強力なリーダーシップを発揮したのである。

一方で三島は、農民の抵抗運動を弾圧すると同時に儒教的な精神に基づく人民教化教育を進めた。その拠点として1878（明治11）年には、小学校教員養成のための山形師範学校を設立したが、これは「教育内容のうえからいっても極めて程度が高く、県下の優秀なものは、競って入学を希望した」といい、また「中等程度以上の学校としては、……学校らしい設備を有していたのは山形師範学校だけであった。従って、師範学校に学ぶ人々は強く教育家になろうと志せる者のみでなく、他に学問する所がないために入学する者」（『佐藤雄能先生伝』）など、多様な人々が入学していたという（野中，1990，p. 385）。後にこれは「中学科」という別科を持ち、それが1884（明治17）年には独立して県立山形中学校となり、やがて山形の教育の主流を形成することになる。

他方三島は、酒田に「東北随一」といわれる小学校のモデル校を設置するなど、初等教育に尽力するとともに、1877（明治10）年に鶴岡変則中学（後の庄内中学）を設置するなど、一郡一中学主義を取って中学校の整備をも進めた。こうした上からの強権的な教育政策は、「酒田県の学校は文部省の方針を守らず、わずかに四書五経の句読などを教授しているのみであったが、三島県令が来るに及んでこの点は漸く改正せられ、始めて（ママ）文部省の規則通りになった」（同上，p. 387）と、反対派からも一定の評価を受けた。

こうして山形県内には、充実した初等教育に支えられ、かつ統合された中等教育の体制が築かれていった。1986（明治19）年の中学校令で一府県一中学校制となった際にも、後の新庄中学や庄内中学などは実質的に教育を継続した。士族の藩校の流れを汲む米沢中学も、私立として存続の努力を続けて、県の教育を衰えさせることがなかった。これを背景として、第二期には米沢中学や、まもなくこれに代わって主要な輩出ルートとなる山形中学、庄内中学を経由した著名人が多数現れた。その結果、山形の輩出率は第一期の21位から、一気に9位まで上昇している。

歴史に根差す制度の多様性

　以上のように、各府県の人々が子弟や地域の教育について考え、取り組んできたことの永年にわたる蓄積が、その後の府県の中学校の質を左右した。その歴史は、時には近世以来の文化的伝統や派閥の伝統などまで、遠く遡ることさえあったのである。

　そのそれぞれの歴史から、各府県の中等教育の多様性が生まれたのだが、それは先にも述べたように、もともと明治初頭の教育政策が、中等教育の整備に関して地方任せであったことに一因がある。そして、その後に次々と出された統一化へ向けての諸政策も、最終的なところは地方任せの姿勢が当面継続されたことによって、府県ごとの教育制度の違いを一層大きなものとしたように思われる。

　政府が中学校の設置基準の設定、あるいは「一府県一中学校」の制度化において意図したのは、各府県の大きすぎる教育水準格差を縮小し、進学準備や地方の人材育成という目的にかなう中学校を各府県に整備することであった。しかし、それに応じて対策を講じる主体が結局のところ個々の府県であったために、格差の縮小には自ずと限界があった。ある府県では、何校も並び立つ中学校を整理して厳選された県立中学に統合できたのに対して、別な府県では、要求される水準を満たす中学校を整備する経済的余裕がなく、中学校の設置自体を断念してしまうことにもなった。士族が党派に分裂している府県では、先述の高知、熊本や愛媛[5]のように、県の中学校を1校に絞りきる合意が成らずに設置を断念することもあれば、新潟のように、無理な統合が後に禍根を残すこともあった。

　つまり中央の政策は、教育の平準化という当初の意図とは裏腹に、蓄積されてきた府県間の距離をむしろ拡大する方向にも、作用した面があるということである。

3節　新しい制度的要因

新しい要因その1：中学校整備を支えた「都市化の程度」

　前節では歴史的要因の重要性について見てきたが、そうした年月の重みを逆転しうる契機も皆無ではない。なかでも重要なのは、「都市化の程度」である。都市化とは、地域に人口が集中し産業が活発化していくことだが、その一つの重要な局面は、府県住民の職業構成の変化である。農業よりも商工業、それも生魚・野菜・荒物等の小商いや建具師・指物師等の職人ではなく、銀行・貿易会社や製造工場のようにある程度の規模を持ちかつ拡大傾向にある商工業の従事者が、地域にどれほど集中しているか。また、そうした人口集中に対応して、行政部門や近代教育部門がどれほど拡大しているか。これらの如何が、中学校整備の実行力や意欲を左右する。以下では、この新しい制度的要因について考察する。

　当時、この「都市化の程度」が高かった府県を、統計的なデータで確認しよう。まず人口増加の割合について、総務庁『人口統計総覧』(1985) (古厩，1997，p. 10) を見るならば、1888 (明治21) 年を基準とした府県別の人口は全体として増加傾向にあるが、なかでも東京と神奈川は1900年ごろにかけて全国に先駆けた増加を示し、その後も他府県を大幅に超える急激な増加を見せている。これを追うのが大阪、兵庫、愛知と福岡だが、1920 (大正9) 年ごろにかけて、これらの人口も順調に伸びている。それに対して島根、福井、新潟など北陸・山陰地方の諸府県は、1940 (昭和15) 年ごろまでほとんど変化が見られない。

　人口集中の程度については、三井原仙之助『明治大正国勢総覧』(1931) (古厩，1997，p. 43) に、主要都市の人口規模の変遷が示されている。表4-2はそこから数値を省いて都市名のみを抽出したものだが、それによれば1876 (明治9) 年から1920 (大正9) 年までの期間で、上位は常に東京・大阪・京都が占めている。名古屋・横浜・神戸・広島などがこれに続く。福岡も15〜17位のあたりには必ずつけている。それに対して明治初頭にはかなり順位の高

表 4-2　主要都市人口の順位変動

順位	1876 年	1893 年	1908 年	1920 年
1	東京	東京	東京	東京
2	大阪	大阪	大阪	大阪
3	京都	京都	京都	神戸
4	名古屋	名古屋	横浜	京都
5	金沢	神戸	名古屋	名古屋
6	横浜	横浜	神戸	横浜
7	広島	金沢	長崎	長崎
8	神戸	広島	広島	広島
9	仙台	仙台	金沢	函館
10	徳島	長崎	呉	呉
11	和歌山	函館	仙台	金沢
12	富山	熊本	岡山	仙台
13	函館	徳島	佐世保	小樽
14	鹿児島	富山	小樽	鹿児島
15	熊本	福岡	函館	札幌
16	堺	鹿児島	福岡	八幡
17	福岡	和歌山	和歌山	福岡
18	新潟	岡山	横須賀	岡山
19	長崎	新潟	札幌	新潟
20	高松	堺	徳島	横須賀
21	福井	福井	鹿児島	佐世保
22	静岡	静岡	新潟	堺
23	松江	松江	熊本	和歌山
24	岡山	宇都宮	堺	渋谷
25	前橋	高松	下関	静岡
26	下関	松山	富山	下関
27	八幡	小樽	門司	門司
28	秋田	甲府	静岡	熊本
29	米沢	下関	福井	徳島
30	鳥取	前橋	甲府	豊橋

注 1)　三井原仙之助, 1931,『明治大正国勢総覧』(古賑, 1997, p.43) より作成.

かった金沢、富山、福井、新潟などは、徐々に順位を下げてきている。

　こうした人口集中は、産業の拡大と、増加した人口に対応する行政部門の拡大の同時進行を引き起こしたと推測される。しかし産業構成（住民の職業構成）についての全国的なデータは、1876（明治 9）年から 1920（大正 9）年までの間は整っておらず、断片的な府県データなどから推定するしかないという（菊池, 2003, p. 230）。よって時期は遅れるが 1920（大正 9）年の国勢調査のデータ「府県有業者千中各業有業者ノ割合」（本業者・男性）から、おおよその傾向を読み取ることにする。このデータによると、府県の有業人口中に占める公務自由業──つまり行政・教育等の部門の従事者[6]──の比率は、全国平均が 6％であるのに対して東京・神奈川・京都・広島がいずれも 10％と高い。

愛知は 8％、福岡は 7％、大阪・兵庫は全国と同じ 6％である。商業の比率
は、全国平均が 12％なのに対して東京・大阪 25％、京都 20％、神奈川・兵
庫 15％、愛知 14％そして福岡は 12％といずれも全国平均以上であり、平均
を割るのは広島だけ（10％）である。そして工業の比率は、全国平均が 21％
であるのに対し、大阪・東京 41％、京都 33％、神奈川 30％、兵庫 28％、愛
知 26％、広島・福岡 23％といずれも高い（詳しくは後出の表 6-3 を参照）。つ
まり行政面、商業あるいは工業面のいずれかに偏った府県はあるものの、先の
8 つの都市的府県は他府県に比べ、これらの産業の集中度が高い。これらの
数値から、当時最も「都市化の程度」の高かった府県は、東京・京都・大阪・
兵庫・神奈川・愛知・広島・福岡と見ることができる。以下ではこれら 8 つ
の府県を「都市的府県」と呼ぶことにする。

住民の経済力と教育への関心

　「都市化の程度」の高さは次の 4 点で、府県の中学校整備にとって重要な
意味を持つ。

　第 1 は、その住民が経済力を持つことである。都市には輸入品を扱う貿易
会社、銀行、製造業の大工場等が集中し、それらの経営者や、そこに雇用さ
れて働く多くの会社員・銀行員や技師等がいる。つまり農村――そこにも
富農はいるだろうが――とは異なるタイプの、経済力ある住民が集まる典
型的な場が、都市である。また都市では、行政・教育等に従事する知識人層
にも厚みがある。先にも見た公務自由業の比率に関して、都市が全国平均を
上回るのはそれゆえである。そしてこの人々は、やはり相対的に豊かな層に
属していた。1880 年前後のデータによれば、公務自由業は他の職業に比べ
て上層の比率が高いのである（菊池, 2003, pp. 66-67, 123）。このように相対的
に豊かな住民が集まっているのは、府県の中学校を設立・維持する資力がそ
れだけ豊富にあったということを意味する。

　第 2 は、住民の中学校教育への関心の高さである。そうした住民にはま
ず、公務自由業の従事者がいる。この人々はもともと士族の末裔が多いこと
もあって、中等以上の教育に関心が高い。またその職業は、子弟に家業や家

産を継がせるものではないため、子弟の将来のためには同様に会社や官庁に勤務する生き方を選んでやることになる。だがその職業は、業務面で専門的な知識を必要とすることが多い。採用にあたり学歴が重視されるという面もある。よって彼らにとっては、地域の中学校の整備は是非とも必要である。（これについては本章の2節でも触れている）。また銀行員・会社員も、同様に子弟の学校教育を考えなければならない人々である。よって子弟に中学校教育を準備してやることには、やはり高い関心を持つようになる。

　当時、中学校を出ることによる利得は、多様なものとなっていた。まず、中学校を卒業後、さらに高校・大学へ進学することによって到達できる職業群があった。1887（明治20）年以降、高級官僚（奏任官）には試験による試補採用という規則が導入されたが、帝国大学の法科卒業者だけは無試験で採用された。1893（明治26）年には試補制度が廃され高等文官試験が導入されるが、ここでも帝大卒業者ならば高文試験自体は受けるが予備試験は免除された。大学卒業者は普通文官に無試験で採用されて、採用後は高文試験の勉強をする時間も与えられたという（清水，2013，p. 195、国立教育研究所編，1974b，pp. 557–559）。彼らは、弁護士資格も無試験で取得できた。また帝国大学・高校等を出れば、無試験で中等教員資格も取得できた。帝国大学や官公立の医学専門学校を出れば、無試験で医師免許が取れた（斉藤，1995，p. 110）。つまりこの経路を辿った先には、公務自由業のなかでも上級の職が用意されていた。

　高等工業学校などを経て、実業界に入る道もあった。実業系高等教育機関の設置は東京などから始まったが、1900年代は神戸、山口、長崎などにも高等専門学校や高等商業学校が設置されてくる。それらに入学するにも、中学校卒業資格は今や必須であった（米田，1992，p. 138）。

　下級官吏や会社員として就職する場合にも、中学卒は有利である。中学校を出ていれば無試験で判任官に採用される（キンモンス，1981 = 1995，p. 171）など、日雇い等に比べて格段に良い月俸と将来が約束されるからである。そしてさらに、中学校卒業後そのまま地域の商工業者となる場合にも、中学卒のメリットはあった。商工業自営として地方名望家になる場合にも、中学校卒業程度の教養は必須とみなされるようになったからである。中学校の整備

は、子弟がこれらの多様な選択肢を手中にするための大前提であり、ゆえに必須の事柄になってきていた[7]。こうした傾向を、1907（明治40）年の雑誌は、「中学教育を受けなくては、中流以上の社会に立って、競争する事が出来ないばかりでなく、中流社会の交際に伍する事ができないから」親たちは子弟を中学校に出すようになったのだと分析している（斉藤，1995，p. 84）。さらに後年の1912（明治45）年には、通信教育の広告に、「これからの世の中は何事をなすにもまず中学校を卒業しなければ駄目です。中学卒業と云ふ資格は立志出世の唯一つの鍵です」（Kinmonth, 1981＝廣田ほか訳，1995，p. 170）といった文言も現れる。つまり中以上の階層の人々の将来の地位と中学校卒業は不可分であるという認識が、広く受け入れられるようになっているのである。

このように広い効用を持つ中学校教育への需要は、当時、どの府県でも高まりを見せていた。菊池（2003）によれば、住民間のこの新しい教育的関心が、具体的な中学校整備の取り組みと結びつき始めるのは、1890年代である。菊池は、京都・兵庫・滋賀・群馬など複数の府県の事例を挙げ、この時期の府県議会において、中学校設置を巡る議論が方向転換してくるプロセスを紹介している。当初、議員たちは概して、府県の予算を中学校経費に割くことに消極的であった。「結局士族のため」であるから中学校は不要という主張がなされた府県もあり、「中等以上の子弟は中学校で学ぶのもよいが中等以下の者は直ちに農商学校に入れて速やかに実業に就かせるほうがよい」という主張がなされた府県もあった（菊池，2003，p. 103）。大阪では、「中学校の入学生は大概資力あるもの」であるから学資の不足はないであろうし、大学に進むためなら中学校以外にも中等教育機関はあるのだから、府立中学校は廃止せよという主張がなされていた（同上，p. 112）。ところが、この大阪府議会でも、1890年代に入ると議員たちの態度は一変する。そして、1校では誘致した地域だけが有利だから複数設置しなければ不公平であるとか、高等小学校2年以上の者が増えてきたからには中学校増設は当然であるといった議論が、展開されてくる（同上，pp. 115-116）。菊池はこうした変化を、必ずしも士族の末裔ではない議員たち自身が、中学校教育の受益者となっていく変化と捉えている。この議員たちは概して地域の名士であり裕福であったか

ら、まさに「中以上の階層」の一員として、中学校教育に直接的な利害を持っていたに違いない。

　しかし、こうした全国的な関心の高まりのなかでも、都市的府県においては、際立って高いレベルの教育を望む傾向が見られる。官公庁が多く大規模経営の拠点である大都市には、高等教育までを必須とする公務自由業の上級職や企業幹部の職、専門的知識の必要な技術者などが集中するためであろう。実際、大都市には1910年代後半ごろまでには、企業における学歴序列が確立されている。社員は大学・高専卒、準社員は中学・実業卒、そして高等小学校卒はそのさらに下という対応付けが明確化するのである（氏原, 1966, pp. 74-76）。ゆえに、都市的府県の住民にとって中学校は、高等教育への階梯となりうるものでなくてはならない。かくしてここでは、上級学校進学の実力がつくような、より質の高い教育を行う中学校の整備が強く望まれるようになるのである。

「近代都市」の持つ将来性

　通常「都市」と呼ばれるものには、伝統都市もあれば近代都市もある。ここで伝統都市と呼ぶのは、江戸時代から海運等で栄えてきた歴史のある都市 ── 府県で言えば福井・新潟・長崎・（大阪・東京）など ── である。そこには商人・職人の小規模経営が集まる商業地区がある一方で、少数の富商が勢力を誇ってきた地域がある。他方、近代都市と呼ぶのは、財閥系の商社などの近代的企業が並び立つ先進的地域 ── 東京・神奈川・大阪など ── である。そこには貧しい都市雑業層の集住地区がある一方で、諸外国との取引を行う商人や、新しい産業を担う経営者等がいる。先に都市的府県として挙げた8府県は、この近代都市の側面を強く持つものである。

　この近代都市には、伝統都市にはないもう一つの特徴がある。それは貿易商人や経営者に代表される産業の将来性であり、これが、「都市化の程度」において重要な第3の点となる。住民が従事する産業が斜陽のものではなくこれから発展していくものであるならば、府県の中学校整備の担い手も確保しやすく、制度の安定した発展が期待できるからである。

都市の持つ語学教育の伝統

第4に、この進学重視の中学校観に適合的な教育機関が、都市には既に存在する。それは、語学系の学校である。もともと都市的地域では、語学の必要性が早くから意識されていた。とりわけ外国船の発着する港湾を持つ地域では、外国人との応対や取引に語学の知識が不可欠である。ゆえにそうした府県には、かなり早い時期から語学塾や語学校が並び立っていた。港湾都市横浜を擁する神奈川には、ヘボン塾やバラ私塾のような個人の英学塾があった。東京にも語学系の私塾が多数設置されていた。新潟の新潟学校でも、英語が教えられていた。また、これらの地域では商業学校でも、—— 例えば神奈川の私立高島学校のように —— 語学教育が行われていた。

本来これらの学校は、高等教育への進学準備のために設置されたわけではない。商工業者たちが必要としたのはあくまで、商売に役立つ知識であった。しかしこの語学校の実績は、地域を語学教育に関して一歩進んだものとする。そのことが、ここに来て改めて意味を持ち始めるのである。高校以上の教育には語学が必須であるゆえに、これらの学校は、優れた進学準備教育の機関へと転生しうる。つまり、中学校の質が整わない府県が多いなかで、語学校が既にあるという事実は、進学準備教育の重要な布石となったのである。

転換期としての第二期

とはいえ新設の中学校は、伝統ある諸地域の中学校に比べれば、住民からの信用が薄かったように見える。例えば1879年に神奈川に生まれた平沼亮三（後のスポーツ指導者）は、家から学校までの距離が遠く、両親が「どうせ遠くの学校に通うならいっそ東京の学校へ」と考えて慶應幼稚舎に入学させたため、そのまま慶應大学卒業まで東京で学ぶことになった（松本. 1963）。また1884年に新潟に生まれた高橋誠一郎（後の経済学者）は、幼時に家が没落して横浜に移住したが、当時の神奈川の事情を次のように書いている。「高等科二年を終わると、中学の入学試験を受ける資格があったが、実際、中学に進むものは非常に少なく、比較的貧しい家の多い下町の子供たちは、尋常科

をおえると、すぐに小僧にやられるか、あ
るいは自分の店の手伝いをさせられるもの
が多かった。山の手の子供たちの中にはさ
すがに中学に入るものがかなりあったが、
そうした人たちのなかで、いくぶん豊かな
家庭に育ったものは、その当時できたばか
りの神奈川県立の中学、いわゆる『神中』
や横浜商業学校、すなわち通称『Y校』には
いることをきらって、由緒のある東京の中
学校を選ぶことを誇りとしていた」（高橋.
1984. pp. 377-378）。髙橋自身も、東京の中
学校を選択した一人であった。平沼と同じ
く慶應義塾の普通部に入学し、そのまま大
学まで進んだのである。このように、東京

高橋誠一郎
慶應義塾普通科時代。

の伝統校と地元の新設校では、前者のほうが好まれた。これは、新設校がど
れほど進学実績を上げられるかが、未知数であったためかもしれないし、由
緒を尊ぶ身分的価値観がなお健在であったことによるのかもしれない。

　そうした事情もあって、都市的府県のいずれでも、著名人が地元の中学校
に学ぶ傾向が安定して現れてくるのは第二期の後半である。神奈川では、横
浜一中の就学履歴が最初に現れるのは1886年生まれの著名人においてであ
り、まもなく小田原中学の就学者がこれに加わる。だがそれまでは、府県内
教育の利用は稀で、多くの著名人は隣接する東京へ出てしまっていた。大阪
では、1882年生まれの著名人に北野中学の就学履歴が、また1883年生まれ
の著名人に天王寺中学の履歴が現れる。だがそれ以前の大阪には、大阪商業
学校で学んだケースが見られる程度である。著名人たちはこの中学校ならぬ
「商業学校」から東京の中学校へ転学し、その後に高等教育機関への進学を
果たしていた。愛知でも、当初は専ら東京など他府県の中等教育機関が利用
されており、1884年生まれ以降になってようやく、安定的に愛知一中が利
用されるようになる。兵庫も、1878年生まれ以降で姫路中学が安定的に現

れるようになり、1889年生まれごろからは代わって神戸一中が主流となる。東京でさえ、(府立中学の初出は1867年生まれとかなり早いものの、)初期には半途退学して府県内外の様々な学校を転々とした事例ばかりが現れている。府立一中を始めとする府県内の中学校だけを利用する傾向が一般化するのは、1878年生まれごろから後である。これは、明治初年生まれから既に岡山中学に安定的に学んでいた岡山や、1864年生まれの就学者もおり1873年生まれ以降は安定的に利用されるようになった佐賀中学を擁する佐賀とは、かなり異なっている。つまり都市的府県は明治半ばのこの時期に、急速に変わりつつあったのである。

　以下では、近代都市の典型として東京、京都を選び、対照的な伝統都市としては福井、新潟を選んで、それぞれ中学校整備がどのように進展したかを見てみることにする。

オールマイティな近代都市 —— 東京

　東京は、江戸時代から政治の中心であり商工業も栄えた伝統都市であった。しかしその基盤の上に近代的産業部門が強力に展開していくことで、近代都市への転生を成功させた。

　そこにはまず、経済力ある住民がいる。菊池（2003, p.139）によれば、東京には当時、全国の所得税納税者の19％以上が集中していた。また『統計集誌』第97号には1889（明治22）年の東京の所得税納税者のデータがあるが、東京の中でも区部、特に麹町区や牛込区など特定の区で、納税者の比率が際立って高くなっている（東京統計協會, 1982a）。

　第2に、住民は中学校教育への関心が高い。これは東京の近代都市としての産業構成のためでもあり、高等教育機関の整備が全国に先駆けて進んでいたためでもあった。まず最高学府としての東京（帝国）大学があり、その卒業者を官公庁のトップへと送り込んでいた。実業の世界へ向かう人々のためには高等専門学校として高等商業学校、高等工業学校などがあったが、その卒業者は官民の企業に技術者等として採用されて、後には経営者・幹部の地位にまで上りつめる者も少なくなかった[8]。官公立ではない私立専門学校も多

く、東京法学院、明治法律学校などが並び立っていた。1876（明治9）年の時点で既に私立専門学校5校があったが、1880（明治13）年になるとそれは27校に増えている（『文部省第四年報』『文部省第八年報』）。その多さは、全国でも際立っていた。

　住民は、これらの高等教育機関とそこに学ぶ学生たちを間近に見つつ暮らすことにより、子弟をそこに就学させることに関心を持つようにもなろう。実際、1897（明治29）年における東京帝大在籍者の出身地（本籍）の上位5府県は、東京245名、山口90名、福岡83名、石川80名、京都64名となっており、東京は総数1895名のうちで他を引き離して首位（13%）である。1911（明治44）年にも上位府県は東京674名、福岡179名、熊本178名、新潟177名、愛知174名となっており、総数5187名中のやはり13%が東京出身者によって占められている（東京都立教育研究所編, 1995, p. 246）。

　このような高等教育進学への好条件と住民自身の経済力、教育への高い関心がもたらした中学校整備力は当初、私立中学校の充実という形で実現された。東京は、中学校の多さで群を抜く府県である。例えば1902（明治37）年に、多くの府県の中学校数が5校前後であるなかで、東京には28校の中学校が設置されていた。この年の中学校数は全国の合計でも267校であるから、これは全体の10%を超えている。当時の東京の人口が、全国の4%弱に過ぎなかったことを思えば、これは非常に多い。そしてその28校のうち24校が、私立であった（『全国中学校ニ関スル諸調査』1903年版）。

　これほどに私立中学が多ければ、進学への関心が高まってもそれが即、府県の中学校の整備に繋がるわけではない。既存の私立中学を利用すれば済むからである。府立中学の経費を府の予算から出すかどうかが議会で議論された1883（明治16）年に、反対派の議員は「東京には学校がたくさんあるから府立中学を設ける必要がない」「府で設立しなくても数年中には私立中学校が自然に設立される」などと主張した。賛成派の議員も「大学に入る階梯としてはむしろ私立学校のほうがまさる」ことを認めざるを得ず、結局予算案は否決されることになった（岡田, 2004, pp. 12-13）。こうした豊富な中学校群を前にして、受験生はまず手近な中学校で学んだ後に、受験準備のできる中学

校でさらに学び、十分な実力をつけて高校受験に挑むのが一般的であった。この場合、府立中学は手近にある中学校の一つに過ぎず、並び立つ私立名門校に比べて教育水準も人気も劣っていた。

しかし、この私立優位路線はまもなく転換する。そのきっかけとなったのは、府立中学を進学準備機関に改造しようとする学校長の登場であった。府立一中に1890（明治23）年に着任した勝浦鞆雄と、1909（明治42）年からその後任となった川田正澂である。勝浦の時期には「私学全盛時代で、東京では、開成中学、麻布中学、京華中学、独協中学、暁星中学、錦城中学、正則中学、日本中学その他有名中学がきら星の如く並び、上級学校への進学率を誇っていた」（『日比谷高校百年史　上』, p. 98）が、勝浦は進学の便宜が良いように制度を改革し、上級学校進学率を7割まで高めることに成功した。川田は、進学の実力をつける授業態勢を整えるなど、教育内容面での改良を加えた。その評判が高まると、教育に関する意識の高い親たちは、子弟を府立一中へ入学させるようになった。

この学校の所在地は麹町区、即ち前述のように東京の区部のなかでも所得税納税者の比率が際立って高い区であり、それと符合してこの学校の生徒父兄には、かなり階層の高い人々が集まっていた。「一中の生徒はみな富裕な家の息子で、家庭教師などをつけて勉強させる」（府立四中の校長であった深井鑑一郎の談）（『東京都立戸山高等学校創立八十周年小史』:『日比谷高校百年史　上』, p. 129）と言われている。父兄職業では農・商・工に比して庶業（公務自由業にほぼ重なる）の比率が際立って高く、1902（明治35）年において179名中の139名つまり78％が庶業の子弟となっている（『東京府学事年報』『東京府統計書』:菊池, 2003, p. 315）。1913（大正2）年になってもこの傾向は変わらず、生徒801名中の231名が官公吏・軍人軍属・教員の子弟、269名が銀行員・会社員の子弟、77名が医師・薬剤師の子弟といった構成であった（『日比谷高校百年史　上』, p. 646）。

府立一中が高い高校進学率を挙げるようになると、これを追う中学校が現れてくる。その先鋒が、府立四中であった。1898（明治31）年に四中の校長に着任した深井鑑一郎は、（家庭教師をつけられる）一中の生徒に比して「ここの

生徒はそれができない。だから学校で（勉強を）させねばならぬ」と考え、学校として十分な進学準備をしてやれる体制作りを目指したのだという。もっとも、ここであたかも貧しい生徒のようにいわれている府立四中の生徒も、相対的には上層の家庭の子弟であった。これは所得税納税者の比率が2番目に高い区である牛込区に置かれた学校なのであり、その生徒の父兄職業は、1902（明治35）年には135名中の73名即ち54％が官公吏、軍人、会社員や教員などの「庶業」で構成されている。「日比谷の一中と、牛込の四中は、当時の住宅地の中心であり、高級官吏、軍人、会社の重役や高級社員、大学教授、弁護士などの居住が多く、生徒は、他の府立中に比べれば経済的に恵まれていたようである」（『東京都立戸山高等学校創立八十周年小史』, p. 129：菊池, 2003, p. 317）とも書かれている。岡田（2004, p. 47）も、府立四中が調査した「僕婢傭人の有無」のデータから、生徒の過半数が何らかの使用人を持つ家庭の子弟であったことを指摘し、生徒の階層は高めであったと述べている。

　その生徒たちは、深井校長の定めた厳格な規律や厳しい勉強に耐えたが、その「理由はただ一つ、立派な高等学校、特に一高に入りたいためであった。いわば生徒の要求というよりも、父兄の要求、さらに社会の風潮に外ならなかった。深井先生からいえば、こう言われるに違いない」と、府立四中に勤めたある教員は回顧している（『東京都立戸山高等学校創立八十周年小史』：『日比谷高校百年史　上』, p. 127）。こうした親たちの熱意に促されて府立中学が次々と進学準備教育へ向けて舵を切っていくにつれ、東京の中学校は質的にさらに充実したものになっていった。

　第3に、東京の産業は成長産業であった。維新直後の東京は、政治の中枢であり治安維持の必要もあるため、官僚と軍人の町といわれるほどに官庁と軍の施設が集まっていたが、日清・日露の戦間期である1890年代からは、市街地への人口集中・資本集積が進んだ。海運業、商社、造船、銀行等の多角的経営を始めた四大財閥系の民間企業や、他の諸銀行が主導的な役割を担い、地域の再編成を進めていった。ただの草地に過ぎなかった丸の内も、買い取られて商業地に転換した。本社などの中枢管理機能も、東京に集中するようになった（石塚, 1991）。つまり東京は、近代的産業部門の先端を担う基

地になりつつあった。

　これに伴い第4に、住民の職業構成において、東京は公務自由業と商工業の構成比率がともに高くなっている。これは1920（大正9）年の国勢調査のデータで先に見たとおりである。なるほど商業・工業の中には伝統的な小売商人や職人層も含まれているが、企業に勤める俸給生活者の層は、他地域に増して厚いものとなった。そしてこれらのいわゆるホワイトカラーたちが集中して住む地域が、府県内のあちこちに生まれてきていたのである。

　そして第5に、東京には語学教育の伝統がある。既に幕末・維新期から豊富であった語学塾は、その語学（主に英語）教育の優れた機能を伴ったままで次々と私立中学校への転生を遂げた。東京の中学校数が先述のとおり非常に多いのも、東京のこうした語学塾の伝統に起因する部分がある。

　以上のように、東京には先に挙げた都市のプラス要因のほぼ全てが揃っていたことにより、その中学校教育は充実して高校進学率は高まり、輩出率は第一期の5位から上昇して第二期には1位となった。東京の第二期著名人はその多くが、私立の有名中学や府立一中などを経由して一高そして東京帝大に進むルートを辿っている。

伝統都市の上に開花した近代都市 —— 京都

　京都は近代都市であるが、伝統都市的な側面も色濃く残って影響を及ぼし続けた府県である。そうした影響は、進学の前提となる語学教育への住民の姿勢に、窺うことができる。

　京都における中等教育が、主に教養・嗜みを与える機能を期待されていたことについては2章で述べた。ここには欧学舎というレベルの高い語学校があり、華族や諸藩士族の子弟などが300名近く通う京都大学校という官立学校もあったのだが、それを継承した京都府中学に、地元から入る生徒は、必ずしも多くなかったのだった。住民が、上級学校進学のための教育には、あまり関心を持たなかったためである。

　中学校に関する京都府会の議論も、遅くまで中学校不要論が主流であった。1881 〜 82（明治14 〜 15）年の府会で、府当局から中学校費の地方税支弁

の提案がなされた際には、「進学の成果がたいして挙がっていないものを地方税で支弁する必要はないし、エリート教育は同志社などの私学に任せておけばよい」との反対意見が述べられ、これに多くが賛同した。地方税支弁を支持する少数派も「小学校卒業の子弟を教育する場が必要である。そうでないと京都は小学校で学んだ知識しかない者ばかりになってしまう」として、進学準備教育よりも教養を与える教育に、中学校の意義を見出していた（伊藤．1990．p. 232）。この議論の末に府議会は 1882（明治 15）年、中学校費全廃の案を可決してしまうのである。

　やがて中学校の設置自体には合意が成り、1885（明治 18）年には計 4 校の府立中学が並び立つようになるが、これらは全て、語学教育が完備していない変則中学であった。レベルの高い 1 校に絞るより、レベルが低くても複数あったほうがよいという主張もなされた。正格の条件を満たした「正則」の中学校の設立が上から求められてきても、府議会はそのような中学校を持つ必要を認めなかった。近隣（大阪）に第三高等中学が設置されるのだから、正則の教育はそちらの予科や別科予科に代替させればよいとし、さらにこの第三高等中学を京都に誘致すると同時に、中学校費の全廃を決定してしまう。以後、京都府中学は真宗大谷派に経営委託され、府の管轄を離れてしまうのである。このように、進学準備教育の機関を必要と見る勢力は、1880 年代を通じてほとんど存在しなかった。

　ところが 1893（明治 26）年以降になると、府議会は一転して中学校設置に前向きとなる。「一般の人士を養成する中学校が宗教臭を帯びているのは好ましくない」からと、預けた中学校を大谷派から取り戻そうとする動きが起こり、1893（明治 26）年に大谷派による管理は終了した。その背景には、次のような事情がある。

　大谷派の管理下にあった数年間、この中学校は宗門子弟のための中等教育機関として機能した。大谷派は、社会のリーダーシップを取れる人材の育成に向け（荒井．2011．pp. 397-398）、英語を 15 時間、数学を 9 時間も増やしたカリキュラムを組み、英数を中心とした進学準備教育を推進した。すると一般からの入学者が増加し、宗門子弟の占める比率を押し下げるようになっ

た。1888（明治21）年には総員 367 名中に宗門生徒は 197 名（54%）を占めていたものが、1892（明治25）年には総員 413 名中の 125 名（30%）に減少し、しかも同年 9 月の新入生のなかにはわずか 10% しかいなくなってしまう（同上，p. 407）。つまり一般生徒の数が宗門生徒をはるかに超えるものとなったのである。

　これは、京都における住民の意識がそれほどまでに変容し、進学準備教育を求めるようになってきたということを意味している。こうして一般の生徒が多数を占めるようになれば、府議会としても、もはやこの中学校を宗教団体の手に委ねてはおけなかったのであろう。以後、府県中学校の整備は「中学校へ進む生徒が年々増している状況下では必然的なことである」という主張に基づいて進められ、校舎の新築や第二中学以下の増設も実現する（第二中学は 1900（明治33）年に、第三中学は 1902（明治35）年に設置された）。そして京都の中学校生徒数も、1894（明治27）年の 460 名から明治末年には 2350 名へと、急増していくことになる（伊藤，1990，pp. 263-269）。

　住民の意識がいったん変われば、京都は大きな成果が見込める地域である。既述のように、その優れた初等教育の伝統は着々と修了者を生み出してきたため、本人側の能力については十分な準備ができている。しかも伝統都市かつ近代都市であることによって、経済力のある住人の層も厚い。さらに 1887（明治20）年には、第三高等中学という高等教育への接続ルートも準備され、1897（明治30）年には京都帝大が開設されて、他府県に出なくても高等教育を修了しうる見通しが立った。

　これらの基盤に支えられて、中学校生徒の進路にも劇的な変化が起きた。例えば 1884（明治17）年の府立中学の初等科卒業者 20 名は、卒業後に高等科や東京大学予備門に進学したのは半数強の 11 名で、残りは全て家業に従事していた（『文部省第十二年報』より「京都府年報」）。これが 1894（明治27）年になると、卒業者 16 名のうち 14 名が高校に進学し、実業に従事したのはわずか 2 名という、10 年前とは様変わりした配分が見られるようになる。この中学校は「学業に於ては、東京府立一中、四中及び高師附属中学に比して遜色なかりしのみならず、幾度か之を凌駕せし事あり」と当時の校長が語るような

（『京一中洛北高校百年史』：菊池，2003，p. 320）、進学名門校の地位を確立していっ
た。ちなみにこの時期の府立一中の入学者父兄職業は、「庶業」の比率が急
速に増加しており、1900（明治33）年には 248 名中の 56 名（23%）に過ぎなかっ
たものが、1906（明治38）年には 224 名中の 119 名（53%）にも増えている（『京
都府学事年報』：菊池，2003，p. 321）。

　こうした変化は、京都の第二期著名人の輩出の仕方の変化と符合してい
る。第二期のうち前半期の著名人には、絵画等の文化領域で成功した文化人
や、小学校を出ただけの「叩き上げ」タイプの経済人がまだ多い。その一部
を挙げるならば、1875 年に茶商の子として生まれ、京都府画学校などで学
び日本画家として大成した上村松園や、1877 年に劇場売店主の子として生
まれ、売店の手伝いから始めてやがて自ら劇場を手掛けるようになり、つい
に演劇興行主となった大谷竹次郎（後の松竹社長）、あるいは出口王仁三郎（後
の宗教家）、与謝野寛（後の歌人）や北大路魯山人（後の陶芸家・料理研究家）などで
ある。

　ところが後半期には進学する傾向が急速に強まり、特に 1888 年以降の出
生者では、京都府立一中・二中・四中などから一高・三高を経て東京帝大や
京都帝大に進む者が急増する。そして、一部の例外を除き全員が帝大卒とな
る。つまり京都の著名人たちは、第二期の主流である「学校」経由の輩出へ
と、路線をはっきりと切り替えたわけである。かくして京都の輩出率は、第
一期の 7 位から第二期には 4 位へとさらに上昇した[9]。

伝統都市における中学校教育の衰退 —— 福井

　これに対して幾つかの伝統都市は、東京や京都のような諸条件を欠いてい
た。その一例は福井である。ここでは、士族の時代から平民の時代への切り
替えが不調であった。有力な平民はいても、その力や関心は府県の中学校整
備という方向へは向かわなかった。

　福井はかつて、日本海側の海運ルートとして重要な 3 港（敦賀・小浜・三国）
を持ち、東北地方からの貢租物などを畿内に運ぶ中継地として栄えた（三上，
1985，pp. 81-85）。この遠隔地貿易で巨利を得た商人も多く、彼らは武士に対

抗しうる港町文化 ── 独自の京風文化 ── を発達させていた。また福井に
は、レベルの高い福井中学が設置されていたが、こちらは福井藩校明道館を
継承するものである。幕末の福井藩は外圧を意識して藩の人材養成に力を注
ぎ、武芸だけでなく学問をも重視して、「実用の学」として兵学・洋学・医
学の導入を図った。特に医学については蘭方医学の教育を進め、その施設は
維新以後には福井県医学校に継承されていく（同上．p. 116）。藩校明道館は維
新後、明新館と改称されたが、ここでは英米人を雇い、多額の費用をかけて
理化学実験室を設置した（当時、理化学実験室を持つ中学校は国内に 4 校のみであっ
た）。1870（明治 3）年ごろには、生徒数も多くて熱気あふれる学校であったと
いう（同上．pp. 170-177）。

　1873（明治 6）年、明新館は福井中学となった。「当時、全国の中学校は全
部で二〇校で、福井中学校はその一つであり、しかも藩校の後身でもあるた
め全国に知られ、他県からの入学生も少なくなかった」（同上．p. 239）とあ
る。こうした輝かしい歴史を持つにも拘らず、県内からこの福井中学に就学
した者は、当時の著名人 ── 第一期末の生まれということになる ── のな
かには一人も見られない。

　これは、本来ならばここで学ぶはずの人々が、諸事情で府県外に流出して
いたからである。藩士子弟たちは、父の江戸詰勤務などで早くから府県外に
出てしまい、府県内では学ばなかった。裕福な平民の子弟 ── その父は神
官や生糸商、製糸業、複数名の医師などである ── もまた、父の仕事の事
情で幼少のうちに神奈川や宮城、京都などに出ており、教育はその流出先で
受けた。これでは、府県内に中学校を整備する動機付けは生まれず、実際に
通う人々も現れてこない。このように福井では、中学校整備を行いうる資力
や基礎的素養のある人々は、地元に定着して教育振興に尽力するよりも、む
しろ外に向かっていた。

　加えて一般の平民は、中学校教育を自ら担うほど向学的ではなかった。福
井では 1873（明治 6）年に護法大一揆が起こり、その要求の一つに「学校から
洋学を追放すること」が掲げられた。この一揆は、真宗の盛んなこの地域
で、信仰を守る運動として発生したものである。ところが、国の宗教政策が

「ヤソ教の強制」と理解されたことで、民衆の「反ヤソ教」意識が「学校（小学校）における外国語教育ひいては洋書翻訳的教育への反感」と結びつき、外国語教育廃止を要求するに至ったのだという（同上，pp. 184-199）。民衆のこうした反感を受け、県当局も中学校教育を強く推進することはためらわれたらしい。

　そして第3に、国内の商業・流通機構の変化による経済面での衰退がある。これについては、「裏日本」という象徴的な言葉がある。これは1900年ごろから、単なる地域区分ではなく経済的・社会的格差を含意するものとして成立してきた概念であり、また独自の文化圏という意味合いを持たないネガティブな概念であるという（古厩. 1997）。それは、諸要因によって不利な立場に置かれ、人口流出が進み過疎化していった日本海側の諸地域を総体として指す呼称である。福井や次に述べる新潟等が、このエリアに含まれている。

　従来この北陸・日本海側地域は、優れた文化を有する外国としての中国・朝鮮に面し、その文物を輸入する窓口となっていた。若狭から加賀にかけての地域は、江戸時代から明治初期にかけての物流の幹線航路であった北前船（北海道と大坂を結ぶ）の拠点として栄え、北方で仕入れた物を上方で売り捌き巨利を得た大商人も多かった。この経済力を背景に、九谷焼等の地場産業も盛んであり、船舶金属製品等の工業生産でもひけをとらなかった。また新潟は日本一の米作地帯として、大地主を多数生み出していた。ところがその繁栄が、1900年前後の時期に、急速に衰退してくるのである。

　この「裏日本」形成の背景として、阿部（1997）は次のような政治的・社会政策的な諸側面を指摘する。西南日本の政治的優位によって、多くが敗者側に属した北陸等の諸地域からの政治的輩出が制限されたこと。鉄道が太平洋側を中心に敷設され、日本海側は太平洋側の都合で局所的に敷設されるに留まって、日本海側を全体として結ぶ路線が引かれなかったこと。官営工場の設置場所の偏りなど、殖産興業面における太平洋側偏重があったこと。そしてさらに、高等レベルの教育機関が東京・大阪等の太平洋側に集中し、日本海側にはほとんど設立されなかったことである（阿部. 1997. pp. 90-199）。

　福井の港湾都市としての繁栄も、1890 年代における西洋汽船の航路網整備によって切り崩され、和船からの切り替えに遅れた遠隔地商人は、廃業や経営縮小に追い込まれた。産業が太平洋ベルトに集中していくなかで、将来性ある商工業を展開するのも難しかった。海路を陸路に切り替える動きが進むにつれ、福井は太平洋岸に張り巡らされた鉄道網のネットワークからも、取り残された。そして教育面でも、府県内には高校が置かれず、中学校から先の進学先は確保されなかった。こうした背景のもとに、福井の著名人輩出率は 13 位から 25 位へと、大きく低下することになった。

もう一つの伝統都市の凋落 ―― 新潟

　新潟も、伝統都市としての歴史を持ちながら、第二期に至って躓いた府県である。もともと新潟は、新潟学校や長岡洋学校による語学教育の伝統を持ち、明治初頭には極めて熱心に教育に取り組んでいたことを先に見た。豪農は地域住民の教育に尽力し、県官も真剣に教育政策に取り組んだのであった。その成果は、明治 10 年代まではほぼ持続していたとされる。しかしそうした隆盛の陰で、土台の崩壊が徐々に進行していた。その一つは、府県の教育の担い手からの、士族の撤退である。これは 1873（明治 6）年に、県として中学校教育を一本化する段になって生じた対立を契機とする。この協議においては新潟を本校とし長岡を分校とする決定がなされたが、これに反発した長岡の教員は辞職し、生徒も反発して中退した。そして以後は、進学したい者は専ら上京するようになってしまったのである（石附，1990，p. 253）。また、こうして平民の比重を増した構成のゆえか、後には新潟本校を拠点とする県の中学校教育自体が、進学教育よりも実学教育へ傾斜してきた。

　他方では、1869（明治 2）年の新潟港開港後、早くも数年にして港の利用は激減した。堆積土砂の問題に国が迅速に対応しなかったため、外国船入港に不便となったからである。さらに 1880 年代半ばからは、米価低落で困窮した多数の農民が、県外に流出した。かつては有数の米作地帯であり、港湾都市でもあった新潟は、こうして産業化の後進地域として停滞し始めた。既存の町村立中学も、担い手を失い次々と閉校に追い込まれた（阿部，1997，pp.

203-250．古厩．1997．p. 59）。経済的基盤が弱体化してしまった豪農たちは、子弟を東京へ遊学させてしまい、県の中学校教育にもはや積極的には取り組まなくなったという（阿部，1997．pp. 224-225．230）。1890 年に鹿児島に生まれた田中耕太郎（本籍佐賀・後の法学者）は、裁判官である父の転勤に従い岡山中学、新潟中学、福岡の修猷館中学などを転校して回った人で、それぞれの中学校の個性について述べているが、そのなかでも「新潟の中学はレベルが低かった」と回想している（田中．1984）[10]。

　これらの事情は、新潟の第二期著名人たちの動向に、明瞭に反映されている。彼らは県内の中学校を利用するよりも、最初から東京へ出てしまう。初め県内で就学したわずかの人々も、中退して東京の中学校へ転学している。そして新潟の著名人輩出率は、22 位から 37 位に転落してしまっているのである。

新しい要因その 2：高等中学（高校）の設置

　これまでに見てきた諸要因は、府県の中学校整備力を直接規定する要因である。それに対し、別な方向から進学を支える要因も、新たに現れていた。それは、後期中等レベルの学校、即ち高等中学（高校）の設置である。どの府県に高等中学を設置するかについては、その地域がどれほど教育に関して優れた実績を挙げているか等が考慮されるため、中学校整備に関して優れた府県が候補に挙がるのは自然なことである。しかしそのなかから最終的にどの府県が選定されるかは、政治的判断などにも依存しているため、高等中学（高校）設置と府県の中学校の整備状況とは、ある程度独立の変数である。

　高等中学（高校）は、全国に均等に設置するという原則のもとに作られたため、いわゆる都市ではない地域にも設置されている。第一高等中学即ち一高の他には、1887（明治20）年に二高～六高が、遅れて山口高等中学、鹿児島高等中学（後の七高）が設置され、さらに 1909（明治41）年には愛知に八高が設置された。従って、一高の東京、二高の宮城、三高の京都、四高の石川、五高の熊本、六高の岡山および山口、鹿児島、愛知の住民以外は、進学するには県境を越えた地域移動をするしかなかった。そのコストの高さを考えれば、

地元に高等中学（高校）が設置された府県の住民は、相当に恵まれていたといえる。遠方まで学びに行くゆとりのない層でも、地元でならば就学できたから、その分、就学可能な人々の範囲も拡大することになったであろう。

　実際、府県に高等中学（高校）が設置された場合に、そこに最も多く入学するのは地元出身者である。各校生徒の本籍地府県で見ると、例えば1899（明治32）年の一高入学者の本籍地は、東京192名、静岡59名、新潟49名、長野45名、岡山38名の順であり、首位の東京の人数は他に際立って高い（『第一高等學校本部一覧　自明治三十二年至明治三十三年』：東京都立教育研究所編，1995，p.245）。また1901（明治34）年の入学者で見ると、一高入学者の21％が本籍東京、二高入学者の21％が宮城、三高入学者の12％が京都、四高入学者の16％が石川、五高入学者の30％が熊本、六高は15％が岡山、山口高校は50％が山口となっており（鹿児島はデータなし）、いずれも地元府県が最大の生徒供給地となっている（『統計集誌』246号：東京統計協會，1982c）。

　以下では、二高が設置された宮城、四高が設置された石川を例にとり、それぞれの府県における高等中学（高校）設置の意義を見てみることにする。

二高設置が刺激となった府県 —— 宮城

　高等中学（高校）の設置された府県で高校進学率が高いのは、その地の住民にもともと素質があったからだという見方もあろう。例えば東京が高い高校進学率を示しているのは、士族の流れを汲む学問の伝統や、裕福な家庭ゆえに教育への関心が高かったことなどによるので、一高設置の効果ではないという見方である。しかし宮城の事例は、必ずしも住民間に優れた素質が準備されていなくても、高等中学（高校）の設置が住民の行動を変えうるということの、一つの証拠であるように思われる。

　宮城は、制度史的に見れば、早くから多くの教育機関が設置された県であった。維新後まもなく宮城英語学校、宮城師範学校が置かれた。しかし住民の学問的素養は必ずしも十分ではなく、むしろ「人民柔弱ニシテ活発ノ気象ニ乏シ」（『文部省第三年報』）とされていた。そのせいで、官吏が教育に力を入れないのではなく、学校の資金がないわけでもなく、新設校が少ないので

もないのに、学事の進歩がはっきり看取されるものはわずかであった。また宮城師範学校の付属小学生徒も、東京師範学校と同様の教育をしているのに、進歩状況は東京師範付属小学の生徒に及ばないといわれている。このように、住民の気質についてはむしろ後進的な性格を持つとされた地域が、宮城であった。

　また宮城は、高等中学の設置にあたって何の争いもなく、実地調査さえ受けずに自動的に候補地と決められた、唯一の地域であった。他の地域では、高等中学は「各県にとり極めて魅力のある、その地方の文化的、延いては政治的ステータスを高むべき高度の施設」であったために、設置候補地はそれぞれの文化的優越をアピールし、「第四を誘致する際における石川、新潟、富山、福井諸県間の争い、第五を誘致するについての熊本、長崎を始めとする九州各県のはげしい競争、又後にも第六を設ける際の岡山、広島、香川等の各県……の例」と激しい争奪戦を展開したのであるが、宮城の場合は直ちに仙台に設置が決まったのである。その理由は「仙台の拠って立つ、東北地方における歴史的、文化的地位の特にすぐれていることに因るのか、あるいはまた、東北地方なかんずく仙台が明治維新にいたる国内戦争における敗者の立場にあるということに因る特別な政治的配慮が介在していたのかもしれない」とされ、二高が宮城に設置された真の理由は明らかでない（『第二高等学校史』, pp. 12-13）。

　しかも二高の生徒には、東京出身者が多かった。特に卒業者にはその傾向が顕著で、『第二高等學校一覧』によれば、初期には宮城出身の卒業生は東京出身の卒業生よりも少ない年が続いている。在校生についても、「学生は東北六県の中学校出身が多かったが、主流を占めていたのは東京からのものであった。尚志会の言論部、雑誌部、運動部等その役員も大方東京方で占めて居た。東北にある学校ながら東北弁が笑われるシマツであるから、東北のものは自然遠慮するようになったのである」と、1895（明治28）年の入学生は書いている。優勢な東京出身者から「言葉の点で我々は散々な物笑ひを受けた」という東北出身者は、「東北のものはただ黙々と勉強して居るという姿」で、地元でありながら片隅に押しやられていた様子である（同上, pp. 103-

104)。他地域出身生徒のそうした多さは、1887（明治20）年には学校側からも問題視されるほどであった（同上, p. 82）。

しかしそれでもなお、宮城出身者は多くが二高を受験した。例えば1887（明治20）年の予科入学試験では73名の受験者中、（合格者7名のうち宮城出身者1名という結果はさておき）50名が宮城出身者であった（同上, p. 61）。また、1891（明治24）年の現員生徒を出身府県別に見ると、合計410名のうち宮城が141名、東京43名、福島31名、山形25名などの順で、宮城は際立って大きなグループをなしているから、大量に入学できている年もないわけではない（同上, p. 64）。つまり宮城出身者は、その学問的素質等から見れば全国平均に届かないような状態だとされるにも拘わらず、高等中学（高校）受験に盛んに挑み、ある程度は入学してもいたということである。

受験をするとなれば、学問と真剣に向き合うことになる。首尾よく合格すれば、そこで新しい友人や価値観にも出会う。それに刺激を受けてさらに上級の学校へ進学しようと決意することもあろう。高等中学（高校）設置とは、このような種々の新しい機会を地元府県に向けて開く契機になったと考えられるのである。

独自な中等教育に接合された四高 —— 石川

石川も、高等中学（高校）が設置された府県である。ここでは、既に下地のあったところへ四高が設置されたため、著名人輩出に関して劇的な効果が現れた。

石川は早くから中等教育に力を注ぎ、中学校教員の養成を目指して作られた学校（啓明学校）が1877（明治10）年以降、石川県中学師範学校となっていたが、後にこれが専門学校に改組されて1887（明治20）年まで存続した。この石川県専門学校は、4年の補助中学科と法理文の専門部のある7年制の学校であった（金沢市史編さん委員会編, 2001, pp. 601-628）。『文部省第二年報』所収の「石川県学事年報」では「中学校」に分類されているが、高等教育機関とも呼べるほど高度な教育を行っていた学校として、教育史的な評価も高い。卒業者を東京へ留学させるなど、中央の高等教育との接続にも配慮がなされて

いた。

　この学校の利用が盛んになるのが第二期である。その一因はおそらく、ここに日本海側の代表的な都市的地域である金沢があったことである。いわゆる8大都市が台頭するまで、金沢は全国でも有数の大都市として繁栄していた。前掲の表4-2によれば、1876（明治9）年の金沢の人口は、全国でも東京・大阪・京都・名古屋に次いで5位であり、1908（明治41）年にも9位を維持している。従ってそこには、官公吏や会社員が多く居住していた。また城下町としての歴史があるため、向学的な文化的伝統を持つ士族たちもいた。これらは皆、中学校進学を当然とし、上級学校進学への関心も高い人々である。こうした住民構成を受け、専門学校は安定して人材を生み出すようになったのであろう。『文部省年報第十三年報』の「石川県年報」には、1885（明治18）年の事情として、「専門学校は、生徒総数230名で前年より80名の増加である。……法理文の卒業者は官吏となる者、学校教師となる者、東京に遊学など。初等中学科卒業者はなお本校に在学する者、東京に遊学する者など。（甲種医学の）従来の本校生徒卒業後の状況は、卒業者190名中、既に開業免状を持ち官衙・学校・病院に奉職するもの51、自家開業54、その他はさらに官立学校または大家の門に入って学術を研究しその大成を期する者が少なくない」（現代語訳）とある。

　石川の第二期著名人も、その前半期に生まれた15名のうち、石川県専門学校に学んだ者は8名にも上り、特に初期の5名は全員がこの学校を利用している。ちなみにこの15名の族籍は、士族がほぼ半数を占めるが、そのなかには父が銀行頭取や官吏、裁判官になっている者もある。平民では、父が豪農で酒造業、大地主、薬種商などのケースがあり、この地域に多彩な産業が発達してゆとりある住民たちがいたことが窺われる。その大都市としての地位は、やがて8大都市に押されて漸次低下していくものの、1920（大正9）年になお全国11位という高さは、第二期の輩出率を支えるには十分なものだったのだろう。

　四高は、この石川県専門学校の敷地と校舎を移管し、生徒の多くを補充科に編入する形で発足した。つまり従来の中等教育の基盤の上に大学までの進

学ルートが確立されたわけである。先の15名の著名人のなかにも、石川県専門学校からそのまま移管される形で四高に移行した人々は少なからずいて、四高に学んだ者は15名中11名に上る。これらの好条件の総合効果として、石川の輩出率は、第一期の36位から第二期には2位にまで上昇している。

府県内教育を通じた輩出と府県の明暗

　では、府県内教育を実際に利用したのは誰だったのか。それは、府県内教育を整備してきた様々な社会層と重なる。府県住民は、自らの子弟に中学校教育の必要があり、またそこへ通わせる目算があるからこそ、それを設立・整備したのだからである。

　そうした府県内教育利用者の第1は、藩校教育を中学校教育にシフトさせていった士族たちである。士族には、中等以上の教育に子弟を進ませる現実的な可能性が備わっていた。3章や本章2節で述べたように、彼らの家庭には伝統的に、学問の習慣があった。加えて、士族の多く就く公務自由業は中等以上の教育を前提としており、そうした職に就くためには中学校進学は不可欠でもあったからである。それに対して平民の場合は、まず家庭教育の伝統が士族とは異なる。従事する職業の性格としても、その後継者としての子弟教育においても、中等以上の学問に意義を見出すことは少なかった。ゆえに平民は、子弟を進学させる関心・熱意もさほど強くなく、子弟自身の実力も士族子弟に遅れを取りがちとなる。

　この観点から見れば、府県の明暗はまず族籍によって分かれる。士族の多い府県では、輩出率は高められることになろう。第一期に高い輩出率を挙げていた鹿児島・山口・高知・佐賀などのうち、山口や佐賀などが第二期にも高いランクを維持し、高知のようにランクダウンしても著しく順位を落としてはいないのは、ここに一因があると見ることができる。

　府県内教育を利用しえた第2の社会層は、学問への親和性を持つ平民である。これは代々庄屋を務めてきた家柄や地主・自作などの上層農民、あるいは羽振りのよい商家を営むような上層商人を典型とする。こうした人々の比率が高く、既に江戸時代から平民間に向学の気風のあった府県は、京都、岡

山、大分、長野などである。これらの地域には江戸時代から寺子屋が多く、初等教育の伝統があった。彼らは積極的に子弟を教育に向かわせたから、これらの府県は初等教育の先進地域になりえた。その順調な初等教育がやがて、多数の初等教育修了者を生み出し、中学校進学へのニーズが生まれるのである。その初等教育の水準が高ければ、卒業者は中学校進学に十分な学力を持つことにもなった。こうした学問への親和性は、単独で輩出率に結びつくものではないが、そこに中央への志向や、よりレベルの高い教育への志向が伴うときには、府県の輩出率を押し上げる上で十分に貢献しうる。岡山、大分や京都の輩出率順位が相対的に高いことは、こうした背景から理解できる。対するに、貧しい農民・漁民の多かった青森や岩手などで輩出率が不振なのも、やはり同様の事情から理解することができるだろう。

　1890年代に活発化した中学校開設運動の主体も、多くがこの上層農民・商人層であったという（米田, 1991, 菊池, 2003）。彼らの子弟がほぼ就学を達成しおえると、中学校開設要求は急速に下火となった —— 従って下層の農民・商工業者の子弟までは拡大されなかった —— ことが、その証拠として指摘されている。このことも、府県に上層農民・商人が多いほど輩出率は高まるであろうことを示唆している。ここには、平民のなかでの豊かさの如何による明暗が現れている。

　第3は、近代的な産業に従事する商工業者たちである。当時、新興の商工業者、特に機械化をいち早く取り入れたり、金融・貿易などの近代産業の分野に進出したりして成功した人々は、中学校に積極的に子弟を通わせるようになっていた。彼らの従事する産業には将来性があり、子弟を就学させうる経済的余裕もあった。しかも彼らは、西洋的知識と深く関わる産業分野に従事する経験から、中等以上の教育に価値を認め、職業上必須とみなすようにもなっていた。

　新興商業者層が多いのは近代都市であり、伝統的な商業者はむしろ伝統的な都市に多い。とすれば輩出率は、近代都市か伝統都市かによって明暗を分かつことになろう。実際、第二期の輩出率順位には、急速に経済力をつけてきた近代都市的な諸府県と、従来の経済力を失い衰退していった伝統都市的

な諸府県の間で、大きな変動が見られたのであった。東京・京都・神奈川・大阪などの上昇と、新潟・福井などの凋落である。

高校等進学率と輩出率順位

　最後に、府県内教育と輩出率順位の関係についての総括を試みよう。各府県の中等教育の多様性が「中学校教育」へと収斂してきたこの段階に至り、全国の傾向を統一的な視点から見ることがようやく可能になった。そこで以下では、府県内教育のレベルを示す一つの尺度として、中学校卒業者の上級学校進学率を用い、これと輩出率順位との対応を見る。上級学校への進学率に注目するのは、第二期以降の著名人の輩出がしばしば「帝大卒」のような高等学歴を伴うことから、大学への直接的な架け橋となる高校や、大学に準じる高等教育機関である官公私立専門学校にどれだけ人を送り込めているかが、その府県の教育の到達度を示す好適な指標と考えられるからである。これは直接的には、その府県の中学校制度の水準の高さを示すが、それを利用して実際に進学を達成しえた生徒本人の能力をも、ある程度反映していると考えられる。家庭で基礎的学力を培った生徒が多いほど、中学校からは優秀な生徒が巣立つはずだからである。よってここでは、これを制度的要因・本人側要因の総合的な指標と捉える。

　表4-3は、1903（明治36）年の官公私立中学校卒業者中に占める高校への進学者の比率（『全国中学校ニ関スル諸調査』）と、1896（明治29）年における官公立中学校卒業者中に占める高等教育への進学者の比率（『文部省第二十四年報』）である。これらの進学率が全国平均を超える府県に、マークを入れている。府県内教育の水準を示すこれらの数値と、輩出率の間の関係を総合的に見れば、輩出率の上位には、教育面でもレベルの高い府県が集まる傾向があることが、改めて確認されよう。なおこれに加えて、藩閥であったことや、早期の高校設置のようなプラス要因をも重ねて見るならば、輩出率上位の府県にはさらに複数のメリットが集中していることも、確認できるはずである[11]。

表 4-3　第二期の輩出率の規定要因

（単位：％）

順位	府県	高校進学率	官公立中からの進学率	府県外教育比率
1	東京	14.5 ○	66 ○	5.0
2	石川	15.5 ○	50	34.7
3	山口	8.7	100 ○	37.5
4	京都	22.6 ○	76 ○	25.5
5	鳥取	5.9	45	45.5 ○
6	佐賀	7.9	73 ○	19.4
7	岡山	11.2 ○	78 ○	36.7
8	高知	2.1	57	26.7
9	山形	12.5 ○	67 ○	32.4
10	和歌山	16.4 ○	61 ○	25.8
11	長野	9.8	69 ○	29.6
12	大分	8.7	63 ○	37.1
13	兵庫	11.0 ○	72 ○	39.4
14	群馬	9.9	45	32.1
15	山梨	11.1 ○	73 ○	27.8
16	福島	8.9	35	37.8
17	大阪	7.0	49	31.9
18	福岡	16.0 ○	58	22.9
19	岩手	8.8	53	19.2
20	静岡	8.6	54	56.4 ○
21	三重	5.9	73 ○	33.3
22	広島	16.7 ○	31	25.0
23	愛媛	6.3	37	21.9
24	奈良	8.9	62 ○	23.5
25	福井	3.0	60	50.0 ○
26	愛知	16.3 ○	69 ○	47.9 ○
27	鹿児島	9.1		30.3
28	神奈川	8.5		34.5
29	島根	5.2	43	39.1
30	熊本	12.6 ○	68 ○	40.6 ○
31	岐阜	12.9 ○	35	46.1 ○
32	青森	7.1	44	37.5
33	滋賀	14.0 ○	40	42.1 ○
34	宮城	8.4	72 ○	10.5
35	秋田	3.4	67 ○	55.6 ○
36	埼玉	6.5		34.6
37	新潟	10.1	66 ○	47.6 ○
38	長崎	12.5 ○	61 ○	33.3
39	栃木	10.3	38	25.0
40	北海道	4.9	0	16.7
41	茨城	2.5	45	44.4 ○
42	千葉	8.3	42	44.4 ○
43	富山	10.0	83 ○	12.5
44	香川	13.5 ○	67 ○	25.0
45	徳島	4.2	35	27.3
46	宮崎	4.6	22	16.7
47	沖縄	4.8	0	40.0
	全国	10.9	60	31.4

注 1)　進学率は全国平均を超える府県，府県外教育比率は4割を超える府県をマークしている。
　　2)　高校進学率は，1903年の官公私立中学校から高校への進学率（『全国中学校ニ関スル諸調査』）。
　　3)　官公立中からの進学率は，1896年の官公立尋常中学校から高等教育への進学率（『文部省第十九年報』（明治24年））。

注

1)　第二期以降に関し、高等学歴を切り札として参入される活躍領域は全て「1」のつくカテゴリーに数えているが、政治人1と文化人1には、やや基準の異なる活躍領域も含まれている。政治人1を構成するのは大半が高級官僚と外交官だが、少数の弁護士や検事等も含まれる。この弁護士のなかに、高等教育を経ずに資格取得したケースが幾つかある。また警察官僚のなかには、中等以上の学校教育を受けずに巡査から叩き上げたものが若干含まれている。文化人1を構成するのは大半が学者で、基本的には高等学歴取得者であるが、なかに例外的にそうした教育を経ずに研究者となったものもある。また作家・小説家・詩人や思想家・評論家・ジャーナリスト・新聞人は、小学校中退から私立大学までの多様な教育履歴の持ち主であるが、いずれも言語・論理を操り自然・社会科学的な「知」との関わりが深い職業であることから、例外的に文化人1に含めた。なお、各時期のこれらのカテゴリーがどんな要素を含むものであるかは、その都度明らかにしていく。

2)　この分類は、第二期以降の輩出の基準である「学歴」に注目して作られているため、第一期の政治人には対応しにくい面がある。「功績」の時代である第一期には、高級官僚等といえども高等学歴を得ているとは限らず、それを切り札として着任したとも限らないからである。よって第一期に関しては、（経済人と文化人には第二期以降と同じ基準が適用されるが）政治人については職業を主要な基準とし、官僚（初期官僚・明治期官僚・司法官僚等）および外交官・裁判官等を政治人1に、そうした官僚的な色彩を職歴に持たない人々を政治人2に分類した。ちなみに第一期政治人1の高等教育の履歴は、時代を下るにつれて大学南校、司法省法学校や東京外国語学校等、および東京大学（帝国大学・東京帝国大学）が多く現れてくるが、初期には各地の藩校や私塾が混在している。

3)　第二期になって15位から19位にランクダウンした岩手も、2位から27位にランクダウンした鹿児島も、住民の性質は青森と類似している。鹿児島では、農民の多くは非常に貧しかったという。

4)　済々黌は県立となって2つの校舎を持ち、後にその第1は中学済々黌に、第2は熊本中学になった（桜井，1942，p. 159）。

5)　愛媛は、中小の旧藩諸勢力が一つにまとまらなかった。中学校の設置場所を巡って各地域の利害が対立し、これが県としての前進を阻害した（国立教育研究所編，1974b，p. 291 および桜井，1942，p. 221）。中学校令の翌1887（明治20）年に、愛媛の中学校数はゼロとなっている（桜井，1942，p. 248）。

6)　1920年の国勢調査におけるこのカテゴリーは、「陸海軍人」「官吏、公吏、雇傭」「宗教ニ関スル業」「教育ニ関スル業」「医務ニ関スル業」「法務ニ関スル業」「記者、著述者」「芸術家」「其他ノ自由業」を含む。

7)　実業の道を歩む際の中学校教育の意義が広く認められてきた経緯は、米田（1992）に詳しい。

8)　東京には、東京外国語学校、東京高等商業、東京高等工業など高等レベルの学校の多

くが集中していた。その他の地域にも長崎高等商業 (1899 創立)、千葉・仙台・金沢・岡山・長崎の医専 (1901 創立)、盛岡高等農林広島高師および京都高等工芸 (1902 創立) 等があったが、東京に比べれば少数であった。斉藤 (1995, pp. 94-99) には、1905 (明治 38) 年の高等教育機関のリストが掲げられている。

9)　同じ近代都市の性格を持つ神奈川も、第一期には 45 位と低迷していたものが、第二期には 28 位まで劇的に上昇している。

10)　しかも新潟は、六高誘致の競争で岡山に敗れ、地元に中学校以降の進学先を確保することに失敗した。これは、同じ日本海側の府県として似た立場にありつつも、四高を誘致し、輩出率低迷には至らなかった石川との大きな違いである。

11)　輩出率の規定要因はこれだけに尽きるのではない。府県によっては、起業・叩き上げの経済人2が多く輩出するところもあるが、これは中学校教育とは関わりの薄い輩出パターンであるため、府県の輩出率が進学率の高低には連動しない。例えば輩出率が 15 位の山梨は、教育面でもプラス要因を持つが、経済人の多さで全国 1 位であり、それが影響している可能性がある。また他府県出生者の多い府県も、府県内教育の効果は現れにくい。他府県出生者の比率は、埼玉 31%・高知 30%・佐賀 29%・鳥取 27%・群馬 25%・鹿児島 24%・奈良 24%の順に高いが、これらのなかに藩閥 4 府県のうち 3 つまでが含まれているのは、維新前後における中央進出を機に、東京に移住した人々が多かったからである。その子世代や孫世代は東京生まれ・東京育ちとなるが、それでも本籍だけは藩閥の誇りをもって父母や祖父母の郷里に残しておくことが珍しくない。また群馬や静岡の著名人は、父が幕臣であることが多い。この場合、維新まで江戸屋敷在住であったのが、そのまま明治以降も東京生活者になったケースがしばしば見られ、その子孫は東京生まれとなるのである。既に第一期において、群馬出身者の 27%、静岡出身者の 40%が他府県出生であり、かつその全員が士族で東京出生であった。他府県出生者の比率は、第二期には 13%に留まるため、全体に及ぶ影響はまださほど大きくはない。しかし第三期には 22%まで増加し、もはや無視しえないものとなる。よってこの問題については、第三期を扱う章で改めて取り上げる。

5章
より大きな教育機会を求めて
—— 第二期の府県外教育と職業原理の台頭

1節　教育水準の府県間格差と府県外教育

府県外教育という契機の重要性

　前章では、府県内教育の整備とそれを利用する本人側要因の考察から、府県の著名人輩出率順位の背景を理解してきた。この考察から判明した府県間の教育水準の大差はしかし、府県内教育を見ただけでは順位の高低や変動を理解しきれないことを示してもいる。府県外教育の利用され方次第で、府県の輩出率は左右される可能性があるからである。

　実際、表4-3には、府県内教育だけでは輩出率順位の高低を説明できない府県が幾つも見られた。岐阜・滋賀・秋田・新潟などでは、高い高校等進学率というプラス要因を持つにも拘わらず、順位が30位以下に低迷している。これらの府県の府県外教育の比率は4割超であることが、同じ表4-3からわかる。府県内に仮に優れた中学校があっても、それを住民子弟があまり利用しなければ、その長所は必ずしも輩出率に反映されないであろう。

　あるいは逆に、府県の高校等進学率があまり高くないのに輩出率順位は20位以内に入る、鳥取や静岡のような府県もある。この両府県でも府県外教育の比率は高めであるから、府県の住民はより優れた教育制度を持つ場に移動して、そこで学んでいた可能性がある。実際この両府県は幕末・維新期から、江戸との繋がりが密であった。静岡は徳川家ゆかりの地であることから、幕臣として江戸に勤務する者が多かった。また、大政奉還後に改めて与えられた領地が静岡のみであったことによっても、旧幕臣と静岡の繋がりは

強められた。鳥取は幕末の藩主が水戸の徳川斉昭の子であり、将軍徳川慶喜の実兄でもあったことから中央の政策との関わりが深く、藩主、藩士ともに江戸との往来が繁かった。こうした歴史が第二期にも、縁者の多さなどを媒介に、学問の先進地へ出やすい環境を作り、第二期の輩出率を高めたのかもしれない。

このように、府県外教育の利用は、府県の教育制度からの影響を遮断する効果を持ちうる。しかも第二期の府県外教育の利用者は、著名人総数 1524 名のうちの 478 名であるから 3 割を超えている[1]。また府県別に見ると、府県外教育が全著名人の半数近くによって経験されている府県も幾つかある。それらの府県で府県外教育が輩出率に及ぼす影響は、相当に大きかったと考えられる。

本章ではこうした府県外教育利用者の動向を詳しく観察し、人の動きが第二期にどう変わったのかを見ていく。また、これを支える全体的な輩出の機会構造にどんな変化が生じているのかを考察する。ここからは、都市的府県の順位上昇という第二期の傾向を生み出した背景についての、全体的な展望が得られよう。そして輩出原理の交替の始まり、第二期の移行期としての性格が明らかになるだろう。

「より優れた教育制度」を持つ府県へ向かう著名人

中学校教育への関心の全国的な広まりは、どの府県にも 1 校以上の中学校を誕生させ、最後まで残った神奈川にも、ついに 1897（明治30）年に中学校が設置された。こうして各府県の人々には、かつてよりも大きな府県内教育の機会が提供された。第二期の著名人たちも、多くが自府県内の中学校で学ぶようになった。とりわけ第二期後半には、どの府県でも特定の 1 校ないし数校の中学校が、彼らの履歴に頻出するようになり、著名人たちの多くはそこを卒業して一高ほかの高校に進み、さらに帝大等を卒業するようになってきた。

しかしそれにも拘わらず、府県外教育はなお利用されている。彼らは今や、他府県の私塾や商業学校等ではなく、他府県の中学校で学ぶのである。

　何故彼らは、わざわざ府県外で学ぶのだろうか。その手掛かりは、府県外へ出る場合の地域移動の方向にある。

　表5-1には、第二期における府県外教育利用者の本籍と移動先の府県（学んだ中等教育機関の所在地）が示されている。数え方は表3-1と同じく、移動数を単位とする。また表4-3に示した1903（明治36）年における高校進学率、即ち官公私立中学校卒業者中に占める高校への進学者の比率も再掲している。これらのデータを重ね合わせてみると、高校進学率の高い府県への流入傾向が、はっきりと現れる。例えば島根からの移動は6ケースあるが、その内訳は東京へ3ケース、鳥取と熊本と京都へ各1ケースである。茨城からの移動は8ケースだが、その内訳は東京5、栃木と千葉と愛知が各1である。これらの移動は、この高校進学率に照らせば、全てが本籍地府県よりも高校進学率の高い府県への上昇移動となっている。上昇移動と下降移動（表中の網掛け）を集計すると、上昇移動は436ケース中の317で73%となる。先に、中学校卒業者の進学率の高さをその府県の中学校の制度的な優秀さを示すものと捉えたが、ここでも同様に考えるならば、この数値の高さは第二期著名人の、より優れた教育制度を持つ府県への移動傾向を示すものと判断される。

　教育制度の優秀さは、中学校卒業後の進学先である高校の有無からも測られうるのであった。表5-1における著名人たちの移動には、高校所在地府県へ向かう移動も相当数含まれている。これら高校所在地府県（一高から八高までの所在地）への移動も算入すれば、上昇移動は全移動数の85%になり、傾向は一層明瞭になる。

一般的な移動の傾向

　より優れた教育制度を持つ府県への移動傾向は、著名人に限らず、ある程度一般的な傾向としても確認できる。『第一高等學校一覽』（1911年版）に、生徒の本籍地（府県）と中学校卒業地（府県）を対応させたデータがあるが、それによれば、一高在籍者のうちで、本籍地と中学校卒業地が異なる人々、つまり本籍地以外の中学校で学んだ人々は、やはり高校進学率の高い府県ないしはこの高校の所在地（東京）に移動する傾向を示しているからである。表5-2

より1911（明治44）年版データの場合、本籍地と中学校卒業地が異なる者は合わせて368名になるが、そのうち一高所在地である東京の中学校を卒業して進学した者は266名であり、これは比率にして72％に上る。また個々に調べてみると、この368名中で「東京でもなく高校進学率の高い府県でもない」府県に移動したのは、15％程度に過ぎない。

やや後年の1920（大正9）年版のデータで計算しても、本籍地と中学校卒業地が異なる生徒のうち、東京以外の本籍で東京の中学校に学んだのは414名中の299名で、1911年版と同じく72％である。また本籍地と中学校卒業地が異なる者のうち、「東京でもなく高校進学率の高い府県でもない」府県に移動をしているのは14％に過ぎない。よってこのような人々の動向は、第二期から第三期初頭までの持続的な傾向であったと見ることができる。なお本籍地基準で捉えた場合、本人は他府県出生で本籍地府県には居住していないケースも含んでしまうことになるが、その割合は先にも見た著名人の傾向から判断して、この第二期には、まださほど大きくはなかったと考えられる。

また同じ表5-2によれば、一高在籍者のうちで、一高所在地である東京の中学校を卒業した者の内訳は、東京本籍者と他府県本籍者が半々である。つまりその高校がある府県に流入して府県外教育を利用した上でその府県の高校に進んだ者は、もともとこの府県に居住していて地元中学に進んだ者と同程度に多い。

他の高校については、同時期の情報が入手できていないため、やや後年の1918（大正7）年から始まる調査（『高等學校高等科入學者選抜試験ニ關スル諸調査』）のデータを用いる。ここからは、一高以外の高校についても類似の傾向が見て取れる。この調査の1918年版によれば、一高と三高では、それぞれの高校がある府県の中学校を卒業して入学した生徒数が、同府県を本籍とする入学生徒数の1.5倍から2倍以上にも上っている[2]。表5-2では、東京本籍で東京以外の中学校に学んだ生徒はごく少数であるから、この1918年版データでも東京本籍の生徒は全て地元東京の中学校を出たと仮定しよう。そうだとしても、この地元中学校卒業者の半数から同数にあたる人数が、他府県からこれらの府県に流入して府県外教育を利用した上で、高校に進学していた

表5-1　第二期の府県外教育における移動先府県の分布

府県	高校進学率	移動先（網掛けは下降移動）
北海道	4.9	東京1
青森	7.1	東京1　宮城1　北海道1
岩手	8.8	東京4　宮城2
宮城	8.4	東京1
秋田	3.4	東京6　青森1　北海道2　宮城1　島根1　和歌山1　新潟1
山形	12.5	東京7　福島2　宮城1　岩手1　長野1
福島	8.9	東京9　宮城2　京都1　三重1
茨城	2.5	東京6　愛知1　栃木1　千葉1
栃木	10.3	東京4
群馬	9.9	東京5　愛知1　京都1
埼玉	6.5	東京8
千葉	8.3	東京9　北海道1
東京	14.5	静岡2　北海道2　神奈川1　愛知1　大阪1
神奈川	8.5	東京10　山梨1
新潟	10.1	東京15　京都1　神奈川1　群馬1
富山	10.0	東京1　石川1
石川	15.5	東京10　兵庫4　京都2　大阪1　岡山1
福井	3.0	東京4　京都2
山梨	11.1	東京5
長野	9.8	東京13　佐賀1
岐阜	12.9	東京7　愛知3　京都1
静岡	8.6	東京15　大阪2　愛知1　千葉1　三重1
愛知	16.3	東京17　兵庫1　京都1　福井1
三重	5.9	東京2　京都3　愛知3　和歌山2　千葉1
滋賀	14.0	東京1　京都5　神奈川1
京都	22.6	東京2　大阪3　兵庫2　愛媛1
大阪	7.0	東京5　京都5　広島2　兵庫1
兵庫	11.0	東京11　大阪5　京都3　奈良1　山口1　大分1　岡山1　徳島1　北海道1
奈良	8.9	東京2　大阪1
和歌山	16.4	東京3　京都1　広島1
鳥取	5.9	東京3　京都1　島根1　茨城1
島根	5.2	東京3　京都1　鳥取1　熊本1
岡山	11.2	東京12　京都5　兵庫2　大阪1　香川1
広島	16.7	東京4　京都1　熊本1　千葉1　愛媛1　岡山1　大分1　山口1
山口	8.7	東京11　福岡2　広島1　京都1　兵庫1　熊本1　岡山1　岩手1　愛媛1
徳島	4.2	東京1　大阪1　兵庫1
香川	13.5	東京1　京都1　神奈川1
愛媛	6.3	東京2　大阪1　兵庫2　広島1　香川1
高知	2.1	東京6　大阪1
福岡	16.0	東京9　京都1　熊本1　北海道1
佐賀	7.9	東京4　和歌山1
長崎	12.5	東京3　京都1　兵庫1
熊本	12.6	東京9　大分1　山梨1
大分	8.7	東京8　福岡1　兵庫1　大阪1　神奈川1　愛知1　岐阜1　熊本1
宮崎	4.6	東京1
鹿児島	9.1	東京5　福岡1　神奈川1　北海道1
沖縄	4.8	東京2

注 1)　移動先が海外・不明のものを除く。
　　2)　高校進学率は『全国中学校ニ関スル諸調査』(1903年版)より作成。

表5-2　一高現員生徒の本籍地と中学校卒業地

（単位：移動数）

	東京へ	上昇	下降	計
	1	1	0	1
	1	1	2	3
	4	4	2	6
	1	1	0	1
	6	13	0	13
	7	7	5	12
	9	11	2	13
	6	9	0	9
	4	4	0	4
	5	7	0	7
	8	8	0	8
	9	9	1	10
	0	1	6	7
	10	11	0	11
	15	16	2	18
	1	2	0	2
	10	2	16	18
	4	6	0	6
	5	5	0	5
	13	14	0	14
	7	11	0	11
	15	16	4	20
	17	1	19	20
	2	11	0	11
	1	6	1	7
	2	0	8	8
	5	13	0	13
愛媛1	11	15	11	26
	2	2	1	3
	3	2	3	5
	3	4	2	6
	3	6	0	6
	12	18	3	21
	4	1	10	11
	11	18	2	20
	1	3	0	3
	1	2	1	3
	2	7	0	7
	6	7	0	7
	9	1	11	12
	4	5	0	5
	3	4	1	5
	9	10	2	12
	8	13	2	15
	1	1	0	1
	5	6	2	8
	2	2	0	2
	268	317	119	436

（単位：人）

1911 年版		中学校卒業地（府県）			
		本籍地と同じ	本籍地と異なる		計
			東京	東京以外	
本籍地 （府県）	東京	254		14	268 0.24
	東京以外	498	266	88	852 0.76
	計	752 0.67	266 0.24	102 0.09	1120 1.00

1920 年版		中学校卒業地（府県）			
		本籍地と同じ	本籍地と異なる		計
			東京	東京以外	
本籍地 （府県）	東京	309		16	325 0.29
	東京以外	380	299	99	778 0.71
	計	689 0.62	299 0.27	115 0.10	1103 1.00

注1）『第一高等學校一覧』（1911 年版・1920 年版）より作成。

計算になる。京都本籍者の場合は、地元京都よりも東京の中学校を選んだ生徒もいたかもしれず、そうなると地元京都の中学校に学ぶ生徒はさらに少ないことになるから、京都で府県外教育を受けた三高進学者の割合は、地元本籍者をさらに引き離して大きかった可能性もある。

同調査の1922年版でも、一高と三高ではやはり地元本籍者とほぼ同数が流入者であり、二高・七高・八高でも流入者のほうが地元本籍者と同じかやや多い。つまりそれぞれの高校がある府県での府県外教育を経由して高校に進んだ人々のグループは概して、地元本籍者のグループに劣らず大きかったということである。かくして、当時の人々は一般的にも、より優れた教育制度を持つ府県へ向けて移動していたと判断できる。

2節　転学者と他府県者の目指したもの

「より優れた教育制度」を志向する著名人

では、府県外教育を受けた著名人たちは、府県間での中学校教育の水準の格差を意識しそれを乗り越える意図を持って、府県外へ移動していたのだろうか。著名人の自伝等を見ると、かなりの人々が、東京などへの移動を「より優れた教育制度」へ向けての移動として意識し、だからこそ移動には意義があると考えていたことがわかる。1884年に鳥取に生まれた沢田節蔵（後の外交官）の回想録（澤田，1985）は、それを伝えてくれる好例である。沢田は当初、鳥取中学に進学したが、「鳥取にいては将来到底偉い人にはなれない、どうしても東京に行って勉強しなければならないと思い始め

沢田節蔵
東京帝大時代。左は弟の廉三。

た」。ところが「当時東京には親戚知人もなく、父は私が何度ねだっても聞き入れてはくれなかった」ので弱っていたところ、たまたま火事で鳥取中学が焼けてしまった。これによって父もついに折れ、彼は水戸の親戚宅から水戸中学に通うことを許されて、張り切って転校するのである。ただしこの話にはオチがある。彼は「東京に近いのだから鳥取よりは良いだろう」と大いに期待したのだが、いざ水戸中学に入ってみると、それは「鳥取より程度が低い」中学校だったのである。彼は水戸中学の卒業後は二高へ進学するが、皮肉なことに、鳥取に留まって鳥取中学を卒業した弟の廉三（1888 年生・後の外交官）のほうは一高に進んでいる。ちなみに水戸中学のある茨城と、鳥取中学のある鳥取を比較するならば、高校進学率は鳥取のほうがかなり高い。しかし当時の沢田兄は、そのようなことを知るよしもなかったのであろう。

　1873 年に山形に生まれた河上清（後の在米ジャーナリスト）の場合は、父母を早く亡くし多人数のきょうだいで苦しい生活をしていたが、兄が河上のために自らは学問を諦めてくれたおかげで、米沢中学に入学することができた。河上はその恩義を感じて「いつまでもここにいるのではなく……早く東京で学ばねばいけない」と思い、米沢中学を中退して上京し、慶應義塾の聴講生となった（古森, 1987）。後に河上は、東京法学院、青山学院などで学び、さらに渡米してアイオワ大学で修士号を取得している。このように、強い自覚を伴った府県外教育のための地域移動を、多くの著名人が行っていた。彼らは確かに、「より優れた教育制度」への志向を共有していたのである。

流行現象としての「東都遊学」

　では彼らは何故、府県外への移動を経て著名人になりえたのだろうか。「より優れた教育制度」を持つ場で学ぶことで、上級学校進学のチャンスをつかめたからか。つまり最重要な決め手は、彼らがその種の移動を実行に移せたことなのだろうか。

　著名人だけでなく、一高その他の高校生徒たちもまた、この種の移動を行っていたことを先に見た。とはいえ「一高生徒」とは高級官僚や学者の予備軍筆頭であり、二高以下の高校生徒にしても、当時は高校生であること自

体がエリートを意味したから、彼らが著名人と同じ移動傾向を示していても
さほど不思議はない。しかし、もしもそうした移動を行えば著名人になれる
のだとしたら、著名人にならなかった大多数の人々の移動は、「より優れた
教育制度」へ向けてのものではなかったはずである。実際にはどうなのか。

　天野郁夫は『試験の社会史』(天野, 1983) の中で、次のように述べている。
「よい教師が得られず水準の低い地方の中学校にいるよりも、『文明開化』の
中心である東京に出て、進学予備校で受験学力をつける方が手っ取りばや
い。明治一〇年代の半ば頃には、こうして東京には多数の地方出身者の受験
生が『上京遊学』するようになり、かれらを対象とする予備校が発展をみる
ようになっていった」(天野, 1983, p. 204)。さらに「明治二〇年代に入る頃に
は、「東都遊学」者や受験予備校の数は、一〇年代よりもさらにふえ、有名
校の共立学校や東京英語学校は、それぞれ一五〇〇人をこえる生徒を集める
ようになっていた」(同上, p. 208)。ここから判断すれば、「より優れた教育制
度」へ向かう移動は、決して著名人や一高生徒だけのものではない。第二期
前半の著名人たちの時代には、東京には進学志向の青少年が多数流入して学
んでいたと推測される。

転学者の移動特性

　第二期後半の著名人たちの時代にも、「より優れた教育制度」へ向けての
移動は一般的に行われたと考えられる。その根拠となるのは、転学者の動向
である。

　当時の中学校は、学費や交通費等の就学コストの高さ、教育内容の不十分
さあるいは逆に教育水準が高すぎることによる落第の続出など、就学を継続
する上での多様な問題を抱えていた。ゆえに、これらを理由として中退する
生徒は、極めて多かった。そうした中退者のなかに、別な学校へ移っていく
転学者たちがいる。そのなかには、中退後ただちに高等レベルの学校に入学
してしまう優秀な生徒もいたが、中学校卒業資格が高校等受験の要件となっ
ていくにつれて、それは制度的にも不可能となる。残るのは、同じ中等レベ
ルの学校 ── 別な中学校 ── に転校する人々である。

　この転学に関するデータは、先に見た著名人や一高生徒のデータよりも情報が限定されている。ある中学校への転入数はわかっても、どこからの転入かはわからないからである。だがこの限られた情報からも、彼ら転学者たちに「より優れた教育制度」を持つ場へ移動する傾向があったことは、ある程度読み取れる。

　まず『全国中学校ニ関スル諸調査』の「本学年ニ於テ入学シタル者ノ学歴」のデータを取り上げる。ここには、調査初年度の 1903（明治36）年から 1905（明治38）年の 3 年間についてのみ、入学者中に占める「他ノ中学校ヨリ転学ノ者」（＝転学者）の人数が、「高等小学校修了者」「其他ノ者」などと並んで示されている。この転学者は、他府県から府県境を越えて転入した者と、同じ府県内の別な中学校から移ってきた者の合算である。東京の場合は、府内の中学校間での転学がかなり盛んに行われていたようだが、それ以外の府県では、県境を超える移動のほうがむしろ一般的だったようである[3]。

　この転学者の比率が高い府県はどこだったのか。1903 〜 1905 年版のデータで、3 回とも全国平均を超えたのが東京・山梨・宮城の 3 府県、2 回にわたり平均を超えたのは京都・鹿児島・熊本・香川・岡山・静岡・愛知の 7 府県である。この 10 府県のうち 7 府県までが、高校進学率で全国平均を超えている府県（東京・山梨・京都・熊本・香川・岡山・愛知）である。とりわけ東京・京都・香川・愛知などの高校進学率は、極めて高い。また、転学者の比率が高い府県には概して、進学名門校と呼ばれる中学校がある。表5-3には1904 年の数値を掲げたが、そこに示されるように、そうした名門校では転学者の比率が府県平均よりもさらに高いことが多い。

　加えて、転学者比率の高いこれら 10 府県は、多くが高校所在地府県（東京・宮城・京都・鹿児島・熊本・岡山・愛知）とも重なる。高校進学率のさほど高くない宮城や鹿児島も、高校所在地府県ではある。これらのことから、転学者は、「より優れた教育制度」を持つ府県や、より優れた中学校に向けて移動していたと判断されるのである。

表 5-3　府県、中学校の転学者の比率（1904 年）

（単位：人）

	他の中学校より転学の者	入学者計	転学者比率		他の中学校より転学の者	入学者計	転学者比率
東京	744	5604	0.13	奈良	36	465	0.08
東京・府立第一	38	202	0.19	奈良・県立郡山	19	168	0.11
東京・府立第二	6	98	0.06	奈良・県立五條	11	80	0.14
東京・府立第三	6	145	0.04	三重	39	491	0.08
東京・府立第四	37	182	0.20	三重・県立第一	19	167	0.11
神奈川	23	402	0.06	愛知	132	879	0.15
神奈川・県立第一	15	119	0.13	愛知・県立第一	41	253	0.16
新潟	86	1046	0.08	滋賀	16	214	0.07
新潟・県立新潟	20	153	0.13	滋賀・県立第一	10	109	0.09
新潟・県立長岡	22	152	0.14	岐阜	25	423	0.06
新潟・県立新発田	6	133	0.05	岐阜・県立岐阜	13	148	0.09
埼玉	30	548	0.05	福井	57	439	0.13
埼玉・県立浦和	3	111	0.03	福井・県立福井	48	204	0.24
埼玉・県立熊谷	12	116	0.10	石川	32	488	0.07
千葉	36	764	0.05	石川・県立第一	8	187	0.04
千葉・県立千葉	19	143	0.13	石川・県立第二	17	93	0.18
茨城	45	713	0.06	富山	19	365	0.05
茨城・県立水戸	18	191	0.09	和歌山	19	422	0.04
群馬	48	698	0.07	和歌山・県立和歌山	4	128	0.03
群馬・県立前橋	10	125	0.08	和歌山・県立新宮	10	72	0.14
群馬・県立太田	26	119	0.22	鳥取	6	249	0.02
栃木	33	732	0.05	鳥取・県立第一	0	129	0.00
栃木・県立宇都宮	0	159	0.00	鳥取・県立第二	6	120	0.05
静岡	87	719	0.12	島根	40	431	0.09
静岡・県立静岡	30	171	0.18	島根・県立第一	11	139	0.08
静岡・県立浜松	19	170	0.11	岡山	125	962	0.13
静岡・県立沼津	26	109	0.24	岡山・県立岡山	22	152	0.14
山梨	48	308	0.16	広島	59	882	0.07
山梨・県立第一	15	107	0.14	広島・県立広島	10	132	0.08
山梨・県立第二	31	124	0.25	広島・県立福山	4	135	0.03

長野	50	891	0.06	山口	22	488	0.05
長野・県立松本	20	166	0.12	山口・県立山口	0	134	0.00
北海道	33	479	0.07	山口・県立徳山	10	94	0.11
北海道・道立札幌	17	167	0.10	徳島	9	368	0.02
宮城	157	816	0.19	徳島・県立徳島	9	160	0.06
宮城・県立第一	32	163	0.20	香川	45	511	0.09
宮城・県立第二	102	227	0.45	香川・県立高松	11	148	0.07
福島	57	765	0.07	香川・県立丸亀	14	198	0.07
福島・県立安積	9	156	0.06	香川・県立大川	15	73	0.21
福島・県立磐城	14	155	0.09	愛媛	51	640	0.08
福島・県立福島	21	173	0.12	愛媛・県立松山	11	157	0.07
福島・県立会津	13	142	0.09	愛媛・県立大洲	25	111	0.23
岩手	22	404	0.05	高知	28	428	0.07
岩手・県立盛岡	17	157	0.11	高知・県立第一	20	149	0.13
青森	32	529	0.06	長崎	47	507	0.09
青森・県立第一	12	162	0.07	長崎・県立長崎	33	153	0.22
山形	127	616	0.21	福岡	30	816	0.04
山形・県立山形	87	217	0.40	福岡・県立東筑	13	151	0.09
山形・県立米沢	4	131	0.03	福岡・県立修猷館	9	139	0.06
秋田	19	350	0.05	大分	37	506	0.07
秋田・県立秋田	17	112	0.15	大分・県立大分	6	92	0.07
京都	47	648	0.07	大分・県立中津	22	118	0.19
京都・府立第一と分校	10	203	0.05	佐賀	31	519	0.06
京都・府立第二	14	142	0.10	佐賀・県立佐賀	13	198	0.07
大阪	102	1307	0.08	熊本	71	699	0.10
大阪・府立北野	5	125	0.04	熊本・県立済々	8	171	0.05
大阪・府立天王寺	14	134	0.10	熊本・県立熊本と分校	48	246	0.20
大阪・府立堺	13	182	0.07	宮崎	16	326	0.05
大阪・府立八尾	8	97	0.08	鹿児島	167	651	0.26
大阪・府立富田林	18	75	0.24	鹿児島・県立鹿児島	79	187	0.42
大阪・府立岸和田	10	111	0.09	鹿児島・県立川辺	78	162	0.48
兵庫	15	720	0.02	沖縄	3	141	0.02
兵庫・県立姫路	8	90	0.09				
兵庫・県立神戸	1	92	0.01	計	3003	32369	0.09

注 1) 『全国中学校ニ関スル諸調査』(1905年版) 3表「本学年ニ入学シタル者ノ学歴」(1904年10月調) より作成.

他府県者の移動特性

同様のことが他府県者、即ち他府県を本籍とする生徒のデータからも読みとれる。この「他府県者」というカテゴリーは、先述の転学者（のうち他府県からの者）と、地元中学に入らず初等教育修了後直ちに他府県の中学校に入学する者を、ともに含んでいる。

当初、他府県者にはかなりの数の転学者が含まれていたようだが、その比率は年々低下している。「転学者」の項目自体、1906（明治39）年以降は消滅し、転学者は「其他ノ者」に一括されてしまう。その背景には、転学に対する中学校側の態度の変化がある。

以前は、特に東京の私立中学校で、他の中学校から転校してくる生徒を無制限に受け入れる傾向があり、生徒側でもこれを都合よく利用していた。1875年に兵庫に生まれた柳田国男（後の民俗学者）は、次のように書いている。「私はわずかな年限で中学校の上級までの試験を済ませるために、わざわざあちらこちらと転校して歩いた。一つの学校の一年に入ると二カ月ぐら

柳田国男
第一高等中学時代（明治27年ごろ）。後列右から2人目が国男。

いで他の学校の二年に入り、また三カ月ぐらいで済まして第三の学校の三年に転入するというふうにして中学の課程を終えたことにしたので、じつに忙しいものであった」（柳田ほか，1981，p. 265）。柳田は上京して兄宅に寄寓しながら開成中学、郁文館中学などを転々としたのである。このように、前の学校を退学した場合でも第2学年以上に編入されることができたし、第1学年の途中で別な中学校の第2学年以上に入るという「飛び級」もできた。こうして一つの中学校に卒業まで留まるよりも速やかに中学校卒業資格を得られた時期には、資格だけが目当ての生徒は、好んで転学を行ったのである。

　しかし文部省は1903（明治36）年、この状況に歯止めをかけるべく、第2学年以上の生徒数が第1学年の生徒数を超えてはならないこと、および前の学校を退学して1年以内の上級学年編入はできないことを定める文部省令を出した（武石，2012，p. 171）。そのため中学校側は、転学者の無制限な受け入れができなくなり、生徒側でも「飛び級」のメリットを得られなくなった。こうして転学は次第に減少し、他府県で学びたい者は他府県の中学校に、第1学年から入学する道を選ぶようになった。従って1904（明治37）年以降の他府県者はその大半が、他府県の中学校の第1学年に入った人々だったと見ることができる。

　さて、この他府県者の移動にも、本籍府県よりも優れた教育制度を持つ場へ向かう傾向がある。それを示すのが、表5-4である。この表は、府県統計書や学事年報、中学校一覧、府県教育史などに収録されたデータをもとに、1900年前後の時期における中学校数校の他府県者比率と、1903年の高校進学率を併記したものである。なお武石（2012，p. 190）に各地の中学校のデータが豊富に収録されているので、表中にはその情報も一部引用した。

　この表にはまず、東京府立一中、京都一中、広島中学、岡山中学、石川の金沢一中、神戸一中、千葉中学など高校進学率の高い中学校において、他府県者の比率も高くなる傾向が現れている。広島一中は1899年に15%、金沢一中は1903年に11%、彦根中学は1900年に13%の他府県者を擁しており、東京府立一中の52%という数値には遠く及ばないものの、10%以上を達成しているところが多い。

156

表5-4　中学校の他府県者比率と高校進学率

府県	中学校	他府県者比率	年	高校進学率
京都	京都一中	0.16	1881	0.21
東京	府立一中	0.60	1882-94	0.33
東京	府立一中	0.52	1895-1900	0.33
東京	私立順天	0.78	1900	0.17
東京	私立共立学校	0.64	1890	
東京	私立順天求合社	0.87	1890	
東京	私立同人社	0.86	1890	
広島	広島中学	0.18	1882	0.29
広島	広島中学	0.24	1895	0.29
広島	広島一中＊	0.15	1899	0.29
広島	福山中学	0.00	1882	0.10
広島	福山中学	0.00	1895	0.10
岐阜	岐阜中学	0.10	1889	0.15
山形	荘内中学	0.02	1905	0.23
山形	米沢中学	0.04	1905	0.07
山形	山形中学	0.07	1905	0.07
岡山	岡山中学	0.07	1895	0.25
岡山	岡山中学	0.10	1896	0.25
石川	金沢一中	0.11	1903	0.16
千葉	千葉中学	0.04	1891	0.12
千葉	千葉中学	0.13	1905	0.12
長野	松本中学	0.03	1893-99	0.04
長野	松本中学	0.02	1899-1903	0.04
長野	長野支校	0.09	1893-99	0.16
新潟	新潟中学	0.02	1892	0.18
三重	三重一中	0.07	1895	0.04
三重	三重一中	0.08	1906	0.04
三重	三重二中＊	0.04	1899	卒業者なし
島根	島根一中	0.04	1906	0.08
島根	島根二中	0.14	1906	0.00
鹿児島	鹿児島尋常中学	0.06	1897	0.12
鳥取	鳥取一中	0.04	1903	0.06
鳥取	鳥取二中	0.03	1903	卒業者なし
高知	高知一中	0.01	1905	0.03
兵庫	姫路中学＊	0.07	1899	0.03
兵庫	神戸一中	0.30	1907	0.12
兵庫	姫路中学	0.08	1907	0.03
群馬	前橋中学＊	0.11	1900	0.13
茨城	水戸中学＊	0.09	1898	0.02
徳島	徳島中学＊	0.02	1900	0.03
愛媛	宇和島中学＊	0.02	1900	0.04
奈良	畝傍中学＊	0.01	1900	0.02
福井	武生中学＊	0.01	1898	0.00

注 1)　他府県者比率は在籍者総数を1と見た場合の割合，高校進学率は卒業者総数を1と見た場合の割合。
　　2)　各府県の統計書，学事年報，中学校一覧，『統計集誌』104・105号 「東京府下私立学校生徒本籍別」等所収のデータによる。
　　3)　＊印の中学校については武石（2012, p.190）のデータによる。
　　4)　高校進学率は『全国中学校ニ関スル諸調査』（1903年版）より作成。

　また同一府県内でも、高校進学率が高ければ他府県者が多く、低ければ少ないという対応がしばしば見られる。広島では、高校進学率の高い広島中学には他府県者が多いが、高校進学率の低い福山中学は、他府県者の比率も低い。兵庫では高校進学率の高い神戸中学と低い姫路中学の間に、長野でも松本中学と長野支校との間に、同様の対応関係がある。また高知一中、奈良の畝傍中学、福井の武生中学などには低い高校進学率と低い他府県者比率との対応があるのを見ることができる。

　以上のデータから、他府県で中等教育を受ける人々もまた、「より優れた教育制度」を持つ場へと移動していたと見うる。つまり、著名人だけが特殊なのではなく、人々は一般に「より優れた教育制度」に向けて移動していたということである。そうだとすると、著名人となりうるか否かを決めるのは、移動の実行そのものでも、移動の方向でもないことになる。では、何がその決め手となったのか。それは彼らの移動の型であった。

3節　成否を分けた「移動の型」

単身流出型移動と一家流出型移動

　著名人のうちの府県外教育利用者が行った地域移動には、2種類のものがある。本人が単身で本籍地を離れて他府県に移動したもの（＝単身流出型移動）と、家族とともに他府県に移動したもの（＝一家流出型移動）である。これは、移動に際しての家族の状態を示しているが、この移動型が第二期には次第に、移動の成否を決める重要な要因となってきた。

　そのいずれが成功に導く要因であるのかを見極めるために、これらの移動型が占める比率の変動を見よう。第一期には、全著名人696名のうち、府県外教育の利用者は294名で全体の42％を占めていたが、そのうちの183名即ち62％は、単身で流出したことが判明している。しかし第二期には、著名人総数1524名のうちの478名即ち31％を占める府県外教育利用者のうち、単身流出と判明したのは34％だけである（後段の表5-5参照）。

　これに対し、家族ぐるみで居住地を変える一家流出型移動は、増加してきた。一家流出型と判明した移動の比率は、第一期には府県外教育利用者のうちの14%に過ぎなかったものが、第二期には26%に増加している。このように、第二期は第一期に比べて、一家流出型移動が増え、単身流出型移動は減る傾向が見られるのである。確かにこの第二期の一家流出型は、単身流出型を超えるほど多いわけではない。しかし第三期になると、府県外教育利用者のうちの43%が一家流出型移動を行うようになり、わずか17%に減ってしまった単身流出型を凌駕していく。従って第二期のこの比率変動は、両タイプの比重転換の最初の徴候を示すものとして重要な意味を持つ。そしてこの単身流出型減少は、この移動型が輩出に繋がらなくなってきていることを、窺わせるのである。

　また、両移動型の比率はおよそ3対4であるから、比率の差はそう大きくはない。ところが、より広い社会層の動向を示すものとして、例えば東京の私立順天中学生徒のデータを見ると、1900（明治33）年の在籍者（409名）のうち家族で移住した者が21%、他府県を本籍とし単身上京した者は57%で、一家流出と単身流出の比率はおよそ1対3となる（渡辺，1994，p. 80）。つまり、一般的には一家流出は相当少なかったのに、著名人においては一家流出の比率が高いのである。これも、一家流出型移動と著名人輩出との親和性を示すものといえよう。

苦学の変質：「有望な苦学」から「無謀な苦学」へ

　これらの移動型の中には、輩出の成否を左右する諸要因が隠されている。その第1は、当時の単身流出型移動の変質である。第一期には、それは将来有望な移動の型であった。いわゆる「大志を抱く」人々が、目指す他府県の私塾や語学校に単身で向かったが、この移動によって彼らは、将来の輩出に繋がる実力を付けることができた。少なくとも第二期の前半期までは、単身流出型のそうした性質は持続した。大志を抱く上京者はどの府県からも現れ、東京や京都などの中学校に入学した。卒業後は一高などに進学しさらに帝大に進み、高級官僚となることも珍しくなかった。

　例えば 1874 年に新潟に生まれた芳沢謙吉は、11 歳で地元の中学校に入学したが、14 歳で父の許しを得て上京し、成立学舎で学んだ後に日本中学に入学した。その後、二高を経て東京帝大を卒業し、外交官となった。ちなみにその父は醤油醸造業を営み、地主でもあった。1878 年に青森に生まれた一戸直蔵は、15 歳で青森に出て私塾に学び、さらに東奥義塾に入学するが、17 歳のときに中退して上京し、青山学院予科と錦城中学に学んだ。二高を経て東京帝大の大学院を修了し、天文学者になった。その父は地主であり、村助役も務めていた人である。このように、一度地元の中学校に入学するものの、それにあきたらず半途退学して都市的府県に出て行く（転学）ケースがかなり多く見られた。

　彼らの成功を支えているのは、生家の豊かさである。芳沢や一戸に限らず、単身流出型移動者たちの父親の多くが、地主や裕福な商人である。従って子弟には、十分な資金援助をしてやる余裕があったと思われる。つまりその子弟たちは、生活に追われることなく勉学に励み、進学していけた。そもそも彼らの多くは、単身流出前にまず地元の中学校に入っているのであり、これは彼らに、進学に関する経済上の問題がなかったことを示している。

　人脈に支えられて成功した単身流出型移動者もいた。1874 年に千葉に生まれた岡田武松は、呉服商である父の縁で、その取引先の呉服商宅から東京府立一中に通学させてもらった。後に第一高等中学を経て東京帝大に進み、気象学者となった。1878 年に静岡の素封家の子として生まれた青山士は、既に上京していた兄がおり、祖父の家もあったので、そこに身を寄せて府立一中に通学し、一高、東京帝大を出て土木技師となった。1884 年に新潟に生まれた有田八郎は漢方医の子だが、在京の兄に面倒を見てもらって早稲田中学に入学し、後に一高、東京帝大を経て外交官になった。兄である山本悌二郎は 1870 年の生まれで、これも単身流出して二松学舎やドイツ協会学校で学び、ライプチヒ大学で博士号を取って経営者・政治家となった人で、著名人の一人でもある。1886 年に静岡に生まれた石田礼助は、網元である父が麻布中学の創設者と親しかったため、その家に下宿させてもらって麻布中学に通い、後に東京高商を出て経営者となった。このように、彼らには頼れ

るツテがあった。在京の親類は格好の寄寓先である。手広く商売をしていれば、東京に顧客や取引先を持ち、そこに子弟を託せるほどの信頼関係も築けたのであろう。ちょうど第一期の士族子弟が流入先の親類・知人や藩邸の存在に支えられたように、こうして身を寄せる先を持つことで、単身流出者は住居の心配からも解放された[4]。

　単身流出者のなかには、苦学の達成者もいた。1872年に静岡の農家に生まれた篠田治策は、代用教員を経て上京、新聞配達をしながら苦学して日本英学館で学んだ。一度は身体を壊して帰郷したが、再起して日本中学に入学し、一高、帝大に進んで拓務官僚となった。篠田の下宿には同郷者で、ともに苦学を期して上京した鈴木梅太郎（1874年生）がいた。同じく農家の子である鈴木も苦学しながら日本英学館で学び、駒場農学校に進んで農芸化学者となった。このように、苦学をしても一高、帝大やそれに準ずるエリートへのメインルートに乗れたのである。以上の諸例は、単身流出して高い学歴を達成し、政治エリートや文化エリートとなった著名人のうちの、ごく一部に過ぎない。それほどに、単身流出はまだ将来性のある移動であった。

　ところが第二期も後半期になると、単身流出型には変化が現れる。特に大きな変化は、苦学の先行きがおぼつかなくなったことである。例えば1892年に愛知の農家に生まれた加藤勘十は、名古屋の呉服店の丁稚や東京の煙草問屋の小僧を経て、正則英語学校で学び日本中学に入学したが、やがて中退して帰郷し農業に就いた。後に再び上京し、諸職を経て日本大学夜間部に入学したが、ここも中退した。その後新聞記者となり、労働組合委員長を経て衆議院議員となり、社会党の幹部となり、労働大臣も務めた。この事例の特徴はまず、就学の履歴が細切れなことである。苦学をしているが、どの学校も長続きせず中退し、大学も結局卒業せずに終わっている。また、その後の活躍領域も社会党系の政治家という、高級官僚や学者とは異質な分野である。こうした履歴を辿る単身流出型移動者が登場する一方で、苦学して帝大に進みエリートになる事例は、もはやほとんど現れて来ない。

　これは、この時期に、苦学を困難にする様々な事情が出てきたからである。元来苦学は、金銭的にゆとりのない人々の行うものであるが、その実情

がかつてなく厳しいものになってきた。そもそも単身流出とは、家族を郷里に残して別に住まいを持つことであるから、子弟が単身流出を選択した場合、親は学資に加えて家賃・生活費等を負担してやらなければならない。だが全ての親がそのような裕福さを持ち合わせているとは限らない。社会全体として見れば、むしろ貧しい家庭のほうが多数派である。従って、「東都遊学」がブームとなれば、そこにはゆとりのない家庭の出身者が、益々多く参入してくることになる。この人々は、自らの稼ぎだけを支えに学ばなくてはならない。完全な苦学の道である。また彼らは、流入先に有力なコネや係累（既に地位達成した兄弟や、手広く商売をしている親の取引先など）を持つ保証もないため、頼る人や身を寄せる先もないことがしばしばある。

　しかも、世間に苦学生が溢れるようになれば、その一人ひとりに有力なパトロンが現れることは、もはや望み薄である。これらの事情により第二期後半期の苦学生は、あらゆるコストを全て一人で背負い込まなければならなくなった。こうした単身流出のコストの高さゆえに、苦学の成功率は極めて低いものとなる。それはいわば、「有望な苦学」から「無謀な苦学」へと変質しているのである。

　ちょうどこの時期に出版された『立志之東京』（渡辺, 1909/1992）は、青年たちの苦学志向の風潮をきつい調子で批判している。「世には成程苦学して成功した人も無きにしもあらず」だが、「其時代の苦学生なるものと、今の苦学生なるものとは」意味が違う。「昔の苦学生は多く大家の食客となって勉強し……、（大家のほうに：引用者注）天下の士を養ふと云ったやうな意気込を以てこれを自由に勉強させた」ものだが、今は書生も「小使、給仕の代理として置く」のだから「中々勉強など出来るものではない」。「勉学の余暇を得るどころか単に生活するのみに」さえ時間が足りない。よって「今日に於て苦学して成功せんとするは到底不可能の事であると云いたい。今の世にあって昔日の夢を繰返す如きは馬鹿の骨頂である」と。

　つまりこの時期の苦学は、竹内洋が「庇護型」苦学から「裸一貫型」苦学への変化と表現しているように、働くという体裁を取りつつも十分に学問をさせてもらえたものから、働くかたわら時間を捻出して学ぶものへと変わって

しまった。新聞配達や人力車夫という重労働をしながら夜学に通うケースも多かった。こうした労働の厳しさは、過労や授業中の居眠り、栄養失調に通じ、都会の誘惑に負けて堕落してしまう危険にも通じていて、苦学の達成を極めて困難にしていたという（竹内，1991）。

　確かに、苦学を試みた著名人は、後半期にも存在した。1885年に大分に生まれた野依秀市（父は呉服商）は、給仕等をしながら慶應義塾の商業夜学校に通った。しかしこれを卒業することなく、結局は中退してしまうのであり、高級官僚等になるのではなく自ら雑誌を創刊し、叩き上げの新聞雑誌経営者（経済人2）になることで名を遺した。つまり前半期のような意味での苦学は達成されなかった。

　あるいは1894年に島根に生まれた鈴江言一の事例がある。鈴江は、衆議院議員だった父が殖産興業の事業に失敗し、多額の負債を抱えて京都に逃れたため、もはや家産を当てに出来ない状態に陥った。父は極貧の暮らしのなかで病みつき、そこに合流した家族の生活も苦しいものであった。ゆえに鈴江は、高等小学校を卒業後、上京して弁護士の書生、土工、弁護士の車引き等をしながら学業の達成を目指した。私立中学である東洋学院の夜学に通い、明治大学専門部特科に進学したが、学費未納で除籍となる。その後は北京に渡って就業し、後には中国革命研究家（文化人1）として名を遺した（衛藤・許，1984，pp. 1-13）。このように単身流出型移動は、人生全体において紆余曲折が多く、苦学と言いながらも学業を達成しているとは必ずしもいえない。しかもその活躍領域は、労働組合系の政治家・活動家や起業した経営者などであって外交官や高級官僚ではない。仮に文化人1のグループに属しても、それはいわゆる正統的エリートとしての学者とは異なる分野なのである。

　学業が中断されない場合も、その辿る道は典型的なエリートとは異なる。例えば静岡の菓子商の子である白柳秀湖（1884年生）は、15歳で単身上京し、書生をしながら郁文館中学に通った。家庭の経済状態は不明だが、白柳は当時、親との関係が悪く、出郷も追放か家出に近いものだったのではないかと推測されている。従って、経済的支援などを見込める状態ではなかったようである。こうして苦学を余儀なくされた白柳は、早大高等予科を経て早稲田

大学に進学し、評論家（文化人1）となった。早稲田大学は、当時の多くの著名人の登竜門として利用されているが、私立であり、帝大とは格が異なる。また評論家という職も、分類上は文化人1だが、ジャーナリストや作家・小説家などとともに、このジャンルの中では亜流に属し、帝大教授等とは異質のものである。白柳は、自分には親から財産をもらったとか仕送りがあるというような「人生の本街道を行くための」経済的条件が欠けていたと述べている（白柳，1992）が、それゆえに白柳が辿った苦学の道は、まさに「脇街道」即ち非典型の要素が並ぶ道だったわけである。

　もう一例だけ挙げるとすれば、1889年に島根に生まれた小汀利得である。小汀の家は、村役場勤務の父が田畑を売り、家まで抵当に入れて道楽をしたため貧しくなり、菓子製造業に転じるが売掛金を大量にこげつかせて苦しい経営であった。小汀は上京遊学を望むが家庭の経済事情が許さないため、まず金物屋の小僧、ついで酒屋の小僧をして旅費を作って上京する。東京でも、商工中学に通っていた同郷の先輩の下宿に同居して家賃を半額に浮かせ、自炊をして切りつめ、新聞配達をしながら正則英語学校、研数学館ほか数校を掛け持ちで受験準備をするという苦学を実践した。これは挫折することなく高等教育機関への入学に繋がったが、その入学先は東京帝大などではなくて早稲田大学であった。また小汀は、この時期としては例外的にパトロンを得ている。大学3年のときに匿名の篤志家から奨学資金を与えられたのである。小汀はこれによって苦学から解放され、主席で大学を卒業できた（小汀，1984）。しかし到達先は、高級官僚などとは色合いの異なる活躍領域であった。政治家秘書や新聞記者等

小汀利得
早稲田大学時代。

を経て社長になり、またジャーナリストとして名を遺したのである。このように、単身流出し苦学をした第二期著名人には、早稲田大学を経由してジャーナリストや評論家となった人々を、少なからず見ることができる。

　単身流出型移動者の府県外教育の道程が、かくも険しさを増しつつある一方で、一家流出型移動者は困難を免れていた。彼らは親と同居しているため、家賃や光熱費・食費等を親に依存して学業に専念できる。一家流出といっても、その一家が生活を破綻させて郷里を捨てたのなら、子弟は家族のために働かねばならず、就学どころではなかったはずだが、この時期の一家流出型の著名人のなかに、そういう人々はわずかしか含まれていない。すぐ後で述べるように、一家流出型の著名人の大半は、父が転勤族である家庭──それは中・上層ホワイトカラーの家庭ということである──の子弟であって、相対的に豊かであった。なかでも軍人や役人の場合には、官舎利用によって家族の住居費さえも節約できたから、それを学費に回すこともできたかもしれない。

　なお、ここでは一家流出型に「養子縁組」を含めている。それは、養子縁組が家族ぐるみの流出と極めて近い性質のものだからである。養子縁組とは、養親の希望や実父母の死亡など様々な事情から、他府県にいる新しい家族（長兄や親戚のこともある）に本人が合流するケースであって、言葉の厳密な意味で「一家が流出している」わけではない。しかし養子縁組によって本人は、単身流出者のように身寄りのいない他府県で孤軍奮闘する代わりに、新しい家族に守られた安定した位置を得ることになる。またその場合の養父は転勤族であることがかなり多いため、養子になることで本人は転勤族子弟として生まれた人々と同じ性質の人生を送るようになる可能性が高い。（ゆえにこれらのケースでは養父の職業を「父職」と見ている）。東京で官吏をしている叔父の養子となり、ともに転勤生活を送ったケースなどが、典型的な事例である。ちなみに第二期著名人の一家流出型の内訳は、「転勤・着任・起業」など父親の職業がらみの転居が、7割弱を占める。なかでも大多数は「転勤」である。次いで多いのがこの「養子縁組」で、2割弱を占めている。

動機の変質 :「青雲の志」から「放校処分」へ

　単身流出型を不利にした第2の事情は、この時期の単身流出者たちの覚悟のなさである。彼らのなかには、「より優れた教育制度」を持つ場へ向かおうという明確な自覚のない者たちが、紛れ込んでしまっていた。

　第一期著名人の単身流出は、社会・国家を担う人材となろう、偉くなろうという「青雲の志」を抱いて自発的に行われる移動であった。ところが第二期の単身流出の理由には、かなり異質なものが入ってくる。「停学」や「放校処分」である。地元の中学校から追い出されて「東京へでも出るほか良策はあるまいということに」（益谷. 1967. p. 243）なった人々が、他府県の中学校に転学しているのである。（これは 1888 年に石川に生まれ、後に政治家となった益谷秀次の自伝の一節である。益谷については後に詳述する）。これらの処分の原因は、暴力沙汰が多いがストライキもある。ストへの参加はいわゆる不行跡とは少々異なるが、転学の理由が「元の中学校にいられなくなったから」というネガティブなものであることには変わりない。この種の単身流出型移動者は、父職の如何を問わず現れており、ホワイトカラーの子弟のなかにも見出される。父職がホワイトカラーで、しかも転勤族であるにも拘わらず単身流出している事例があれば、放校処分等を受けて流出した人々と思ってほぼ間違いない。

　この背景には、中学校教育の変質がある。一方で、中学校の教育水準は次第に均質化され、地方の中学校を出ても上級学校進学のルートに乗れる可能性が拡がりつつあった。従って「進学の希望」は、かつてほど強い流出の理由とはならない。他方で、当時の中学校には地域リーダーの育成機能を担う面もあったため、生徒のなかには、地元で卒業して実務に就けばよしとする者も増えていた。これらの人々にとっては、ある程度整備された地元の中学校は、卒業する価値が十分にあり、わざわざ他府県に転学する必要はない。

　このような状況下では、放校処分等によって単身流出する移動者は、本来進むはずだった進路がふさがってしまったために「東京へでも出るほか」なくなって取りあえず流出した、覚悟も目標もない人々の群れともなりかねない。実際彼らは、転学してもあまり熱心に学ばない。先述の益谷も、いった

んは私立の海城中学に転入学の手続きをしたのだが、休んでばかりいて再転学する破目になり、「当時はあまり評判のいい学校ではなかったが神田三崎町の大成中学の四年生に編入してもらった」（同上，pp. 247-248）と書いている。

中学校制度の変質：公立中学に入れない放校処分者と単身流出者

第3に、処分を受けて転学した単身流出型移動者は、さらなる問題を抱えることになる。放校等による転学者には、公立校への道は閉ざされていたからである。まさにこのような制限があるからこそ、彼らは私立中学の多い「東京へでも出るほか良策は」ない。

ところが、この転学者たちが流入した東京において、進学率の高い中学校は、私立から公立に交替しつつあった。当時の卒業生徒の高校進学率を見ると、1902（明治35）年の卒業生徒では私立早稲田 0.40、府立一中 0.33、私立郁文 0.25、私立開成 0.23 の順に高かったのが、1918（明治41）年には府立第四 0.59、府立第一 0.28、私立開成 0.22、私立芝 0.19、私立京華 0.17、私立錦城 0.10、私立早稲田 0.07 の順になっている（『全国中学校ニ関スル諸調査』1903・1919年）。府立中学と私立中学の順位は逆転し、かつ大差が開いている。

また一高志願者中の合格者の比率を見ても、1900（明治33）年には私立独逸協会、府立一中、私立開成、城北（後の府立四中）の順であり、私立の名門と並んで早くも府立中学がすがたを現している。1907（明治40）年になると順位交替は既に完了して、府立一中、府立四中、高師附中、私立早稲田の順となる（国立教育研究所編，1974b）。つまり第二期のうちでも末ごろの出生者は、もう公立中学優位の時代の只中にいたのである。

そんな状況下で放校等により単身流出する人々はさらに、公立に優位を奪われた私立中学群のなかでもトップ校には入らず、神田中学、大成中学、日本中学、立教中学などに転入する。先述の益谷のように、熱心に学ぶ気になれず「あまり評判のよくない」中学校への転学を重ねることにもなる。その影響もあってか、放校等の処分によって単身流出した第二期著名人たちのうちで、後に一高・東京帝大という正統的な進学コースを辿ったのは、判明している事例のうちの4割にも満たない。

　これが意味するのは、彼らのように図らずも単身流出する破目になってしまった人々は、流入先府県の教育制度に、支えの機能を必ずしも期待できなかったということである。彼らがたとえ帝大に進んだとしても、それは「私立中学に転入したおかげで」能力を高めたからとは限らない。むしろ彼らは、「私立中学を経由したにも拘わらず」正統的な進学コースに乗ることのできた稀有な人々というべきなのかも知れない。放校等による単身流出者の多くは、そのように順調な道を進まないのである。

　石川の永井柳太郎（1881 年生）は、学内の喧嘩で足が不自由になったため石川県立尋常中学を退学し、転居先の京都の同志社中学に転学したが、ストライキをしてまた退学処分となり、兵庫の関西学院中等部に転学した。（身体が不自由だと公立中学校への入学が許可されなかったという事情もある）。関西学院は無事卒業したが、進学した先は私立の早稲田大学であった。香川の三木武吉（1884 年生）は、食い逃げ事件の首謀者とされて高松中学を退校処分となり、京都に出て苦学しながら同志社中学に通ったが、身体を壊して一学期だけで中退した。快復後、上京して製本屋で働きながら大成中学に短期間通い大学に進学するが、その進学先はやはり早稲田であった。このように、いずれも就学の履歴が長続きせず、進学先も中等・高等教育ともに私立学校のほうへ逸れて行きがちなことがわかる。

　しかも公立中学は、少なくとも東京に関する限り、さらに狭き門となった。府立中学は、他府県からの単身流入者を排除するようになったからである。府立四中の場合、当時は「市内に本籍を有するか、又は全戸寄留でなければ、入学できないことに」（武石，2012，pp. 192-193）なっており、父兄の転任などのやむを得ない場合のみ保証人宅などから通うことが許されたが、それも全校生徒 600 名中の 40 ないし 50 名程度しかいなかったという。他の府立中学も同様で、単身上京者の入学、在学は認めなくなっていた。ゆえに単身流出型の移動者は、私立中学に入るしかない。その結果、順天中学や早稲田中学などの私立中学における身寄りのない単身上京者（下宿住まいの生徒）は、100 名前後にも上る大人数に達した。このように、折角「より優れた教育制度」を持つ場に移動しても、単身流出という方法では、そこの一流の教

育にはもはやアクセスできなかった。実際、第二期著名人のなかの単身流出型移動者は、放校のような不名誉な流出でなくても、公立校ではなく私立学校やその夜学に入っている。ちなみに、入学要件を市内本籍者と全戸寄留者に限るこの制度は、1902（明治35）年の府立中学校学則改正（東京都立教育研究所編，1992）に盛り込まれたものであるから、その影響を受けたのは第二期後半からの出生者ということになる。

　ところで、前半期の単身流出型移動者のなかには、裕福な親の仕送りを受けて学ぶ人々の大きなグループがあった。この単身流出者たちはどうなったのか。実は後半期には、この人々は大幅に減っている。理由はおそらく、地元府県に整備されてきた中学校に、進学先を変えたためと思われる。たとえ府県に中学校が1校しかなく家から遠くても、東京で子弟を学ばせてやれるほど裕福な親ならば、この府県内の中学校に汽車通学をさせ、あるいは寄宿をさせることが十分可能である。また子弟たちは、仕送りに全面的に頼れたはずで、苦学のために働き口の多い都市的府県に出る必要もなかったのである。

　そうなると、ここであえて府県外に出るのは、望みの薄い苦学を試みる人々と、放校処分等による流出者に絞られる。放校処分者たちのほうは、そこで学業を放棄してしまわず一念発起して一高、帝大への進学を達成するならば、そこには高級官僚等への道がなお続くであろう。だがこれも実は、すぐ後に述べるように、彼らの家庭に経済的なゆとりがあって、彼らの学業を支えてくれることにかなり依存している。そうでない場合や、まして苦学の実践者の場合には、家庭も流入先府県の教育制度も十分な支えとはならず、彼らは孤立無援の戦いを強いられる。かくして第二期も末の単身流出型移動者は、成功の見込みの薄い移動をする人々の多い、マイナーな群れへと変質してしまったわけである。

　こうして第二期の府県外教育の成否は、移動の型と強い対応を持つようになった。単身流出型移動者の成功物語 —— 時には苦学を通じたそれもあった —— は、過去のものとなった。こうして何重にも足枷をはめられた単身流出者たちの脇を身軽く追い抜いていったのは、「父の転勤」による一家流出型の移動者たちであった。

単身流出する農業・自営業者の子弟たち

以上の経緯は、府県外教育を通じた輩出の成否を規定する要因として、父親の職業が重要になってきたことを示唆する。そこで次に、著名人の父職と移動型の対応を見てみよう。表5-5では、父職を農業、商工業、ホワイト、他・不明に分けている。農業は農林水産業だが、これをさらに上層（地主・大庄屋・豪農・網元等から自作・中農まで）、下層（小作・貧農など）および階層不明に分類した。これは、『事典』に記載はないが自伝等から経済状態が判明したものも反映されている。商業と工業は、大半が伝統的業種の商工自営であり、職工や店員等がわずかに混じる。商業と工業の比は約10対1で圧倒的に商業が多い。ホワイトは、大半が官公吏・教員・軍人や銀行員・会社員等のホワイトカラーであり、これに医師・僧侶・神官等の専門職と企業経営者・役員・郵便局長等の管理職が加わる。

この表によれば、単身流出型移動をした著名人のうち、父職農業と商工業は合わせて58％に上り、父職ホワイトは34％と少ない。父職別に見ると、父職ホワイトのうち単身流出型と判明しているのは27％に過ぎないが、父職商工業では48％、農業においては上層・階層不明で56％・54％、下層で100％即ち全員が、単身流出型と判明している[5]。

単身流出型に農業や商工業の子弟がかくも多いのはおそらく、これらの職業にとって地域移動がマイナスの意味を持つからであろう。土地を離れるこ

表5-5　第二期の府県外教育における父職と移動型

（単位：移動数）

移動型	父職						
	農業上層	農業（階層不明）	農業下層	商工業	ホワイト	他・不明	計
一家流出型	2	2	0	22	90	10	126
	0.02	0.02	0.00	0.17	0.71	0.08	1.00
単身流出型	20	19	8	48	55	14	164
	0.12	0.12	0.05	0.29	0.34	0.09	1.00
不明	14	14	0	30	72	69	199
	0.07	0.07	0.00	0.15	0.36	0.35	1.00
計	36	35	8	100	217	93	489
	0.07	0.07	0.02	0.20	0.44	0.19	1.00
父職の人数	36	35	8	100	206	93	478
父職人数中の一家流出型比率	0.06	0.06	0.00	0.22	0.44	0.11	0.26
父職人数中の単身流出型比率	0.56	0.54	1.00	0.48	0.27	0.15	0.34

とは、農地を手放すこと、あるいは店や顧客を失うことを意味する。実際、ここで父職商工業に分類された父親たちは、呉服商・製塩業・菓子商・石工・回漕問屋など、多くが地域に根差した商売をしている。従って、子弟が府県外での就学を望むとき、あるいは事情あって府県内に留まれなくなったときに、父親はこれを単身で送り出す以外の選択肢を持たない。

また単身流出では、父職に伴う経済状態が、府県外教育における子弟の学びを異ならせる。このことは、著名人たちの履歴から明らかである。大地主などの農業上層や、羽振りのよい呉服商などの子弟には、仕送りを受けて優雅に学んだ人々が多い。しかし貧農・小作や小商いの商店主などの子弟は、典型的な苦学をしていることが多いのである。

例えば1893年に愛知に生まれた鈴木茂三郎の父は、士族の出だが人力車夫をして生計を立てていた。鈴木は高小卒業後、代用教員、新聞配達、人力車夫などをして働き、上京後も苦学して成城中学、海城中学で学び、早稲田大学の専門部に入学した。そして後に新聞記者などを経て共産党に入り、社会主義政治家（政治人2）となった。

富山の漁夫の子である細川嘉六（1888年生・後の共産党理論家（文化人1））は、高等小学校を終えると、代用教員をして学資を貯めた後に上京して錦城中学、一高、東京帝大へと進学した。あるいは1893年に兵庫に生まれた三島徳七は、軍人の書生をしながら講義録で独学し、東京の弁護士宅に勤務を代えてからは正則英語学校に通いつつ受験準備をして立教中学に入った。後に一高、東京帝大を経て冶金学者となった。細川や三島は、みごとに帝大進学を果たしているが、それは全体のなかでは稀な例であり、苦学でそこまで到達するのは至難の技であったことは、先述のとおりである。

ちなみに表5-5では、父職ホワイトのなかにも3割弱の単身流出型移動者がいる。だがこれは、ホワイトといっても銀行員や会社員ではなく、医師や神官、僧侶など、農民や商工業自営と同様の地域定着性を持つ人々である。とりわけ医師の割合が大きいが、他には郵便局長や市会議員、県会議員、地方銀行頭取などが若干名いる。これらの職業に就く人々は、地域との結びつきの強さからいって、土地を離れることはあまりない。そして、そのことが

子弟の就学に、単身流出という不利な要因を添えてしまったことになる。だが彼らは経済的にはかなりゆとりのある層に属していたはずであるから、その不利さを貧農の不利さと同列に扱うべきではないだろう。

このように、単身流出は父職の如何によって、成功の可能性を大きく左右された。経済的ゆとりを有する農業や商工業の上層そして医師等の子弟は、幾重にも保護された形での単身流出が可能であった。しかし下層出身の子弟は、そのように保護されてはいないため、最も厳しい状況に置かれた。彼らが就学途上で病を得て、そのために中退することが比較的多いのも、こうした貧しさと、それが強いる無理な労働に一因があるのかもしれない。かくして、彼らにとっての輩出の道は、極めて狭いものとなったのである。

一家流出する転勤族の子弟たち

これに対して、一家流出型移動者の主流をなすのは父職ホワイトの人々であり、表5-5に示されるように、その比率は71％にも上っていた。父職を基準として見ても、父職農業の場合には6％以下、父職商工業では22％だけが一家流出型と判明しているのに対し、父職ホワイトにおいては44％が一家流出型と判明している。このホワイトたちの内訳を見ると、医師や僧侶・神官のような地域定着型の知識人層はほとんどおらず、圧倒的多数が官公吏・軍人・教員や銀行員・会社員である。彼らは、家族を引き連れて全国各地を転勤して回る。その子弟は幼時からそれに随行し、小学校だけで3〜4回転校することもある。そして中学校就学年齢になると、転勤先の府県の中学校に入学する。

例えば1880年に茨城に生まれた内田信也（後の実業家・政治家）は、父が内国勧業博書記となったため一家で上京し、正則中学と麻布中学に通った。石川を本籍とする梶井剛（1887年生・後の技術官僚）は、陸軍一等軍医である父の任地仙台で生まれ、滋賀、石川と転勤に随行した後に広島で小学校を卒業し、広島一中を経て一高、東京帝大に進んだ。

こうした転勤においては、子弟は家族と同居することにより、経済的に守られながら就学でき、公立中学にも入学できる。しかも転勤族は、もともと

都市的府県や、地方でも政治・経済の中心地を巡ることが多く、そこは府県としても地域としても概して教育の先進地であるから、子弟の入る中学校は地域でもトップクラスのものとなりがちである。つまり転勤族の子弟たちは、家族から多面的な援助を受け制度的にも優遇された状態で、しかもより将来性のある中学校に就学することができた。

　以上より、府県外教育に関して有利なのは、2種類の人々であったといえるだろう。まず、後半期に急速に勢力を増してくるタイプ、即ち一家流出型の移動をするホワイトカラー転勤族の子弟である。次いで有利だったのは、前半期に主流であったタイプ、即ち単身で流出しても十分な仕送りを得て経済面の苦労をせずに済む、農業や商工業自営のなかでも上層クラスの子弟である。このように、多数の青少年に共有された「より優れた教育制度」への志向が実際に実を結ぶかどうかは、彼らの家庭の職業 ── それがもたらす地域的移動性や経済的ゆとりの如何 ── によって左右されるようになってきたのである。

府県の輩出率を規定する府県外教育

　以上に示されたことを踏まえれば、第二期の輩出率順位はさらに理解しやすくなる。まず、本章冒頭で挙げた幾つかの府県の変則的な輩出率順位が、この観点から説明されるだろう。表4-3では、岐阜・滋賀・秋田・新潟などにおいて、府県の高校進学率の高さと輩出率順位の低さが不整合であった。これは、これらの府県で府県外教育の比率が高いこと（それによって府県内教育の影響が遮断される）と、この府県外教育利用者における父職ホワイトの少なさや単身流出型の比率の高さ（これらによって有利な移動が行われない）から、説明できる。例えば岐阜出身の府県外教育利用者には、米穀業・農業や医師・村長などの子弟が多数を占め、彼らの大半は単身流出している。新潟でも、漢方医・質屋業・農業・醤油製造業・織物商など、やはり地元定着型の父職が相当に多く、その子弟の多くが単身流出している。このような輩出傾向は、これらの府県の著名人たちがある意味逆風を受けながら輩出する環境にあったということを意味するものと思われる。他方、鳥取・静岡などには、

府県の進学率は低いが輩出率が高いという逆の不整合が見られたが、これは
やはり府県外教育の比率の高さに加えて、府県外教育の利用者に父職ホワイ
トや一家流出型が多めであることから説明できる。例えば鳥取の著名人の父
職には、旧池田藩の藩医で農商務省官吏となった人や、三菱鉱業常務、旧士
族で裁判所書記、警察官などが並び、本人が小学校入学前から東京在住で
あったことがわかるケースも数件ある。静岡の場合は父職不明がかなり多い
ものの、判明分のなかでは父が士族とりわけ旧幕臣のケースが多く、後に特
許局審査官などホワイト系の職に就いているケースもある。伝統的な江戸と
の繋がりはこの第二期には、そうした職業的特性に翻訳されて現れているの
であろう。つまりこれらの府県には、有利な地域移動を行わせる環境があっ
たと見うるのである。

　このように、府県の輩出率は、府県内教育の特性だけによっては理解され
ず、府県外教育を見て初めて理解される部分がある。こうした変則的な諸事
例を理解していくためにも、府県外教育の分析は必須であるといいうるだろ
う。

　第2に、府県外教育の考察は、この第二期における都市的府県の輩出率上
昇の背景を説明しやすくする。この考察では、先に府県内教育の主要な担い
手として登場した父職ホワイトという階層が、府県外教育でも際立って有利
な立場にあることが判明した。ホワイトカラーは府県内教育の整備に熱心
で、優れた中学校教育を実現し、かつそこへ子弟を積極的に進学させていた
のだったが、その同じホワイトカラーが、他府県に地域移動して学ぶ場面で
も最も有利に学ぶ条件を備えているのである。これは、輩出率の高い府県と
は結局、ホワイトカラーの多い府県であることを意味する。即ち、都市的府
県である。

　ホワイトカラーの多さは、次のようなメカニズムによって、都市的府県の
輩出率を高めたと推測される。まず東京のように極めて教育水準の高い府県
では、その府県内教育を利用した多数のホワイトカラー子弟が輩出してくる
だけで、既に十分高い輩出率が達成される。よってここでは、府県内教育が
主役であったと考えられる。しかし東京以外の都市的府県では、水準の高い

教育制度の整備はまだ局所的で、後述する第三期のように都市的府県が非都市的府県と明確に区画されるエリアとなるには至っていない。よって、ここに府県外教育が行われなければ、輩出率はもっと低い数値に抑えられたであろう。しかし実際には、ここには府県外教育のための地域移動を有利に行うホワイトカラー子弟がいる。彼らは、教育の先進地に移動して学び輩出するのである。実際、表5-1で見たように、神奈川・愛知・大阪などの出身者が府県外教育を利用するとき、彼らの多くは東京に向かうのであった。つまり都市的府県は、府県外教育によって府県内教育による輩出の不足分を上乗せできる。まさにこうした上乗せ効果によって、都市的府県という府県グループは、揃って輩出率を高められたと理解できる。対するに、非都市的府県において多数を占める農商工の子弟は、府県外教育をあまり利用せず、利用しても単身流出型である分だけ条件が厳しい。ゆえに、それによって輩出率を高める効果は、都市的府県ほどに得られない。こうして府県外教育は、都市的府県のグループと非都市的府県のグループの差異を、さらに広げる効果を持ったということである。

4節 第二期著名人輩出の全体像

父職・移動型・活躍領域の関係

以上では輩出率の高さに関する背景を考察したが、この節では、父職によって異なる府県外教育の利用が、第二期著名人の活躍領域にも相違をもたらしたことを明らかにする。そうした相違は、エリートであるか否かという視点から考察される。ここでいう「エリート」とは、政治人1・経済人1・文化人1の総称である。1章で触れたように、高等学歴ないしそれに相当する「知」を持ち、そのことを評価の基準として職歴達成した人々を意味する。そうしたエリートになることに関して、職業階層や移動型はいかに有利ないしは不利に働くのだろうか。これを理解するための手掛かりが、表5-6と表5-7にある。

表5-6　第二期の府県外教育における移動型と活躍領域（本籍府県別）

都市的府県

(単位：移動数)

移動型	活躍領域							
	政治人1	政治人2	経済人1	経済人2	文化人1	文化人2	他	計
一家流出型	5	1	2	2	13	6	1	30
	0.17	0.03	0.07	0.07	0.43	0.20	0.03	1.00
単身流出型	9	10	4	3	11	6	1	44
	0.20	0.23	0.09	0.07	0.25	0.14	0.02	1.00
不明	23	2	2	2	14	2	0	45
	0.51	0.04	0.04	0.04	0.31	0.04	0.00	1.00
計	37	13	8	7	38	14	2	119

非都市的府県

移動型	活躍領域							
	政治人1	政治人2	経済人1	経済人2	文化人1	文化人2	他	計
一家流出型	30	6	10	4	34	11	1	96
	0.31	0.06	0.10	0.04	0.35	0.11	0.01	1.00
単身流出型	25	10	14	9	46	13	3	120
	0.21	0.08	0.12	0.08	0.38	0.11	0.03	1.00
不明	99	11	2	2	34	5	1	154
	0.64	0.07	0.01	0.01	0.22	0.03	0.01	1.00
計	154	27	26	15	114	29	5	370

注1)　計は移動数のため、人数とは対応しない。

　府県外教育の移動型と活躍領域との対応を示した表5-6からは、一家流出型移動者の優越がわかる。一家流出型移動者は、都市的府県と非都市的府県のいずれでも、文化人1と政治人1に高い比率で到達している。それに対し、単身流出型移動者は、都市的府県では文化人1に入る比率が劣り、非都市的府県では政治人1に入る比率が劣る。よって合計されたエリートの比率は、一家流出型移動者よりも低い。これは、エリートの領域に到達するうえでの一家流出型移動者の有利さと、単身流出型移動者の不利さを示している。

　先に見たような父職と移動型の対応に、この移動型と活躍領域の対応を重ね合わせるならば、父職と活躍領域との対応関係が現れてくるだろう。この両項の関係を示した表5-7からは、父職ごとに異なる活躍領域のパターンが読み取れる。都市的府県の父職ホワイトからは、文化人1と政治人1への流れがあり、エリートの領域に計74%が入っている。それに対して父職農業・商工業からは文化人1が29%、政治人1が25%で、エリートの領域には計62%しか入らない。非都市的府県の父職ホワイトからは、政治人1や文化人1への流れがあり、エリート領域に計83%が入っている。しかし父職農業・

表5-7　第二期の府県外教育における父職と活躍領域（本籍府県別）

都市的府県

(単位：人)

父職	活躍領域							
	政治人1	政治人2	経済人1	経済人2	文化人1	文化人2	他	計
農業上層	3	1	0	1	4	0	0	9
	0.33	0.11	0.00	0.11	0.44	0.00	0.00	1.00
農業（階層不明）	2	2	1	1	1	1	1	9
	0.22	0.22	0.11	0.11	0.11	0.11	0.11	1.00
農業下層	0	2	0	0	1	0	0	3
	0.00	0.67	0.00	0.00	0.33	0.00	0.00	1.00
商工業	9	4	3	1	10	7	0	34
	0.26	0.12	0.09	0.03	0.29	0.21	0.00	1.00
ホワイト	13	2	2	3	17	5	1	43
	0.30	0.05	0.05	0.07	0.40	0.12	0.02	1.00
他・不明	10	1	1	1	4	1	0	18
	0.56	0.06	0.06	0.06	0.22	0.06	0.00	1.00
計	37	12	7	7	37	14	2	116
	0.32	0.10	0.06	0.06	0.32	0.12	0.02	1.00

非都市的府県

父職	活躍領域							
	政治人1	政治人2	経済人1	経済人2	文化人1	文化人2	他	計
農業上層	8	3	2	3	6	3	2	27
	0.30	0.11	0.07	0.11	0.22	0.11	0.07	1.00
農業（階層不明）	13	1	0	1	7	3	1	26
	0.50	0.04	0.00	0.04	0.27	0.12	0.04	1.00
農業下層	1	0	0	0	3	1	0	5
	0.20	0.00	0.00	0.00	0.60	0.20	0.00	1.00
商工業	20	5	6	5	23	7	0	66
	0.30	0.08	0.09	0.08	0.35	0.11	0.00	1.00
ホワイト	70	10	13	4	53	12	1	163
	0.43	0.06	0.08	0.02	0.33	0.07	0.01	1.00
他・不明	42	7	5	1	19	1	0	75
	0.56	0.09	0.07	0.01	0.25	0.01	0.00	1.00
計	154	26	26	14	111	27	4	362
	0.43	0.07	0.07	0.04	0.31	0.07	0.01	1.00

商工業からは政治人1に34%、文化人1に31%などで、エリート領域には計72%しか入らないのである。

　なお、表5-6や表5-7に見るカテゴリー間の相違は、さほど大きなものではない。表5-6では、単身流出型移動者においても、都市的府県からは文化人1（25%）や政治人1（20%）へ、また非都市的府県からは文化人1（38%）や政治人1（21%）へ、ある程度高い比率で到達している。それは、父職ホワイトではないが経済的に豊かなために実現しえたゆとりある遊学のこともあろう。あるいは、父職ホワイトでないことも経済的下層であることもはね返す

力を持つ苦学のこともあったであろう。これらが実現できている限り、単身
流出型移動は必ずしも不利な手段にはならない。しかし、この比率の高さを
支えているのは、主に第二期前半期の著名人である。単身流出型移動を経て
エリートになる著名人は、後半期には徐々に減少し、後述するように第三期
には完全に消滅する。

　表5-7 に現れている傾向の背後にも、同様の事情がある。表5-7 では、両
父職からエリート領域への流入比率の差は 10％程度に留まるが、前半期と
後半期の傾向はやはり異なっており、第二期の後半期だけで見れば、差は
ずっと広がるのである。

府県外教育を通じた著名人輩出のパターン

　以上に判明した事柄を総合するならば、府県外教育における輩出パターン
は、図5-1 のように表されよう。図中で父職はホワイトと農商工（上層・下層）
に大別されているが、商工業はその大半が商工業自営であることを先述し
た。ここでは自伝等を頼りにその中をさらに上層と下層に分け、農業と合わ
せて農商工上層と農商工下層に区分している。また表5-1 によれば、第二期
著名人の移動先は 436 名中の 367 名即ち 84％が都市的府県であり、特に東
京に向かう者は 61％にも上る。図中には、こうした移動傾向も反映されて
いる。なお、図中の「中等非就学」のカテゴリーについては後述する。

　この図によれば、両地域の父職ホワイトからは都市的府県の公（私）立中
学への大きな流れがあり、そこを経た人々の多くは高級官僚・学者といった
エリートの地位に到達する。父職農商工でも上層からは、都市的府県の公
（私）立中学へある程度流入し、父職ホワイトと同じく、エリートへの道を辿
る。こちらは、前半期に多く見られた流入である。

　ただし、これらの職業階層の所属でも放校処分等を受けた場合には、私立
中学への転学を余儀なくされる。この場合は、エリートへの道と非エリート
への道のいずれもが辿られるが、ここに影を落とすのが再び父職の違いであ
る。家庭の経済状態が裕福であるほど、エリートへの道のほうが辿られたの
である。このうち、非都市的府県から出てエリートになった著名人には、先

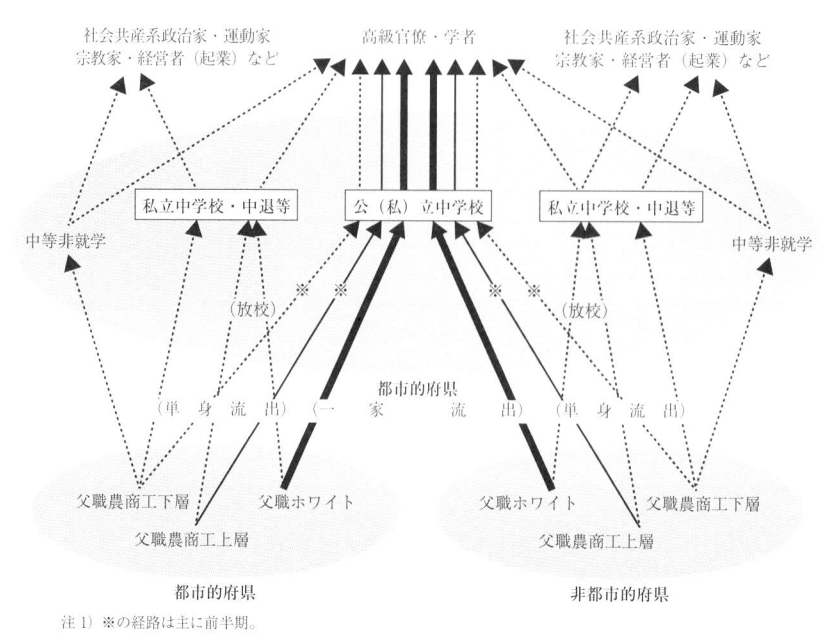

注 1) ※の経路は主に前半期。

図 5-1 第二期の府県外教育における父職・移動型・活躍領域の関係

にも触れた益谷秀次（石川 1888 年生）がいる。益谷は金沢二中で退校処分を受け、東京の海城中学、大成中学と転学を重ねたが、東京外国語学校を経て京都帝大に進み、司法官のち政治家になった。自伝によれば、益谷の父は能登で小さい酒屋と質屋と鉄屋を営む他に漁業関係の商いもやっていたというから、かなり手広く商売をしていたようである。また「生もの、するめ、塩ぶりなどを扱う問屋……私の家はこうした地方の問屋の面倒をみていた」（益谷，1967，p. 248）ともあり、その関連で東京の問屋にも顔が利いたというから、地域でも有力者であったと思われる。「当時は中学校が少なく、進学するにしても宇出津あたりからは農学校に進むものが多かった。しかしそれとてもそう多いわけではなく、富裕な農家の子弟に限られるといったぐあい」（同上，p. 240）であるなか、益谷はわざわざ寄宿して金沢二中に進学している。また、喧嘩や門限破り等で退校処分を受け上京してからも、苦学とは無縁で遊び歩いていた。一高を受けたが落ち、東京外語学校に合格し、それか

らは真剣に勉強したようで京都帝大に進んだが、そのころも「私は家から普通の学費の仕送りを受け、そのうえフランス語の教師で所得があった（週2回将校にフランス語を教えるアルバイトをしていた：引用者注）ので生活にゆとりがあり、二、三回生のころから家を一軒もって、好きな酒はこもかぶりを据えて毎日飲んでいた」（同上．p. 255）とあるから、非常にゆとりある生活だったことがわかる。

　山形の阿部次郎（1883 年生）は、山形中学で校長排斥を企て放校となったため、東京の京北中学に転学したが、のち一高、東京帝大に進み美学者となった。父は、山形県視学である。群馬の膳桂之助（1887 年生）は前橋中学でストをして諭旨退学となったため、東京の正則英語学校を経て立教中学に転学するが、一高、東京帝大を経て官僚になり後には財界指導者となった。父は、豊かさの程度は不明だが、薬舗経営者である。また 1883 年秋田生まれの菅礼之助は、秋田中学でストをして退学処分となり、上京し日本中学に入るが再び学校側ともめて退学し、商工中学を経て東京高商に入り後には経営者となった。その父は地方銀行の頭取であるから、経済的にも上層であったと推測される。

　都市的府県から出てエリートとなった著名人には、松阪広政（京都 1884 年生）がいる。松阪は、京都府立二中の在学中にストライキをして停学処分を受け、そのことで父にも勘当された。よって上京して（停学が理由のため公立には入れず、私立の）神田中学に入学したが、後に一高、東京帝大を経て司法官になった（松阪広政伝刊行会．1969）。また川村貞四郎（愛知 1890 年生）は愛知二中で傷害事件を起こして停学になったため、東京の日本中学に転学し、一高、東京帝大に進んで内務官僚となった。川村の父は大地主であり、松阪の父は製茶業の本家かつ地主であった。ここでも両者は、標準以上に豊かな層に属する。

　これに対し、放校等を経て非エリートになった著名人の例としては、先にも触れた永井柳太郎や三木武吉が挙げられるが、これらはいずれも非都市的府県の出身である。また、経済的にそう豊かな階層ではない。永井の場合、石川県尋常中学、同志社中学といずれも争いごとを起こして退学を重ねたの

川村貞四郎
日本中学卒業記念（明治41年）。後列左が貞四郎。

であったが、関西学院中等部を経て早稲田大学で学んだ後は政治家（政治人2）になった。父は小学校教員だが岐阜の小学校に単身赴任していたため、家計は母が裁縫を教える内職で支えていた。庭の果実も売って金に換えたというから（『永井柳太郎』編纂会編, 1959）、決して豊かな家庭ではなかった。三木は、高松中学を退学処分となり、同志社中学も中退し、早稲田大学に進んだのだったが、後には政治家（政治人2）となった。その家庭は、藩儒であった祖父が維新後も売り食いをしたため「ひどい貧乏」で、父はささやかな骨董屋を営んでいたが商売にはならず、母が家計まで見ていた（三木会編, 1958）というから、やはり豊かとはいえない。

これらを見ると、エリートになった人々と非エリートになった人々では、家庭の経済状態の違い、従って父職の違いがかなり明瞭である。同じネガティブな理由で転学しても、家庭に経済的ゆとりのある場合には、それに支えられて正統的な進学コースに乗り、エリートの地位に到達できる。しかしそうでない場合には、転学を重ね、高等教育も私立となり、その先に続く将来の進路も高級官僚や学者からは逸れて行きがちなのである。

他方、父職農商工の下層からは、前半期には帝大を出て高級官僚・学者と

なる者が何名もいた（篠田・鈴木など）が、後半期には、わずかな例外（細川・三島など）を残してそれはすがたを消す。中学校は私立に限られるようになり、中退も稀でなく、多くは非エリートとして輩出するようになる。ある程度の高等教育を達成すれば文化人1のグループに入ることもあるが、その場合も学者ではなく評論家やジャーナリストになる（小汀・白柳など）。

　最も多いのは、非エリートのなかでも社会主義系ないし共産党系の政治家になるケースである。都市的府県からの事例として、先述の加藤勘十や鈴木茂三郎が挙げられる。（単身流出型移動者のなかには、非都市的府県出身で社会・共産系政治家になったケースは皆無である）。文化領域の非エリートになった事例もある。1872年岡山生まれの山室軍兵がその一例である。山室の父は貧農であり、山室は小卒で上京し職工として働いたが、福音神学校、同志社普通学校（中退）を経て伝道師になり、後に救世軍の指導者（文化人2）となった。あるいは経済領域の非エリートになる場合もある。これは、先述の野依秀市が新聞雑誌経営者になったように、自ら起業して経営者（経済人2）になるタイプが大半である。

全教育型のなかの府県外教育

　ここまでは、府県外教育を利用した輩出に絞って見てきたが、そもそも各父職タイプにおける府県外教育の重みは、同じではない。府県内教育、府県外教育あるいは中等非就学などのうちで、府県外教育にどれほどの比重をかけているかは、父職ごとに異なる。そこで、これら全ての学び方（＝教育型）を視野に入れ、より広い枠組みで輩出パターンを考えるために、表5-8に著名人の父職と教育型の対応を示した。ここで利用される父職の区分は表5-5と同じく、農業（農林水産業）、商工業、ホワイトおよび他・不明である。農業はさらに経済的な意味での上層（豪農・富農・地主等）と下層（小作・貧農等）および階層不明に区分されている。商工業は大半が伝統的自営、ホワイトは大半が官公吏や銀行員・会社員等のホワイトカラーであることは、先述のとおりである。

　この表によれば、まず都市的府県では、府県内教育が多く利用されてい

表5-8　第二期の父職（細分類）と教育型（本籍府県別）

（単位：ケース数）

		父職												
		農業（上層）		農業（階層不明）		農業（下層）		商工業		ホワイト		他・不明		計	
都市的府県	府県内	23	0.74	14	0.64	1	0.20	75	0.64	134	0.76	89	0.74	336	0.71
	府県外	9	0.29	9	0.41	3	0.60	34	0.29	43	0.24	18	0.15	116	0.25
	出生府県内	0	0.00	0	0.00	0	0.00	4	0.03	11	0.06	2	0.02	17	0.04
	中等非就学	2	0.06	2	0.09	1	0.20	10	0.09	3	0.02	6	0.05	24	0.05
	不明	1	0.03	0	0.00	1	0.20	2	0.02	5	0.03	12	0.10	21	0.04
	父職の人数	31	1.00	22	1.00	5	1.00	117	1.00	177	1.00	121	1.00	473	1.00
非都市的府県	府県内	54	0.69	62	0.73	4	0.27	111	0.55	195	0.49	145	0.53	571	0.54
	府県外	27	0.35	26	0.31	5	0.33	66	0.33	163	0.41	75	0.28	362	0.34
	出生府県内	2	0.03	0	0.00	0	0.00	18	0.09	47	0.12	14	0.05	81	0.08
	中等非就学	5	0.06	4	0.05	6	0.40	18	0.09	10	0.03	9	0.03	52	0.05
	不明	3	0.04	7	0.08	0	0.00	8	0.04	18	0.05	44	0.16	80	0.08
	父職の人数	78	1.00	85	1.00	15	1.00	201	1.00	400	1.00	272	1.00	1051	1.00
全国計	府県内	77	0.71	76	0.71	5	0.25	186	0.58	329	0.57	234	0.60	907	0.60
	府県外	36	0.33	35	0.33	8	0.40	100	0.31	206	0.36	93	0.24	478	0.31
	出生府県内	2	0.02	0	0.00	0	0.00	22	0.07	58	0.10	16	0.04	98	0.06
	中等非就学	7	0.06	6	0.06	7	0.35	28	0.09	13	0.02	15	0.04	76	0.05
	不明	4	0.04	7	0.07	1	0.05	10	0.03	23	0.04	56	0.14	101	0.07
	父職の人数	109	1.00	107	1.00	20	1.00	318	1.00	577	1.00	393	1.00	1524	1.00

注 1)　同一人が府県内と府県外を両方利用することがあるため、各セルの合計と人数は一致しない。
　　2)　比率は父職人数中に占める割合。

る。総人数の71％がこれを利用しており、父職農業上層やホワイトでは、それをさらに超える比率である。これは都市的府県の教育が、人々のニーズに十分に見合うものを提供できていたことの現れであろう。（ただし父職農業下層のみは府県内教育の利用率が低く、主に府県外教育を利用している。これは府県内教育の利用可能性が、下層までは拡がっていなかったことを示している）。それに対して非都市的府県では、54％しか府県内教育は利用されていない。これが示すのは、非都市的府県の人々にとってはそれ以外の輩出経路の如何が、より重要な意味を持ったということである。

　そこで非都市的府県における父職別の傾向に改めて注目すると、そこには父職による教育型の違いがかなり明瞭に見出される。まず父職農業の２つのカテゴリーと父職ホワイトでは、農業上層・農業階層不明の２カテゴリーが府県内教育をかなり利用しているのに対し、ホワイトの府県内教育利用度は低い。もともと父職ホワイトは他の父職に比べて府県内教育をあまり利用せず、全国平均でも57％の利用率なのではあるが、ここではそれを下回る

49％である。その分、府県外教育に向かう比率は高く、41％に上る。これは非都市的府県の父職ホワイトが、府県内教育の代替物として府県外教育を活用しており、一家流出型という有利な移動の効果を十分に享受していたことを示すと考えられる。

　他方、父職農業の3カテゴリー内で比較すると、上層・階層不明の2カテゴリーに見る府県内教育の比率の高さと対照的に、農業下層の府県内教育は3割を切っている。前者は、たとえ学校が少々遠くても、交通費や下宿代を工面して府県内の中学校に進学する術を持っていたが、後者はそうした手段がなかったのであろう。この人々は府県内教育よりも、むしろ他の手段を多く利用している。その一つが府県外教育である。それは父職ホワイトとは異なり、基本的に単身流出型移動であり、しかも苦学の形を取りがちなのであった。他の農業カテゴリーで府県外教育が利用される場合には、仕送り等もある優雅な遊学が多かったことを考えれば、階層ごとに経験の実質は相当に異なっていたことが推測される。

中等非就学を経由するもう一つの輩出

　しかも父職農業下層における府県内教育の代替手段は、府県外教育を上回る比率で、「中等非就学」である。これは、中等教育の履歴がブランクであるケースの総称である。なかには受験準備や向学心を満たすためとして、予備校や夜間中学、その他の夜間学校に短期間在籍していることもあるが、履歴に記されるほどでもないこうした短期の在籍は、『事典』にもあまり記録されていないため、ここでは中等非就学に分類している。非常に多いのは、高等小学校以上には進まず工場労働や農作業等に入っていくケースだが、検定等を経て高等教育に返り咲くケースも少数ある。後者のケースでは、大抵は早稲田大学等の私立大学やその夜間部に進んでいる。

　非都市的府県の著名人が中等非就学となる場合には、ほぼ常に府県外への単身流出を伴う。彼らが東京や大阪などに向かうのは、まずそこで働き口を見つけるためである。そして中等非就学を経由する輩出経路には、非エリートに至るものが非常に多い。なかでも多いのが、政治家・活動家となるケー

スである。表5-9によれば非都市的府県の中等非就学において、政治人2は37％を占めている。先に、非都市的府県からは府県外教育利用でこの活躍領域に至るケースが皆無であることを述べたが、その代わりにこうして中等非就学を経由するルートが辿られているのである。

　例えば茨城の山本懸蔵（1895年生）は、半農半漁の貧困な家庭に生まれた。高等小学校を中退して奉公に出たが、やがて上京し鍛冶工や研磨工として働くようになる。後に共産党に入党し、共産主義運動家になった。宮城の佐々木更三（1900年生）も、貧農の子である。零細農業に従事する傍ら、日雇いや炭焼き、製糸工場人夫等の出稼ぎで働くが、学びたい欲求が強く、高等小学校卒業後は講義録で独学した。24歳で上京し、昼間は工場で働き、夜は日大専門部の夜学で学んでこれを卒業した。なお神田の正則英語学校にも通った時期があるというから、完全に学業を離れたわけではないケースである。佐々木は後に職場で組合を結成して労働運動に携わり、社会党の政治家になった。

　石川の南喜一（1893年生）も貧農の子、それも「生家は村一番といわれた貧しい農家で、しかも弟妹十人の長男」（南, 1980, pp. 4-5）であった。そのため南は、小学校4年を終えてすぐ、10歳で新聞社の活字拾いの職に就いた。「家計を助けるには少しでも収入の多いところへというので税務署の臨時雇い、造船所の見習工と仕事を変えた」（同上）が、造船所は大阪にあるため、ここで南は都市流入をしたことになる。「わが家を立て直すために都会に出て働きたい……それには努力しなければならないと、独学で一心に勉強した」結果、17歳で専検に合格し18歳で上京した。土工をやり、早稲田大学に進学後も人力車夫と牛乳配達を掛け持ちして苦学するが、学費が払えず結局中退する。薬剤師の資格を取って病院で働き、化学の知識を活かして工場を経営するようになるが、労働運動をしていた弟を警察に殺されたのをきっかけに工場を畳み、共産党に入って左翼運動家となった。なお南の場合も、大阪では乙種夜間中学（高校受験資格は取れない）に通った（岡田, 1971）。

　以上のように、後に運動家や社会・共産系政治家となるタイプの人々は、労働の傍ら夜間学校等でも学んでいたケースが比較的多いため、実質的には

表5-9　第二期の中等非就学における父職と活躍領域（本籍府県別）

都市的府県　　　　　　　　　　　　　　　　　　　　　　　　　　　　（単位：人）

父職	活躍領域							
	政治人1	政治人2	経済人1	経済人2	文化人1	文化人2	他	計
農業上層	0	0	0	0	2	0	0	2
	0.00	0.00	0.00	0.00	1.00	0.00	0.00	1.00
農業（階層不明）	1	0	0	1	0	0	0	2
	0.50	0.00	0.00	0.50	0.00	0.00	0.00	1.00
農業下層	0	0	0	0	0	1	0	1
	0.00	0.00	0.00	0.00	0.00	1.00	0.00	1.00
商工業	0	3	0	2	3	1	1	10
	0.00	0.30	0.00	0.20	0.30	0.10	0.10	1.00
ホワイト	0	1	0	0	1	1	0	3
	0.00	0.33	0.00	0.00	0.33	0.33	0.00	1.00
他・不明	1	4	0	0	0	1	0	6
	0.17	0.67	0.00	0.00	0.00	0.17	0.00	1.00
計	2	8	0	3	6	4	1	24
	0.08	0.33	0.00	0.13	0.25	0.17	0.04	1.00

非都市的府県

父職	活躍領域							
	政治人1	政治人2	経済人1	経済人2	文化人1	文化人2	他	計
農業上層	1	1	0	2	0	1	0	5
	0.20	0.20	0.00	0.40	0.00	0.20	0.00	1.00
農業（階層不明）	2	2	0	0	0	0	0	4
	0.50	0.50	0.00	0.00	0.00	0.00	0.00	1.00
農業下層	0	3	0	1	0	2	0	6
	0.00	0.50	0.00	0.17	0.00	0.33	0.00	1.00
商工業	1	9	1	0	4	3	0	18
	0.06	0.50	0.06	0.00	0.22	0.17	0.00	1.00
ホワイト	3	1	0	1	3	2	0	10
	0.30	0.10	0.00	0.10	0.30	0.20	0.00	1.00
他・不明	1	3	0	2	0	3	0	9
	0.11	0.33	0.00	0.22	0.00	0.33	0.00	1.00
計	8	19	1	6	7	11	0	52
	0.15	0.37	0.02	0.12	0.13	0.21	0.00	1.00

単身流出型移動者と非常に近い生き方をしている。ただし単身流出型移動者の場合は、苦学の末に高等教育に到達することもあるのに対し、運動家・政治家タイプはまもなく組合活動等が主となって、学業から完全に離れてしまうことが多い点が、異なっている。

　こうした中等非就学者たちの父職は、農業ではなく商工業のこともあるが、いずれにしても下層である点はほぼ共通している。例えば香川の西尾末広（1891年生）は瀬戸内の島で生まれたが、生家は島内唯一の商店経営者であった。成績がよかったため小学校の教師が両親に高等小学校進学を勧めたが、両親は学費がかかると難色を示し、本人が頼み込んでやっと進学を許した。西尾は高松近くの村に下宿して通学したが、結局、家業の手伝いのため

に3年で退学することになった。後に大阪の砲兵工廠の旋盤工の見習いとなり、友愛会に入り組合活動を指導するようになり、やがて政治家として大成した（江上，1984）。

　千葉の渡辺政之輔（1899年生）は、畳職が家業であったが父の代で財産を食いつぶしたため、高等小学校を出ると上京し、酒店に奉公するなどして働いた。家族も上京してきて駄菓子屋等を始めたが成功せず、結局、親子ともにセルロイド工場の職工になった。渡辺は組合活動を始め、共産党に入り、後に共産党活動家となった。この間、渡辺には、学びを続ける暇などはなかった（加藤，2010）。事例はこれのみに尽きず、全国の非都市的府県から、こうして中等非就学者たちが、社会・共産党系政治家に到達している。

　中等非就学を通る経路は、父職農商工下層から経済人の領域にも続く。群馬の農家に生まれた山崎種二（1893年生）は、上京して小僧として働き、後に起業して証券会社の経営者となった。和歌山の松下幸之助（1894年生）は、6歳で家が破綻し父が単身大阪に働きに出ていたが、そこに呼び寄せられたため小学校を中退し奉公に出た。大阪電灯の見習工などをした後に起業し、やがて松下電器産業の社主となった。1880年に島根に生まれた桜内幸雄は、父は藩士であったが維新後始めた商売が成功せず赤貧の状態となり、結局豆腐の製造小売を家業とするに至った。桜内は9歳から豆腐を行商して回る生活を送り、中学校進学はとても無理であった。14歳から横浜製紙活版所で働き、横浜英語学校の夜学にも通ったが、やがて上京して活版所の職工となった。後に新聞記者に転じ、起業して経営者・政治家となった（桜内，1952）。いずれも、相当に貧しい環境のなかで成長しており、到達されるのは総じて経済人2、即ち自ら起業した経営者である点に共通性がある。

　文化人の領域に至る経路もある。ここで到達されるのは大半が文化人2、とりわけ宗教家や思想家である。その事例として、石川の戸田城聖（1900年生）がいる。戸田は漁師の子で、一家で北海道に移住していたが決して豊かではなかった。ゆえに小学校を終えると札幌の雑貨問屋に奉公し、後には上京して代用教員なども務めた。やがて日蓮正宗に入信し、後に創価学会会長となった（西野，1985）。都市的府県の出身であるが、1871年に京都に生まれ

た出口王仁三郎も同様の経路を辿っている。その父は貧農であり、出口は小学校を中退して代用教員となるが、貧農が代用教員をすることに対して村人たちが批判的であったため、15歳からは地主宅に住み込み奉公をし、家計のために重労働にも従事した。後に出口ナオの大本教に入信し、ナオの娘と結婚して婿となり、やがて大本教を組織化し宗教家として大成した。ナオもまた、貧しい大工の未亡人として極貧の生活であった（村上, 1978）[6]。以上に示してきたように、中等非就学の経路は、父職農商工下層と非エリートの活躍領域を架橋していることが多い。

　このように非都市的府県においては、父職の如何に応じて、様々な経路が辿られていた。府県外教育を利用する程度の違い、利用する場合の移動型の違い、利用しないならば他のどんな手段を利用するのかなどの違いが、父職と一定の対応関係を持って併存していた。ここでは主に非都市的府県の状況を観察してきたが、同様のことは基本的に都市的府県にも当てはまる。都市における父職農業下層の、府県外教育や中等非就学の比率はやはり高いからである。つまりこの第二期には、全地域において父職の如何が人々の教育機会を左右する主要な基準だったということである。

職業から見る第二期著名人の輩出

　これまでに見てきた傾向を総合するならば、父職は、府県内教育、府県外教育等の教育型の違いを媒介として、最終的な活躍領域にも相違をもたらしていると考えられる。これを、著名人のデータで確認するために、表5-10には、著名人の父職と本人の活躍領域との対応関係を示している。

　この表によれば、都市的府県と非都市的府県のいずれでも、父職ホワイト、農業上層および商工業から到達される先は政治人1と文化人1である。いずれの父職グループも、6〜8割もの高比率でそれらの活躍領域に入っている。つまり、より大きな教育機会を入手できる職業階層の人々は、概してエリートの地位に到達できていた。彼らは中学校から一高、東京帝大などへと進み、高級官僚や企業幹部、学者になる道を辿ったのであった。

　これに対し、父職農業下層がエリートになる比率は低く、都市的府県では

表5-10 第二期の全著名人における父職と活躍領域（本籍府県別）

都市的府県 (単位：人)

父職	活躍領域							
	政治人1	政治人2	経済人1	経済人2	文化人1	文化人2	他	計
農業上層	9	1	1	3	15	2	0	31
	0.29	0.03	0.03	0.10	0.48	0.06	0.00	1.00
農業（階層不明）	11	4	1	3	1	1	1	22
	0.50	0.18	0.05	0.14	0.05	0.05	0.05	1.00
農業下層	0	3	0	0	1	1	0	5
	0.00	0.60	0.00	0.00	0.20	0.20	0.00	1.00
商工業	29	13	7	10	42	14	2	117
	0.25	0.11	0.06	0.09	0.36	0.12	0.02	1.00
ホワイト	56	13	9	8	77	13	1	177
	0.32	0.07	0.05	0.05	0.44	0.07	0.01	1.00
他・不明	59	12	5	3	36	4	2	121
	0.49	0.10	0.04	0.02	0.30	0.03	0.02	1.00
計	164	46	23	27	172	35	6	473
	0.35	0.10	0.05	0.06	0.36	0.07	0.01	1.00

非都市的府県

父職	活躍領域							
	政治人1	政治人2	経済人1	経済人2	文化人1	文化人2	他	計
農業上層	26	7	7	6	25	5	2	78
	0.33	0.09	0.09	0.08	0.32	0.06	0.03	1.00
農業（階層不明）	41	8	4	1	24	5	2	85
	0.48	0.09	0.05	0.01	0.28	0.06	0.02	1.00
農業下層	3	3	0	1	4	4	0	15
	0.20	0.20	0.00	0.07	0.27	0.27	0.00	1.00
商工業	56	22	21	12	72	17	1	201
	0.28	0.11	0.10	0.06	0.36	0.08	0.00	1.00
ホワイト	151	29	31	13	137	33	6	400
	0.38	0.07	0.08	0.03	0.34	0.08	0.02	1.00
他・不明	133	25	13	7	81	10	3	272
	0.49	0.09	0.05	0.03	0.30	0.04	0.01	1.00
計	410	94	76	40	343	74	14	1051
	0.39	0.09	0.07	0.04	0.33	0.07	0.01	1.00

20％、非都市的府県でも47％と、いずれも半数に届かない。その分、他の父職よりもかなり高い比率で、政治人2や文化人2になる。つまり教育機会を得にくい職業階層の人々は、非エリートの領域に向かっている。先述のように、彼らの多くはそもそも「学校」を経由しない。あるいは苦学をするが、それで得る最終学歴も、半数は私立の専門学校等である。職歴も丁稚奉公や工員から、あるいは新聞記者や編集者、地方議会の議員、社会運動家からスタートし、最終的には、実業家や政治家、活動家などになっている。つまり、職業の差は歴然とある。第二期には、第一期とはまた別な意味合いで、やはり2つの世界が並び立っていた。人々はその生育した家庭の職業の違いによって、異なる人生を歩んだのである。

Column1　エリートへの側道としての「中等非就学」

　第二期の中等非就学の経路は、下層出身者を非エリートに運ぶばかりでは
ない。それはエリートに到達する多様なチャンスを含む経路でもあった。表
5-9 に見るように、中等非就学を経由して輩出するエリートが、30%強もい
た。人数的にも 76 名の著名人の通ったこの経路は、一つの重要な輩出の道
であった。このコラムでは、初等教育を終えた後そのまま労働の世界に入っ
て、高等教育にはついに進まなかった人々を、それにも拘わらずエリートと
して輩出させた 3 つのパターンを紹介する。

　その第 1 は、父職農商工下層から文化人 1（作家・小説家）への架け橋とな
る中等非就学の経路である。例えば 1892 年に神奈川に生まれた吉川英治
は、横浜で起業していた父が破産したため 11 歳で小学校を退学し、印刷店
の住み込みの小僧となり、活版工や給仕としても働いた。父が広告代理店を
始めたため、14 歳のころには昼に店
番をしながら商業学校の夜間中学にも
一時通ったが、店がまた失敗したため
辞めて雑貨商の店員になった。18 歳
で上京して工員として働くが、文筆活
動を始めてやがて作家となった(吉川.
1989)。

　神奈川に 1885 年に生まれた中里介
山は、精米業も営む中・上層の農家に
生まれたが、父の代で田畑を手離し投
機にも失敗し、家庭内不和となって一
家離散した。中里は高等小学校 2 年を
終えると助教になり、13 歳で上京し

吉川英治
19歳(明治44年)。

中里介山
23歳（明治41年）。

て書生や交換手見習いとして働くが、このころ神田正則英語学校に通った時期があった。やがて帰郷して小学校教員となり、後に作家となった。1884年に神奈川に生まれた長谷川伸（本籍新潟）は、吉川や中里よりもさらに教育と縁の薄い経歴を持っている。長谷川は、土木請負業者の子だったが、一家離散して8歳で煙草店の小僧になった。10歳で小学校に入るが、働く必要に迫られて2年足らずで中退し、横浜ドックの小僧や工員などとして働いた。月謝の払えるときに夜学で漢文を学んだ程度で、学校と無縁のまま成長し、ただひたすらに読書をしたという。後に新聞社に自ら売り込みに行き採用され、記者となり、後に作家となった（長谷川ほか，1980）。

第2に、巡査から始めて政治人１に至る経路がある。これも多くは父職農商工を始点とする。三重の職工の子である宮下弘（1900年生）は、父が転職を重ねて東京に流入していたが、高等小学校の学資が続かないほど貧しかったため、中学校には進学せず巡査になった。上司に進められて考査試験を受け巡査部長になり、上司の引きで特高課に抜擢されたが、そこでは同僚も大半が小学校中退などの教育歴で、中学校は未修であったという。後に宮下は、再び考査試験を受けて警部となった。警察には1885（明治18）年以来、警官練習所のち警察監獄学校、後には警察官練習所といった幹部養成機関が設けられ、そこで法律や実務を学んで考査試験に合格すれば、叩き上げて幹部になれたのである。最終的に宮下は、特高警察官として名を遺すことになる（宮下，1978）。高知の農家に生まれた溝淵増巳（1900年生、後の警察官僚）も、高等小学校卒業後、大阪に出て巡査となったが、こうした警察のシステムを

「上に上るには試験がある。上がりたければ何処迄も上れる仕組であって、つまり巡査は幹部の泉であり、幹部は、その古里を巡査に持つ」と表現し、「ありがたいことに、この世界では試験勉強することを決して誰も批難しない。試験も実務に関することが多い故に、試験勉強をすることは、仕事に通ずることであり仕事をすることでもあるから、勉強と仕事の一致するありがたい道場である」(溝淵、1973, p. 40, 42) とも述べている。ところで溝淵は、昇任試験を受ける代わりに、中学校講義録で独学して高等文官試験に挑み、合格してしまった。筆記試験に受かると、署のほうでは、高文の筆記に通ったものを巡査にしてはおけないと巡査部長にしてくれた。口述試験に通ると、警部補にしてくれた。つまりここには、中等教育を経由せずとも大卒と肩を並べる高さまで人を押し上げるしくみがあった。中学卒の警察幹部候補がまだ主流ではない第二期には、こうして巡査から叩き上げた中等非就学の著名人を、他にも数名見ることができる。

　第3は、芸術・芸能の領域に至る経路である。1875 年岡山生まれの尾上松之助は、家業が貸座敷業であるため芝居に親しみ、小学校に通う傍ら舞などの芸事に明け暮れていた。15 歳で呉服店の丁稚に出されるが役者になろうと家出をし、芝居巡業の一座に加わり芸を磨いて俳優となった。1879 年長野生まれの荻原守衛は中程度の自作農の子で、高等小学校卒業後は家業を手伝い 15、6 歳ごろには一人前となっていたが、読書などをしただけで中学校等には通わなかった。21 歳で上京して洋画塾に入り、後に彫刻家になった (林、1970)。1900 年東京生まれ (本籍埼玉) の勅使河原蒼風 (後のいけ花作家) のように、府立四中に合格していたのに、花道家の父が進学を許さず花道の師に就かせたため、結局中等非就学となった事例もある。他にも歌舞伎役者や陶芸などの領域の著名人が、この経路を辿っている。いずれも早期からの修行が重視される一方で普通中等・高等教育は必要とされないという、活躍領域固有の性質が影響している。このタイプは下層出身とは限らず、その意味でも中等非就学に多様性を添えていた。

5節　身分から職業へ —— 輩出原理の転換

身分原理を凌駕する職業原理

　以上に考察してきた府県内教育と府県外教育の変容を踏まえ、第二期の特徴を一言で表現すれば、「輩出原理の転換期」となろう。この時期、輩出の重要な決め手となってきたのが「学校」における教育だが、この教育へのアクセス可能性を左右するものは、もはや純粋な身分原理ではない。身分的なものがあっても、それは実質的には職業原理に支えられて発動するものに変わっている。この節では、こうした「身分から職業へ」の変質の諸局面を見ることで、輩出原理について従来論じられてきたことに幾つかの発見を付け加えたい。

　「身分から職業へ」という図式は、多くの研究者に用いられてきた社会変動の説明図式である。しかし現在では、身分的秩序の頂点にあった士族が没落し、台頭する新興商工業者らに地位を明け渡したというような、単純な勢力交替の図式としてではなく、より複雑に絡み合った移行の過程を意味するものとして用いられることが多い。例えば園田・濱名・廣田（1995）は、士族として一括されるグループのなかに、近代の職業的秩序の上層に移行できた者と下降した者が混在していることを示して、そこに断絶よりもむしろ連続性が存在することを明らかにした。また、士族が公務自由業、即ち官公吏・教員・軍人といった職業を選び取るのは、士族という身分にふさわしくあろうとした結果であったことを指摘し、身分的秩序から職業的秩序への移行の根底にある価値観の連続性を示した。菊池（1967, 2003）は、中学校生徒父兄の分析から、生徒の構成比における士族の優位が維新以後も永く持続していたことを明らかにした。

　しかし第二期には、こうした身分的要素の存続を支えるものとしても、職業が力を持ち始めている。以下では著名人たちの履歴を辿りながら、こうした2つの原理の絡み合いと移行のプロセスが、府県内教育、府県外教育の両面で進行していたことを示していく。

士族身分の意義の存続 ── 輩出への動機付け

まず、ここに園田・濱名・廣田 (1995) が指摘したような「士族的な価値観の連続性」という形で、身分的な要素が存続していたのは確かなことである。

第二期には、かつて士族身分が有していた様々な有利さはあまり目立たなくなっている。中学校教育の全国的な整備は、家庭が与える学問の素養の意義を減少させた。また地域移動の必要性をも減少させたため、士族が持つ地域移動への親和性は、かつてほど決定的な差異化要因ではなくなった。しかし士族という身分はなお、学問と輩出への動機付けという面では、重要な役割を果たしている。第二期の末ごろの著名人においても、その家庭にはかなり強固に士族意識が存続していたことが知られる。そしてその意識は、子弟に対する熱心な学問奨励という行為に、しっかりと結びついていた。

例えば 1897 (明治 30) 年に東京に生まれた蜷川虎三 (後の統計学者) の場合、祖父が藩士であり、東京で材木商を手広く営む父も福沢諭吉に師事したことがあって、息子には再々、「おめえはサムライの子なんだからな」と言い聞かせていた。母も士族の娘で、「まあ勉強専一、勉強ばかりやろうっていうような母親」だった。その教育のおかげで蜷川は、受験した 6 名の仲間のうちでただ一人、府立三中に合格できた (吉村. 蜷川虎三伝記編纂委員会編. 1982)。このように、士族意識は維新後半世紀近くたってもなお健在であり、たとえ現職は商業である家庭でも、子弟の中学校就学への動機付けとなっていた。

表 5-11 で当時の各地の中学校生徒中に占める華士族の比率を見ても、1898 (明治 31) 年になお華士族が半数以上に達している中学校や府県は、幾つもある。(なお華族は最大の京都でも 17 名、比率にして 2% 弱であり、大半の府県では 0 名であるため、華士族比率は士族の比率にほぼ等しい)。中学校でいえば熊本の済々黌 (61%) や福岡の修猷館 (50%) がそうだが、これらの中学校を持つ地域では、士族たちが子弟の教育機会を守ろうとして、中学校の開設・維持に大いに尽力してきたのであった。府県でいえば鹿児島 (85%) や佐賀 (68%) の数値が際立っているが、これらは第一期において士族出身の政治人を多数輩出した府県であり、住民中に占める士族の比率も高く、士族としての自覚も極

表5-11　中学校生徒の華士族比率（1898年）

府県・中学校	華士族比率	府県・中学校	華士族比率
愛知	0.18	新潟	0.16
愛媛	0.42	神奈川	0.18
茨城	0.35	青森	0.46
岡山	0.28	静岡	0.15
沖縄	0.59	石川	0.49
岩手	0.39	千葉	0.09
岐阜・岐阜	0.11	大阪	0.26
宮崎	0.59	大分	0.33
宮城	0.38	長崎	0.47
京都	0.29	長野	0.09
熊本・済々黌	0.61	鳥取	0.45
群馬	0.23	島根	0.31
広島・広島	0.33	東京	0.48
香川・高松	0.24	徳島	0.36
高知・高知	0.39	栃木	0.13
佐賀	0.68	奈良	0.17
埼玉・第一	0.13	北海道・札幌	0.44
三重	0.20	富山	0.17
山形	0.22	福井	0.28
山口	0.55	福岡・脩猷館	0.50
山梨	0.05	福島・福島	0.21
滋賀	0.30	兵庫	0.24
鹿児島	0.85	和歌山	0.27
秋田	0.42		

注 1）　在籍者総数を1と見た場合の割合。
　　2）　菊池（2003）巻末付表より算出。
　　3）　原資料は三井原仙之助編，1898，『全国公立尋常中学校統計書』，富山房。

めて強かったことを、先に見たとおりである。また士族たちが野心を抱いて集まっていた東京も、華士族比率48％と、やはり士族の就学が多めの府県となっている。士族意識の効果は、このような場面になお現れているのである。

上層平民の意識の中の身分的要素 —— ステイタス表現としての中学校進学

　身分的な要素は、平民たちの間にも存在した。それは、「由緒正しい家柄」の農家・商家であるという意識、いわば上層としての誇りであり、それをもって他の平民一般と自らを差異化する意識である。この自負は第二期においては、「自分たちは学問をする特権を持つ身分」なのだから、「子弟を中学校ぐらい行かせるのは当然」という態度となって現れる。

　町人でも学問に親しむ伝統のあった京都、農民が武士に劣らず熱心に上坂・上洛して私塾に学んだ大分などでは、豪農・豪商たちがこの意識の担い手であったが、富を築いて上層平民の仲間入りをした新興商人たちにも、この身分意識は引き継がれた。財をなした彼らは、一族の「由緒」を整えようとして、歴史上の人物に関連付けた系図を作り、子女を名家に縁付かせようと苦心する。そして子弟に中等教育を与える段になると、商業学校などではなく中学校を、その進学先として選んでやるのである。

　例えば、後に小説家・劇作家となった久保田万太郎（東京 1889 年生）は、伝統的な下町である浅草の、袋物製造販売業の次男であった。家は豪商に準ずる規模で、15、6 人の職人を抱えていた。近所の子はみな私立の代用小学校に入ったが、久保田は「正目の正しい学校」としてわざわざ遠い公立小学校に通わされた。当時は主人の子と使用人の子の共学はよくないとされたからである。そして卒業後は、府立三中に進学した。久保田の父は、息子が「そもそも中学に入るのをさえ肯じなかったくらいの学校ぎらい」であったというが、それでも久保田は中学校進学を果たしているのである。ところが彼は、数学が不首尾で落第し、「そんな学校にいるのはいやだから」と退学してしまった。その後、慶應の普通部に転学しようとすると、周囲は「そうまでして商人の子が学問をするということ」に、もはや良い顔をしなかった。しかし祖母の強い後押しのおかげで、頑固な父も「慶應義塾ならいい。あすこはあきんど向の学校だから」とついに転学を許し、久保田はさらに大学予科にも進むのである。とはいえ、さすがに大学本科に進むにあたっては、「二年間の予科の課程を終るとともに、表面、どこまでも、父、及び、父の身近の親類どもの手まえ、学校を止めた体にする必要があった。そうしなければ家のなかに波風が立った」ので、久保田は学校に通っていないようなふりをしながら、裏口から抜け出してこっそりと通学を続けたのであった（久保田，1983 および戸板，1983）。

　興味深いのは、ここで久保田の中学校進学が許された理由である。転学してまで就学を続けることや、上の学校への進学がいずれも否定的に受け止められていることから、中学校進学は上級学校へ進むための手段としても、職

業上役に立つものとしても認められていないことが明らかである。それにも拘わらず久保田が進学できたのは、中学校に通うことが、上層平民の子弟における一種のステイタス表現だったからと考えられる。

　成功した企業経営者のなかには、そのステイタス表現として超一流の高等学歴までを求める人々もいた。1889 年に東京に生まれた大倉喜七郎（後の経営者）は、そうした身分意識の強い父によって教育のコースを決められた一人である。大倉の父は新潟の大名主の子であり、鰹節店の見習いから始めて叩き上げた大倉財閥創業者だが、彼は息子を、もともと華族の学校であった学習院に入れるばかりか、後にはケンブリッジに留学させもした。また息子の配偶者には伯爵家の子女を迎え、後には自らも男爵の称号を手に入れたのである。

府県内・府県外教育を支える職業原理

　しかし、そうした身分意識を実際の進学行動に反映させうるかどうかについては、職業の如何が重要である。士族がいかに身分意識の強い人々でも、貧窮していては子弟を進学させられない。自ずと、経済力のある士族の子弟のみが進学できることになる。経済力ある士族とは、先にも見た公務自由業という、ホワイトカラー的職業に就いた人々をその典型とする。つまり最終的な決め手は家庭の経済力であり、それを左右するのはまさに職業なのである。

　平民においても、進学を実現させる力はやはり、その職業に対応する。豪農・豪商や、成長しつつある近代的商工業の従事者が、この意味で有利な層となった。これに対し、小作・貧農や中小零細の商工業者にとっては、子弟の進学は容易なことではなかった。

　さらに進学への熱意の如何も、職業との結びつきを深めている。これは一つには、職業上の理由から進学が必要となるケースが、次第に増えてきたからである。商業従事者の間では、とりわけ近代的な産業部門において、中学校以上の教育は必須となった。例えば呉服商の子弟が横浜に拠点を構えて生糸貿易に乗り出すなど、家業を継ぎながらも関連部門へと乗り換えようとす

れば、語学力や法律の知識が必要となる。銀行員・会社員といった被雇用職に就く場合には、採用や地位達成のためにも中学校卒ないしそれ以上の学歴が必要となる。商業ではなく官公吏等を目指す場合も、同様である。

　これらの職業部門に子弟を送り込みたい人々は、子弟の教育にとりわけ熱心となる。近代的な商工業を子弟に継がせたい商工自営業者たち、あるいは自らホワイトカラーであって農地や店舗を持つわけでなく、従って同種の職業に子弟を就かせたい官公吏や教員たちがそれである。従って、これらの職業に従事する家庭では、子弟は親から金銭面だけではない複合的なバックアップを受けながら、進学することができたわけである。

　そして、さらに職業原理が重要な役割を果たすのが、府県外教育の場面である。この面については、従来ほとんど注目されてこなかったが、先述のとおりこの契機は重要である。教育制度の変更や苦学の変質を背景に、第二期の府県外教育は、特定の条件を持つ者だけに有利なものへと変わってきた。単身流出型移動者は、東京のような教育の先進地へ流入しても、府立中学に入る資格がなく、高校進学の力が付くとは限らない中学校に甘んじることになった。厳しい苦学に挫折し、中退することもあった。しかし一家流出型移動者は、当時のトップレベルの府立中学に入学する資格を持ち、家族の庇護下で学業に専念できた。

　そしてこれらの移動型は、まさに職業に対応していた。単身流出を行うのは、一家で動けない事情を抱えた農業や、地元定着型の商工業従事者の子弟である。それに対して一家流出を行うのはホワイトカラー転勤族の子弟である。つまり、そうした職業のうちのいずれが父職であるかによって、子弟の府県外教育の質と将来性は決まったのである。

　以上のように、身分原理に代わり、あるいはそれを下支えする形で台頭してきたのは職業原理であった。たとえ府県の歴史や価値観の中に身分的なものが色濃くあったとしても、実質的に中学校進学という結果を実現させているのは職業原理である。また著名人への道を整え、あるいは逆に険しいものとし、またエリートと非エリートのいずれに到達するかを規定するのも、職業原理である。そうした意味で、輩出の原理が職業原理へと転換してきたの

が、第二期だったということである。

注
1) これは出生府県内教育利用者 —— 全体の6% —— を含まない。
2) 一高に限らず他の高校でも、その入学者はその所在地の中学校を卒業した者が最も多いか、少なくとも相対的に多い。『高等學校高等科入學者選抜試験ニ關スル諸調査』の1918年版によれば、各高校への入学者は、一高には191/351、二高には37/270（東京からに次いで2位）、三高には54/286、四高には26/260（東京からに次いで2位）、五高には31/292（福岡・東京に次いで3位）、六高には48/275、七高には51/234、八高には38/265（東京からに次いで2位）の割合で、所在地府県の中学校経由で入学している。また1922年版では、一高には227/353、二高には67/260、三高には101/290、四高には73/257、五高には75/294、六高には90/266、七高には100/209、八高には91/257が所在地府県の中学校から入っている。
3) 1911（明治44）年の富山中学の場合、半途退学した転学者の多くが東京へ向かったという（斉藤，1995）。
4) 単身流出型移動は第一期には多くの士族子弟によって行われたが、第二期にはむしろ平民子弟の比重が増している。これは後述するように、士族が維新後は官公吏や教員、軍人などの職に就く傾向があるためである。これらの職業にはしばしば転勤が伴い、転勤者は一家で動くため、子弟の府県外教育は一家流出型移動が多くなるのである。
5) 例えば先述の鈴江言一の場合、父は衆議院議員だったが鈴江の幼少時に事業で失敗し、半ば失業状態で極貧の暮らしに陥っていたから（衛藤・許，1984，pp. 1-13）、鈴江の履歴は実質的には下層出身者の単身流出型移動という性格のものである。こうした例外的ケースを除けば、父職ホワイトと一家流出型移動との結びつきの強さはより明瞭となる。
6) これらに比べれば少々異色なのが、滋賀の西田天香（1872年生）である。西田は有力な紙問屋の長男で、明らかに農商工上層に属している。開智学校高等科以上の教育履歴を持たないが、在学中には漢学塾に通い英語を習ってもいたようである。しかし高等小学校卒業後は家業手伝いに入り、父死亡のため19歳で家督を継ぐことにもなって、学問とは無縁の道を歩んだ。青年会の幹事長を務めるなど信望があり、そのまま行けば地方名望家となったはずの境遇である。ところが北海道開拓事業を任せられ渡道したが行き詰まり、帰郷した後は従来の生活を捨て、悟りを得て無所有と奉仕の活動に入った。後に京都に一燈園を開設した（三浦，1999）。

6章
輩出の磁場としての「ホワイトカラーのエリア」
—— 第三期の府県内教育における都市の優越

1節　遠ざかる本籍地

著名人データに現れた異変：増える「他府県出生者」

　第三期 (1901–1925 年出生) については、各府県の中学校の整備状況に注目するという、第二期に至って得られた統一的視点に引き続き立ちながら、著名人輩出の比較分析を進める。だがその前に、分析の基準とする府県に関して一つ、変更を加えなくてはならない。第三期は、第二期までのように本籍地基準で輩出率順位を出すのが難しいからである。それは、各府県における他府県出生者の比率が、かつてなく高まっていることによる。

　表6-1 に見るように、他府県出生者の比率は第一期には9％、第二期には13％であった。ところが第三期にはこれが急増し、22％にもなっている。この比率を超える府県は第二期にもあったが (4章注 11 参照)、それはまだ少数であった。ところが第三期に至ると、他府県出生者の比率は全体的に上昇し、著名人の過半数が他府県出生者という府県も現れている。何故このようなことが起こるかといえば、第一期から蓄積されてきた地域間の移動が、この社会における人の配置を大きく変えてしまったからである。

　第一期には、多数の著名人が他府県へ流出していた。府県外教育の利用者は42％に上り、しかもほとんどの著名人が、高等教育の段階では府県外にあった。高等教育機関の所在地が東京、京都や大阪などに限られていたためである。彼らは卒業すると多くがその地で職に就くから、子弟はその府県の生まれ、即ち他府県出生者となる。

表6-1　各時期の著名人中における他府県出生者

（単位：人）

府県	第一期			第二期			第三期		
	他府県出生者	著名人総数	他府県出生者の比率	他府県出生者	著名人総数	他府県出生者の比率	他府県出生者	著名人総数	他府県出生者の比率
北海道	0	0		1	6	0.17	2	10	0.20
青森	1	6	0.17	3	16	0.19	3	9	0.33
岩手	1	13	0.08	4	26	0.15	1	1	1.00
宮城	2	7	0.29	3	19	0.16	4	8	0.50
秋田	0	8	0.00	3	18	0.17	5	12	0.42
山形	0	5	0.00	3	37	0.08	3	13	0.23
福島	1	17	0.06	3	37	0.08	4	13	0.31
茨城	2	7	0.29	0	23	0.00	4	16	0.25
栃木	1	2	0.50	1	16	0.06	1	5	0.20
群馬	3	10	0.30	7	28	0.25	2	9	0.22
埼玉	3	8	0.38	8	26	0.31	1	3	0.33
千葉	4	12	0.33	5	27	0.19	3	11	0.27
東京	1	40	0.03	6	140	0.04	7	85	0.08
神奈川	0	3	0.00	3	29	0.10	0	9	0.00
新潟	2	21	0.10	9	42	0.21	3	14	0.21
富山	0	3	0.00	0	16	0.00	2	8	0.25
石川	0	7	0.00	9	49	0.18	4	11	0.36
福井	1	13	0.08	2	20	0.10	2	12	0.17
山梨	0	5	0.00	3	18	0.17	0	11	0.00
長野	1	21	0.05	8	54	0.15	6	20	0.30
岐阜	3	12	0.25	4	28	0.14	2	15	0.13
静岡	8	20	0.40	3	39	0.08	3	11	0.27
愛知	5	14	0.36	10	48	0.21	0	14	0.00
三重	0	11	0.00	4	33	0.12	5	13	0.38
滋賀	1	7	0.14	3	19	0.16	3	8	0.38
京都	0	26	0.00	8	47	0.17	8	25	0.32
大阪	0	8	0.00	3	47	0.06	1	12	0.08
兵庫	3	23	0.13	11	66	0.17	4	30	0.13
奈良	0	5	0.00	4	17	0.24	2	8	0.25
和歌山	0	8	0.00	6	31	0.19	5	8	0.63
鳥取	3	4	0.75	5	22	0.23	2	7	0.29
島根	0	11	0.00	1	23	0.04	0	12	0.00
岡山	5	26	0.19	6	60	0.10	1	15	0.07
広島	2	13	0.15	4	48	0.08	4	22	0.18
山口	2	47	0.04	7	56	0.13	7	17	0.41
徳島	1	6	0.17	2	11	0.18	1	7	0.14
香川	0	5	0.00	1	12	0.08	0	11	0.00
愛媛	2	12	0.17	0	32	0.00	6	9	0.67
高知	0	48	0.00	9	30	0.30	4	12	0.33
福岡	1	38	0.03	2	48	0.04	4	24	0.17
佐賀	0	20	0.00	9	31	0.29	3	13	0.23
長崎	2	17	0.12	4	18	0.22	3	7	0.43
熊本	0	29	0.00	2	32	0.06	2	10	0.20
大分	1	13	0.08	5	35	0.14	1	7	0.14
宮崎	0	5	0.00	0	6	0.00	0	2	0.00
鹿児島	2	59	0.03	8	33	0.24	6	10	0.60
沖縄	0	1	0.00	0	5	0.00	0	4	0.00
計	64	696	0.09	202	1524	0.13	134	613	0.22

　著名人に限らず一般的にも、地域移動は広く行われていた。関東の諸地域には、士族子弟を主とする多数の人々が、東京へ向けて移動していた痕跡が残されている。例えば神奈川の各地の小学校には、静岡などの士族子弟が教員として勤務していた記録があるが、彼らはわずか数ヶ月から1年ばかり教鞭をとると、東京物理学校入学などを理由として小学校を去っていった。このように学問を志す人々ばかりでなく、郷里での生活が破綻して出郷する挙家離村者もあれば、仕事の多い都会へ単身で流入する就業者たちも多数あった。

　第二期にも、著名人の31％は府県外教育の利用者であるから、中等教育の段階で既に府県外にある。そして一般的にも、就労や就学のための移動は盛んに行われた。「遊学」や「苦学」という言葉の魅力に誘われ、全国各地の青少年が都市へと向かっていた。とはいえ彼らの移動の多くは、実質的には労働移動に異ならず、流入後には都市に滞留する貧しい生活者の群れと化したのではあるが。彼らも、やがて家族を形成し次世代を再生産する。他府県出生者が、ここにまた生まれる。だがこうした地方出身者の子孫たちが、なお本籍だけ父母の故郷に残しているということは、稀でないのである。

　こうした代々の移動が累積した結果、第三期には、他府県出生者比率が3割以上の府県が続出した。その増加の激しさは、表6-1からも読み取れる。山口で第二期の13％から第三期の41％へ、秋田で17％から42％へ、三重で12％から38％へ、宮城で16％から50％へ、そして長崎では22％から43％へなどの大幅な増加が目立つ。岩手、和歌山、愛媛、鹿児島に至っては、本籍府県で生まれた人数を他府県出生者が上回ってさえいる。そうした状況では、本籍地の特性によって諸府県の著名人輩出を論じるのは、もはや不可能に近い。

都市的府県生まれの他府県出生者

　よって第三期については、本籍地に代わる基準を定めなければならないが、この新基準は「出生地」が適当と思われる。他府県出生者の約半数は、出生府県の中等教育機関で学んでいるからである。かつて第二期には、他府

県出生者 202 名（植民地出生者 5 名を含む）のうちの 98 名即ち 49％が、出生府県内で学んでいた。第三期には、他府県出生者 134 名（植民地出生者 9 名を含む）のうち 68 名即ち 51％が出生府県内で学んでおり、第二期に比べて微増してもいる。他方、他府県に生まれ本籍府県に戻って学んでいるのは、第二期には 32 名即ち 16％であったのが、第三期には 15 名即ち 11％に過ぎなくなっている。それだけ、出生地との結びつきが強まっているということである。

　もっとも、他府県出生者のなかでも非都市的府県出生者だけに限れば、出生府県の中等教育機関で学ぶ傾向は 15％に過ぎない。彼らの出生府県は、たまたまそこに父が赴任しているときに生まれただけの土地、通過されるだけの土地のように見える。しかし他府県出生者中に高い比率を占めるのは、この人々ではなく都市的府県の出生者である。その比率は、他府県出生者 125 名（植民地出生を除いた総数）中の 98 名即ち 78％にも上る。そしてこの都市的府県生まれの他府県出生者は、出生府県の中等学校に入る傾向が強い。その比率は東京出生者の場合、69 名中の 52 名即ち 75％に上る。東京を除く他の 7 府県では 29 名中の 9 名で 31％とやや低いが、それでも非都市的府県の出生者に比べれば明らかに高い。

　このように、大半を占める都市的府県の出生者が、本籍府県ではなく出生府県の教育機関と強い結びつきを持っているのであるから、この第三期の輩出を、出生府県基準で見ていくことは十分、有効と考えられる。また、詳細は本章の後段で述べるが、出生地の如何はこの第三期にはかつてなく重要となる。その意味でも以下では基準を出生府県に変更して、輩出の動向を見ていくことにしたい。

出生府県別輩出率に現れる「都市の優位」

　出生府県を基準とした輩出率の順位を見ると、都市的府県優位の傾向が明瞭になっている。本籍府県基準と出生府県基準の順位は表 1-2 に示したが、出生府県基準では東京 1 位・京都 3 位・兵庫 5 位・大阪 10 位・福岡 11 位・神奈川 15 位・広島 17 位と、都市的府県は上位に集中し、最も低い愛知でも 26 位であって、それ以下のものは一つもない。

　このような都市的府県の台頭は、第二期に既に始まっていた。第一期に45位であった神奈川が28位になるなど、順位の低かった諸府県が揃って順位を上げているのが見られた。とはいえ神奈川・愛知・広島はなお中位どまりであり、都市的府県のうちで10位以内に入る府県は、東京と京都だけであった。従って（府県基準が変更されたため単純な比較はできないが）都市的府県がはっきりと優位に立つのは、第三期が初めてと見るべきであろう。

　では第三期において、都市的府県が著名人をかくも多く輩出できたのは何故なのか。その鍵は第二期と同じく、府県の持つ中等教育のしくみにあると考えられる。第三期の著名人はその75%もが、「学校」経由の輩出経路の終着点であるエリートの活躍領域に入っており、「学歴」を輩出の切り札としたケースが多いことが窺われるからである。出生府県基準の輩出率順位と、府県の中学校生徒の高校進学率との間にも、かなり強い対応関係が見出される。表6-2は、『全国中学校ニ関スル諸調査』の1918・19年版データを合算した人数および1930年版データの人数をもとに、「高校進学率」（中学校卒業者中に占める高校進学者の比率）と、「官公私立専門学校および同等の学校への進学率」（中学校卒業者中に占めるこれらの学校への進学者の比率）を算出したものである。それによれば、輩出率が上位の府県では、これらの進学率の一方または両方が平均を超えていることが多い。表中では平均超の府県を太字で表しているが、そこには上位府県ほど進学率に関するプラスの要素を多く持ち、下位の府県ほどそうした要素が減って行く傾向が見て取れる。このことから、府県の中等教育の如何は第三期になお、輩出率の動向に深く関わっていたと考えられるのである。

　よって以下では、都市的府県に出生することと中等教育機会の関係を中心に、考察を進めたい。まず次節では、この時期の都市的府県の性格を明らかにする。続く3節では、各地域における府県内教育の実態を考察し、府県の中学校の教育内容や進学上の便宜などの諸局面に関して、都市的府県の出生者に相対的に大きな機会を与えるしくみの成立を示す。そして4節では、これを利用した著名人輩出の特徴を明らかにしていく。

表6-2　府県の輩出率順位と高校等進学率（第三期）

（単位：％）

輩出率順位	府県	1918・19 年版		1930 年版	
		高校進学率	官公私立専門等進学率	高校進学率	官公私立専門等進学率
1	東京	9.9	37.1	25.1	18.6
2	山梨	6.2	29.1	11.7	23.9
3	京都	7.8	28.8	13.8	18.8
4	島根	7.1	23.4	9.7	11.7
5	兵庫	9.3	28.1	11.3	20.1
6	岡山	5.6	22.8	9.2	16.1
7	香川	5.1	22.9	7.5	19.0
8	福井	5.7	23.2	5.5	11.5
9	佐賀	6.9	25.9	8.0	12.0
10	大阪	6.8	24.1	12.9	20.1
11	福岡	7.5	24.7	8.7	18.0
12	高知	4.0	19.1	8.8	13.3
13	長野	8.5	17.5	7.1	12.8
14	鳥取	3.8	21.2	8.2	17.1
15	神奈川	5.1	27.5	11.8	26.2
16	北海道	5.2	27.8	9.2	16.7
17	広島	5.7	29.1	8.7	18.2
18	山口	11.6	28.4	9.2	21.8
19	山形	6.1	27.1	7.9	10.6
20	奈良	3.7	18.3	7.4	14.9
21	岐阜	3.6	22.4	11.4	21.2
22	石川	8.5	16.2	9.3	17.4
23	茨城	5.1	21.7	5.4	9.9
24	青森	2.1	23.2	22.4	23.0
25	群馬	2.6	23.9	4.3	12.7
26	愛知	5.5	23.0	10.2	22.7
27	滋賀	6.3	12.6	5.4	21.2
28	三重	8.7	33.8	9.1	24.5
29	大分	5.7	34.0	6.5	14.8
30	沖縄	0.9	7.7	2.0	4.1
31	徳島	2.6	27.3	6.5	15.5
32	熊本	6.2	29.4	5.1	16.8
33	千葉	2.2	22.5	4.7	13.4
34	秋田	4.9	34.1	9.0	16.7
35	福島	5.6	16.0	5.2	14.2
36	富山	3.9	18.7	5.1	17.0
37	長崎	4.2	21.8	6.5	19.4
38	新潟	8.2	32.0	7.6	17.0
39	宮城	8.7	22.7	8.7	16.5
40	静岡	5.7	20.4	10.4	18.4
41	愛媛	7.7	21.9	8.8	14.1
42	栃木	3.4	22.6	7.2	12.2
43	和歌山	5.2	17.6	11.0	24.9
44	宮崎	1.4	29.5	4.4	17.5
45	埼玉	2.3	17.7	7.9	18.4
46	鹿児島	11.0	16.2	5.9	11.2
47	岩手	4.5	29.1	6.5	12.0
全国		6.6	25.9	10.4	17.4

注 1) 太字は平均を超えるもの。
　　2) 『全国中学校ニ関スル諸調査』（1918、1919、1930 年版）より算出。

2節　「ホワイトカラーのエリア」となった都市的府県

都市的府県における公務自由業・商業の拡大

　この時期の都市的府県は、どのような性質を持つ地域になっているのだろうか。4章で述べたように、都市とは人の集まる場である。それはまず行政の中心地として、後には近代的産業の中心地としても、人を集め続けてきた。これに対応して、都市の住民の職業構成は、公務自由業と商・工業が相対的に多くなった。4章以下で都市的府県としてカテゴライズしてきたのも、とりわけ大きな人口集中地域を持ち、これらの職業の比率の高い地域である8つの府県 ── 東京・神奈川・愛知・京都・大阪・兵庫・広島・福岡 ── であった。

　これら8府県の住民の職業構成は、この都市的性格を強める方向へ変化してきている。まず、公務自由業について見よう。4章でも利用した1920（大正9）年の国勢調査データ（本業者・男性）において、公務自由業は全国平均で6％を占めている。しかし都市的府県のうちで全国平均を下回るものは皆無である。また表6-3で市部と郡部を比較するならば、郡部の5％に対して市部は11％と際立って高い数字となっている。

　これが10年後の1930（昭和5）年のデータになると、公務自由業は全国平均（有業者・男性）[1] で9％となり、10年前に比べて数％の増加である。この全国平均を大きく上回るのは地域では市部13％、府県では東京12％、神奈川14％、京都10％、石川10％、広島14％、長崎13％である。これらは政治都市・文教都市の性格が強い府県ということになろう。ただし商工業の比重の高い大阪・兵庫・福岡は、8％と全国平均をわずかに下回る。

　商業の比率は、1920年データの全国平均では12％だが、都市的府県のうち全国平均を下回るものは広島の10％だけで、東京・大阪25％、京都20％、神奈川16％などは際立って高い。郡市の比較でも、市部では27％であり、郡部の9％を大きく引き離している。さらに1930年データになると、全国平均は18％であるのに対し、市部は35％となり、郡部の12％を大きく

表 6-3　府県・市郡別の職業構成（1920 年、1930 年）

① 1920 年の男性本業者の職業 ／ ② 1930 年の男性有業者の職業

府県	農業	商業	工業	交通業	公務自由業	農業	商業	工業	交通業	公務自由業
全国	0.45	0.12	0.21	0.06	0.06	0.41	0.18	0.23	0.05	0.09
東京	0.09	0.25	0.41	0.08	0.10	0.06	0.34	0.39	0.06	0.12
神奈川	0.26	0.16	0.30	0.09	0.10	0.22	0.23	0.29	0.08	0.14
愛知	0.41	0.14	0.26	0.05	0.08	0.32	0.22	0.32	0.05	0.08
京都	0.27	0.20	0.33	0.05	0.10	0.22	0.28	0.35	0.04	0.10
大阪	0.14	0.25	0.41	0.08	0.06	0.10	0.33	0.40	0.07	0.08
兵庫	0.34	0.15	0.28	0.10	0.06	0.30	0.22	0.28	0.08	0.08
広島	0.45	0.10	0.23	0.06	0.10	0.41	0.14	0.24	0.04	0.14
福岡	0.27	0.12	0.23	0.08	0.07	0.26	0.17	0.27	0.07	0.08
北海道	0.36	0.11	0.17	0.08	0.05	0.36	0.14	0.17	0.07	0.09
青森	0.53	0.09	0.11	0.05	0.08	0.53	0.12	0.14	0.04	0.09
岩手	0.66	0.07	0.11	0.04	0.05	0.62	0.09	0.13	0.03	0.06
宮城	0.56	0.10	0.13	0.05	0.08	0.54	0.13	0.14	0.04	0.09
秋田	0.60	0.07	0.14	0.04	0.05	0.62	0.10	0.14	0.03	0.07
山形	0.59	0.08	0.16	0.03	0.05	0.61	0.11	0.16	0.03	0.07
福島	0.58	0.09	0.16	0.04	0.05	0.58	0.12	0.16	0.03	0.06
茨城	0.63	0.09	0.13	0.03	0.04	0.62	0.12	0.13	0.03	0.06
栃木	0.55	0.11	0.19	0.04	0.05	0.54	0.16	0.18	0.03	0.07
群馬	0.59	0.11	0.19	0.04	0.04	0.56	0.16	0.20	0.03	0.05
埼玉	0.63	0.10	0.18	0.03	0.04	0.57	0.15	0.19	0.03	0.06
千葉	0.55	0.10	0.14	0.04	0.08	0.53	0.14	0.15	0.04	0.09
新潟	0.57	0.08	0.17	0.04	0.06	0.56	0.12	0.18	0.04	0.07
富山	0.53	0.11	0.17	0.05	0.07	0.48	0.15	0.22	0.04	0.08
石川	0.47	0.12	0.19	0.04	0.09	0.44	0.15	0.23	0.04	0.10
福井	0.49	0.11	0.20	0.05	0.07	0.45	0.15	0.22	0.04	0.09
山梨	0.63	0.10	0.16	0.03	0.06	0.58	0.14	0.17	0.03	0.07
長野	0.59	0.10	0.17	0.04	0.05	0.58	0.13	0.19	0.03	0.06
岐阜	0.58	0.10	0.19	0.04	0.05	0.54	0.13	0.21	0.03	0.07
静岡	0.51	0.11	0.20	0.05	0.05	0.44	0.16	0.24	0.04	0.07
三重	0.51	0.11	0.19	0.05	0.06	0.46	0.15	0.22	0.04	0.07
滋賀	0.58	0.11	0.16	0.04	0.06	0.53	0.15	0.20	0.04	0.08
奈良	0.53	0.12	0.19	0.06	0.06	0.48	0.18	0.20	0.04	0.09
和歌山	0.42	0.13	0.21	0.07	0.06	0.39	0.17	0.26	0.04	0.08
鳥取	0.58	0.08	0.16	0.04	0.06	0.57	0.11	0.16	0.04	0.08
島根	0.59	0.08	0.14	0.04	0.07	0.59	0.10	0.15	0.03	0.08
岡山	0.56	0.09	0.17	0.05	0.06	0.54	0.14	0.19	0.04	0.07
山口	0.46	0.10	0.15	0.08	0.06	0.42	0.14	0.19	0.06	0.08
徳島	0.54	0.10	0.16	0.05	0.05	0.53	0.14	0.18	0.03	0.08
香川	0.53	0.10	0.15	0.04	0.07	0.49	0.13	0.19	0.04	0.09
愛媛	0.54	0.10	0.17	0.05	0.05	0.51	0.13	0.18	0.04	0.07
高知	0.53	0.10	0.15	0.05	0.05	0.52	0.13	0.17	0.03	0.07
佐賀	0.46	0.10	0.16	0.06	0.06	0.49	0.13	0.18	0.05	0.07
長崎	0.38	0.08	0.19	0.06	0.09	0.38	0.12	0.19	0.04	0.13
熊本	0.55	0.10	0.15	0.05	0.07	0.55	0.13	0.15	0.04	0.08
大分	0.58	0.09	0.15	0.04	0.06	0.56	0.12	0.16	0.03	0.08
宮崎	0.61	0.08	0.13	0.05	0.05	0.58	0.11	0.17	0.03	0.07
鹿児島	0.66	0.06	0.13	0.04	0.05	0.65	0.09	0.12	0.03	0.07
沖縄	0.74	0.04	0.07	0.03	0.03	0.75	0.05	0.08	0.03	0.04
市部	0.03	0.27	0.40	0.10	0.11	0.03	0.35	0.39	0.08	0.13
郡部	0.56	0.09	0.17	0.04	0.05	0.54	0.12	0.18	0.04	0.07

注 1）本業者総数を 1 と見た場合の割合。　　　　　　注 1）有業者総数を 1 と見た場合の割合。
　 2）『戦前期国勢調査報告集 大正 9 年 2』職業－6 表より。　 2）『戦前期国勢調査報告集 昭和 5 年 2』12 表より。

上回るようになっている。また都市的府県のなかには東京34％、大阪33％、京都28％、神奈川23％、愛知と兵庫で22％と、比率が非常に高いものが現れている。

　工業の比率についてはどうか。1920年データでは、工業が全国平均の21％を超えるのは、東京・神奈川・愛知・京都・兵庫・大阪・広島・福岡のみであり、都市的府県の範囲と過不足なく重なる。1930年データでも、8つの都市的府県で全国平均の23％を下回るものはない。以上のように、8つの都市的府県では、公務自由業・商業・工業のいずれかが突出しているか、2つ以上が平均を超えていることが多い。そのため3つの業種を合わせると、1920年データでは東京76％、神奈川56％、愛知48％、京都63％、大阪72％、兵庫49％、広島43％、福岡42％と、いずれも高い比率となる（全国平均は39％）。1930年データでも、東京85％、神奈川66％、愛知62％、京都73％、大阪81％、兵庫58％、そして広島・福岡は52％と、全てが全国平均である50％を超えている。そしてこの8府県以外に、全国平均を上回る府県は存在しない。

職員比率の高い公務自由業・商業

　このように、都市的府県における商工業と公務自由業には厚みがある。確かにこの時期はまだ市部でも、公務自由業と商業は合わせて4割弱（1920年）、ないし5割弱（1930年）であって、大多数とまでは行かないが、こうして両業種の従業者が着々と増えていることは注目に値する。そこに、いわゆる「ホワイトカラー」が含まれているからである。

　この人々は、国勢調査では「職員」と表記される。その比率を、1920年の全国計（本業者・男性。以下同様）で見てみよう。まず公務自由業というカテゴリーには既述のとおり、医師や宗教家、芸術家などの独立自営的職種も含まれてはいるが、データから計算すれば業主23％に対し職員45％、労務者32％となり（湯沢監修. 1993b より職業8表）、職員が最大の構成要素である。さらに中分類で見れば、職員は「官吏・公吏・雇傭」中の73％、「教育ニ関スル業」中の79％で、いずれも極めて高い比率を示している。

　商業は、伝統的には中小自営的性格の強い職業であった。1900 (明治 33) 年の「東京府統計書」に収録された職業調査によれば、東京府区部の商業およそ 73500 戸のうちで、多い業種は順に飲食店・菓子・古道具・生魚類・米・薪炭・荒物・野菜・煙草・和酒であり、これだけで 31000 戸以上が従事していた。以下さらに呉服太物・小間物・下着・下駄・材木板類・鉄物・焼芋・旅腹掛股引・塩煎餅・豆腐などが続いており、これらだけで約 14000 戸が従事していた (江波戸, 1987, p. 48, 57)。小規模な商店がいかにも多そうである。それらの商店に仮に従業員がいても、おそらく大半は家族か丁稚・小僧のような使用人であって、ホワイトカラーからはほど遠い人々であったと思われる。

　ところが国勢調査の 1920 年データでは、商業 (全国計) は業主 59％に対し職員 18％、労務者 22％となり、2 割弱の職員を含むようになっている。これは、産業化の進展による商社の増加や、重工業化の進展により大工場も増えて、その管理・事務部門が拡大したことなどを背景としている。中分類で見ても、「物品販売業」でこそ業主 61％、職員 17％、労務者 23％と業主の比率が高いものの、商業全体の 5％を占める「金融・保険業」では業主 21％、職員 65％、労務者 14％と、職員の比率は極めて高い。

　なお商業と並ぶカテゴリーに交通業があるが、そこでも職員は 13％を占めている。その中分類では「通信業」が職員 40％、「運輸業」では職員 10％である。これは電信・電話の発達や、1900 年ごろから都市を中心に私営鉄道や私営・公営バス等の整備が進んだことが背景にある (武知, 1992)。鉄道会社やバス会社には、多数の現業労働者 (運転手・車掌など) と並び、監督・課長・書記・事務員など、さらには各駅の駅長などがいたのである[2]。

「ホワイトカラーのエリア」の誕生

　もともと職員は、府県の中でも「市部」という局域の住人である。1920 年データ (湯沢監修, 1993b より職業 12・13 表) によれば、職員の比率は郡部の本業者男性中では 5％に過ぎないが、市部では 18％に上っており、市部のほうが明らかに職員は多い。これは市部が、公務自由業や商業を高比率とするか

らである。また、商業の中分類である「物品販売業」において、職員比率が市部 (25%) と郡部 (10%) で大きく異なることも一因である。市部には大経営が比較的多いために、このように職員が多いのであろう。同じく商業の中の「交通業」も市部で比率の高い職業で、市部 10% に対し郡部は 4% となっている。

このように、職員はもともと、市部という特定のエリアに小さく固まって生活してきた。ところが 1910 年代から 20 年代にかけて、都市的府県においては都市人口と都市域そのものの急激な拡大が起きてくる。速水・小嶋 (2004, pp. 63-67) によれば、重工業化の進展により各地に工業地帯 (京浜、阪神、北九州、中京) が形成され、そこへの人口集中が急激に進んだのがこの時期であった。特に人口集積の著しかったのは、東京・横浜・名古屋・京都・大阪・神戸のいわゆる「六大都市」であり、この公称が誕生したのも 1922 (大正 11) 年であるという。東京府の人口は、1889 (明治 22) 年には全国の 5% であったものが、6% になった。大阪府は、4% から 5% に増えた。また六大都市を含む府県の人口は、1889 年には 20% であったものが 1918 (大正 7) 年には 25% に増え、8 つの都市的府県を合わせれば 26% から 30% にまで増えている (「日本帝国統計年鑑」)。

とりわけ東京は、1923 (大正 12) 年の関東大震災後の復興期に郊外化が急速に進み、都市域が拡大した (江波戸, 1987)。この都市郊外に住みついたのが、軍人、官公吏や会社員などである。彼らの住宅地は、震災前には本郷などのいわゆる山の手が中心であったが、そこが飽和状態となったため、市外に住んで通勤するという生活形態がとられるようになり、練馬や代々木などが新たに市街化されていった[3]。1932 (昭和 7) 年には、東京市に隣接していた郡や町が東京市に合併されていわゆる「大東京」を形成し、東京市の面積は一挙に 6 倍となった。さらに数地域を合併し、1936 (昭和 11) 年には、現在の東京都 23 区を包括する地域としての東京が成立した (越沢, 1991)。

ここで増加したのはどのような人々か。それは、この 1932 年の合併を推進する立場からなされた、市当局の次のような議論から読み取れる。「大都市に於ける生活態様の一特長は郊外居住市内通勤者の極めて多数なることな

り。大東京に於ても此の傾向は歳と共に顕著となり既に日々入市するもの、数は七十五万人を下らさるべし。而かも是等の人士は本市の都市的施設の恩恵に浴すること市民と何等異なる所なしと雖市政に対しては更に参与の機会を有せさるは郊外居住勤労者のため将又東京市のため甚だ遺憾とする所なり。惟ふに其の大半を占むる通勤者の多くは官公吏会社銀行員等中産階級若くは知識階級に属し是等の健全なる市民を空しく市政上より逸するは市政運用上の損失なりと言はさるを得ず」(源川．2007．p. 102)。つまり、合併対象地域の主な居住者はホワイトカラーであった。合併は、彼らが持つ市政運用面での力量を見込んで行われたのである。

合併された新しい都市域には、都市計画に則り幹線道路や鉄道が作られ、地域全体の一体化が進行する。こうした合併と都市域の拡大・一体化は、1920年代後半から30年代にかけて、名古屋市、大阪市、横浜市、神戸市や京都市でも進んでいた。当時の横浜市の状況を、神奈川一中の卒業生で後に教員としても勤務した佐藤文哉は、次のように書いている。「まず、肥大化する人口が挙げられる。……川崎から鶴見、神奈川にかけての臨海地帯の埋立造成による一大工業地区の出現、また横浜港の復興拡張等がその理由であろう……。そのため、交通網の整備、宅地造成などが絶えず続けられてきた。昭和三年最新式の近代的な新しい横浜駅の駅舎が完成し、それに市電、市バスを引き込み、また私鉄網を連絡させると、それらの交通網に沿って新しい人口が郊外へ郊外へと広まっていった。……もと大岡川村と言われ一面の田園地帯であった所を、明治末に市街地区域に編入され、着々と住宅が建てられていったのである。筆者の隣近所は十軒ほどで、親は主に横浜高等工業学校の教職員、農林省横浜生糸検査所の技官や事務官で、出身地は長野、山形、新潟等である」(『神中・神高・希望ヶ丘高校百年史　歴史編』．pp. 42-43)。ここからも、社会関係が密に張り巡らされていく都市域と、そこに流入して人口増加をもたらした地方出身のホワイトカラーたちのすがたが窺われる。

ここに至って都市的府県は、「ホワイトカラー的なもの」によって全域が覆われるようになる。即ち、都市人口が増加し都市域が拡大することで、府県全体に占める公務自由業・商業従事者の比率が高まれば、この人々の行動・

生活様式がその府県を代表する特徴となる。行政の拠点や商業地を中心に敷設された交通網が、周辺に向けて広がっていけば、それは府県内の人々を空間的に近接させることで、ホワイトカラーたちの共有する行動・生活様式や価値観を、府県全域に伝播させていく。個々の居住区域でも、住民中に占めるホワイトカラーの比率が高まり、その影響力は増大する。このように、かつては極めて少数派だったホワイトカラーの行動・生活様式や価値観が、その地域全体において認知され、憧憬され、あるいは模倣されるようになった場のことを、「ホワイトカラーのエリア」と呼んでおきたい。第三期の都市的府県は、府県全体がそうしたエリアになり始めている。そしてその中に、著名人輩出の新しいしくみは埋め込まれていたと考えられるのである。

3節　都市的府県の教育的環境

教育に関心の高い都市的府県

　第三期著名人の輩出を支えたのは、都市的府県が「ホワイトカラーのエリア」となることで持つようになった、独特の教育的環境であった。

　第三期の都市的府県には、ホワイトカラーの子弟が多数を占める中学校が存在する。当時の府県統計書や学事年報から、数例を取り上げてみると、1921（大正10）年の入学者父兄職業は、東京高師附属中で公務自由業66％、商業33％、広島高師附属中で公務自由業55％、商業20％であった。神戸一中では、公務自由業11％、商業41％であった。同年における公私立中学入学者父兄職業の全国平均が、公務自由業22％、商業24％となっているのに比べ、比率の高さは明らかである。京都一中でも、1915（大正4）年に（公務自由業を含む）「其の他」の比率は50％、商業は15％となっていた[4]。

　1913（大正2）年の、東京府立一中の父兄職業についてのデータからは、より細かい職種までがわかる。これは第三期の最初の人々が入学する直前の時期にあたるが、その801名の父兄のなかには「銀行会社その他実業家269・官公吏（教育者及び軍人を含む）231・医師及び薬剤師77・新聞記者及び著述業

者 13・弁護士 8」などがいる（菊池, 2003, p. 316）。これらを合計すれば 598 名となり、それだけで全体の 75% になる。つまり公務自由業のなかでも教員や官公吏、商業のなかでも銀行員・会社員といった人々が生徒父兄の 4 分の 3 を占めていたことがわかる。

第三期の特徴は、こうしたホワイトカラー色の強い中学校が、府県内に唯一つあるのではなく、複数化している点にある。第二期には、府県内の局域に集住するホワイトカラーたちにより、その局域の中学校が整備されるに留まっていたのが、第三期には同様の色彩を持ち同様に整備された中学校が、府県内に並び立つようになったのである。

例えば東京の府立三中は、「三中の生徒は、ほとんどが、本所、浅草、深川、下谷、あるいは日本橋の子供たちであった。東京の下町で生まれ、下町で育った子供たちであった」（戸板, 1983, p. 56）と述べられているように、下町の商業地区に立地していた。そのため府立一中に比べれば、父兄職業中の公務自由業の比率は低い。それでも創立のわずか数年後の 1905（明治 38）年に、既に 53% の「庶業」子弟が入学していたことが、学事年報等からわかる。当時の日本橋には大経営も多かったことから、「商業」のなかにも伝統的商業自営だけでなく、銀行員・会社員がかなり含まれていた可能性が高い。

遅れて設立された他の府立中学にも、これと似た傾向が見られた。1919（大正 8）年創立の五中は、「都会的で知的」な卒業生が多かったと記念誌で回顧されているが、その理由として「東京の山ノ手、下町がミックスした中産階級の子弟」（『立志・開拓・創作』, p. 35）だったことが挙げられている。また、この記念誌の寄稿者には、何名もの銀行員子弟や、軍人子弟が含まれている。1922（大正 11）年創立の六中は、「近くに牧場や養鶏場のあるのんびりした全くの田舎町」（『卒業 60 周年記念文集』, p. 38）であったと記されるが、それでもこの文集への寄稿者──1936（昭和 11）年の卒業生──には、転勤族の子弟と思われる下関中学からの転入者や（長野の）上田中学からの転入者がいる。「父親の職業柄」（同上, p. 68）各地を転々として、京都、ついで東京に移り、千葉師範附属小に転入した後に千葉中学、大分中学を経て 4 年の 2 学期に六中に編入されたという、兵庫生まれの卒業生もいる。札幌生まれの別な

卒業生は、父が明治製菓・明治乳業の会社員で「転勤は当然」であったため、「千葉県安房郡の小学校に入学し、昭和3年に旭川市に転校、5年には道庁立旭川中学校に入学した。ところが第2学年の終わりに父の転勤で東京に住むことになった」（同上、p. 76）と、転入の経緯を語っている。寄稿者には他にも、銀行員や医師などの子弟がおり、全体としてホワイトカラー子弟がかなり多いという印象が得られる。

レベルの高い中学校

　これらの中学校は、ホワイトカラー子弟が多いことによって、やはりホワイトカラー的な関心に沿ったもの、即ち上級学校進学のための準備教育に優れたものとなる。

　ホワイトカラー子弟の多い中学校の高校進学率は、もともとかなり高かったが、この時期には学校間での進学率の競い合いや受験者の殺到がこれを過熱したために、幾つかの中学校の高校進学率は、以前にも増して高いものとなってきた。表6-4は、都市的府県の伝統校や高校進学率が比較的高い中学校をピックアップし、各校の高校進学率の推移を示したものである。それによれば、まず伝統校の東京府立一中では、1921（大正10）年に45％になったあたりからほぼ安定して高い数値が続く。府立四中では1917（大正6）年に40％の大台に乗ってから、やはり高い数値が連続するようになる。いずれも、1910年ごろまでと比べて格段に高い進学率を挙げている。東京の私立中学も同様であり、他の都市的府県でも、程度の差はあれ、1920年代に入ったころから伝統校の高校進学率が高まってくるのが見て取れる。当時の全国計の数値が数％の増加なのに対し、都市的府県の中学校は以前の2倍ないし3倍の進学率となったものもあることから、進学率の上昇は主に都市的府県を中心として進んだことがわかる。

表6-4　都市的府県の中学校卒業生徒の高校進学率

中学校		1903	1904	1905	1906	1907	1908	1909	1910	1911	1912	1913	1914
東京府立第一	進学者数	36	46	28	36	20	14	23	17	18	31	38	31
(麹町区)	進学率	0.33	0.34	0.26	0.34	0.20	0.12	0.21	0.14	0.15	0.28	0.29	0.21
東京府立第二	進学者数			1	1	3	1	2	0	1	0	1	0
(北多摩郡立川村)	進学率			0.06	0.02	0.07	0.03	0.06	0.00	0.02	0.00	0.03	0.00
東京府立第三	進学者数		1	4	3	11	7	4	3	6	7	11	4
(本所区)	進学率		0.05	0.07	0.04	0.12	0.10	0.05	0.03	0.08	0.09	0.15	0.06
東京府立第四	進学者数	4	14	8	14	20	9	12	18	20	27	22	19
(牛込区)	進学率	0.07	0.17	0.16	0.22	0.25	0.13	0.14	0.27	0.22	0.34	0.27	0.26
東京府立第五	進学者数												
(小石川区)	進学率												
東京府立第六	進学者数												
(四谷区)	進学率												
東京府立第七	進学者数												
(南葛飾郡寺島町)	進学率												
東京府立第八	進学者数												
(荏原郡平塚町)	進学率												
私立東京開成	進学者数	19	27	29	31	27	23	11	21	27	26	24	20
(神田区のち北豊島郡日暮里町)	進学率	0.22	0.22	0.24	0.37	0.31	0.27	0.14	0.25	0.33	0.30	0.30	0.26
私立錦城	進学者数	21	18	15	16	21	13	15	24	12	12	16	13
(神田区)	進学率	0.19	0.15	0.13	0.14	0.17	0.11	0.12	0.20	0.09	0.09	0.13	0.10
私立麻布	進学者数	4	5	19	8	23	4	2	22	17	18	16	9
(麻布区)	進学率	0.05	0.05	0.29	0.08	0.16	0.03	0.02	0.24	0.15	0.16	0.17	0.09
私立京華	進学者数	20	26	7	15	29	23	25	24	16	22	23	15
(本郷区・のち小石川区)	進学率	0.32	0.39	0.08	0.17	0.31	0.28	0.29	0.29	0.17	0.24	0.24	0.16
神奈川県立第一	進学者数	4	8	3	7	5	8	8	10	5	5	10	11
(横浜市)	進学率	0.09	0.18	0.06	0.11	0.07	0.13	0.15	0.14	0.07	0.07	0.10	0.10
神奈川県立第二	進学者数				5	2	2	2	4	5	4	2	2
(足柄下郡)(1913～小田原中学)	進学率				0.13	0.05	0.05	0.05	0.11	0.10	0.16	0.04	0.03
神奈川県立横浜第二	進学者数												0
(横浜市)	進学率												
神奈川県立横浜第三	進学者数												
(横浜市)	進学率												

注 1)『全国中学校ニ関スル諸調査』(各年版) より作成。

（上段：人，下段：卒業者総数を1と見た場合の割合）

1915	1916	1917	1918	1919	1920	1921	1922	1923	1924	1925	1926	1927	1928	1929	1930	1931	1932
48	41	52	57	43	28	43	47	62	58	66	84	51	79	70	84	53	76
0.32	0.29	0.42	0.39	0.28	0.24	0.45	0.38	0.54	0.49	0.50	0.49	0.28	0.46	0.43	0.52	0.36	0.41
1	1	2	3	3	2	9	5	7	2	3	9	10	13	13	21	34	35
0.02	0.02	0.04	0.07	0.06	0.04	0.20	0.10	0.12	0.03	0.04	0.11	0.12	0.12	0.10	0.18	0.23	0.23
4	4	12	13	14	30	23	焼失	35	14	39	58	60	40	32	40	59	24
0.06	0.04	0.16	0.15	0.18	0.73	0.21	0.00	0.40	0.12	0.31	0.40	0.35	0.27	0.43	0.21	0.34	0.15
33	32	38	48	79	30	19	40	41	63	39	55	63	56	61	62	75	77
0.38	0.39	0.42	0.44	0.59	0.30	0.28	0.45	0.38	0.62	0.37	0.39	0.35	0.33	0.35	0.41	0.45	0.73
								50	52	65	64	57	65	50	46	48	62
								0.37	0.39	0.48	0.45	0.37	0.41	0.31	0.29	0.31	0.31
											43	64	65	60	90	74	43
											0.22	0.33	0.35	0.27	0.43	0.35	0.23
											13	28	17	48	19	87	91
											0.06	0.14	0.08	0.23	0.09	0.44	0.40
												51	38	43	57	55	29
												0.26	0.20	0.23	0.27	0.31	0.16
33	29	42	42	29	39	49	76	107	88	101	88	82	92	115	100	91	99
0.38	0.29	0.38	0.38	0.22	0.35	0.37	0.69	0.81	0.73	0.75	0.75	0.52	0.58	0.71	0.62	0.62	0.62
18	20	25	18	14	16	21	焼失	9	8	84	72	63	77	43	58	31	0
0.13	0.15	0.18	0.13	0.10	0.13	0.18		0.07	0.06	0.53	0.54	0.49	0.39	0.25	0.34	0.16	0.00
4	3	7	13	5	13	13	26	25	29	3	4	86	50	79	33	46	49
0.04	0.03	0.06	0.09	0.04	0.11	0.14	0.22	0.20	0.43	0.03	0.02	0.47	0.22	0.35	0.17	0.22	0.21
20	20	28	29	15	12	68	65	75	70	70	67	74	86	99	98	65	78
0.26	0.18	0.29	0.28	0.17	0.12	0.71	0.58	0.68	0.70	0.70	0.51	0.52	0.59	0.68	0.64	0.42	0.57
8	11	8	17	8	6	15	29	17	31	27	30	21	39	39	40	29	27
0.09	0.14	0.10	0.18	0.08	0.05	0.19	0.30	0.19	0.28	0.23	0.29	0.18	0.25	0.25	0.25	0.24	0.19
1	2	4	1	2	3	2	7	6	9	3	6	16	3	3	8	10	6
0.02	0.04	0.07	0.02	0.03	0.04	0.03	0.08	0.06	0.09	0.03	0.06	0.14	0.03	0.03	0.08	0.07	0.04
0	0	0	0	4	12	10	19	14	6	13	12	9	11	20	18	26	23
				0.05	0.14	0.12	0.19	0.15	0.07	0.15	0.12	0.08	0.09	0.17	0.15	0.22	0.20
								0	0	0	0	28	25	25			
												0.32	0.23	0.20			

中学校		1903	1904	1905	1906	1907	1908	1909	1910	1911	1912	1913	1914
愛知県立第一	進学者数	23	17	16	17	17	19	20	28	27	22	14	9
(名古屋市)	進学率	0.26	0.11	0.13	0.14	0.14	0.16	0.14	0.17	0.18	0.16	0.10	0.06
愛知県立第二	進学者数	4	4	7	1	7	3	6	3	5	0	1	3
(額田郡)(1901～岡崎中学)	進学率	0.09	0.09	0.12	0.02	0.11	0.06	0.09	0.03	0.08	0.00	0.02	0.03
愛知県立第三	進学者数	0	0	3	3	2	3	1	5	14	7	0	2
(海部郡)(1901～津島中学)	進学率			0.06	0.07	0.04	0.05	0.02	0.08	0.16	0.08	0.00	0.03
愛知県立第四	進学者数	4	2	3	2	3	2	4	4	6	7	6	2
(豊橋市)(1901～豊橋中学)	進学率	0.10	0.07	0.07	0.02	0.04	0.03	0.04	0.05	0.06	0.07	0.06	0.02
愛知県立第五	進学者数					0	0	0	0	0	12	6	5
(名古屋市)(1922～熱田中学)	進学率										0.18	0.09	0.06
愛知県立明倫	進学者数				0	0	3	9	8	10	9	16	14
(名古屋市)	進学率				0.00	0.00	0.04	0.11	0.10	0.13	0.13	0.21	0.19
私立愛知	進学者数												
(名古屋市)	進学率												
京都府立第一	進学者数	28	26	0	24	30	29	33	23	15	18	16	16
(京都市上京区)	進学率	0.21	0.21	0.00	0.20	0.26	0.26	0.28	0.27	0.16	0.24	0.15	0.16
京都府立第二	進学者数	12	4	11	6	9	13	11	6	8	6	6	7
(紀伊郡)	進学率	0.28	0.09	0.13	0.11	0.13	0.16	0.12	0.08	0.09	0.07	0.07	0.10
京都府立第三	進学者数	0	0	5	5	5	5	4	1	4	0	1	2
(天田郡)(1918～福知山中学)	進学率			0.38	0.12	0.13	0.21	0.13	0.03	0.09	0.00	0.03	0.04
京都府立第四	進学者数	0	0	0	0	0	0	6	4	5	6	2	3
(與謝郡)(1918～宮津中学)	進学率						0.00	0.10	0.07	0.08	0.11	0.11	0.04	0.05
京都府立第五	進学者数					0	0	8	15	5	6	3
(葛野郡)(1918～第三中学)	進学率								0.17	0.32	0.11	0.10	0.05
私立立命館	進学者数				0	0	0	1	2	2	3	2	2
(京都市上京区)	進学率							0.05	0.04	0.04	0.06	0.04	0.02
大阪府立北野	進学者数	2	4	23	7	4	11	7	12	13	13	15	10
(大阪市北区)	進学率	0.03	0.06	0.27	0.11	0.08	0.15	0.10	0.14	0.17	0.19	0.16	0.14
大阪府立堺	進学者数	7	3	2	5	3	4	5	6	5	8	4	3
(泉北郡)	進学率	0.14	0.06	0.03	0.09	0.07	0.08	0.05	0.09	0.09	0.11	0.07	0.04
大阪府立天王寺	進学者数	7	5	4	17	5	8	18	10	13	4	5	8
(東成郡)	進学率	0.10	0.08	0.07	0.28	0.07	0.12	0.21	0.12	0.14	0.06	0.07	0.11
大阪府立市岡	進学者数	0	0	0	5	7	7	1	7	6	3	2	8
(大阪市西区)	進学率				0.09	0.09	0.11	0.01	0.09	0.09	0.04	0.02	0.08
大阪府立今宮	進学者数				0	0	0	0	0	5	13	4	3
(大阪市南区)	進学率									0.07	0.09	0.06	0.04

1915	1916	1917	1918	1919	1920	1921	1922	1923	1924	1925	1926	1927	1928	1929	1930	1931	1932
12	22	12	16	14	14	12	28	25	22	12	50	48	40	52	32	40	46
0.08	0.13	0.09	0.10	0.10	0.09	0.09	0.27	0.23	0.17	0.08	0.35	0.29	0.29	0.30	0.22	0.19	0.24
2	3	2	1	2	6	6	9	8	14	9	5	15	6	22	6	8	5
0.03	0.04	0.02	0.01	0.02	0.08	0.08	0.11	0.08	0.17	0.09	0.04	0.10	0.04	0.17	0.05	0.06	0.04
1	5	3	2	4	1	2	1	9	1	0	3	1	3	2	4	4	1
0.01	0.06	0.03	0.02	0.04	0.01	0.02	0.01	0.09	0.01	0.00	0.03	0.01	0.03	0.02	0.04	0.04	0.01
2	3	9	5	5	9	3	5	17	16	18	10	25	28	8	10	8	10
0.02	0.04	0.10	0.06	0.04	0.08	0.03	0.04	0.13	0.13	0.11	0.06	0.17	0.19	0.05	0.06	0.05	0.07
9	11	5	6	5	9	7	13	12	17	12	11	21	22	16			
0.09	0.12	0.05	0.06	0.05	0.09	0.07	0.14	0.11	0.16	0.10	0.09	0.14	0.14	0.10			
12	3	5	6	6	5	12	7	18	35	18	24	17	18	32			
0.12	0.03	0.05	0.07	0.07	0.05	0.16	0.08	0.19	0.32	0.17	0.22	0.10	0.11	0.21			
									20	22	11	7	14	13			
									0.32	0.28	0.13	0.06	0.16	0.14			
22	16	17	23	29	20	16	30	39	36	49	58	61	53	53	55	54	59
0.21	0.16	0.15	0.21	0.29	0.20	0.19	0.30	0.38	0.40	0.48	0.48	0.41	0.32	0.32	0.33	0.28	0.33
10	6	9	10	10	17	21	20	14	23	44	36	38	25	25	20	28	20
0.11	0.06	0.10	0.10	0.11	0.18	0.25	0.16	0.23	0.23	0.36	0.30	0.26	0.13	0.13	0.11	0.15	0.11
0	2	3	3	1	2	2	8	6	7	9	11	12	15	5	3	5	2
0.00	0.04	0.05	0.06	0.02	0.04	0.04	0.12	0.12	0.09	0.11	0.13	0.13	0.11	0.04	0.02	0.03	0.02
4	3	3	5	1	2	6	2	10	9	7	6	6	5	4	11	3	6
0.10	0.05	0.08	0.08	0.02	0.04	0.12	0.04	0.19	0.14	0.11	0.08	0.08	0.06	0.05	0.14	0.05	0.08
5	5	10	6	5	4	7	9	10	12	13	12	38	40	19	20	24	30
0.08	0.06	0.11	0.08	0.05	0.04	0.09	0.10	0.10	0.10	0.11	0.11	0.27	0.29	0.14	0.14	0.16	0.20
2	3	3	0	0	3	14	9	23	28	54	48	41	36	31			
0.03	0.04	0.04	0.00	0.00	0.04	0.17	0.09	0.24	0.19	0.39	0.35	0.31	0.34	0.21			
7	12	8	15	18	17	9	18	35	26	30	34	42	51	63	69	55	35
0.07	0.12	0.09	0.15	0.16	0.12	0.08	0.16	0.27	0.25	0.21	0.21	0.26	0.27	0.29	0.33	0.25	0.16
3	4	6	8	4	8	5	6	7	33	24	14	17	22	18	14	25	17
0.04	0.06	0.09	0.09	0.05	0.09	0.06	0.06	0.09	0.35	0.24	0.12	0.16	0.17	0.14	0.10	0.17	0.13
7	8	18	14	20	11	13	23	24	16	22	29	33	29	27	20	32	46
0.08	0.08	0.23	0.15	0.22	0.11	0.15	0.19	0.23	0.14	0.14	0.18	0.24	0.16	0.14	0.11	0.16	0.22
7	9	2	7	10	11	12	19	13	16	29	21	34	35	49	33	19	32
0.10	0.11	0.02	0.07	0.11	0.11	0.11	0.14	0.12	0.14	0.21	0.15	0.31	0.19	0.21	0.16	0.10	0.17
9	12	14	8	6	4	9	24	18	24	17	42	34	47	18	39	38	35
0.10	0.14	0.18	0.08	0.07	0.04	0.08	0.23	0.19	0.21	0.16	0.26	0.19	0.29	0.11	0.20	0.22	0.18

中学校		1903	1904	1905	1906	1907	1908	1909	1910	1911	1912	1913	1914
兵庫県立姫路	進学者数	1	9	5	3	7	7	7	14	11	10	12	11
（飾磨郡）	進学率	0.03	0.19	0.09	0.05	0.10	0.13	0.11	0.22	0.12	0.13	0.11	0.11
兵庫県立神戸	進学者数	7	3	8	6	11	12	4	15	16	24	9	22
（神戸市）（1907～第一神戸）	進学率	0.12	0.07	0.14	0.12	0.21	0.21	0.07	0.23	0.23	0.27	0.11	0.22
兵庫県立第二神戸	進学者数						0	0	0	0	0	9	11
（神戸市）	進学率											0.13	0.14
兵庫県立豊岡	進学者数	1	6	5	3	0	6	0	2	3	2	4	7
（城崎郡）	進学率	0.04	0.19	0.23	0.09	0.00	0.16	0.00	0.06	0.09	0.07	0.10	0.16
兵庫県立龍野	進学者数	6	3	5	2	3	2	1	7	3	2	5	2
（揖保郡）	進学率	0.23	0.10	0.13	0.06	0.09	0.07	0.03	0.16	0.09	0.04	0.11	0.04
兵庫県立柏原	進学者数	2	5	0	1	2	6	4	0	1	2	1	2
（氷上郡）	進学率	0.07	0.14	0.00	0.02	0.07	0.17	0.11	0.00	0.03	0.05	0.02	0.04
広島県立広島	進学者数	25	9	15	7	18	11	8	9	10	13	10	9
（広島市）	進学率	0.29	0.14	0.19	0.11	0.23	0.15	0.09	0.11	0.12	0.14	0.12	0.10
広島県立福山	進学者数	5	5	6	4	9	1	8	7	9	6	9	4
（福山市）（1927～福山誠之館）	進学率	0.10	0.10	0.10	0.07	0.19	0.02	0.13	0.10	0.13	0.08	0.13	0.06
私立修道	進学者数				0	0	0	0	0	2	12	0	0
（広島市）	進学率								0.00	0.03	0.15	0.00	0.00
福岡県立修猷館	進学者数	13	17	8	8	15	18	20	17	19	19	14	20
（早良郡）	進学率	0.20	0.24	0.14	0.11	0.15	0.17	0.21	0.14	0.17	0.13	0.11	0.18
福岡県立明善校	進学者数	5	3	4	5	8	19	8	13	21	24	15	14
（久留米市）	進学率	0.11	0.07	0.07	0.09	0.11	0.26	0.10	0.13	0.22	0.19	0.14	0.13
福岡県立豊津	進学者数	15	8	17	5	0	6	4	4	4	7	6	3
（京都郡）	進学率	0.25	0.17	0.27	0.06	0.00	0.08	0.08	0.05	0.05	0.08	0.07	0.04
福岡県立伝習館	進学者数	3	6	7	7	0	7	9	7	15	10	11	10
（山門郡）	進学率	0.09	0.15	0.13	0.13	0.00	0.08	0.12	0.08	0.17	0.12	0.14	0.12
福岡県立小倉	進学者数						0	0	0	0	0	13	12
（企救郡）	進学率											0.22	0.15
福岡県立福岡	進学者数												
（筑紫郡）	進学率												
私立豊国	進学者数										0	0	0
（門司市）	進学率												
全国計	進学者数	1068	1093	959	870	1025	1116	1087	1140	1244	1212	1077	1063
	卒業者数	9817	11085	12608	13598	14741	14633	14595	15763	16808	17570	18434	18937
	進学率	0.11	0.10	0.08	0.06	0.07	0.08	0.07	0.07	0.07	0.07	0.06	0.06

1915	1916	1917	1918	1919	1920	1921	1922	1923	1924	1925	1926	1927	1928	1929	1930	1931	1932
6	10	3	14	12	8	14	24	46	28	18	21	49	30	30	26	28	29
0.07	0.10	0.03	0.14	0.13	0.06	0.12	0.20	0.36	0.22	0.13	0.12	0.26	0.15	0.15	0.15	0.14	0.16
17	26	23	24	28	30	38	26	36	15	24	28	26	48	48	42	38	54
0.19	0.24	0.22	0.20	0.24	0.24	0.30	0.25	0.30	0.16	0.21	0.20	0.18	0.31	0.31	0.25	0.23	0.28
13	13	9	14	19	14	22	20	19	25	28	20	43	22	22	19	18	23
0.14	0.15	0.09	0.14	0.20	0.10	0.18	0.20	0.17	0.20	0.22	0.13	0.25	0.11	0.11	0.10	0.10	0.12
5	4	5	4	5	3	3	6	13	5	9	4	7	17	11	7	3	5
0.09	0.07	0.08	0.07	0.08	0.05	0.08	0.12	0.31	0.08	0.15	0.05	0.07	0.13	0.10	0.06	0.03	0.03
3	1	3	6	2	5	7	16	9	7	11	20	7	11	11	12	10	2
0.05	0.02	0.04	0.08	0.03	0.07	0.10	0.27	0.14	0.11	0.11	0.18	0.07	0.13	0.09	0.10	0.09	0.01
3	1	3	0	5	1	0	3	2	7	15	2	3	4	2	5	6	6
0.08	0.02	0.06	0.00	0.09	0.02	0.00	0.05	0.03	0.11	0.21	0.03	0.05	0.04	0.02	0.04	0.06	0.06
10	7	12	9	18	10	16	13	45	45	35	33	39	22	31	48	47	34
0.13	0.08	0.11	0.10	0.23	0.13	0.22	0.14	0.32	0.32	0.19	0.20	0.23	0.13	0.17	0.25	0.24	0.20
6	9	11	2	10	6	14	16	5	18	18	13	29	13	15	12	28	28
0.10	0.12	0.14	0.04	0.12	0.09	0.19	0.24	0.05	0.13	0.13	0.08	0.20	0.08	0.08	0.07	0.15	0.16
0	1	1	2	3	6	5	9	15	13	9	16	13	10	35	35	10	16
0.00	0.01	0.01	0.02	0.03	0.06	0.04	0.08	0.13	0.09	0.07	0.10	0.10	0.08	0.27	0.20	0.05	0.09
10	16	16	14	18	22	10	17	20	20	16	37	38	35	33	16	22	30
0.08	0.13	0.13	0.10	0.11	0.17	0.09	0.16	0.18	0.15	0.10	0.20	0.18	0.17	0.16	0.08	0.11	0.14
12	6	5	9	11	10	14	6	8	9	7	9	12	19	25	15	9	9
0.13	0.07	0.05	0.09	0.10	0.09	0.11	0.04	0.06	0.08	0.05	0.05	0.07	0.10	0.13	0.09	0.05	0.05
6	5	5	5	7	4	4	13	3	2	3	5	1	3	3	4	1	7
0.08	0.06	0.06	0.05	0.08	0.04	0.04	0.11	0.02	0.02	0.02	0.03	0.01	0.02	0.02	0.02	0.01	0.05
10	6	5	4	6	7	3	5	11	6	5	13	5	11	8	8	9	5
0.11	0.06	0.05	0.04	0.05	0.06	0.03	0.05	0.09	0.06	0.04	0.08	0.03	0.07	0.05	0.05	0.06	0.04
11	11	10	7	13	22	25	26	29	14	20	35	26	32	38			
0.15	0.14	0.13	0.09	0.12	0.21	0.23	0.21	0.26	0.14	0.17	0.24	0.18	0.21	0.25			
		0	0	0	0	0	23	11	19	18	25	40	30	21			
							0.16	0.08	0.14	0.13	0.13	0.21	0.15	0.10			
1	1	3	1	1	0	3	62	48	52	47	36	26	39	22			
				0.01	0.00	0.02	0.31	0.27	0.26	0.24	0.18	0.13	0.25	0.17			
1069	1086	1158	1288	1319	1738	2006	2709	3310	3596	2992	4472	5370	5588	5737	5237	5416	5269
19557	20293	21000	22216	22923	23080	22957	25291	28341	32340	37079	44269	49561	52882	55219	57858	59285	59977
0.05	0.05	0.06	0.06	0.06	0.08	0.09	0.11	0.12	0.11	0.08	0.10	0.11	0.11	0.10	0.09	0.09	0.09

　しかも都市的府県では、伝統校以外の中学校の高校進学率も上昇している。新設校は各府県の市部に設置されたものが多く、従って市部住民の子弟を収容したと推測されるが、卒業生を出し始めてまもなく高い高校進学率を挙げるようになったものが、何校もある。表6-4からは、東京の府立五中が1923（大正12）年に第1回卒業生の37％を高校に進学させているのを筆頭に、神奈川の横浜二中や三中、兵庫の神戸二中などが、創立後ほどなく高進学率の中学校として安定していく様子が見て取れる。

　いわゆる「名門校」ではない中学校でも、1920年代の半ばからは進学率の上昇が起きてくる。東京の府立一中や四中、私立東京開成中学等の輝かしい成果に比べれば若干見劣りはするものの、進学に耐える水準の教育の実践は、そうした他の中学校にも普及しているのである。8つの都市的府県のいずれにおいても、1920年代には高校進学率の高い中学校が、府県内に複数並立するようになっていることが、同じ表6-4から読み取れる。

　ここに生まれるのが、非都市的府県と都市的府県の教育水準の大差である。当時の卒業生徒の回想等を見ると、そのギャップがわかりやすい。東京の場合、「世間一般でその頃府立中学校の優良校といえば一中四中五中というのが普通であった。何の序列かといえば、旧制第一高等学校への入学人数なのである」（『立志・開拓・創作』, p. 157）とある。確かに、この序列で下のほうに位置する中学校は、一中ほどに熾烈な受験競争を経験せず、四中ほどに詰め込み式の教育を生徒に強いることもなかった。五中については、「府立一中の秀才教育、府立四中のスパルタ教育に対して、……五中の教育を、自由教育として、五中関係者はながく誇りの根拠としてもっていた」（『立志・開拓・創作』, pp. 29-30）とある。また六中について、1931年卒のある卒業生は、「（阿部校長は）府立の他校の如く受験一辺倒に片寄ることもなく常に知育、徳育、体育に亘って調和のある教育方針をとっておられた」（『朝陽』, p. 111）と語る。1936（昭和11）年卒の別な卒業生は、「六中時代は四中などと違い、特に学問を詰め込まれる事もなく、放課後柔道をしたり鉄棒をしたり、また遠足や行軍などの行事も多く、人生の中で最も充実して楽しい時代だった」（『卒業60周年記念文集』, p. 5）と回想している。三中も、「今日のような入試の

ための猛勉強をさせるなどということはまったくなく、至極のんびりしたものでした」（大河内，1979，pp. 5-6）と、後に経済学者になった大河内一男（東京1905年生）が書いている。これらの書きぶりからは、五中、六中や三中の生徒はたいして勉強しなかったようにも見える。

　しかし、そのように「のんびりした」中学校も、非都市的府県の中学校に比べれば水準が高かった。先の事例と同じく1936（昭和11）年に六中を卒業したある生徒は、父の転勤で中学2年のときに旭川中学から転入したが、「六中では数学が前の学校より進んでおり苦労した」（『卒業60周年記念文集』，p. 47）という。五中を1935（昭和10）年に卒業した生徒は、中学2年で上田中学から編入したが、学力の水準に大差があり、上田中学の3年のテキストを五中では2年で使っていた（『立志・開拓・創作』，p. 47）という。実際、表6-4に見る府立三中や五中、六中卒業生徒の高校進学率は、全国平均に比べてかなり高い。

　しかも、これらの中学校はやがて、教育方針そのものも進学優先へと転じさせていく。1920〜30年代の傾向として、府立二中や三中も「かつて強調した非進学準備・完成教育としての高等普通教育の理念に変更を加える必要が出始め、進学準備教育の側面を重視し始めた」（東京都立教育研究所編，1996，p. 113）のである。つまり、もともとの水準の高さに加え、意識的にその面を強化する方向に舵が切られた。ここに府立二中が挙げられているのは、興味深い。何故なら二中は、初期の府立中学のうちで唯一つ郡部に設置された学校で、進学重視の価値観から最も遠い所にあったからである。六中でも、1936（昭和11）年卒のある卒業生の寄稿文中には、「（阿部校長の後任となった二階校長は）中学は上級学校へ進むための過程であると述べ、そして入学試験に合格するために学力をつけることを重んずると強調された」とあり、「それまでの私たちの理解では、六中はガツガツした点とり虫を奨励せず、大切な成長期における情操と人間形成に重きをおいていた。……それが急に方針が変わったわけである。」と、受験優先の態勢への方向転換が、やや批判的な視点から回顧されている（『朝陽』，p. 124）。

　無論、非都市的府県にも高校進学率の高い中学校はある。この1920年代

半ばにはむしろ、「多くの府県において（高校の――引用者注）進学率が突出した中学校が少なくとも1校は生まれている」（菊池, 2003, p. 310）という状況であった。進学率が突出した中学校とは、東京でいえば府立一中、四中などの名門校だが、どの府県でもそこの「一中」は、それぞれ高校に生徒を送り出すようになっていた。

1920年代といえば、非都市的府県でもその都市的地域ではホワイトカラーの比率が高まりつつあるから、その局域に高校進学率の高い中学校が生まれていても不思議はない。いわゆるナンバースクール以外の高校が誕生し、進学機会が拡大したのが1919（大正8）年であるから、その直後であることの影響も大きかったと思われる。しかし都市的府県では、1校ではなく複数の中学校が高い高校進学率を挙げている。これは、当時の都市的府県と非都市的府県を分ける、重要な相違点である[5]。

この実態を一覧にしたのが、表6-5である。この表は、『全国中学校ニ関スル諸調査』のデータに基づき、高校進学率が全国平均をはっきりと超える高校が、各府県に何校あったかを示している。1903年度と1929年度を比較すると、1903年度には都市的府県と非都市的府県の差が明瞭でなく、東京のみが突出していたのに対し、1929年度には都市的府県の優位が明らかになっている。東京はここでも34校という桁外れの多さだが、大阪でも11校、京都や兵庫でも8校など、広島を除く全ての都市的府県で3校以上となっている。つまり大半の都市的府県においては、高校進学率の高い高校が「点から面へ」の広がりを見せている。それに対して非都市的府県の場合は、広大な面積を持つ北海道でもわずか4校である。3校を持つ府県が2つある以外は全て2校以下、大多数は1校以下という数値は、高進学率の地域が府県内の一部に限られていたことを示している。

さらに、高校進学率が全国でトップクラスの中学校も、都市的府県に集中する。表6-6は、高校進学率上位の50校を府県ごとの校数として表示したものだが、1920年代に都市的府県優位の傾向が一気に強まり、非都市的府県の中学校はそこから閉め出されていったことがわかる。非常に高校進学率の高い中学校は、今や都市的府県に集中している。それらの中学校から一

表 6-5　高校進学率の高い中学校

1903 年度

府県	校数
東京	11
神奈川	0
愛知	1
京都	2
大阪	1
兵庫	3
広島	3
福岡	2
石川	3
福島	2
岐阜	2
長野	2
和歌山	2
岡山	2
熊本	2
12 府県	1
20 府県	0

（沖縄は中学校なし）

注 1) 進学率 0.13 以上（全国平均は両年度とも 0.11）。
　2) 『全国中学校ニ関スル諸調査』（各年版）より作成。

1929 年度

府県	校数
東京	34
神奈川	3
愛知	4
京都	8
大阪	11
兵庫	8
広島	2
福岡	6
北海道	4
宮城	3
山梨	3
石川	2
山形	2
岐阜	2
静岡	2
和歌山	2
岡山	2
山口	2
高知	2
14 府県	1
14 府県	0

表 6-6　高校進学率上位 50 校の所在地

年度	都市的府県	（うち東京）	非都市的府県
1903	23	11	27
1909	22	7	28
1918	24	9	26
1919	21	11	29
1928	43	25	7
1929	37	24	13

注 1) 『全国中学校ニ関スル諸調査』（各年版）より作成。

　高、東京帝大といった著名人輩出の一つの主要ルートへと、人材が安定的に送り込まれたことを考えれば、それはこの時期の著名人輩出のチャンス自体をも、都市的府県にかなり偏らせたであろうと推測される。

　以上のように、都市的府県はホワイトカラーの比率が全域的に高まった結果、優れた教育の機会を広く提供しうる場となった。ゆえに都市的府県への出生は非都市的府県への出生に比して、より有利な条件に恵まれることを意味するようになっている。これが、都市的府県の出生者をより輩出しやすくする第 1 のしくみであったと見ることができる。

進学志向の価値観の浸透

　ホワイトカラーの比率が増加した都市的府県では、住民間に、教育に関する新しい価値観の共有が進む。それは、中学校進学を高等教育への階梯と位置付け、将来のために必須と見る価値観である。この価値観は第二期にも、ホワイトカラーの家庭には共有されていたが、それがホワイトカラーではない、比較的貧しい家庭にも広まるのである。

　第一期や第二期には、農業や商工業自営の貧しい家庭の子弟が進学を強く望んだ場合、この希望はしばしば、「農民や商人の子に学問は要らぬ」とか「とても学資を出してやれない」といった親兄弟の反対にぶつかった。運良くそれを乗り越えられたときに初めて、進学は実現した。例えば5章でも触れた三島徳七（兵庫1893年生）は農家の生まれだったが、成績が良いため村費ででも中学校へ進むようにと周囲が盛んに勧めた。しかし父は、人の世話にはなりたくないと、なかなか承知しなかった。たまたま軍人の書生になる機会が訪れたことでようやく三島は進学を許され、立教中学に入学できたのである。梅原末治（大阪1893年生・後の考古学者）は、やはり農家の生まれであり、高小卒業後学問を続けたかったが「大阪には北野・八尾・堺のほか、ようやく高槻と富田林に中学が開設されたばかりで、通学や経済面の問題で家の賛成を得ることができず」にいた。しかし京都で働いていた長兄が何とかしようと言ってくれたおかげで、中学受験に踏み切ることができた（梅原，1973，pp. 4-6）。このように、好条件や協力者に恵まれるかどうかが、重要な決め手となっていた。

　これに対して第三期には、親の反対というハードル自体が低くなった。本人が希望すれば、周囲はそれを受け入れるようになってきたのである。清水幾太郎（東京1907年生・後の社会学者）の場合、祖父は幕臣であったが維新後は商業に転じ、父もこれを継いで薬研堀で竹屋を営んでいた。ところがこれが時流に乗り遅れ、洋品販売業に転業するも成功せず、没落の道を辿って、「維新前は何者であったにせよ、私の家は、薬研堀の貧しい商人であるに過ぎない」（清水，1993，p. 143）という状態に陥っていた。こうした家庭の事情から見ても、また薬研堀（それは現在の日本橋に位置するが、その中でも比較的伝統

的な地域である）という土地柄から見ても、清水は「家の商売を手伝うか、他の店に小僧に行く」のが「自然の道」だった（同上．pp. 168-169）。薬研堀は問屋や小売商の多い土地で、「山の手の役人や会社員の間とは違って、そういう土地では、教育というもの —— 或いは、学校というもの —— の意味は大きくはなかった。私のクラスの生徒は、五十名ぐらいで、大きな問屋の息子も多かったが、卒業後、中学校や商業学校へ進んだものは、三人か四人、また、高等小学校へ進んだものも、三人か四人で、他はみな家業を継ぐか、何処かの店の小僧になった。薬研堀は、そういう土地であった」（同上．p. 143）からである。しかし、清水が「医者になりたい」と言い出した時、「両親もこれに賛成してくれた」ので、清水は店の手伝いをしながら、（当時転居していた本所から）東京市を縦断して、医者を目指す者が多く入る独協中学に通ったのだった。

　あるいは、親自身が子弟の進学に前向きなこともある。原文兵衛（東京1913年生・後の内務官僚）は、神田の洋服店主の子で、家庭はかなり豊かであったらしい。家には「小僧さん」がいて幼い原の付き添いをしたりしているし、原が中学3年のときに父が急逝した後も「若干の財産を遺してくれたので、生活にも学資にも心配はなく、私は旧制浦高から東大へと、柔道をやりながら比較的のんびりと学生生活を送ることができた」（原．1986）とあるからである。中学校は、府立四中に進んだ。小学4年のときに神田の家が震災で焼けて日暮里に転居したため、距離的にかなり遠いにも拘わらず、原は四中を受験したのである。「私が小さいときから、父も母も私に商売をつがせる気はなかったようだし、私自身も……中学、高校のころから何となく官吏、それも警察官吏を志すようになり……」とあり、原の脱商業を前提とした進学もまた、家族の合意のもとに行われたことがわかる。

　それどころか、親は進学に非常に熱心なこともある。非ホワイトカラーの家庭でも、貧しい家庭でも、中学校進学を有意義なこととみなす親たちが現れているのである。例えば木村義雄（東京1905年生）は、下駄職人の家の生まれで、しかも父の代で没落し使用人も全て失って「父が一人でやっているような」状態にあったが、この父は息子に「お前はきっと偉くなって世間の奴

等を見返してやるんだ」と口癖のように言って励まし、木村は慶應義塾普通部に進学した。後に木村は棋士として大成するのだが、もともと父が木村に就かせたかったのは、弁護士か外交官の職であったという（木村, 1958）。

　池島信平（東京1909年生・後の出版人）の両親は、新潟から夫婦身一つで上京して、本郷で開業し成功していた。池島は比較的近い小石川の府立五中に進学し、さらに新潟高校に進学するのだが、その際、教育熱心な父は「一高を受けないなんてイクジがない」（塩澤, 1984, p. 49）と強硬に反対した。ここでは本人以上に親が、難関校進学に前向きである。

　こうした価値観は東京の中ならば、とりたてて都市的な地域でなくても見られた。例えば1912年に東京に生まれた矢野健太郎（本籍香川・後の数学者）の父は彫刻家であり、地元香川の後援者たちに家とアトリエを用意してもらって、現在の北区にあたる地域、当時としては東京でもかなりはずれのほうに住んでいた。職業的に、農民や商工業自営ではないが、いわゆるホワイトカラーでもなく、決して豊かでもない家庭であった。矢野は「当時はいわば田舎の小学校だった」滝野川尋常小に通うが、小学6年になると仲間とともに受験勉強をさせられた。府立中学を受けたが失敗し、やむなく私立中学に入学するが、まもなく第二東京市立中学が開設されたとき、「私の父は、私が私立の中学校へ通うよりは、滝野川町上中里から通うのに便利な、上野にできた第二東京市立中学校へ通うほうが私の将来のためによいと判断して」4月募集の試験を受けさせた。矢野はこれに合格し、通学することになる。「しかし私はすでにある私立の中学校に入学していたのであり、その学校の入学金を払い、月謝を払い、制服・制帽を誂え、教科書を全部揃えていたのに、これらを全部ご破算にして、もう一度第二東京市立中学校の入学金を払い、月謝を払い、制帽・制服を誂え、教科書を一揃い買うということは、当時まだ修行中であった貧乏彫刻家の父にとってはさぞかしたいへんなことであったろうと思う」（矢野, 1982）と矢野は回想している。このような多額の費用でも、親は厭わず出してくれるようになっている。

　東京以外の都市的府県でも、同様である。1902年に京都に生まれた今西錦司は、商売で生きる目途がついているにも拘わらず、親があえて子弟をホ

ワイトの世界へ送り出した事例である。今
西の家は、祖父が丁稚から叩き上げて築い
た西陣織の織元で、祖父の代には地域の
トップクラスの織元として栄えた店であっ
た。ところがそれを継いだ父は今西に、
「もっと気のきいたことをしろ」と、商売
は継がなくていいことをほのめかしていた
（今西，1994，p. 429）。それに励まされて今
西は、京都府立一中から三高、京都帝大と
進学し、生態学者となったのである。

　このような進学重視の価値観は、地域に
よっては第二期末から生まれていたようで
ある。浜田庄司（神奈川1894年生・後の陶芸家）

今西錦司
京都府立一中時代。

の場合、川崎にある母の実家で生まれ、保養のためにそのまま祖父母宅に住
んでいたが、東京で文房具店を営んでいた父は、「上の学校のことを心配し
て」浜田が10歳のときに東京に呼び寄せている。父はホワイトカラーでは
ないが子弟の教育には非常に熱心で、かねてから浜田に医者になるよう勧め
ており、家庭では「一中が至上命令のようになっていた」という。そして実
際、浜田は府立一中に進学している（浜田，1984）[6]。和辻哲郎（兵庫1889年生・
後の倫理学者）も、「自叙伝の試み」のなかで、「日清戦争の前後には、教育に
ついての世間の考え方はもうすっかり変わっていたのであって、家業を継ぐ
ための教育から、家業の枠をはずして子どもの得意を延ばしていく教育へ
と、教育の意味が変わっていた」（安倍ほか編，1963，p. 80）と書いている。和
辻が感じ取っていたのは、当時の都市的府県に暮らす人々の価値観の、全国
に先駆けた変容であったのかも知れない。

「ホワイトカラーのエリア」の社会関係と価値観の増幅

　では、新しい価値観の浸透は、いかにして起こったのか。それは、都市的
府県のホワイトカラー比率が高まることによって、彼らの価値観がいわば場

の支配的な価値観となり、そこに暮らす非ホワイトカラーにも影響を及ぼしたためと考えられる。1920（大正9）年当時の、東京の各区における公務自由業の比率（ただし男女計の数値。1930年のものも同様）は、麹町区で32％、牛込区で19％、小石川区で14％などの順に高かった。住宅地化が進みつつある郊外にも、世田谷区28％、目黒区21％のように際立って比率の高い地域が現れている。さらに1930（昭和5）年になると、赤坂区31％、麹町区30％が際だって高いほか、他の多くの地域も2割台の比率を示すようになる（佐波戸, 1987, pp. 12-15）。つまり5人に1～2人は官公吏や教員等なのであり、これに銀行員・会社員を加えればホワイトカラーの比率はさらに高いことになる。このように、第三期の都市的府県の住民は、ホワイトカラーと出会う機会をますます多く持つようになっていた。

　ホワイトカラーの多い地域では、非ホワイトの親たちもホワイトカラー相手の商売などを通じて彼らの生活ぶりを見聞するから、子弟に同様の生活を送らせたいと願うこともあるだろう。出会うホワイトカラーが多くなるにつれ、その願いは強くなるかも知れない。先述の池島信平が本郷に住み、原文兵衛も神田の住人であったことは、この推測を支持する。本郷はいわゆる山の手で、最も古くから軍人・官公吏や銀行員・会社員らの住宅地となっていた地域であるし、神田も下町ながら山の手に隣接し、かつ日本橋という大経営も多い商業地域に隣接することで両方の影響を受けた地域であったから、ともに東京の中でもホワイトカラーの比率が特に高い地域といいうるのである。だからこそ彼らの親たちは、1930年代初めまで郡部であった日暮里── ここでは東北からの流入者が職人・職工になったり小商いをしたりしていた ──などの価値観とは異なる、進学重視の価値観をいち早く受け入れたのではなかっただろうか。実際、原が日暮里で通った小学校から四中を受験した者は、それまでは皆無であったという。

　子ども自身が、小学校という場を介して影響を受けることもありうる。清水幾太郎の場合、そうした影響は小学校の教職員から与えられた。清水は先述のように、「学校を出たら小僧奉公」が当たり前の土地柄の地域に住んでいたが、彼の通った小学校の図書館には「弁護士試験を受けるために勉強し

ているという噂」の主任や、「専門学校の受験準備をしている」らしい受付の人がいて、清水の目には「私の家に出入りする人たちの間に見出すことの出来ぬもの、私にとっては新しい人間のタイプ」（清水, 1992, pp. 374-375）として魅力的に映った。彼らは「大望を抱いている人」であった。このようなタイプの人々は、東京のような都市的地域でこそ出会えた人々といえるだろう。清水はこの人々から、語学や文学について教わるなど、個人的にも影響を受けた。清水はやがて、商売に失敗した父とともに本所に転居するが、「同じ下町といっても、江戸時代の繁栄と趣味とをとどめている日本橋と、工場の煤煙の下にスラムの人々が蠢いている本所とでは、何も彼も違う。私は容易にこの新しい生活に慣れなかった」（同上, p. 377）。このような下層生活から逃れたいという願望は、「大望を抱く人々」のイメージと結びつき、やがて「何とかして自分を学問との関係に於いて生かしたいという願い」（同上, p. 385）へと具体化されていくのである。

　さらにこの進学重視の価値観は、子ども同士の交流を通じても伝播したであろう。都市的府県生まれの子どもたちは、たとえホワイトカラーの子弟でなくても、ホワイトカラー子弟と同じ小学校に通い、一緒に遊ぶ経験を通じて、進学重視の考え方に触れる。それが非ホワイトカラーの子弟に受け入れられるためには、いわば「数の力」が必要であろうが、ホワイトカラー比率の増加は、そういう「数の力」をももたらしうるからである。

　当初は、ホワイトカラー子弟は多数派ではなく、むしろ地域の中の異分子であった。当時の状況を物語るものとして、田中美知太郎（新潟 1902 年生・後の西洋哲学者・評論家）の回想がある。田中は小学 2 年で新潟から東京に移住し、牛込に住んでいたが、最初に住んだのは職人・職工が多く住む地区のすぐ隣だったため、その子弟と小学校も同じでよく一緒に遊んだという。彼らは「義務教育を終えると、すぐどこかに小僧奉公にやられるのが常例であったから、そんなことを少しも考えていないわたしとは、話のちがうところが少くなかった」。あるときその一人が、「奉公に行かない奴は、みんな牢屋にいれられるのだ」と言って田中を脅かしたが、それは大工である父親の言葉の受け売りであった（田中, 1971, pp. 111-112）。この職人・職工の子どもたち

と、田中のように中学校に進学する子どもたちの間には、当人も書いている
ような一種の異質性があったわけだが、勢力関係において後者が少数派であ
る限り、異端であるのは田中たち進学者のほうである。

　だが、田中が数年後「町の人たちがお屋敷町と呼んでいるところ、つまり
中流階級のお勤人が住んでいる町に引き越した」ところ、今度は「きみ」「ぼ
く」で話をする「いわゆる山の手言葉をつかう行儀のいい人たち」ばかりな
のに、改めて驚かされることになる。こうして田中は、転居によって以前と
違う世界に入っていき、そこで数年を過ごした後には山の手の子どもたちと
一緒に府立一中を受験するのである。しかし一中には落ちたので、結局田中
は開成中学に進学し、後には選科生として京都大学に進学した。

　ここで田中が転居によって経験したような生活世界の変化は、当時、時代
的な変化としても進行していた。ホワイトカラー比率に関して本郷や小石川
ほどではない薬研堀、神田ほどでない日暮里も、都市的地域の拡大に伴いホ
ワイトカラーの比率を上昇させていく。つまり人々の生活圏の中に中学校進
学者の数が増えていくわけだが、こうして進学者がもはや異端ではなくなっ
ていけば、逆に小僧や職工になるはずだった子どもたちのなかから、「自分
も中学校に行きたい」と思う者が現れることもあるだろう。

　要するに、周囲が中学校進学に価値を置く雰囲気に変わってくると、それ
まで中学校進学に無関心であり無縁でもあった人々に、新しい考え方が受容
されるようになる。この傾向はまず府県中の局所から始まるが、やがて府県
全体を覆うようになる。こうした変質によって「ホワイトカラーのエリア」
という独特の磁場が生まれるのである。

　実際に中学校に進学すれば、そこで学ぶ経験が、さらに生徒自身の意識を
変えていく。中学校には、影響力ある教員たちがいるからである。都市的府
県の事例ではないが、1900年に和歌山に生まれた脇村義太郎（後の経済学者）
のケースを見よう。脇村の父は、地域の名士であり菜種問屋かつ大地主で
あったが、学問への関心は高かった。父自身も大阪・東京で学び、東大の薬
学科にも在籍したことがあって、子弟にも学問をさせるのが当然と考えてい
た。しかしそんな父でも、長男には家業を継がせるつもりで、「東大へ行っ

て勉強するのはいいが、東大を卒業したらすぐ帰れ」と言っていた。さらに次男以下には「大学に行きたければ工科か理科をやれ、そうでないなら商大へ行け」と言い、やはり実業の世界に入ることは大前提としていた（脇村，1991）。ちょうど時期の変わり目に位置する脇村の家庭に、学問を評価する部分と、それに進学とは異なる意味付けを与える部分とが共存していたことがわかる。

さて脇村は父の指示に従い、将来家業を継ぐつもりで和歌山中学に進んだが、東京高等師範や早稲田の卒業生である教員たちから東京や県外の話を聞くうちに、「だんだん広い外界に目を開かれ、広い世界を知り、中学校だけでなく上級学校へ進もうという気持ちに」（同上，p.vii）なった。こうして脇村は自らの意思で三高に進学し、東京帝大進学後は、父の期待したような後継ぎにはならず、経済学者となる道を歩んだ。中学校へ進むとは、そうやって新しい世界からの強い影響を受けることを意味したのである。

拡大する交通網と郊外住宅地

もっとも、「ホワイトカラーのエリア」化という現象に関して、都市的府県を特権的に語ることはどれほど妥当なのかという疑問がありうる。都市的府県と非都市的府県の相違は、それほどに決定的だったのか。大門（2000）が指摘するように、1920年代から30年代における人々の教育観の相違は、都市部と農村部の間で著しく、従って京都でも郡部、東京でも周辺部では、住民はいわゆる都市部とは異なる意識を持って生活していたという。実際、これまでに見てきたなかでも、東京の薬研堀や日暮里の住民の持つ中学校観や学歴観は、山の手の住民と同じではなかった。

それにも拘わらずここで都市的府県と非都市的府県の相違を強調するのは、前者が持つようになった社会関係の特性ゆえである。先述のように、都市的府県では市域が拡大し、情報や文化が伝わりやすく影響関係の密な環境が生まれている。そうした人と情報の往来を支えたのが、張り巡らされた交通網であった。この交通網はやがて府県の辺縁にも達し、人々はたとえ郡部に住んでいても、市部の様子を聞き知り、新しい価値観に接触できるように

なった。また都市的府県は概して面積が小さく、平坦地が多いため、この発達した交通網を利用して実際に見に行くことも不可能ではなかった。

　これに加え、進行する市域拡大は、新しい価値観を持つ住民の集住地区を、郊外住宅地という形で、まさに周辺部に次々と生み出しつつあった。この郊外住宅地は、伝統的価値観が支配する地域に、風穴を開けていったと考えられる。大門（2000, pp. 99-130）には、1920 年代の東京、中野町の桃園第二小学校の事例がある。この地域は、関東大震災後にホワイトカラーが大量に流入することで新興住宅地へと変貌した地域だが、この小学校の児童父兄職業ではホワイトカラーが大多数を構成している。また、この小学校の季刊誌『ももぞの』には、3、4 年生から中学入試の準備をしてほしいという親からの要望が載せられている。これほど早期からの受験準備教育を必要とするからには、目指されているのはかなりレベルの高い中学校なのであろう。児童の書いた作文のなかにも、中学校に入ることを至上の価値と捉えているものがあるという。そして実際この児童たちは、1920 年代半ば以降は男子の約半数が中学校に進学している。こうした価値観と行動様式を持って生きる親子のすがたを近隣に見ることで、進学重視の価値観は、やがて周辺の農村的地域に暮らす住民たちにも伝播していったと考えられるのである。

　これに対し、同じ 1920 年代に非都市的府県はどのようであったか。そこにも、価値観の変化が起きてはいる。土方（1994）によれば、長野という非都市的府県の、農村部においてさえ、この時期には中学校進学者が現れ、進学希望者が増えて地元の中学校が設立され、また多様な階層からの進学者が現れてきたという。しかしその進学は、上級学校へ進むためのものではなかった。この地域が元来貧しく、村外に出て生活する必要があったことや、1911（明治 44）年に鉄道が開通して東京と繋がり、都市の文化との接触が生まれたことなどから、都会で働くために中学卒の学歴が求められるようになったというのである。

　しかもこの長野の農村における変化が、鉄道の開通等による都市の文化との接触を契機として起きたのだとしたら、そのような契機を持たない地域では、変化の生起はさらに遅れたであろう。実際、岡山のある農村の例（竹内，

1991）では、1930年代になっても、価値観の変化の片鱗さえも見られない。竹内は1928（昭和2）年に農家に生まれ、後に美術関係の職に就いた人であるが、その母校の思い出を挿絵入りで綴ったこの著書には、日常的な農作業手伝いの風景や、将来農業を継ぐことを予定した児童の生活が描かれている。また、サラリーマンへの憧れのようなものはありつつも、その最も身近な例である教員の世界さえ、自分たちの将来とは接続しない別世界であった様子が語られている。そして中学校進学への関心や、受験勉強などについては触れられてさえいないのである。

　これらの事例から、この当時、府県全体として「ホワイトカラーのエリア」化を成し遂げ、あるいは限りなくそれに近い状態にまで到達していたのは、都市的府県のみであったと見ることができる。そこには、府県単位で差異を語ってよいほどの相違が、確かにあったと考えられるのである。

近くなった中学校

　こうして価値観は変化した。しかし価値観が変わってもそれが行動に結びつかなければ、中学校進学という結果は生じない。豊かでない層にとっては、ここにもう一つのハードルがあった。経済的な問題である。これは中学校の学費が高いためでもあったが、加えて中学校が遠く、通学費や寄宿代がかさむからでもあった。だが第三期の都市的府県には、この経済的な問題を軽減するような変化が現れている。それは中学校の近隣化である。

　ホワイトカラー住民の熱意が、整備された中学校を地域に次々と誕生させた結果として、第三期の都市的府県の中学校数は、非都市的府県に比べて明らかに増えている。表6-7に示された各府県の中学校数のデータから、例えば1920（大正9）年の数値を見ると、東京では公私立合わせて36校、神奈川で8校、愛知で13校、京都9校、兵庫・大阪14校、広島10校、福岡18校と、都市的府県は軒並み数が多い。これに対して非都市的府県では、青森3校、宮崎3校など、概して中学校数は少ない。

　この数的な豊かさによって、都市的府県の出生者は、整備された中学校を近隣に持つことができる。近ければ自宅から通え、電車通学でも長時間乗る

表 6-7　各府県の中学校数とその変化

（単位：校）

年度 府県	1904 公立	私立	1906 公立	私立	1910 公立	私立	1912 公立	私立	1919 公立	私立	1920 公立	私立	1929 公立	私立	1930 公立	私立
東京	4	22	4	24	4	28	4	29	5	31	5	31	11	43	11	43
神奈川	3	0	4	1	4	1	4	1	5	2	5	3	9	6	9	7
愛知	4	1	4	1	5	4	5	4	10	3	10	3	14	4	14	4
京都	5	0	5	1	5	3	5	4	5	4	5	4	8	6	8	6
大阪	10	1	10	1	10	1	10	2	11	2	12	2	15	4	15	5
兵庫	8	1	8	1	9	1	9	2	9	4	10	4	15	5	15	5
広島	4	2	4	3	5	4	5	4	5	5	5	5	11	10	11	10
福岡	6	0	6	0	9	0	9	0	17	1	17	1	22	3	22	3
北海道	4	0	4	1	4	1	4	1	7	1	8	1	19	1	19	1
青森	5	0	5	0	5	0	5	0	3	0	3	0	5	0	5	0
宮城	8	1	7	1	7	1	7	1	7	1	7	1	9	2	9	2
岩手	4	0	4	0	4	0	4	0	4	0	4	0	5	1	5	1
秋田	4	0	4	0	4	0	4	0	4	0	4	0	6	1	6	1
山形	5	0	4	0	4	0	4	0	4	0	6	0	7	0	7	0
福島	5	0	5	0	5	1	5	1	6	1	6	1	11	1	11	1
埼玉	4	1	4	1	4	1	4	1	4	1	4	1	7	0	7	0
千葉	9	1	9	1	9	1	7	2	7	2	7	2	12	3	12	3
茨城	6	0	6	0	6	0	6	0	6	0	6	0	10	1	10	1
群馬	8	0	8	0	8	0	6	0	7	0	8	0	9	0	9	0
栃木	5	1	5	1	5	2	5	2	5	2	5	2	9	1	9	1
静岡	7	0	7	0	7	0	7	0	7	0	7	0	12	0	12	0
山梨	3	0	2	0	3	0	3	0	3	0	3	0	5	0	5	0
長野	8	0	8	0	8	0	8	0	8	0	9	0	14	0	14	0
新潟	9	0	9	0	11	0	12	0	12	0	12	0	15	0	15	0
福井	4	0	4	0	4	1	4	1	4	1	4	1	5	1	5	1
石川	4	0	4	0	4	0	4	0	4	0	4	0	9	1	9	1
富山	3	0	3	0	4	0	4	0	4	0	5	0	7	0	7	0
岐阜	4	0	4	0	4	0	4	0	4	0	6	0	9	0	9	0
奈良	3	1	3	1	3	2	3	2	3	2	3	2	5	2	5	2
三重	4	0	4	0	4	0	4	0	4	0	6	1	8	1	8	1
滋賀	2	0	2	0	2	0	2	0	3	0	6	0	6	0	6	0
和歌山	5	0	5	0	5	1	5	1	5	1	5	1	9	0	9	0
鳥取	2	0	2	0	3	0	3	0	3	1	3	1	4	1	4	1
島根	3	1	3	1	3	0	3	0	3	0	3	0	6	0	6	0
岡山	4	2	4	4	4	7	4	7	4	7	4	7	8	5	8	5
山口	5	0	5	0	6	2	6	2	6	3	8	3	11	4	11	4
徳島	3	0	3	0	4	0	4	0	4	0	4	0	8	0	8	0
香川	4	0	4	0	4	1	4	1	4	1	4	1	7	1	7	1
愛媛	5	1	5	1	5	1	5	1	5	1	5	1	8	1	8	1
高知	5	0	5	0	5	0	4	0	4	0	4	1	5	1	5	1
長崎	5	0	5	1	8	0	8	1	8	1	8	1	10	2	10	2
大分	6	0	6	0	6	0	7	0	7	0	7	0	10	1	10	1
佐賀	4	0	4	0	4	1	4	1	4	1	5	1	6	1	6	1
熊本	6	0	6	1	6	1	6	1	6	1	6	2	10	2	10	2
宮崎	3	0	3	0	3	0	3	0	3	0	3	0	6	1	6	1
鹿児島	5	0	5	0	6	0	6	0	7	1	8	1	13	2	13	2
沖縄	1	0	1	0	2	0	2	0	2	0	2	0	4	0	4	0

注 1)　『全国中学校ニ関スル諸調査』（各年版）より作成。

必要がない。そうなればホワイトカラーではなく豊かでない家庭でも、子弟の将来を中学校進学や高等教育と関連付けてイメージしやすくなる。また、実際に子弟を進学させられるようにもなる。

　ただし、ここでいう「近隣」は、現代的な感覚とはだいぶ違う。東京の府立一中の場合、かなりの生徒が徒歩通学をしていたが、「大正初期の交通事情から、三キロも四キロも歩いてくる徒歩通学の生徒も多く」（『日比谷高校百年史　上』, p. 133）と回想されているように、その通学距離は決して短いものではなかった。日暮里から山手線と市電を乗り継いで通うので7時半に学校に着くには5時に起きなければならなかったという事例（1916年卒・福沢茂：同上, p. 301）や、「山の手のものも多いが下町はもちろん、十五区以外の遠い郊外の荏原郡や豊多摩郡などからも通学していた。……郊外からの通学生も多く」（1934年卒・菊池重郎：同上, pp. 323-331）いたという記述からは、第三期を通じて相当遠くからも通学者がいたことがわかる。

　それでも都市的府県の生徒の通学は、非都市的府県のそれに比べれば、格段に恵まれていた。北海道のように広大な府県や、長野や山形のように山岳で分断された地形の府県では、府県内の中学校へも到底通えない地域があった。鳥取の場合も、1921（大正10）年の中学校分布状況では、学校間の距離は50キロもある。石川でも、金沢にこそ3校も集中しているが——つまり都市部では中学校が近隣化していたということだが——、あとは府県内に2校（小松と七尾）があるのみで、七尾と金沢の間は60キロも離れている。

　都市的府県において中学校の増設が進んだのは、やはり1920年前後であった。東京では、府立中学が次々と設置されて8校態勢となるのが1923（大正12）年である。同じころに、他の都市的府県でも中学校の増設は進んだ。前掲の表6-7によれば、府県により多少のずれはあるものの、1910年代から増え始めて1920年代に大きく増加するのが、ほぼ共通の傾向である。従って、都市的府県の出生者が、非都市的府県の出生者に比して、中学校教育にアクセスする上でさらに有利な立場を得るようになったのは、まさに第三期であったと判断することができる。

小学校における受験準備教育

「ホワイトカラーのエリア」化した府県が持つに至ったもう一つの特色は、初等教育の高度化である。これはホワイトカラー住民に共有される進学熱の結果として、受験競争が低年齢化し、初等教育を巻き込んだことによってもたらされた。例えば東京では、一高に入るには府立一中、四中などの優れた中学校に入らねばならないが、それにはまず優れた小学校で学ぶべきと考えられた。こうして都市的府県では、初等教育が知育重視の傾向を強め、中学校受験の準備教育に力が注がれるようになった。1909（明治42）年から1913（大正2）年まで東京の府立一中に奉職した教員は、当時の小学校の状況を、次のように書いている。「入学考査にはいつも十倍近い志願者が殺到し（概ね小学校の予選を経て来て居る）、試験場も内の校舎だけでは足らずにお隣の日比谷小学校まで借り受ける混雑振りであり、先ず第一日の算術で篩にかけ、二日目には、早朝前日の合格者を屋内体操場に掲示すると、児童や家人や付添の先生などの悲喜こもごもの姿にいたく心打たれたものだ。……。本校への入学成績は勢い担当教師の価値を問われ勝ちで、受験組担当の先生がたは実に真剣で必死であった。或時麹町某小学校から本校に十二名の合格者を出したというので、担任の先生が区民から表彰せられたと聞いたこともあった」。（『八十年の回想』, p. 149）

府立一中の卒業生も当時を回想する。「私が通っていた小学校は麻布の本村という新設の学校で……。その頃でも府立一中は入学が容易でなく、遠藤忠という担任の先生が、毎日放課後に私達六、七人の尋中受験志望者を小使部屋に集めて受験準備をして下さった。大体二時間程でこれが三ヶ月位続いた。自分の受持ちの組から何人かの合格者を出したいとだけで、熱心に教えてくださった遠藤先生のご恩を今も忘れない。この七人の中で幸いに私も含めて三人が入学を許された」（1914年卒・内田俊一：同上, p. 298）。

こうした中学校への進学熱の高まりや、入試競争の激化は、ある程度全国的に生じていた現象である。進学希望者が増えて入学難が始まるのは1920年ごろのことだが、やがて小学校が5年生から補習と称して受験のための勉強をさせる傾向や、高等小学校が受験のための予備校と化す傾向などが広く

見られるようになり、社会問題化していく。文部省もその対策を練り、1927（昭和2）年には学科試験の廃止を通達し（これは数年後に復活するが）、1937（昭和12）年には入試科目を1科目にするよう通達したりもしている（国立教育研究所編，1974c，pp. 112-115）。

その一因は、各府県の都市化した地域の中学校にホワイトカラーや商業の子弟が集中し、中学校の定員を超過したことにある。また、先に長野の農村の例で見たように、村を出て都市で職を求める必要性が、農村の中学校進学希望者を増加させたという事情もある。そしてこうした進学希望急増の背景には、上級学校進学だけでなく実業の世界に入るためにも学歴は必須であるという、社会全域的な「学歴の価値への気付き」があった。

しかし都市的府県においては、上級学校進学の関心が強い分、より優れた中学校への進学が望まれる。その熱意が初等教育を巻き込むとき、小学校はその教育態勢そのものの変更 ―― 知育の極端な重視へ ―― を迫られる。また、「名門小学校」という呼称が示すように、小学校の価値が受験準備教育の優劣で決まるようにもなっていく。そして都市的府県には、そういう名門小が複数出現する。あるいは飛び抜けた名門小が出現するのである。

神奈川一中の卒業生による受験当時の回想には、「神中は……横浜の男生徒の憧がれの的であり、……本町小学校では六年の生徒で神中入学希望者は二時間近くミッシリ放課後教室で特別に復習して貰った。受験生は必死だった。亀田は……試験勉強に熱中して日曜も祭日も無かった。おかげで競争率は四倍強だったが無事入学出来た」（1911年卒・亀田成夫）とある。また「石川小学校の六年生の時、我々七人は、二見先生の熱烈な進学指導を受けて、神奈川県立横浜第一中学校（神中）を受験した。……五百人以上の少年が受験したが百五人しか合格しなかった。そのため、我々七人の中五人だけが入学した」（1917年卒・時田信夫）といった記述も見られる（『神中・神高・希望ヶ丘高八十周年記念誌』，p. 154，159）。元街小学校のある卒業生（1899年生）の回想にも「先生方も、この頃、大変張り切られ、受験で合格する人もかなり多かったようです」と記されている（『元街の百年』，p. 54）ことから、当時複数の小学校で、進学のための指導が行われていたことがわかる。これら3校は、いずれも横

浜市の中心部に位置する小学校であった。

1928（明治3）年に東京市の児童を対象に行われた調査によれば、中等学校受験を予定する児童の4分の3が、6年生の1学期までに受験勉強を始めており、学校で担任に就いて対策する者や塾に通う者もいた（岡部彌太郎，1928，「本年我国に於ける入学生選抜の状況」，東京帝国大学教育学研究室，『教育思潮研究』，第2巻第1輯：小針，2015，p. 94）。そして東京の「名門小学校」と呼ばれた数校では、全国的にも群を抜いた指導がなされていたことが知られる。それは誠之小、泰明小、錦華小や鞆絵小などである。それらは府立一中や四中、五中に多数の生徒を送り込む小学校として評判が高かったが、誠之小の所在地は本郷、泰明小は京橋、錦華小は神田、そして鞆絵小は芝と、いずれも極めて都市的な地域の小学校であった。

なかでも誠之小は、中等学校に進学する者が9割に上り、それゆえ入学時から一貫して中学校進学を前提とした教育ができるという強みを利用して、レベルの高い授業を行っていた。始業前や放課後に「課外教授」と称して補習授業を始めたのが、1908（明治41）年である。1923（大正12）年に「知識開発」を第一とする校長に替わると、この傾向がさらに強められた。1932（昭和7）年ごろには、学期末には共同考査が課され、抜き打ち試験もしばしば行われた。夏休みや冬休みにも補習が行われ、大量の宿題が出た。当時の児童は「夏休ノ宿題ガ猛烈ニスゴク出タ。目玉ガ飛ビ出シサウダ」と日記に書いている。6年生になれば、「朝学習」即ち始業30分前には登校してプリントに取り組む日課があり、放課後には「課外教授」があり、帰宅後は大量の宿題プリントをこなすというのが児童の毎日であった。

こうした受験準備教育の結果、誠之小は毎年、府立一中や五中、四中などに、他校を遥かに引き離す人数の児童を合格させ、多いときにはこれら3校に計70名近い児童を送り込むこともあった。1930（昭和5）年には新聞でその進学実績が、「入学難を知らぬ日本一の小学校」として全国に紹介されたほどである（誠之学友会編，寺崎監修，1988）。

このような教育は、保護者の期待にも適っていた。誠之小の児童の保護者たちは、教育への関心が高く、理科教材や備品購入のための資金援助にも積

極的であり、子弟の教育にも極めて熱心であった。当時の訓導は、「（当時中等学校に子弟を進学させようとしていた母親は）ご自分が（中等学校に）入学するような気持ちの母親ばかりですから、夕方暗くなるまでやもりのように教室の壁にひっついて、私の準備教育をみていて足元暗くなってから、愛児とともに帰られたことなども想いだされる」（括弧内は原引用者）（同上，p. 550）と記している。授業時間中に母親が子どもの様子を知ろうと教室を窺い歩くこともしばしばあり、病欠の児童に代わって母親が授業ノートを取ることさえあったという。

　これは極端な事例かも知れないが、東京に関する限り、市域のほぼ全域で、小学校は多少なりとも同様の性質を持つようになっていたようである。例えば巣鴨のある小学校の訓導の回想（金沢，1967）に、「夕方六時ごろまで……ときには七時八時になることさえも」あった受験準備教育の実態が述べられている。当時の巣鴨は、1932（昭和7）年に市に編入されるまで郡部だった周辺地域だが、そこでも受験準備教育は当たり前だったのである。

　兵庫にも、際立った受験準備教育をする小学校が現れていた。井深大（栃木1908年生・後のソニー創業者）は家庭の事情で、小学校時代は主に祖父母宅のある愛知の安城で過ごしたが、「五年から中学に入ろうとして勉強したが、いなかのこととてとても無理だった」ため、「小学校五年の三学期に、いつまでもいなかにいてはいかんと言うので、母の再婚先である神戸に行き、諏訪山小学校にはいった。この学校は神戸一中をめざす予備校のようなもので、スパルタ式教育で徹底的な入学準備をやらされた。……宿題もうんざり

井深大
神戸一中に入学したころ（大正10年）。

するほど出され、参考書を副読本としてかたっぱしからやらされた。……当時の神戸一中といえば全国的に知られた有名校である。愛知県のいなかから大都会の小学校に転校したときはどうなるかと思ったが、それもうまくいき、とにかく選ばれた人しか入学できない神戸一中にはいれたのだから感激もひとしおであった」と書いている（井深, 1963）。もともと井深は、母方の祖父母の住む苫小牧と父方の祖父母のいる安城を選ぶ際に、苫小牧よりは教育のために良いだろうという母の考えで後者を選んだともいい（小林, 2002）、ここで既に都市的府県が選択されているわけだが、神戸一中のような難関校を目指すには、さらに都市的な府県で学ぶ必要があると判断されたのであろう。兵庫にはこうして、全国でも有数の名門小が存在していたからである。

　そして京都にも、際立った名門小は存在した。1904 年に東京で生まれた貝塚茂樹（和歌山本籍・後の東洋史学者）は、技師・地質学者である父が京大勤務となったのを機に京都へ移るが、京都一中に進学すると、「当時は京一中の近所の岡崎にあった錦林小学校の全盛時代で、組織的な準備教育を施して、二十人以上の多数の入学者を出していたので、各クラスで傍若無人にふるまっていた。……あまり有名でない京極校でのん気に六年を過ごしてきた私は、これらの才気煥発の諸君に初めて接してめんくらってしまった」（貝塚, 1984）という。このように、突出した牽引校や名門小学校群を持つことで、受験準備教育を強力に展開していたのが都市的府県であった。

受験準備教育の地域差

　これに対し非都市的府県では、そこまで突出した名門小はない。また何よりも、受験準備教育が行われたのは一部地域に留まっていた。一例として、石川を取り上げよう。石川は、公務自由業の比率が東京や京都並みに高く、その意味で都市的性格をかなり濃厚に持つ。しかしその石川でも、この都市的性格は府県全体を覆うものではなく、金沢という特定の地域に限られていた。その教育の実態を、杉森久英（石川 1912 年生・後の作家）の自伝的小説『能登』（杉森, 1984）から窺うことができる。

　杉森が幼年期を過ごしたのは七尾の「住民のほとんどが商人か船乗りばか

り」の港町だったが、杉森は官吏である父の転勤を機に、「教育のためにも、この際金沢へ引越すのがいいだろう。この子は本を読むのが好きで、実業や実務に向きそうもないから、いずれは学問か知識で身を立てさせねばなるまいが、それには、どの方面へ進ませるにしても、上級学校へ便宜の多い金沢の空気を、早いうちから吸わせておくのがいいだろう」と考えた両親の判断で、金沢に転居した。「当時、金沢には官立学校が三つ」あって、大学レベルまでの教育機関が周辺の府県よりも充実していたからである。金沢は、「どこまでいっても町が続いている」大きな都会で、人力車で「十分行っても、二十分行ってもあかるい灯火が続いている。……三、四十分走ってやっと川上の官舎に着いた」というほどの大きな市街地であることに、まず杉森は驚かされた。つまり当時の金沢が、進学機会のみならず生活全般にわたり、石川県内でも際立った都市的地域であったことがわかる。

　この金沢では、小学校も名門校揃いである。とはいえ杉森の転入した小学校は新設校で、児童は地元の貧しい職工の子弟とホワイトカラー子弟が入り混じっていた。後者は「市の中心部の役所や会社へ通勤する俸給生活者や、犀川の向う側の崖の上にある連隊に勤務する将校など」の子弟で、なかでも「東京から転勤して来たハイカラな月給取りの息子たち」は洋服で登校し、自分のことを「おら」や「わし」ではなく「僕」と呼んでいた。

　やがて杉森は「五年生になって、そろそろ中学の入学試験勉強をはじめなければならないから」と、個室を与えられる。学校の先生からは5年生で中学校を受験するよう勧められ、金沢一中の受験を決める。このとき、6年生の単元をまだ習っていなかった杉森は、6年生が放課後受けている補習に参加させられ、そこで一緒に学ぶことになった。「算術や国語は、教科書だけではたりず、受験参考書について勉強することが必要だが、毎年受験生をあつかっている先生たちは、大体承知していて、定評のあるのをそろえてくれた」とあるから、小学校での中学受験の指導が、こうした貧富入り混じる新設校でも例年の業務だったことがわかる。しかし、5年生受験という特例的な受験者15、6人は「どこから受けてもいいはずだが、みな金沢市内の小学校ばかり」の出身であったという。つまり秀才リクルートのしくみは、金沢

242

石田和外
一高時代。

という都市的地域の内部で完結しているのである。

　他の非都市的府県でも、受験準備教育は局所的である。例えば福井には、「県内随一の進学校」である福井中学があった。それは県内でトップの高校進学率を誇り、難関校として知られていた。この福井中学に進んだ石田和外（福井1903年生・後の裁判官）は、「六学年も後半に入ると、上級学校への入試準備がある。殊に県立福井中学校はその頃すでに何人に一人という難関で容易ではない。先生も生徒も父兄も至って真剣だったこと今と変りはない。放課後、受験準備のための授業が施され、教科書以外、算術、読方、日本歴史など種々参考書も出来ていた。家に帰ってからも夜遅くまで勉強せねばならなかった」（石田, 1980, p. 26）という。

　しかし、石田の通っていたのは「付近は武家屋敷の名残をとどめ、県知事官舎など静かな住宅地で、生徒はその子弟が少なくなかった」ような環境の中、「藩公の別邸に隣接し……なんとなく格式も高く全校生千名余、全国にも聞こえた優良校であると聞かされ、真実それに違いなかった」（同上, p. 21）というような選良の小学校だったのであり、福井でこうした受験準備教育が一般的であったとは到底いえない。同じ福井でも、石田と1年違いで農家に生まれた中野重治（福井1902年生・後の詩人・小説家）の事例を見ると、農村部の小学校には、この難関校の受験をサポートするような制度は見られないのである。中野の家は村ではかなりの上層であり、しかも父は2人の息子の学資を稼ぐべく、農業の傍ら官吏や会社員を兼業していた（林, 2001）。つまり教育に関する意識はかなり高かったわけだが、これは地域の中では特異なケースである。中野は郡の小学校を出て福井中学に進んだが、この小学校から中学校に進学した児童は彼一人であった。自伝的小説『梨の花』（中野, 1959）によると、進学希望と聞いて担任の教師は放課後、自分で買ってきた

受験用の問題集で勉強を見てくれた。だがこれは決して学校の教務の一環としてではなく、教師の個人的判断で密かに行われたものであったという。

　受験準備教育の展開におけるこうした地域差によって、都市的府県とそれ以外の府県の教育環境における格差は、さらに拡大することになったと考えられる。

中野重治
福井中学時代（大正3年）。右が重治。

「初等教育の変質」が意味するもの

　ここで重要なのは、受験準備教育を行うのが小学校だということである。それは、明確な意志と経済的手段を持つ者だけが進学する中学校と異なり、義務教育として地域の誰にでも開かれている。中学校進学のルートがこの小学校を経由するということは、それによって中学校への進学者自体も、階層的に開かれたものとなりうることを意味する。いわゆる名門小に、実際にそうした階層的な開放性があったことは、東京の誠之小に通う児童の保護者のデータ（誠之学友会編，寺崎監修，1988，pp. 533-534）から確認できる。

　まず、この小学校の1900年代の児童保護者職業で最も多いのは、ホワイトカラーであることを認めなくてはならない。全生徒889名の内訳は、「官吏・公吏等192、教員41、銀行員31、会社員82、医師25、軍人23」などとなっている。しかもこの「官吏・公吏」の内訳は、高等官が過半数を占め、そのなかには大学教授39名なども含まれ、教員と合わせれば教育関係者の層が非常に厚い。

　しかし同時に、ここには275名の「商業・小売業、職工その他都市雑業層」も含まれている。つまり、ホワイトカラーではない様々な職業の家庭からも、児童は通学していた。しかもこれは、個別職業では「職工20、菓子業

16、魚商9、車夫4」など多岐にわたり、必ずしも富裕層に特化されてはいない。このことから、この小学校は、地域に居住する様々な階層の子弟に対してオープンであったと判断できる。

菊池（2003, pp. 275-295）も、1936年の小学校卒業者のデータ（文部省教育調査部, 1938, 『尋常小学校卒業者ノ動向ニ関スル調査』）に基づき、東京の麹町区や牛込区など進学に熱心な地域では、資産が低めの階層からも中学校進学者が出ていたと述べている。これは非常に興味深い指摘である。この低めの階層の出身者が、地域の進学志向の価値観に巻き込まれ、実際に生き方を変えるに至っていたことを、推測できるからである。

こうして都市的府県の出生者は、輩出への有利さをもう一つ獲得する。即ち彼らは、そこに出生したことにより、他府県であれば中学校進学など望み得ない階層に属していても、進学するチャンスを得る。地域の小学校が、彼らをそこまで育ててくれるのである。

都市的府県出生のメリット

確かに同じ東京でも、山の手と下町、区部と郡部では、小学校における受験準備教育のレベルにはかなりの差がある。府立一中に入学する生徒数が、誠之小からは例年20名前後なのに対し、下町や郡部の小学校からは1名いるかいないかであるという、結果の差もある。つまり都市的府県の全ての小学校が受験準備教育に長けているわけではない。次の3つの文章は、ほぼ同じ時期における東京の山の手、下町そして郡部の小学校で、中学校受験の実態がいかに異なっていたかをよく伝えている。

「私の学生生活は全く平々凡々と過してきたので、どのコースにも特記すべきものはない。私は小学校が青山師範附属小学校で、約四〇名のクラスメートのなか、二〇名ばかりが府立一中に入学した。一中から一高への時は、約五〇名位の級友とともに入学したと覚えている。高等学校から大学へも、又極めて大勢の学友と共に入学した。このように大勢のクラスメートとともに上級学校へ入学していったので違った学校に入学したと云う感じに乏しかった。そんなわけで、私には府立一中と言っても特に取り立てて云うこ

とがない」（1924 年卒・佐藤輝雄：『八十年の回想』，p. 221）。

　「私は京橋の霊岸島小学校という小学校の出身だが当時の下町は府立三中（今の両国高校）には行く者は屡々あったが、府立一中は更に難しい学校とされて居り、数年前に一人入っただけで跡が絶えていた。小生が受験するときも、担任の先生は一中よりは他の学校を受けたらと言ってくれたらしいが、当時三中へ通って居た兄が是非一中を受験せよと励まして呉れて受けたのを覚えて居る。その年は三人受けて小生一人だけが好運を引き当てた。……こうして一中生活が始まったが前述の如く下町からは殆ど一中へ通うものはなく、近所に友人のない、割合に淋しい生活を送った。こうした結果になった原因の他の一つは、いわゆる山ノ手の秀才に対する劣等感でもあった。……下町から通っていた連中も皆それぞれ小学校の最優等生だったのであろうが、数が少ないせいもあったか、どうも振るわず秀才型より努力家型であって、長く精神的圧迫感を受けたものである」（1932 年卒・瓜生敏三：同上，pp. 272–273）。

　「当時一中は本郷の誠之とか京橋の泰明、神田の錦華など東京でも有数の小学校を、然も優秀な成績で卒業した者でなければ合格出来ないという定評があったのに、私は北豊島郡日暮里村立小学校だから今迄一人も一中へ入学した先輩は無かった。……こんな学校を卒業して一中を志願するのは無謀だと先生に止められたが、学区制などのなかったおかげで受験することも出来たし、ビリではあったが及第することが出来た。……村の小学校を卒業して日本一の中学に入ったために学習の方法がマルッキリ違うので初めはヒドク苦しかった。これは後年一中を卒業して一高に入ったとき、まるで同じ学校で学習している様な気持ちだったのと比較すると雲泥の相違であった。幼稚園又は小学校から有名校に入れたがる親の心理も理解出来る」（1916 卒・福沢茂：同上，p. 301）。

　東京府立六中についても、同様のレベル差が体験されている。六中を1930 年代半ばに卒業した生徒の文集（『卒業 60 周年記念文集』）によれば、六中の生徒には、地元である初台周辺の出身者が最も多かった。彼らにとっては「小学校の頃から、まわりの空気は、府立ならば六中に進むのが当然のよう

に考えられていた。そのためか入学したときも特別の感情はなく、すべてに於いて平凡でごく普通の生徒として至極のんびりすごしてきた」のであり、この学年では地元の幡代小学校から9名が六中に入学しているのである。ところが同じ六中に、同じ年に、ただし東京でもはずれの中野にある桃園第一小学校から入った生徒は、「ただ一人六中に合格の喜びを味わった。級で一中、四中、九中にそれぞれ一人というような試験地獄の中で、良く入れたなと今でも神に感謝の気持ちでいる」と回想している。先述の原文兵衛が、日暮里の小学校からの唯一の四中受験者となったことなども、小商人や職工らが多く住む地域と、麹町や牛込のような山の手との、受験準備教育の温度差・レベル差を示すものと理解できるだろう。

しかしこうした差も、都市的府県の持つ先述の特性によって、克服可能である。そもそも人々が進学志向の文化、進学への高い関心を共有していれば、彼らは他区にあるレベルの高い小学校の情報にも敏感であろう。また、都市的府県に備わる交通網や府県域の相対的な狭さゆえ、仮に通学区のなかに名門小がなくても、他区に越境して通うことができる。実際、東京の誠之小では、通学区の外からも大勢の児童が通っていた。1920年前後から、越境の傾向はさらに強まり、1936年のデータでは通学区内の児童はわずか2割、本郷区内も6割強で、残る4割強はそれ以外からの生徒である。このように名門小は府県全域の住民にとって、子弟を通わせる可能性のある小学校であった[7]。

これに対して非都市的府県では、関心が低いことによってまず情報の入手自体をしないかもしれない。仮に情報が得られても、名門小自体が多くはないから、府県の地理的事情、交通事情によっては、そこへの通学が不可能なこともありうる。そんな状況で、優れた進学準備教育を行う小学校に通わせたければ、杉森のように都市的地域に転居するしか選択肢はないことになろう。

このように、都市的府県に生まれ育つということは、それだけで、優れた中学校行きの切符を与えられることを意味する。都市的府県の出生者は、幼時からその地域に生活し、初等教育もそこで受けることになるため、進学重

視の小学校で学ぶチャンスを自ずと与えられるからである。その意味で都市的府県の出生者には、いわば「初等教育における地の利」があったと見ることができる。

4節　第三期の府県内教育と著名人輩出のパターン

著名人の教育履歴に見る地域差

　以上のような都市的府県の教育機会の変質が、第三期における都市的府県の著名人輩出率の高さの、一つの重要な背景をなしている。進学のための階梯の整備如何という比較可能な視点から、都市的府県の輩出率の優位を説明できたのが、この考察の成果といえる。そこで次に考えたいのは、府県内教育の地域差が、両地域からの輩出にどんな質的な相違をもたらすかである。そこにはエリート、非エリートといった活躍領域の違いも生じているのか。この節では、第三期著名人の輩出経路の観察を通じ、到達される活躍領域の多様性について考察したい。

　それに先立ち、「府県内教育」の意味を再確認しておく。本籍府県基準の考察を行ってきた第二期までとは異なり、第三期の基準は出生府県であるため、ここには本籍府県に生まれてそこで教育を受けたケースと、他府県で生まれてそこで教育を受けたケースがともに含まれることになる。つまり第二期までの意味での府県内教育に、出生府県内教育を加えたものが、第三期的な府県内教育となる。よって以下では、この広義の学び方を「府県内教育」として扱うこととし、その内部の構成要素をさらに区別する必要がある場合には、「本籍府県内教育」と「出生府県内教育」のように呼び分けていくことにする。

　さて、この広義の府県内教育を利用した著名人たちにおける、出生府県による相違はまず、経由する中学校の選択肢数にある。非都市的府県では、特定の一つの中学校だけが利用されることが多い。青森中学、鳥取中学、徳島中学などは、それぞれの府県内で利用されたほぼ唯一の中学校である。しか

し都市的府県では、しばしば複数の中学校が均等に利用される。東京で、府立一中や東京高師附属中と並び、開成中学ほか様々な私立中学の就学履歴が見られるのがその典型的なケースだが、大阪でも天王寺中学、北野中学、市岡中学など、複数の中学校が数名ずつによって利用されている。これは3節で見たような、経路として利用しうる中学校数の多さにちょうど対応している。

　また両地域は、府県内教育利用者の父職の構成比にも違いがある。表6-8によれば、都市的府県出生者では父職ホワイトの比率が高い。（ここでのホワイトと農商工の区分は5章と共通する。ホワイトの多くはホワイトカラーであり、農商工の多くは農業と伝統的な商工業（特に商業）自営である。以下の議論もこの区分に従う）。その比率は、非都市的府県では30％に過ぎないのに対し、都市的府県では50％と高い。なかでも東京出生者における父職ホワイト比率は、59％にも上る。逆に父職農商工が府県内教育の主流をなすのが、非都市的府県である。ここでは父職農商工の比率が42％を占め、父職ホワイトの比率を上回ってさえいる。都市的府県の父職農商工は25％に留まるから、地域差はかなり大きい。

　各父職の人々が利用する府県内教育の学校種にも、地域差がある。父職ホワイトは両地域とも、中学校に進学することが多いのだが、父職農商工の進む学校は、地域により異なる。非都市的府県出生者においてはまず、父が地主・庄屋や酒造業者などである相当裕福な人々のグループがあって、中学校ないし実業学校等に進学している。他方、父が貧しい農家や小商店主である人々のグループは、師範学校等に進んでいる。もっとも後者はあまり多くないため、大半を占めるのは地域の名士や財産家の子弟、つまり総じて豊かな階層に属する人々である。ところが都市的府県の出生者においては、同じ父職農商工でも多様な経済状態の家庭の出身者が、実業学校や師範学校等ではなく揃って中学校に進学している（そして帝大まで進学することも稀でない）。

　東京の事例としては、先述の木村義雄と清水幾太郎がいる。木村は、羽振りのよい下駄屋から没落してしまった家庭の出身だが、父は子を励まして中学校に進ませた。清水も、竹屋から洋品販売業へと転業しつつ没落を重ねた

表6-8　第三期著名人の父職と教育型（出生府県別）

①東京

（上段：ケース数、下段：人数中に占める比率）

父職	教育型					父職の人数
	府県内	府県外	中等非就学	他府県生で本籍府県内	不明	
ホワイト	72	15	0	2	2	89
	0.81	0.17	0.00	0.02	0.02	1.00
農商工	27	0	2	1	0	30
	0.90	0.00	0.07	0.03	0.00	1.00
他・不明	23	2	1	1	1	28
	0.82	0.07	0.04	0.04	0.04	1.00
計	122	17	3	4	3	147
	0.83	0.12	0.02	0.03	0.02	1.00

②他の都市的府県

父職	教育型					父職の人数
	府県内	府県外	中等非就学	他府県生で本籍府県内	不明	
ホワイト	34	24	2	7	1	64
	0.53	0.38	0.03	0.11	0.02	1.00
農商工	25	9	3	0	1	38
	0.66	0.24	0.08	0.00	0.03	1.00
他・不明	29	8	0	0	2	38
	0.76	0.21	0.00	0.00	0.05	1.00
計	88	41	5	7	4	140
	0.63	0.29	0.04	0.05	0.03	1.00

③都市的府県・計

父職	教育型					父職の人数
	府県内	府県外	中等非就学	他府県生で本籍府県内	不明	
ホワイト	106	39	2	9	3	154
	0.69	0.25	0.01	0.06	0.02	1.00
農商工	52	9	5	1	1	68
	0.76	0.13	0.07	0.01	0.01	1.00
他・不明	52	10	1	1	3	65
	0.80	0.15	0.02	0.02	0.05	1.00
計	210	58	8	11	7	287
	0.73	0.20	0.03	0.04	0.02	1.00

④非都市的府県

父職	教育型					父職の人数
	府県内	府県外	中等非就学	他府県生で本籍府県内	不明	
ホワイト	52	76	2	2	2	127
	0.41	0.60	0.02	0.02	0.02	1.00
農商工	72	26	17	1	2	116
	0.62	0.22	0.15	0.01	0.02	1.00
他・不明	47	25	1	0	4	74
	0.64	0.34	0.01	0.00	0.05	1.00
計	171	127	20	3	8	317
	0.54	0.40	0.06	0.01	0.03	1.00

注 1）　植民地出生の9名を除く。
　 2）　教育型には重複があるため、総計は人数計と一致しないことがある。
　 3）　府県内は広義（府県内教育および出生府県内教育の計）。

家庭の出身だが、学問によって現状から脱出しようと中学校に進んだ。東京以外の府県では、1905年京都生まれの前尾繁三郎（後の大蔵官僚）がいる。前尾家は代々瀬戸物業を営んでいたが、日清戦争後の不況で没落し、売り食いに近い状態に陥った。そのため兄たちも高等小学以上へは進めず、それぞれ苦学を志して上京したり、大阪へ奉公に出たりした。本人も丁稚奉公を覚悟していたが、小学校の教師が親を説得に来てくれたおかげで、中学校に進むことができた。このような説得も、都市だから成功したのであろう。前尾は「細々ながら続けている瀬戸物屋でもどうにか私を中学に続けて通うだけのことはさせてくれたのである」（前尾，1974）と書いているが、これが京都でなくて非都市的府県であったならば、進学は果たして可能だったであろうか。前尾は宮津中学から一高、東京帝大に進んでいる。

1921年に広島に生まれた藤原弘達（後の政治評論家）は、尾道の雑貨商の子だったが、小学生のころに父が亡くなり、家も没落した。だが藤原は本家の大叔父から、「百姓なんかしてはいけん。……もっと勉強せい。偉い人になって、百姓の貧乏暮らしからとび出さなきゃいかんのだ」と励まされて福山誠之館中学に進学し、六高を経て東京帝大に進んだ（藤原，1980，p. 138）。

以上のことは、都市的府県において中学校が広い職業階層に開放されていく一方で、非都市的府県では依然として、経済力の有無が中学校進学の可否を決定していたことを示している。そこでは、中学校を経由して（学歴を切り札とした）輩出をするチャンスは、父職ホワイトや農商工上層に対してのみ開かれていた。農商工下層の子弟は、そうしたチャンスから排除されていたのである。

両地域から出る高級官僚と非都市から出る政治家・運動家

こうした就学事情を背景として、両地域は、（府県内教育を経た）著名人の活躍領域に関しても、異なる性格を示すものとなった。これを表すのが表6-9である。

両地域は、政治エリート（多くは高級官僚）の比率の高さにおいては共通性を持つ。政治人1に到達している比率は、いずれも40％以上である。これ

表 6-9　第三期の府県内教育における父職と活躍領域（出生府県別）

東京　（単位：人）

父職	活躍領域							
	政治人1	政治人2	経済人1	経済人2	文化人1	文化人2	他	計
ホワイト	25	3	6	1	28	8	1	72
	0.35	0.04	0.08	0.01	0.39	0.11	0.01	1.00
（うち・出生府県内教育）	9	3	5	1	19	6	0	43
	0.21	0.07	0.12	0.02	0.44	0.14	0.00	1.00
農商工	7	3	0	0	7	10	0	27
	0.26	0.11	0.00	0.00	0.26	0.37	0.00	1.00
（うち・出生府県内教育）	2	2	0	0	1	1	0	6
	0.33	0.33	0.00	0.00	0.17	0.17	0.00	1.00
他・不明	15	1	1	0	6	0	0	23
	0.65	0.04	0.04	0.00	0.26	0.00	0.00	1.00
（うち・出生府県内教育）	0	1	0	0	2	0	0	3
	0.00	0.33	0.00	0.00	0.67	0.00	0.00	1.00
計	47	7	7	1	41	18	1	122
	0.39	0.06	0.06	0.01	0.34	0.15	0.01	1.00

他の都市的府県

父職	活躍領域							
	政治人1	政治人2	経済人1	経済人2	文化人1	文化人2	他	計
ホワイト	12	4	1	1	14	2	0	34
	0.35	0.12	0.03	0.03	0.41	0.06	0.00	1.00
（うち・出生府県内教育）	1	0	0	0	4	0	0	5
	0.20	0.00	0.00	0.00	0.80	0.00	0.00	1.00
農商工	3	1	5	1	13	2	0	25
	0.12	0.04	0.20	0.04	0.52	0.08	0.00	1.00
（うち・出生府県内教育）	0	0	1	1	0	0	0	2
	0.00	0.00	0.50	0.50	0.00	0.00	0.00	1.00
他・不明	23	1	0	0	4	1	0	29
	0.79	0.03	0.00	0.00	0.14	0.03	0.00	1.00
（うち・出生府県内教育）	1	0	0	0	2	0	0	3
	0.33	0.00	0.00	0.00	0.67	0.00	0.00	1.00
計	38	6	6	2	31	5	0	88
	0.43	0.07	0.07	0.02	0.35	0.06	0.00	1.00

都市的府県・計

父職	活躍領域							
	政治人1	政治人2	経済人1	経済人2	文化人1	文化人2	他	計
ホワイト	37	7	7	2	42	10	1	106
	0.35	0.07	0.07	0.02	0.40	0.09	0.01	1.00
農商工	10	4	5	1	20	12	0	52
	0.19	0.08	0.10	0.02	0.38	0.23	0.00	1.00
他・不明	38	2	1	0	10	1	0	52
	0.73	0.04	0.02	0.00	0.19	0.02	0.00	1.00
計	85	13	13	3	72	23	1	210
	0.40	0.06	0.06	0.01	0.34	0.11	0.00	1.00

非都市的府県

父職	活躍領域							
	政治人1	政治人2	経済人1	経済人2	文化人1	文化人2	他	計
ホワイト	18	6	5	4	16	3	0	52
	0.35	0.12	0.10	0.08	0.31	0.06	0.00	1.00
農商工	26	16	5	3	18	4	0	72
	0.36	0.22	0.07	0.04	0.25	0.06	0.00	1.00
他・不明	26	5	0	0	10	5	1	47
	0.55	0.11	0.00	0.00	0.21	0.11	0.02	1.00
計	70	27	10	7	44	12	1	171
	0.41	0.16	0.06	0.04	0.26	0.07	0.01	1.00

は、どの府県からも地元に最低1校はある名門中学校を経由して、帝大に進み官僚になる人々が一定数いたからである。各府県の都市的な地域に住むホワイトカラー子弟や、経済的にゆとりのある商工自営や富農の子弟が、この経路を辿って高級官僚、裁判官、弁護士などへとまっすぐに進んでいた。

しかし両地域は、政治人2の比率においてまず一つ異なる。非都市的府県出生者は、その16%もが政治人2即ち非エリートになっている。(政治人2は都市的府県では6%に過ぎない)。この政治人2は、多くが政治家である。その生家には地主・庄屋など比較的裕福な家や、代議士など権勢のある家が多いことから、彼らをエリートコースから遠ざけた主要因は、経済的な事情ではなかったと考えられる。自伝等を見る限り、むしろ彼らの家庭や、彼ら自身における学歴の独自な捉え方が、その進路を規定していたようである。

例えば徳島に1907年に生まれた三木武夫の父は、肥料や米醬油などを手広く商っていたが、中学校進学を望む三木に対し、「中学だけでは役に立たない」と進学を許さず、「商売をつがせるにもよい」からと徳島商業学校に進学させた。三木はストライキをして退学処分となったため、兵庫の中外商業に転学し、以後は府県外で学んでいくが、結局中学校と名のつくものに通うことはなかった。のち明治大学専門部と海外留学を経て、衆議院議員になり首相にもなった(深田, 1975)。この事例では、家庭に進学重視の価値観がなかったことが、本人のエリートコース参入の妨げとなっている。

1924年に山口に生まれた安倍晋太郎は、代議士であった父が早世したため、その後継者となることを期待された。従って安倍は山口中学を経て六高、東京帝大というエリートコースを辿ったにも拘わらず、この学歴の人がふつう進む官僚の道には進まず、現場の知識を得るため新聞記者とな

三木武夫
30歳、帝国議会初登院時(昭和12年)。

り政治部に勤務することを選んだ。後に岳父岸信介が外相となったのを機に
その秘書官となり、やがて衆議院議員に立候補するのである。

　政治家になる上では、高い学歴は必須ではない。むしろ彼らは、地元の青
年団の世話役として信望を得たり、政治家の秘書官として経験を積んだりし
た後に、県会議員や衆議院議員に立候補し、地盤を拡げていく。つまりこれ
らの政治家たちは、親が中学校に進学させなかった三木の場合も、高い学歴
をあえて利用しなかった安倍の場合も、学歴との距離の取り方が、高級官僚
とは根本的に違っている。利用する中等教育も、中学校よりは商業・工業学
校等の実業系の学校が多く、その後の高等教育でも早稲田や明治といった法
学系の私立大学に進みがちである。いわば傍系の教育機関を、自ら選ぶ傾向
があるのである[8]。

　政治人2となった著名人たちのなかには、貧しい家庭の出身者も少数だが
含まれている。1912年に富山に生まれた滝田実（後の労働運動家）は、父が貧
乏士族であり、画業で身を立てるつもりが成功せず定職もない状態であった
ため、母が和裁を教えて家計を支えていた。滝田は、地元の高岡工業学校を
出てすぐ日清紡高岡工場の工員となり、そこで組合活動に参加したのを契機
に、やがて労働総同盟の会長となっていく。1902年に沖縄の農家に生まれ
た屋良朝苗は、やはり経済的事情から中学校に進めず、小学校の使丁などの
回り道をして沖縄師範学校に進学したときには既に18歳になっていた。広
島高等師範を経て教員となった屋良は、教員間のネットワークをベースに、
沖縄の劣悪な教育環境を改善する運動、さらには沖縄の本土復帰運動に取り
組んだ。このように、運動家・活動家となるのが彼らの特徴である。この
人々は先述の、実業学校を経由して政治家となった人々とは異なり、中学校
に進学する余裕を持たなかったケースが多いが、いずれにせよ中学校とは異
なるタイプの中等教育を経由して輩出している点で、三木や安倍のような政
治家との間に共通性を持っている。

　つまり政治人2は総じて、中学校を経由しない人々である。非都市的府県
では、中学校進学の有無が後のコースを異ならせるのであり、同じ「政治領
域」で活躍するにしても、中学校に進学した場合には高い学歴を得てエリー

トになるのに対し、そうでない場合は非エリートになるという、住み分けが
なされているのである。

学者になる都市的府県出生者

　表6-9から読み取られる両地域のもう一つの違いは、政治エリートと文化
エリートの選好の度合いである。都市的府県出生者では、非都市的府県出生
者よりも、文化人１即ち学者、教育家や医師などの文化エリート（大多数が学
者）に到達する比率が高い。文化人１の割合は全父職総合で見ると、都市的
府県出生者では34％を占めるが、非都市的府県出生者においては26％に留
まるのである。この相違を生む一つの背景としては、既述のように都市的府
県が教育の先進地として、その出生者を長期間にわたり教育的環境に漬け込
むという特性を持っていたことが挙げられよう。この特性ゆえ、そこに生育
した人々は学校で教えられる「知」によくなじみ、学究的志向を強く持つよ
うになって、大学や大学院の卒業後も学問の世界に留まることを自然な選択
としたのではないかということである。

　また、父職タイプ別に見ると、エリート中の種別として文化エリート志向
が強いのは、同じ都市的府県でも父職農商工のほうである。表6-9によれ
ば、非都市的府県では、父職ホワイトと父職農商工のいずれにおいても政治
人１の比率が文化人１の比率に勝る。しかし都市的府県ではそうではない。
都市的府県の父職ホワイトは40％が文化人１に、35％が政治人１に入って
おり、数値の開きは5％である。ところが父職農商工は、文化人１に38％が
入る一方、政治人１には19％しか入っておらず、19％もの差がある。つま
り農商工の家庭に生まれた人々は、同じエリートでも高級官僚より学者を選
ぶ傾向が強い。

　では都市的府県では何故、文化人１を選ぶ傾向が父職農商工において強い
のだろうか。その背景として考えられるのは、次のような父職絡みの事情で
ある。そもそも都市的府県には、相対的な進学しやすさがある。非都市的府
県であれば経済的理由から進学できず、従って直ちに労働の世界に入り、そ
の中で労働運動に接近していくような人々が、都市的府県にあっては中学校

に進める。非都市的府県では子弟を実業学校にやるような職業の親たちが、都市的府県においては子弟の中学校進学を当然視し、励ましさえする。それによって、本来ならば進学しなかったであろう出自の人々——貧しい農商工の子弟を典型とする——にも高校、大学への進学の道が開け、彼らは最終的にエリートの仲間入りをしていく。しかし彼らの生育した環境は、彼らの価値観や好悪の感情をなおも規定し続ける。そして彼らの進路選択にも影響を及ぼしたのではないかということである。

　この事情を窺う上で、清水幾太郎の自伝が興味深い。「私は下町の子。威勢のよいもの、歯切れのよいものが好きである。上品な、おっとりした、澄ました、冷静な、つまり、山の手風の態度がどうにも我慢出来ない。そういう山の手風の人々の間に入ると、ただやたらに腹が立って、ことさら下品な言葉を使ったり、前後を弁えぬ軽率な振舞に及んだりする」と清水は書いている。「私は山の手が嫌いである。その頃は主として山の手の官吏や会社員が利用していた省線電車やバスはなるべく乗らないことにしていた。少々時間がかかっても私は汚い市電の方を選んだ。併し私にとって下町と山の手という問題はそう単純ではない。……。私が漠然たる感情のままに自分を託している学問というもの、これは決定的に山の手のものである。この意味で私は山の手に対して拭い得ない劣等感を抱いていた」(清水, 1992, pp. 386-387)。

　貧しいながらも中学校に進んだ人々は通常、山の手の住人ではない。下町で暮らし、下町の人々が送るであろう人生から離脱しようとしながら、山の手と同化しきることもできない。この板挟みの意識が彼らを、いわゆる高級官僚への道から遠ざけたのではないだろうか。官吏をこれほど嫌う清水は決して、将来官吏になろうとは思わなかったであろう。その目指される上昇の道は、官吏への道とは別物でなくてはならなかったのである[9]。

　清水の事例においては、その経済的事情もあってか強く表出されていたこの「山の手への反感」が、清水の言う「下町の子」一般のなかに、さらには東京に限らず農商工従事者の子弟一般の間に多少なりとも共有されていたとすれば、父職農商工の人々は、下層ならずとも高級官僚への道からは距離を置くことになろう。そして、都市的府県出生者における文化人1の比率を、押

し上げることになるだろう。

　もう一つ考えられるのは、逆に高い地位を達成した父を持ち、生活苦と無縁の育ちをした人々における、地位や生活水準の上昇を目的とする生き方への無関心ないしは軽蔑である。1909 年に岐阜に生まれた川島武宜（後の民法学者）は、大学生のころを回顧して、概してアカデミックな興味を持たない者が法学部に入り、持つ者は経済学部や文学部に入ったと述べている。「『君たちは要するにパンのために法学部に入ったのだろう。』『君達は立身出世が目的で大学へ来ているのだろう』というようなことを経済学部や文学部にいる友人から言われ」ることに、川島はずっとひけ目を感じていた。「いま経済学をやっている安井琢磨君は、中学生のころから学者的な男で、……法学部へ入ったやつはみんな学問に対して不純だというようなことを言うし、また事実そうだったのですから、私は非常に劣等感をもっていました」（川島, 1978, p. 9）とある。ここには、高級官僚を目指すことに対して否定的な価値観を共有しているエリートの卵たちがいる[10]。

　こうした意識のありようは、必ずしも父職農商工であることを前提とはしないが、豊かな商工業者子弟がこのような人生観を持つことは十分にありうる。実際、第三期著名人のなかには、豊かな商工業者の子弟で学者となったケースがかなり多い。例えば 1902 年に大阪に生まれた河盛好蔵は成功している肥料商の子で、フランス文学者になった。これは河盛が次男で、家業を継ぐ立場になかったおかげでもあるが、河盛家では兄も学問好きで、商売を継ぐのは本意ではなかったという（河盛, 1990）。1904 年に兵庫に生まれた吉川幸次郎は、貿易商の子であり後に中国文学者になったが、「神戸で相当豪華な生活を営んでいた実業家の子弟」（桑原ほか編, 1982, p. 32）とも記されているように、家庭は非常に豊かであった。小学校で皆が着物に袴であるなかに一人だけ紺サージの洋服を着て通うような別格の少年時代を送り、大学在学中にも飛び抜けて広い部屋に下宿し、そこに膨大な蔵書を並べて生活していたという。1902 年に京都に生まれた下村寅太郎は、父は度量衡販売商であり、本人は哲学者になった。京都生まれの著名人には、生態学者になった先述の今西錦司（1902 年生）や、化学者になった西堀栄三郎（1903 年生）がいる

が、この両者の父も、ともに相当裕福な商工業者であった。これらの人々には、アカデミックな興味を持ちこれを極めようとするだけのゆとりがあり、また親の側にもこれを許容する鷹揚さがあったということである。大阪に1907年に生まれた宮本又次は、呉服店支配人の養父を持ち、日本経済史学者になった。兵庫に1911年に生まれた花森安治は、貿易商の父を持ち、ジャーナリストになった。他にも何名もの著名人が、父職農商工から文化人1への道を辿っている。

東京の「出生府県内教育」利用者たち

　ところで、ここに一つの謎がある。このような父職農商工の文化エリート志向が、東京については数字に現れてこないのである。表6-9に見るように、東京ではむしろ父職ホワイトが、文化人1への強い選好を示している。これは一体何故なのか。東京の父職農商工に、文化エリート志向が欠けていたのではないだろう。現に、清水は東京の下町育ちの学者である。

　実は東京については、特殊事情が重なっている。その一つは、「出生府県内教育」利用者の多さである。東京出生の広義の府県内教育利用者は122名だが、そのうち52名がこのタイプ、即ち他府県本籍だが東京で生まれ、東京で教育を受けた人々である。彼らは東京本籍者とは異なり、むしろ父職ホワイトのほうが文化人1への強い選好を持つのである。

　この父職ホワイトのグループ43名のなかには、父が高級官僚や軍人などで、子弟を教育するゆとりのある上層家庭が多い。また東京が一高、帝大や多数の中学校、他の諸学校の集中地区であるために、教育関係者も多い。この43名の父職は、官僚が7名、軍人は6名、そして東京高等工業教授、早大講師、東京高等師範教授等の教育関係者や学者は9名（歌人を父とする与謝野光と秀の兄弟を入れると11名）に上る。さらに、残りはほとんどが銀行員・会社員であるから、ここにはいわゆる近代セクターの先端に位置する人々ばかりが集まっている。よってその家庭には、自ずと文化的環境が整っていたであろう。しかも12名は、父も著名人である。つまりこの人々は、いわば階層の最上層部分に属している。こうした家庭環境は、先述のアカデミックな

志向、即ち「パン」や「立身出世」が目的で大学へ進むことに対して否定的な価値観の、もう一つの温床となるのではないか。そうだとすれば彼らは、そうした価値観に従い、文化人1を自らの活躍領域に選んだと解釈できる。とりわけ父が教育関係の職に就いている場合には、職業的な親近感（いわゆる職業アスピレーション）も作用したことであろう。

しかもこの父職ホワイトの人数は、同じ出生府県内教育利用者の父職農商工の7倍超であり、全体の傾向を左右するだけの規模を備えている。これが、東京出生者の合計の数値に、「父職ホワイトのほうが文化人1になる」という傾向をもたらしたと見うるのである。

芸術家・芸能者になる都市的府県出生者

東京のもう一つの特殊事情は、文化人2即ち文化領域の非エリートを多く輩出していることである。これは都市的府県に共通する傾向でもある。都市に生活していれば、様々な芸術にも触れやすい。ゆえに都市的府県では、文学や音楽、美術、演劇などがより親しみやすい分野となり、都市生まれの作家や音楽家、画家や演劇人を多数生み出すのであろう。芸術関係に進むのは都市的府県生まれの、自営業主の子弟が比較的多い。これは、都市の文化と彼ら自身の家庭の豊かさが合わさって、コストのかかる芸術関係（特に音楽や美術）の学校に進むチャンスをもたらしていることによるのだと思われる。文化の中心として発展してきた東京は、この傾向を特に強く持っている。

また、これも都市という文化的環境のおかげか、スポーツ、勝負ごとや大衆芸能等に関する領域で大成した著名人も、都市的府県出生者には多い。東京には先述の木村義雄（棋士）がおり、広島には同じく棋士として大成した升田幸三（1918年生）がいる。東京からは、力士となった武蔵川喜偉（1909年生）や栃錦清隆（1925年生）、喜劇俳優となった榎本健一（1904年生）も出ている。これらは必ずしも学歴を要しない活躍領域であるため、彼らは中等非就学または進学しても中退のことが比較的多い。

しかもこの芸能者の多くは、父職農商工である。升田の父は農業であり、木村は下駄職人、武蔵川は肥料商、栃錦は傘製造業、そして榎本は靴商のち

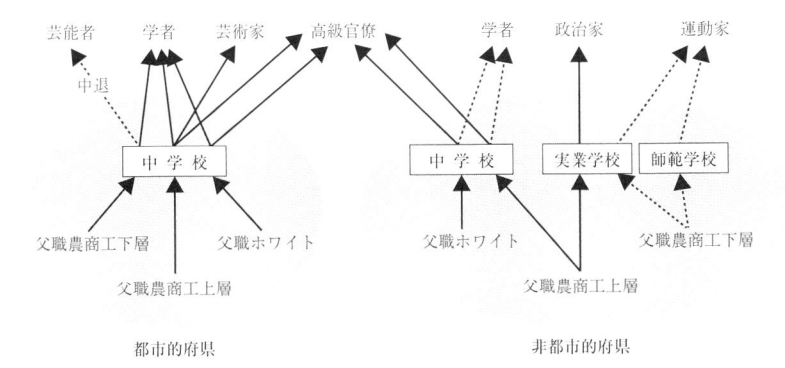

図 6-1　第三期の府県内教育における父職と活躍領域の関係（出生府県別）

煎餅屋という、いずれも商工業に従事する父を持っており、特に升田や木村などはかなり貧しくもあった。よってここには、先述の清水幾太郎におけるような意味での、政治エリートを忌避する志向があったという可能性もある。こうした志向が低めの学歴と結びつくとき、そこには文化人２への経路が開かれたのではないだろうか。

　これらの文化人２が、父職農商工のなかで高い比率を占めるために、都市的府県の父職農商工では文化人１に票が回らなくなる。そうした文化人２の比率が37％と際立って高いのが、東京であった。これらの事情によって東京には、他の都市的府県と異なる傾向が現れていると考えられるのである。こうした地域ごとの特徴は、図 6-1 のように表されよう。

府県内教育がもたらした都市的府県の優越

　以上に見てきたように、第三期の府県内教育においては２つの輩出原理が複合的に作用している。第二期に現れ始めていた職業原理の規定力は、第三期には明瞭になっている。非都市的府県において、父職ホワイトと父職農商工上層、さらに父職農商工下層では、進む中等学校種にもその先の活躍領域にも、異なる傾向が見られるようになった。しかし同時に、都市的府県においては、職業原理を超越する別な輩出原理 —— 地域 —— が現れている。都市的府県出生であるならば、いかなる職業の家庭に生まれようと、この都市

的府県の教育機会に等しくアクセスできるようになったのである。

　この都市的な教育機会の有り方が、第三期における都市的府県の優越を説明するものとして重要である。一方において第三期の都市的府県は、その中等教育の利便性やコストの安さゆえに、そこに出自の如何を問わずアクセスできるシステムを持つようになった。都市的府県が高い輩出率を挙げているのは、ここに原因がある。また、都市的府県の教育環境が持つ進学準備の優秀さは、それを利用する者に高等教育まで進む可能性を与えた。それは、エリートの活躍領域への到達可能性を支えるものである。これにより最終的に、都市的府県出生者ならば誰でも、エリートとして輩出する可能性を持つようになった。

　ところが非都市的府県では、府県内教育を利用する可能性が職業によって異なり、そのチャンスが少ない職業階層もある。これがまず、輩出率の高さに制限をかける。さらに彼らの進学先は、高校へのメインルートである中学校とは限らない。これがエリートの輩出率をも制限することになる。こうした事情ゆえに、第三期には都市的府県こそが、輩出率が高いのみならず、エリートを生み出す比率も高い地域となりえたと理解できるのである。

注
1)　ただし1930年データは本業者ではなく有業者という区分のため、総数には1920年に含まれなかった家事使用人が含まれている。
2)　工業は、多数の現場労働者を含むため労務者が多く、職員は7%となっている。ここには様々な「技術者」が含まれるが、それはやはり、高学歴のホワイトカラーであった。
3)　こうして「山の手」そのものが拡大していったプロセスについては、岩淵・ハイライフ研究所山の手文化研究会編著（1998）に大学教授・陸軍将校の居住地データを用いた分析がある。
4)　これらの数値は菊池（2003）による。ここには東京高師附中の各年、新潟の1920〜30年代、広島高師附中の同年代、京都一中の1915年、神戸一中の1915〜21年についてのデータが載せられている。
5)　この点については菊池も、「大都市部においては複数の中学校が突出することもあったし、突出の程度とレベルは大都市部（東京、大阪、兵庫、京都）とその他の地方で

は異なっていた」（菊池，2003，p. 310）と書いている。それ以上に踏み込んだ記述はないが、菊池のまとめた幹葉図（同上，pp. 306-308）（1929～31 年度の卒業者のデータ）からは、都市的府県ではいずれも上級学校進学率が 50% 以上である中学校が過半数に達していること、高校進学率が 15% 以上である中学校を複数持つ府県は東京、京都、大阪、兵庫、愛知の他には宮城だけであることなどがわかる。

6)　東京では、ホワイトカラーではない家庭から中学校に進学した著名人の事例が、1878 年出生者以降に集中して現れている。この種の事例はそれ以前には皆無だが、以後は 1 名を除く全員が中学校に進んでいる。その多くが区部の住人であったことは考慮されるべきだが、都市的府県のなかでも東京や兵庫などにおける意識の変化は 1890 年代半ばには既に始まっており、よって 1880 年代以降の出生者はそれに巻き込まれ始めていたことが、ここから推測される。

7)　『東京都教育史　通史編 3』では、当時の入試競争の激化が東京の小学校教育の受験準備教育化をもたらしていたことを取り上げ、当時の進学有力校の児童の 80% が受持教師による受験準備教育を受けており、5 年生以前から受けていた児童もその 3 分の 1 に上るという調査結果を紹介している。また、東京における「好条件の学校と熱心な準備教育を求める府民の動きは無視しえないものであった。準備教育にかかわって東京に特有の問題は、……旧市内の進学実績校への多くの区域外通学児童の存在であった」として、そのような越境を支えたのが「市域の拡張と交通網の整備」であったという解釈を示している（東京都立教育研究所編，1996，pp. 569-572）。

8)　1908 年に静岡に生まれた勝間田清一は、親が農家を継がせるつもりだったため、御殿場実業学校に進んだ。1922 年に滋賀に生まれた宇野宗佑は、八幡商業を出た。1907 年に埼玉に生まれた荒船清十郎は、川越工業学校を出ただけで起業し、村議や県議を経て衆議院議員となり、後年は要職を歴任した。このように政治家のなかには、中学校から一高、帝大というルートを通らずに輩出した事例が、多数見られる。

9)　竹内（2012）は、清水の思想形成や進路選択と生い立ちの関連を詳しく分析している。そこでは、清水を特徴付けるアンビバレントな立ち位置の背景として、下町の庶民としての山の手に対する反感と、旧旗本の末裔としての薩長に対する反感との併存が指摘されている。後者においては清水の、生粋の江戸っ子で上層であるという誇りが、相手方を「野暮で傲慢な山の手」と呼ばせ、また山の手階級の職業について「法学部へ行けば、結局、役人か会社員になるほかはないであろう。役人というのは、田舎者のやる仕事で、自分のような江戸っ子には関係がない」と言わせている（竹内，2012，p. 53，62-63）。これは、父職農商工のなかでも特に幕臣のような旧支配層にルーツを持つ人々においては、政治人 1 ならぬ文化人 1 への選好が一層強かったであろうことを推測させる事例である。

10)　安井においては、高級官僚はパンや地位ばかりを求める俗物としてイメージされている。これは清水の言う「澄ました山の手風」とは異質に見えるが、そもそもパンや地位の追求者たちが社会的上昇の果てに「山の手族」になっているという側面に注目すれば、安井と清水の眼差しは「成り上がり者」という同一物を捉えているとも考えられる。

7章
都市出生者の時代・父職ホワイトの時代
—— 第三期の府県外教育と並び立つ輩出原理

1節　単身流出型移動の減少とその背景

より大きな教育機会へ向かう移動

　前章で明らかになったのは、第三期著名人の府県内教育を経た輩出に関し、都市的府県出生者に有利なしくみができてきたということであった。では、非都市的府県に生まれた人々は、その不利な状況を挽回する可能性を持たなかったのだろうか。地域による教育機会の格差は、第一期にも第二期にも存在したが、それは個々人が他府県の中等教育機関で学ぶことによって、ある程度緩和されていた。それと同様のことが、第三期にも起きていたのではなかったか。

　本章では、第三期著名人が出生府県外で教育を受ける場合の地域移動と、その結果としての輩出の傾向を考察する。まず1節では、第三期の府県外教育が帯びるようになった特徴について論じる。2節では、府県外教育の比率が都市的府県よりも非都市的府県で高いことを踏まえ、特に非都市的府県からの移動の実態を詳細に見る。さらに3節では、視野を拡げて全教育型に関する考察を行う。父職農商工下層という、最もハンディを負っている階層に焦点を据え、この人々が行った移動の実態の中にこそ鮮明に現れるものとして、輩出の機会構造のすがたを探る。そして最終的に、この知見を第三期の全体像に結びつけ、この社会が総体として帯びるようになった特徴を浮き彫りにする。

　前掲の表6-8から計算すると、第三期の著名人全体のうちに府県外教育利

用者が占める比率は31％である。つまりこれが全体の3分の1弱を規定していたという意味で、府県外教育利用者の動向は、輩出率を規定する重要なモメントである。ただしこの比率は地域によって異なり、都市的府県出生者は、全人数の20％だけが府県外教育利用者である。東京の場合は、12％でしかない。これに対して非都市的府県出生者の場合は、40％もの高い比率で府県外教育を利用している。

　都市的府県の出生者が府県外教育を利用しないのは、前章で見たような都市的府県の教育の内容的充実やアクセスの容易さゆえに、他府県に出る必要がなく自足しているためかもしれない。また非都市的府県の出生者は、逆に他府県で学ぶ必要性が大きいためかもしれない。そうした教育面での事情が背景にあることを確認するために、表6-2を再び利用しよう。ここに掲げられた1918・19年と1930年の官公私立中学校生徒の高校進学率に照らして計算すると、第三期著名人の、出生府県よりも高校進学率の高い府県への移動は、1918・19年基準では77％、1930年基準では76％となり、ともに8割近い高い数値となる。つまり第二期と同様、「より優れた教育制度」を持つ府県へ動く傾向が見られるのである。

　ちなみにその向かう先は、専ら都市的府県である。都市的府県出生者の82％、非都市的府県出生者の84％が、都市的府県に向かっている。それも、第二期には東京への一極集中が見られた（府県外教育のための地域移動総数の61が東京へ向かい、その他の都市的府県には23％しか向かわなかった）ものが、第三期には東京に53％、その他の都市的府県に30％が入るようになり、都市的府県一般が目指される傾向が生じている。これも、都市的府県全体が教育水準を高めてきた第三期にこそ生じた現象といえるだろう。

　しかも前章で見たように、この時期の都市的府県はただ「優れた教育制度」を持つに留まらない。そこにはより大きな教育機会が開かれてきている。人々の移動はそうした性質の場へ向かっているという点が、重要である。

一家流出型移動の増加と単身流出型移動の減少

　府県外教育の移動型としては、単身流出型の比率の低下が見られる。第一

期から第二期にかけても、比重は単身流出型から一家流出型へと移りつつあり、既に第二期において単身流出型は府県外教育を利用した総人数中の34％になっていた（表5-5）が、第三期に至るとさらに減少し、府県外教育の総数の17％に過ぎなくなる。逆に一家流出型は第二期の26％から増加して、43％になっている。

　では、この時期には社会全体としても単身流出は減少していたのかといえば、むしろ逆である。当時は重化学工業化の進展により、農業からの労働力移動が本格化し始めており、1910年代末には諸新聞によって、農村からの後継者流出問題として取り上げられるほどに目立った趨勢となっていた。大門（2003）には、当時の社会におけるこうした「問題」の発見と、青少年の地域移動の実態、および彼らの意識が詳細に分析されている。大門は、彼らの目指したのが労働ではなくて苦学であり、それが民衆倫理といえるほどに普及したのはまさにこの時期であったことを主張している。このことから1920年ごろには、地方から大阪や東京に出て苦学する青少年は、むしろ増える傾向にあったと判断できる。それにも拘わらず、著名人中では単身流出者が減っているのは、単身で流出してもその先には著名人への道がもはや続いていないこと、つまり単身流出型移動は第二期にもまして、将来性のない移動になってきた可能性を示唆している。

生活・就学コストがかかる単身流出

　事実、第三期の単身流出型移動は、輩出を不利にする要素をさらに多く、あるいは深刻な形で含むようになっている。そうした要素の第1は、生活コストと就学コストの高さである。自宅に住み、生活費の負担もせずに済む一家流出型移動者に比べて、下宿代や生活費・学費を稼ぎながら学ぶことの多い単身流出型移動者は、学業継続が困難なのである。この問題は第二期にも見られたが、両時期を比較すると、生活コストは第三期のほうが明らかに高い。1914（大正3）年ごろから物価の上昇が始まり、庶民生活は急激に苦しくなっていたからである。当時の府立一中の生徒は、1920（大正9）年までの時期の物価上昇の激しさを次のように回想している。「大正6年から大正9年

までの四年間は、当時の日本の国家にとってはなかなか画期的な時代であった。……大正8年……、本邦の好景気はこの年絶頂に達した。……中学生の生活もこれと無関係であった訳ではなく、我々は学用品や、中学校の中庭で売っていたパンや牛乳の価格が、短い期間にいく度か改訂され、中学の先生たちの苦しい生活が新聞紙に報道されるのを読んだりした。過般の戦争後のインフレには比較すべくもないが、この頃の数年間に物価はおおむね3倍に上昇したのである」(1921年卒・前田克巳：『日比谷高校百年史　上』, p. 120)。

　就学のコストも、第三期のほうが高い。府立一中の授業料は1908 (明治41) 年末に2.5円であったものが、1921 (大正10) 年4月には4.5円と2倍近くになった (須藤, 1994, p. 176)。そして私立中学の授業料は、さらに高かった。国からの助成がある府立中学は、学費の値上げをある程度抑えることができたが、それがない私立中学は、良質の教員を確保しようと俸給を上げればそれが学費に直接はね返ってしまうため、府立中学以上に学費を上げざるを得なかったからである。

　当時、中等以上の教育への関心の高まりを背景に、進学者はより貧しい層まで拡大しつつある。経済的な問題が人々に強く意識されるのは、こうして中学校進学のコストが家計を圧迫する人々が増えたこととも、関連していると思われる。学費の値上げは、彼らにとって深刻な問題であったろう。実際、当時の府立中学人気と私立中学離れの背景には、府立中学の学費の相対的な安さがあったといわれている[1]。

　しかも5章で見たように、東京への単身流入者は多くの場合、公立中学には入れなかった。府立中学への入学を認められるのは、基本的に本籍府内の者と府内への全戸寄留者のみに限られたためである。私立中学しか選べなくなった単身流出型移動者の負担は、これによってさらに増え、学業継続を一層困難にしたと推測される。

　府立中学の学費の安さはさらに、公立優位・私立劣位の中学校間序列を作り出した。学費の安い府立中学には志願者が集中し、選抜が厳しくなって選り抜きの生徒が集まる。それで人気が高まり、さらに志願者が集中する。その一方で、学費を下げられない私立中学の志願者は減り、生徒をより好みで

きなくなった私立中学は玉石混交の生徒を入れなければならず、よって生徒の質は低下し私立離れがさらに進む。この悪循環が、私立中学のレベルを押し下げることになるのである。先に紹介した益谷も「大成など東京の私立の中学校は、できるものとまるっきりできないものとが入りまじっていて、成績のいいのはどんどん一高にはいっていった。近くの順天中学、東京中学なども同様だった」（益谷，1967．pp. 247-248）と書いている。つまりこれらの私立中学は、一高合格者を「どんどん」出す一方で、「まるっきりできないもの」の吹き溜まりの面も持っていた。単身流出型移動者たちは、そんな微妙な性格の私立中学に入学せざるを得なかったわけである。

初等教育で遅れを取る単身流出者

　一家流出型移動者が、初等教育段階から東京のような都市的府県で学んでいることも、単身流出型移動者を相対的に不利にした。

　6章で述べたように、第二期から第三期にかけて、中学校への入学志願者数は増加し、入学が困難となって、受験準備教育の必要が意識されてきた。またホワイトカラーを始めとする諸家庭において、上級学校進学への関心も強まった。こうした児童や保護者のニーズに対応し、放課後までしっかり進学の指導をしてくれる小学校とそうでない小学校、難関中学の合格率が高い小学校とそうでない小学校が分化してきた。そして受験準備教育に熱心な小学校は、概して都市的な地域に位置していたのであった。

　このような初等教育の重要化は、一家流出型移動者に、都市的府県の優れた小学校で学べるという新たなメリットを与える。実際、『事典』に収録された一家流出型移動者には、いわゆる名門小学校の卒業生が少なくない。例えば1904年に北海道に生まれた木村秀政（本籍青森・後の飛行機設計者）

木村秀政
東京府立四中時代。

は、新聞記者である父の仕事の関係で1歳前にはもう一家で東京に住んでおり、東京高師附属小に入学した。それは「当時のエリート校で、入学のとき面接試験があったので合格の通知を受けたときはうれしかった」(木村.1997. p. 21) という。この小学校は中学受験の指導に力を入れており、「六年の三学期、いよいよ中学の入学試験が迫って、先生も生徒も受験勉強に夢中だった頃」に、木村が級友を誘って相撲見物に行ったところ、「『だいじな受験を前に控えてのんきすぎる』と、ひどく叱られた」(同上. p. 24) という。この東京高師附属小は、転勤族子弟に限らず東京在住の多くの著名人が通った小学校であり、1910年代には府立一中に最も多くの合格者を出していた(須藤.1994)。先に6章で、級友の半数が府立一中に進学していたという卒業生の回想を紹介したが、この人の卒業した小学校も、師範学校の附属小であった。

　師範学校の附属小は概して、一般の小学校 —— 先述の東京の誠之小さえも —— を超えるレベルの教育を行っていたようである。例えば千葉師範学校の附属小では、大正の自由教育の一環として、能力主義の教育が実践されていたという。児童は成績で分けられ、教室も能力別に分けられ、成績の良い者の能力をさらに伸ばす教育が行われた。知識よりも勉強の仕方を教える教育が重視され、従って教師が教えるばかりではなく自習時間を設定し、できる児童には教材を与えてどんどん自学させるような環境作りがなされた (永井.1986)。しかもこれは京都府師範附属小をモデルとしていたというから、さらに上があったのである。東京高師附属小もおそらく、これと同列の小学校であったろう。そうした小学校群のトップ校に、都市的府県出生者や一家流出型移動者は通ったわけである。

　1919年大阪生まれの佐治敬三 (後のサントリー創設者) は、大阪府立池田師範附属小に通った。そこが自宅から5分の距離に

佐治敬三
大阪帝大理学部時代。

吉行淳之介
東京帝大英文科時代。

あったからである。これもレベルの高い小学校であり、「附属小学校は全員が中学に進学した」（佐治．1994）という。父が海軍大佐で転任を重ねていた江口朴郎（佐賀1911年生・後の歴史学者）は、神奈川師範附属小を経て湘南中学へ進んだ。このように師範学校附属小は、転勤族にも利用される小学校であった。

1924年に岡山に生まれた吉行淳之介（後の作家）は、前衛芸術家である父が東京在住となったのを追って上京し、2歳ごろから一家で東京に住み、小学校は麹町区の番町小学校に入った。それは「東大に至る名門コースの入り口として知られた学校」だったが、それが吉行の自宅から500メートル位の所にあったのである（高橋．2007）。こうして自然に近所の名門小に入れてしまうのも、一家流出型の移動が本人の幼少時に行われているからである。

　ところが単身流出型移動者は、これらのメリットを享受できない。本人だけで他府県へ出て行くのに、幼少時の移動はありえないためである。移動時にはもう小学校の就学年齢を過ぎており、移動先で初等教育を受けることはない。これは、都市的府県の名門中学校を受験するにも不利であるし、仮に入学できても、都市育ちの級友が苦もなくこなす授業についていけず、苦労することにもなる。非都市的府県の小学校を卒業して東京府立一中に入学したある生徒は、次のように回想している。「北海道の田舎に育った自分は、青雲の志を抱いて都に上った。盲蛇の受験が幸に受かって、忽然として東京のドマンナカの一流校に入ったのだから、喜びも大きかった代り、都会育ちのクラスメートの仲間入をするのは仲々難しくて其の差を詰めるためには永年苦しんだものである」（1919年卒・岡本健次：『八十年の回想』．p. 192）。このよ

うに、単身流出型移動者が、輩出に不利な要因を一層多く抱えるようになったのが第三期であった。

　ただし単身流出型移動者のなかにも、例外はある。それは他府県の親戚宅などのほうが通いやすいために、他府県の中学校に通ったケースである。第二期に比べれば、全国的に中学校の普及は進んでいるものの、非都市的府県に生まれた第三期著名人の自伝にはなお、府県内の中学校への通いにくさが語られている。例えば石川生まれの深田久弥（1903 年生・後の作家）の場合、地元には中学校がないため、県内の小松や金沢に通うよりはと母の実家がある福井に進学したが、それでも汽車で1時間の通学を余儀なくされている。第二期末の 1899 年に福島に生まれた木川田一隆（後の経営者）も、「県下に中学は三つか四つしかなかったので……母の在所にあたる宮城県の角田中学校にやられた。兄たちも皆そうだった」（木川田, 1980）と、同様の理由による単身流出をしている。

　こうして祖父母や親戚の家に身を寄せるのであれば、一人暮らしの生活コストの問題は回避される。しかし深田が石川から福井へ、木川田が福島から宮城へ出たように、移動先は近隣府県のことも多い。その場合彼らは、都市的府県の優れた初等教育を受けられないという第2の問題点は免れない。それに対して一家流出型移動者は、いずれの問題点とも無縁であり、都市的府県の出生者と同様の、有利なスタートを切ることができたのである。

一家流出するホワイトカラー転勤族

　移動型の明暗はそのまま、2つの職業階層の明暗に通じる。父職と移動型が、はっきりと対応しているからである。表7-1 に見るように、一家流出型移動者の父職においては、官公吏や教員、銀行員・会社員といったホワイトの比率が極めて高い。出生府県による差はさほどなく、都市的府県出生者では一家流出型移動者の 91％が、非都市的府県出生者では 94％が父職ホワイトである。父職基準で見ても、都市的府県の父職ホワイトでは 74％が一家流出型である（非都市的府県では 56％）のに対し、父職農商工では 33％（非都市的府県では 12％）しかそうではないという、大差がある。他方、単身流出型移

表 7-1　第三期の府県外教育における父職と移動型（出生府県別）

都市的府県 (単位：移動数)

父職	一家流出型	単身流出型	移動型不明	計
ホワイト	29 0.91	1 0.25	9 0.41	39
農商工	3 0.09	3 0.75	3 0.14	9
他・不明	0 0.00	0 0.00	10 0.45	10
計	32 1.00	4 1.00	22 1.00	58

	一家流出型	単身流出型	移動型不明
父職ホワイト中の比率	0.74	0.03	0.23
父職農商工中の比率	0.33	0.33	0.33

非都市的府県

父職	一家流出型	単身流出型	移動型不明	計
ホワイト	44 0.94	8 0.29	26 0.50	78
農商工	3 0.06	17 0.61	6 0.12	26
他・不明	0 0.00	3 0.11	20 0.38	23
計	47 1.00	28 1.00	52 1.00	127

	一家流出型	単身流出型	移動型不明
父職ホワイト中の比率	0.56	0.10	0.33
父職農商工中の比率	0.12	0.65	0.23

注 1）　単身流出型と一家流出型の重複はないため、計がそのまま人数となる。
　　2）　府県外教育および他府県出生で府県外教育の計。

動者の父職には農商工が多く、都市的府県出生者で 75％、非都市的府県出
生者では 61％ を占めている。父職基準で見ても、単身流出型となる比率に
は相当な差がある。

　ちなみに第二期にも、一家流出型移動者の父職にはホワイトが多かった
が、その比率は 71％ であった。単身流出型移動者の父職にも農商工は多
かったが、これも 58％ であった。よって第三期には、父職と移動型の対応
は第二期よりも強まっているといいうる。

　このように移動型により父職の構成比率が異なるのは、5 章でも述べたよ
うに、ホワイトの多数を占める官吏・教員・軍人などが転勤族だからである。
実際、第三期においても、一家流出をした著名人の父職には、多数の軍人・
官吏と、検事・会社員・銀行員・中学教員・高校教授・大学教授・記者など

が並んでいる。この人々は、職業上の都合から必然的に、一家で流出するのである。これに対し、単身流出をした第三期著名人の父職は圧倒的に農業が多く、他は紙商・菓子商・酒造業・青果商・うどん製造・友禅問屋など伝統的な商工業自営が大多数である。この人々は農地や地元住民を相手にするという職業上の理由から、転居は難しく、子弟を単身で送り出さざるを得ないのであった。

　加えて、先の表6-8からわかるように、父職ホワイトは府県内教育の利用度も父職農商工より低い。両地域の著名人総数のなかに占める府県内教育の比率を見ると、東京出生者では、父職農商工で90％と非常に高いのに対し、父職ホワイトは81％である。東京以外の都市的府県出生者では、父職農商工の66％に対し父職ホワイトは53％である。さらに非都市的府県に至っては、父職農商工が62％であるのに父職ホワイトは41％と、非常に低い。そもそも非都市的府県が、高校進学率など中等教育の充実度に関して劣位の地域であるならば、そこから脱出できる人々はよりよい環境に自らを持ちこめるわけであり、その点で父職ホワイトはまず一つ、有利であったと見ることができる。

　そしてさらに、第三期のホワイトカラー転勤族は、子弟の進学先を選別する行動を取る点でも特徴的である。教育への関心の高い彼らは、全国を転勤して回る際に様々な中学校教育の実態を見聞するが、その知識をもとに子弟の通うべき中学校を選ぶ。例えば1901年生まれの岡潔（後の数学者）は、歩兵少尉である父が勤務していた大阪で生まれたが、「教育熱心」で岡を学者にすると決めていた父は、「上級学校への進学率がよいことなどから判断して」、息子に故郷和歌山にある粉河中学を受けさせた（岡, 1984）。実際当時の粉河中学は、和歌山中学と並んで高校進学率の高い中学校であった。同じく1901年に鹿児島に生まれた山口誓子（後の俳人）は、2歳で外祖父に引き取られ、その転勤先である樺太の大泊中学に入学したが、「（高校に入るには）辺境の中学にいてはだめだ」と言われたためにわざわざ京都一中に転校し、のち京都の三高を経て東京帝大に進んだ（山口, 1983）。石川の杉森久英（1912年生）のように、都市部への転勤を子弟教育の好機と見て一家で転居をした事例も

ある。さらに 1901 年に兵庫に生まれた下山定則（後の鉄道官僚）の場合は、裁判官である父の転任について、7 歳で京都、9 歳で千葉、10 歳で甲府、12 歳で静岡の小学校を転々とし、静岡中学、三重一中と転校を重ねるが、三重の次に旭川勤務となった父は下山を三重に残して単身赴任した。三重一中は当時、県下随一の名門校で、全国でも有数の高校進学率を持つ中学校だったから、そこから旭川に転校させることを父はあえて避けたのではなかったろうか。このように第三期著名人のホワイトカラーである父親たちには、中学校を比較検討したエピソードがしばしば見られる。彼らは転勤の経験を活かし、子弟の進学により有利な選択をすることができたわけである。

単身流出型移動の主流をなす父職農商工下層

こうして一家流出型移動が有利さを増していくのとは裏腹に、単身流出型移動はそれを行う人々の父職 —— 農商工 —— の事情から、むしろ不利になる方向へと変質した。

もともと単身流出は、本人に経済的な負担のかかる学び方である。家庭からの金銭的な支援がなければそれは苦学という形を取らざるを得ず、その苦学に有力なパトロンや寄寓先が伴わなければ、生活するだけでも相当な困難が予想される。ところが時代は、そうした篤志家や庇護者に巡り合うチャンスを低める方向に進んでいた。既に第二期後半において「無謀な苦学」が出現していたことについては、5 章で述べたとおりである。

第三期になると、この苦学がさらに困難の度を増してくる。それは一つには先述の、1910 〜 20 年代にかけて進行した物価の暴騰などの影響で、生活費や学費が重い負担となってきたためである。そしてもう一つは、まさにそれを重く感じてしまうような経済状態の家庭に、この時期の単身流出型移動者たちの多くが属していたことによる。この人々は大半が、あまり裕福ではない農業・商工業従事者であり、極貧の家庭のことも珍しくないのである。

その背景には、ゆとりある父職農商工上層による単身流出の、激減がある。5 章で述べたように、各府県で中学校の整備が進むにつれ、そちらへ通えばよしとする人々は、単身流出する代わりに汽車通学などをして府県内の

中学校に通うようになっていた。つまり単身流出型からの退却が始まっていた。この傾向が、第三期に入ってさらに強まる。6章で述べたように、1920年代半ばには「高校進学率の突出した中学校」が多くの府県に少なくとも1校は確保されたのを受けて、資産のある農商工の子弟は、特別な事情のない限りはもはや府県外には出ず、多くが府県内で進学するようになったのである。

　第三期著名人のデータからも、この傾向は読み取れる。第三期著名人のうち、父職農商工で単身流出型移動をしたのは20名である。このうち上層とおぼしき人々の多くは、他府県在住の家族（兄弟や祖父母など）がいるためそこから通学したもの —— 先述した石川の深田久弥のほか、群馬の羽仁五郎、新潟の尾崎陞、京都生まれ（本籍熊本）の永田雅一、福島の吉田富三の5名 —— である。単に、自宅に近いから県境を越えて進学したもの（茨城・橋本登美三郎）や、隣県に電車通学したもの（岐阜・佐橋滋）もある。この人々は身を寄せる先があるため、単身流出特有の生活上の困難は免れており、一高から東京帝大というエリートコースを辿ることも稀ではない。到達する活躍領域も、その学歴に対応して高級官僚や法律家、学者や研究者などである。他に、先述した徳島の三木武夫のように、ストで退校となったため単身流出をしたものもあるが、これもそうした事情がなければ府県内に留まっていたはずのものである。

　その一方で、経済的な下層に属する者は9名に上る。これは、貧しさゆえ都市に流入して苦学せざるを得ない人々である。彼らは都市的府県の中等学校に入るが、それはたいてい実業系の学校や、中学校でも私立の、いわゆる進学名門校ではない学校である。また入学までの紆余曲折や入学後の中退などで、教育履歴は寸断されがちで、高等教育に至る前に学業から離れてしまうこともある。こうした特徴を持つ履歴は第二期にも見られたが、第三期にはそれが、父職農商工の単身流出者全体の半数近くを占めるようになっている。かくして第三期の単身流出は、将来的な可能性の低いものとなり、教育へのアクセスに関する両移動型の格差は、さらに拡大していった。

2節　分断される活躍領域 ── 2つの異質な都市流入の形

非エリートに繋がる単身流出型移動

　これらの移動型は、著名人の活躍領域とどう対応しているのだろうか。十分に学びにくい単身流出型移動をしてエリートになるのは、一家流出型移動を経た場合よりも難しいのではないか。そうだとしたら、先述のように40％もの人々が府県外教育を利用している非都市的府県では特に、利用しうる移動型の違いは、かなり重要な意味を持ったであろう。また、非都市的府県出生者における府県外教育の成否は、6章で見たような、府県内教育における都市的府県出生者の優越を切り崩すチャンスがどれほどあったかを見極める上でも重要である。よって以下では、非都市的府県出生の著名人たちに焦点を当て、彼らが一家流出型と単身流出型の移動を経て、それぞれどんな活躍領域に到達しているかを考察する。

　表7-2で第三期著名人の活躍領域と移動型の対応を見ると、同じ非都市的府県の出生でも、一家流出型移動者は30％が高級官僚などの政治人1に、43％が学者などの文化人1になっている。エリートになった著名人は、合わせて83％にも上る。これは彼らが一高、帝大といった教育履歴を辿った最終段階として達成されている。ところが単身流出型移動者では、エリートになるのは政経文を合わせても43％に過ぎず、57％が非エリートである。特に政治人2が、46％という高い比率を占めている。

　こうした傾向は、第三期に初出のものである。表5-6に見たように第二期の非都市的府県では、一家流出型移動者の77％が、また単身流出型移動者も71％がエリートの領域に到達していたからである[2]。ところが第三期には、非都市的府県出生のハンディが、一家流出型という特定の移動によらなければ解消されにくいという、かつてなかった現象が起きている。

　単身流出型移動をして政治人2となった非都市的府県出生者には、例えば袴田里見（青森1904年生）がいる。袴田の家は、もとはかなり豊かな地主であった。しかし長兄の賭博が原因で没落してから一転、極貧となり、袴田は

表7-2　第三期の府県外教育における移動型と活躍領域（出生府県別）

都市的府県

（単位：移動数）

移動型	活躍領域							
	政治人1	政治人2	経済人1	経済人2	文化人1	文化人2	他	計
一家流出型	7	0	2	0	17	5	1	32
	0.22	0.00	0.06	0.00	0.53	0.16	0.03	1.00
単身流出型	1	1	1	0	0	1	0	4
	0.25	0.25	0.25	0.00	0.00	0.25	0.00	1.00
不明	8	1	3	0	8	2	0	22
	0.36	0.05	0.14	0.00	0.36	0.09	0.00	1.00
計	16	2	6	0	25	8	1	58

非都市的府県

移動型	活躍領域							
	政治人1	政治人2	経済人1	経済人2	文化人1	文化人2	他	計
一家流出型	14	2	5	1	20	4	1	47
	0.30	0.04	0.11	0.02	0.43	0.09	0.02	1.00
単身流出型	3	13	1	0	8	3	0	28
	0.11	0.46	0.04	0.00	0.29	0.11	0.00	1.00
不明	37	1	1	0	10	3	0	52
	0.71	0.02	0.02	0.00	0.19	0.06	0.00	1.00
計	54	16	7	1	38	10	1	127

注 1)　単身流出型と一家流出型の重複はないため、計がそのまま人数となる。

15歳の時、苦学する覚悟で上京し、配達夫や工夫として働いた。攻玉社中学に入るが中退し、労働運動に加わり、後に共産党幹部となった（袴田,1978）。弟の陸奥男（青森1912年生・後の共産主義活動家）も、東京の府立三中夜間部に入学したが中退して文選工見習となり、やがて兄と同じ道を歩んだ。

　1905年に富山に生まれた伊井弥四郎も、同様である。伊井の父は貧しい菓子商だったため、伊井は17歳で上京し岩倉鉄道学校に入学した。一度は車掌として職に就いたが、さらに工場などで働きながら法政大学の夜間部に通い、改めて鉄道省に就職する。やがて国鉄の労組中央執行委員、共産党中央委員となり、労働運動家として名を遺した。これらは、6章で見たような、地方の名士の子弟が府県内で学び、県議会等に立候補して地盤を固めるタイプの政治家とは、かなり異質である。同じ政治家というジャンルであり、しかもあまり学歴が高くないという点でも共通性を持ちながら、豊かでない家庭の出身者は、むしろ府県外に出て行く。そして最終的には、社会運動家や共産党幹部などになるのである。

　表7-2によれば、非都市的府県出生で府県外教育を受けた政治人2は、そ

の大半（16名中の13名）が、単身流出型移動者である。しかも揃って家庭が貧しい。彼らは極貧ともいえる経済状態の中で生育し、家庭からの支援をほとんど得られないまま都市的府県に流入し、就学するよりもまず働くことから都会生活を始めている。ここには、庇護を受けた一家流出型移動者とは、非常にかけ離れた生活世界が広がっている。そしてこの単身流出者たちの辿った経路においては、エリートの活躍領域に至る際の切り札となるような学歴が、およそ取得されていない。中学校ではなく職業系の中等学校に進みがちであり、仮に中学校に入っても、それが卒業まで持続されない。彼らの学びはしばしば中断され、次のステップに繋げられないままに終わる。この条件下で進みうる方向は、おそらく非エリートの活躍領域だけだったのであろう。

父職によって異なる活躍領域

　以上に見てきたように、非都市的府県出生者においては、父職と移動型、移動型と活躍領域の間に、それぞれ強い結びつきが存在する。そうだとすれば、府県外教育を通じて最終的に子弟が達成する地位に、父職による違いはかなり明瞭であろうと推測される。すぐ前に見た袴田や伊井の事例も、そうした父職の規定力の大きさを示唆している。そこで府県外教育における父職と活躍領域の対応を見てみたのが、表7-3である。

　この表によれば、非都市的府県出生者の場合は、父職ホワイトでは43％が政治人1、38％が文化人1であり、エリートの合計は87％である。しかし父職農商工では、エリートになるのは56％に過ぎず、政治人2などの非エリートの比率が高い。総じて、父職ホワイトからエリートへの経路の太さ、父職農商工からエリートへの経路の細さが見て取れる。2つの父職グループ間での活躍領域の違いは、明瞭である。なるほど父職による活躍領域の違いは、都市的府県出生者においても見られる。しかし都市的府県出生者の場合、父職ホワイトでは53％が文化人1、28％が政治人1になっており、エリートの合計は85％に上る。これに対し父職農商工では、エリートになるのは政経文合わせて56％である。よって父職による差は、非都市的府県のほうが大きかったことがわかる。

表7-3　第三期の府県外教育における父職と活躍領域（出生府県別）

都市的府県　　　　　　　　　　　　　　　　　　　　　　　　　　　　　　　（単位：人）

父職	活躍領域							
	政治人1	政治人2	経済人1	経済人2	文化人1	文化人2	他	計
ホワイト	11	0	2	0	21	5	1	40
	0.28	0.00	0.05	0.00	0.53	0.13	0.03	1.00
農商工	2	1	2	0	1	3	0	9
	0.22	0.11	0.22	0.00	0.11	0.33	0.00	1.00
他・不明	3	1	2	0	3	0	0	9
	0.33	0.11	0.22	0.00	0.33	0.00	0.00	1.00
計	16	2	6	0	25	8	1	58
	0.28	0.03	0.10	0.00	0.43	0.14	0.02	1.00

非都市的府県

父職	活躍領域							
	政治人1	政治人2	経済人1	経済人2	文化人1	文化人2	他	計
ホワイト	34	5	5	1	30	4	0	79
	0.43	0.06	0.06	0.01	0.38	0.05	0.00	1.00
農商工	6	8	1	0	8	3	1	27
	0.22	0.30	0.04	0.00	0.30	0.11	0.04	1.00
他・不明	14	3	1	0	0	3	0	21
	0.67	0.14	0.05	0.00	0.00	0.14	0.00	1.00
計	54	16	7	1	38	10	1	127
	0.43	0.13	0.06	0.01	0.30	0.08	0.01	1.00

　ちなみに第二期には、非都市的府県では、父職ホワイトの83％、父職農商工の72％がエリートになっていた。また都市的府県でエリートになったのは父職ホワイトの75％、父職農商工の62％であった（表5-7より）。ここでは父職による活躍領域の違いは、第三期ほど著しくはない。よって両者の差は、第三期になって拡大したものであり、とりわけ非都市的府県の変化が大きかったといえる。

　第三期の府県外教育の全体像は、こうした異質な2種の都市流入の並存を基調として捉えられる。これに『事典』の著名人の個々の情報を加味し、また父職ホワイトと一家流出型、父職農商工と単身流出型の対応も加えてまとめたのが、図7-1である。なお図中には「中等非就学」の経路も合わせて書き込んである。

　ここにはまず、父職ホワイトから一家流出して中学校を経由し、高級官僚・学者へ向かう太い経路がある。これと並び、父職農商工の下層から、単身流出して私立中学校・中退等を経由し、あるいは中等教育を経ないままで、運動家・宗教家・経営者（起業）等に向かう経路がある。これらが2つの

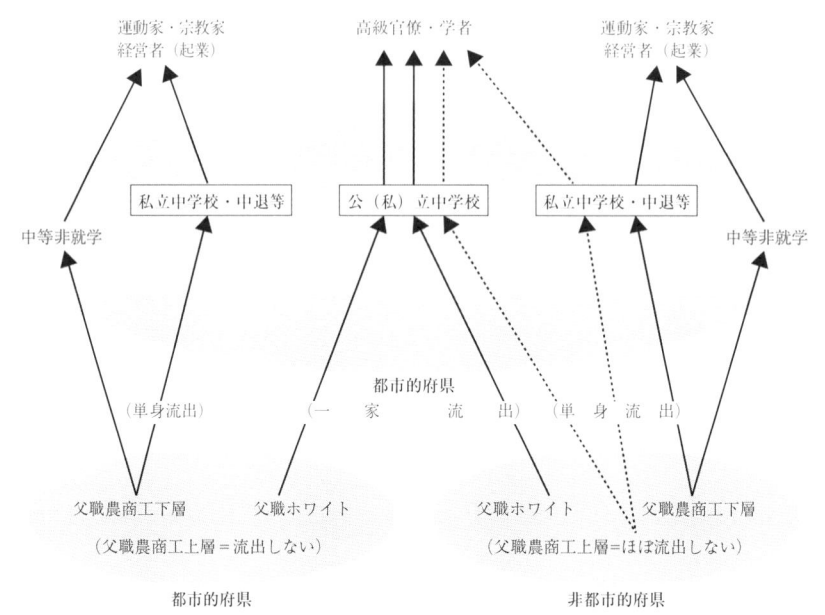

図 7-1　第三期の府県外教育における父職・移動型・活躍領域の関係

　大きな潮流をなす一方で、父職農商工上層は、基本的には府県外教育を利用しない。その例外が先述のように地理的事情や、兄姉や祖父母の家があるといった理由で単身流出していくケースだが、これは中退等には至らず、高等教育までを達成して病理学者や歴史家、法律家や銀行経営者などになる。ただし、そのように父職農商工から発する経路はもはや、かつてのような府県外教育の主流ではなくなっている。

　この全体図を、第二期に関する図 5-1 と対比すれば、単身流出型移動の変質は明らかである。第二期には、特にその前半期において、各地から多様な条件の人々が単身流出して都市的府県の中学校に学び、帝大を出てエリートになるという経路が健在であった。父職農商工の上層のみならず下層からも、都市の中学校に進みそのまま進学して、エリートとして輩出することができた。1872 年静岡生まれの篠田治策、1874 年静岡生まれの鈴木梅太郎のように、苦学をして高等教育まで進みおおせた事例も存在した。こうした農

商工の上層からの経路を第1の経路、下層からの経路を第2の経路と呼ぼう。当時はこれら第1、第2の経路がともに十分機能していたのである。

　けれども第二期は転換期であり、単身流出型の将来性は次第に失われてくる。苦学が「無謀な苦学」に変わるにつれ、非都市的府県出身の農商工の子弟たちは、ある程度の資産がなければ中学校に進めなくなった。また結果として、府県外教育を帝大などに至る階梯として利用できるのは、経済的に豊かな職業階層の子弟に限られてきた。例えば度々取り上げてきた益谷（石川1888年生）は、単身上京して学んだが、京都帝大を卒業するまで親からの仕送りを「普通に」受け、ゆとりある学生生活を満喫していた。それは、益谷の実家がとても豊かだからこそ可能だったのである。このような状況の変化に伴い、農商工下層からは、単身流出して非エリートになるという第3の経路が現れてきた。これを辿ったのが先述の加藤勘十などである。この新しい経路と、家庭の豊かさゆえに苦学を回避できた少数者の辿る第1の経路を合算したのが、第二期後半期の単身流出型移動であった。

　第三期に至ると、各府県において中学校の整備が進み、地元での進学が普通となり、たとえ裕福でもわざわざ他府県の中学校に通う者はいなくなる。つまり、第1の経路を辿っていた父職農業や商工自営の富裕な人々の撤退がさらに進む。また苦学の見通しが暗くなって、第2の経路の利用者もさらに減少し、合わせて単身流出型移動の総体的な比率低下がもたらされた。その一方で、一家で流出して都市的府県の中学校に学びエリートになる人々は増えたため、単身流出型と一家流出型の比重は、後者の優位へと逆転した。その後に残された単身流出型移動は、エリートへの道を歩く人々が次々と退場し、非エリートに到達する第3の経路を辿る人々ばかりが目立つものに変わってしまったのである。彼らは経済的に苦しい家庭の出身であり、中学校ではなく実業学校や師範学校等で学んだ暁には、政治活動・立候補や経済活動、布教活動等を通じて、共産主義者や政治家、起業した経営者や宗教家として輩出する。つまり、学歴を切り札としないコースを専らに辿る。かくして単身流出型は、エリートを輩出しない移動と化していくのである。

浸透する職業原理の規定力

ここから読み取られる第三期の輩出の特徴は、府県外教育を介した輩出に対する職業原理の規定力の強まりであろう。まずこの時期には、父職と移動型の対応が強められた。一家流出型移動をするのはほとんどが父職ホワイトであり、単身流出型移動をするのは大半が父職農商工となっている。そしてさらに、移動型と活躍領域との間にかなり強い対応が生まれ、総合的に見れば父職と活躍領域との間にも、対応がはっきりと見えてきた。

今やエリートと非エリートという異なる活躍領域への経路は、父職によってはっきりと分けられている。父職農商工下層の人々にとっては、府県外教育を利用しても、「学校」経由の輩出ができるような教育を受ける可能性はほとんどない。つまりエリートには到達できない。その一方で、一家で都市に流入し、そこに自宅を持ち初等教育を受けられる父職ホワイトたちは、金銭面での不安もなくトップレベルの教育を受けて、上級学校に進める。仮に府県内教育が貧弱でもそのハンディを地域移動により克服してエリートになるチャンスが、十分に与えられているのである。

このように、府県外教育によるハンディ克服が、専ら父職ホワイトによってのみ実行されたということは、第三期の輩出率の順位に関して、非都市的府県がさらに不利であったことを示すものでもある。もしも父職農商工にも同様のチャンスが共有されていたら、非都市的府県の輩出率の低さ、またエリート輩出率の低さは、彼らの府県外教育利用によってある程度カバーされたであろう。非都市的府県における農商工の構成比率は高いからである。しかし現実には、彼らのチャンスは小さかった。とすれば、非都市的府県出生という事実は多くの人々にとって、乗り越えられない壁だったであろう。つまり順位逆転の見込みは低かったということである。

Column 2　　消滅する「中等非就学」の将来性

　第二期には、初等教育しか終えていなくてもエリートとなる人々がいた。中学校・高校・大学という教育の階梯から完全に外れたまま、文化人 1 などに到達するのである。これは 5 章コラム 1 で紹介した吉川や中里のように小説家となるケースが多いが、独学ないしは専門家に師事する形で知識・技術を習得し、後に学者となるケースもあった。例えば 1870 年徳島生まれの鳥居龍蔵は、小学校中退後は独学したが、東京帝大理科大学の人類学教室整理係から職歴を始めてついに人類学者になった。

　また、中等教育の履歴こそ空白だが高等教育で返り咲いてエリートとなる人々もいた。「返り咲き」で政治人 1 となる経路の第 1 は、苦学して検定に合格し、高校・帝大に進んで官僚となるケースである。この経路を通って鉄道官僚や、会計検査官となった著名人がいた。第 2 は、就労の期間を経て（または就労しながら）法学系私立の高等教育機関 —— 東京法学院、明治法律学校や法政大学夜間部など —— で学び、資格を取って弁護士になるケースである。同様の「返り咲き」によって文化人 1 になる経路として、私立の高等教育機関、とりわけ東京専門学校やその後身の早稲田大学に学んで評論家になる経路もあった。このように、中等非就学でもエリートになれる複数の経路が併走していたのが、第二期であった。

　ところが第三期になると、中等非就学を経てエリートへ至る経路は、「返り咲き」も「初等止まり」もほぼ全てが消滅する。第三期の中等非就学経由の著名人は 28 名だが、そこにエリートは 3 名（うち 1 名は小説家）しか含まれていない。残るのは、教育とほぼ絶縁状態のまま、主に政治人 2 や文化人 2 に至る経路である。社会主義運動家などの政治人 2 が 29％、新興宗教開祖などの文化人 2 が 32％で、非エリートは計 75％にも達する。

　政治人 2 の事例として、1907 年長野生まれの春日正一（後の共産党幹部）がいる。春日は 9 歳のときに父を失い貧困となり、中学校進学を望んだが「高等科まではどんな苦労をしても出してやるから、それ以上勉強したかったら東京へ行って苦学でもしろ」と母に言われた。それで高等小学校を出てすぐ上京するが、結局は逓信省貯金局の事務員をしながら講義録で学んだだけに終わり、中学校に進むことはなかった。代わりに電機学校夜間部で学び、芝浦製作所の工員となり、後に共産党に入り中央委員となった（徳田ほか．1948．p.46）。

　1922 年長野生まれの岩井章（後の労働運動家）は、父が小作をしながら行商で日銭を稼ぐ状態で、「本当の貧乏」の家庭に育った。小学校高等科を終えると、「一日でも早くかせがなければいかんというので」松本自動車の給仕として働き始めた。学問への渇望から図書館で読書をし、松本高校の生徒たちとも交流するうちに、思想的に職場の上司と衝突するようになった。のち国鉄勤務を経て、社会党から衆議院議員に立候補した（岩井．1971）。このように、進学する余裕がなくて直ちに働き始め、そこから左翼活動や組合活動、労働運動に入った事例は、かなり多数に上る。

　文化人 2 の事例には、1906 年新潟生まれの庭野日敬がいる。庭野は中程度の農家に生まれたが、「百姓に勉強なんかいらん。おまえは覚えすぎるから家に帰ってまで本を読むことはあいならん」と父に言い渡され、小学校卒業後は農作業と、冬場の工場労働や出稼ぎに明け暮れた。16 歳で上京するが、これも学ぶためではなく炭屋で働くためであった。後に宗教に目覚めて霊友会に入り、やがて立正佼成会の開祖となった（庭野．1982）。

　経済人 2 の事例には、1906 年静岡生まれの本田宗一郎がいる。本田は浜松の貧しい鍛冶屋の子であり、高等小学校を出るとすぐ上京して、本郷の自動車修理工場の丁稚となった。修理工としての技術を磨いて起業し、やがて本田技研工業を創立して経営者となった。ちなみに本田は起業後の 29 歳ごろから数年間、浜松高等工業夜間部に聴講生として通っている。しかしこれ

は機械製造の知識を得るためで、試験も受けなかったため、退学を通告された。このとき本田は校長に対し、「卒業証書なんて、映画館の入場券ほどの価値もない。私は仕事を成功させたくて学校へ入ったんだ。免状をもらっても、仕事の問題を解決し、食っていけるという保証にもなりはしない」（中部．2001．p. 130）と啖呵を切ったという。このような学歴観は、エリートたちにおいてはおよそ見られないものであろう。

1913 年愛知生まれの横井英機（後の企業家）も、経済人 2 である。横井の家は祖父のころには機屋をやっていたが、父の代で土地をどんどん手放し、横井はその「貧乏のどん底」

本田宗一郎
16 歳で上京したころ。右が宗一郎。

に出生した。酒浸りとなった父は、横井が小学校に通うことさえ反対し、家計は母が機織りをすることで支えられていたという。横井は高等小学校 1 年で中退し、「名古屋におっては出世できん」と単身上京し、日本橋のメリヤス問屋に丁稚奉公に入る。のち 17 歳で独立し横井商店を開業、後には軍需工場やホテル業まで経営を拡大した（大下．2006）。

このように中等非就学は、単に中等教育が空白なだけでなく、それ以降の一切が空白な教育履歴を指すものとなった。この経路を辿る人々の父職は、農商工下層にほぼ限定され、そして彼らは専ら非エリートとなる。今やエリートとして輩出する上では、中等段階から教育の階梯を辿ることが決定的となったのである。

3節　職業原理と地域原理

第三期の著名人輩出の全体像

　この節ではさらに視野を拡大し、府県内教育、府県外教育等を総合した視点から、第三期の特徴について考えたい。6章からこの7章にかけての考察で、第三期著名人の輩出に関して、父職が持つ広範な規定力が明らかになった。まず府県外教育は、その利用の仕方が父職によって異なることが判明した。父職ホワイトは、府県外教育を介して輩出し、しかもエリートになれるが、父職農商工はそうではない。また府県内教育についても、非都市的府県では父職の規定力が顕著である。ここでは父職による経路の違いが歴然とあり、父職ホワイトが輩出しやすくエリートにもなりやすい一方で、父職農商工、とりわけその下層は、そうしたチャンスの外に置かれている。

　しかし、都市的府県の府県内教育だけは例外である。ここでは、中学校が父職に関して開放的となり、中学校進学とその後の高等教育までの教育達成の機会が、父職農商工下層にも開けてきている。そうだとすれば、ここには職業のみならず地域の持つ独自な作用もあるのではないか。それが、父職の規定力を打ち消すもう一つの力として働いているのではないかと考えられる。これらの絡み合った作用の実態を見極めるために、父職農商工下層という、職業上最も不利な位置にある職業群の動向を観察しよう。

　第三期著名人のうち、父職農商工下層と判断される事例は34ケースある。その教育型や活躍領域の分布を示したのが、表7-4の第三期の表である。そこから読み取られる第1の特徴は、この人々の府県内教育の比率が、都市的府県出生の場合56％と高いのに対し、非都市的府県出生では12％と非常に低いことである。これは、両地域の教育の開放度の違い、即ち都市的府県では下層でも府県内で学ぶ機会を持つが、非都市的府県ではほとんどそうではないことを示している。

　第2に、それならば非都市的府県出生者は府県外で別な教育機会を得られたかというと、必ずしもそうではない。彼らの利用する府県外教育は、一家

表7-4　父職農商工下層における教育型と活躍領域（第二期・第三期）

①教育型

(単位：ケース数)

第二期	教育型				
	府県内	府県外（一家流出型）	府県外（単身流出型）	中等非就学	計
都市的府県 （本籍府県別）	1 0.11	0 0.00	3 0.33	5 0.56	9 1.00
非都市的府県 （本籍府県別）	4 0.15	1 0.04	10 0.37	12 0.44	27 1.00

第三期	教育型				
	府県内	府県外（一家流出型）	府県外（単身流出型）	中等非就学	計
都市的府県 （出生府県別）	5 0.56	0 0.00	1 0.11	3 0.33	9 1.00
非都市的府県 （出生府県別）	3 0.12	1 0.04	9 0.36	12 0.48	25 1.00

注 1）　府県内は広義（府県内教育および出生府県内教育の計）。

②活躍領域

(単位：人)

第二期	活躍領域						
	政治人1	政治人2	経済人1	経済人2	文化人1	文化人2	計
都市的府県 （本籍府県別）	0 0.00	4 0.44	0 0.00	0 0.00	3 0.33	2 0.22	9 1.00
非都市的府県 （本籍府県別）	3 0.11	8 0.36	0 0.00	3 0.11	9 0.33	4 0.15	27 1.00

第三期	活躍領域						
	政治人1	政治人2	経済人1	経済人2	文化人1	文化人2	計
都市的府県 （出生府県別）	1 0.11	2 0.22	0 0.00	2 0.22	2 0.22	2 0.22	9 1.00
非都市的府県 （出生府県別）	2 0.08	12 0.48	1 0.04	1 0.04	3 0.12	6 0.24	25 1.00

流出型がわずか1例（それも北海道の親戚を頼って転居した事例）しかなく、他は全て単身流出型という不利な移動である。さらに、この単身流出型移動も全体のなかの36％に留まり、主流はむしろ48％を占める中等非就学である。つまり府県外に出ても、就学可能性が大きく広がるわけではない。

　第3に、その後の教育履歴と活躍領域の違いがある。都市的府県出生者は、9名中の3名即ち33％が帝大を出ている。その全員が府県内教育利用であるから、地域の提供するチャンスを最大限に利用できていることになる。そしてこの3名が社会学者、評論家および大蔵官僚となることで、全体の33％がエリートになっている。たとえ下層でも、都市的府県に生まれたならばエリートになれる。学者や高級官僚にもなれるのである。

松本清張
16歳、小倉川北電気会社給仕時代（大正12年）。

　ところが非都市的府県出生者では、帝大に進んだのは25名中の3名即ち12％に過ぎない。しかも、うち2名は家族などから金銭的な支援を受けてやっとそこまでこぎつけている。また、この3名こそエリートになったが、全体のなかでエリートに分類されるのは他に3名しかいない。幼いころから魚行商に明け暮れ学校と無縁であった小説家（鳥取1909年生・松本清張）、高等商業学校を出て銀行に勤めるが逮捕、共産党入党などを経て労働問題を描いた小説家（秋田1903年生・小林多喜二）、および師範学校を出て小学校教員になり、人々の暮らしを聞き歩いた民俗学者（山口1907年生・宮本常一）である。いずれも正系の学歴エリートからは距離を置く人々であることがわかる。

　このうち山口の周防大島に生まれた宮本常一は、貧しい家庭のためすぐに働くつもりで、まず大阪逓信講習所を受験した。手続きの担当者がたまたま同郷の人で、「こういう所に入るものではない。結局身を殺すか、でなかったら、身をくずすかだ。田舎に中学でもあるなら、それへはいるがよい」（宮本．2002．p.120）と忠告してくれたが気に留めず入学し、卒業後は郵便局の勤務に就いた。ところが業務は「殺人的多忙」であり、「安月給で栄養が悪く、不規則な生活」に、同僚たちは肺尖カタルや腹膜炎を発症し、次々と身体を壊して郷里に送り返されていく。自らも脚気などに苦しんだ。この現実に宮本は、「私は到底局員たるの勇気を失ってしまった。そうして一時も早くこの世界を抜け出そうと決心し」（同上．p.127）、退職して師範学校を受験したのであった。28歳のときに記した「我が半生の記録」を、宮本は次のように結んでいる。「Mはいま大和で病んでいる。O君も故郷で死んだ。Yも逝っ

た。親しかった友の幾人かがたたかい
にやぶれて退いた。……。貧しき者の
ために、弱き者のために、私は私の歩
いてきた道を反古にしてはならない。
私の周囲をめぐって病み、つかれ、倒
れていった友よ、私はおんみらのたま
しいを抱いて行こう」（同上，p. 152）。
ここに列挙された友人たちのすがたが
示すように、宮本はこうした府県外教
育利用者たちのなかの、文字どおり稀
有な生き残りなのである。
　非都市的府県出生の下層から高級官
僚や学者という正統派エリートへの道
は、かくも険しく細い。その代わりに
多く辿られるのが、中等非就学（5名）
や単身流出（7名）を経て政治家になる

宮本常一
19歳（大正14年）。

経路である。この経路を辿った者は、全体の48％にも上る。そしてその内
訳は、共産主義運動家などの系統の政治家が大半を占めている。
　以上のように、ある父職グループにおいては、地域こそが主要な規定要因
である。また全体的に見れば、地域という要因は、都市的府県においては職
業による違いを捨象する方向に働き、非都市的府県では逆に職業を主な規定
要因とする方向に働いている。こうした形での、職業原理と地域原理の複合
的作用が見られるのである。
　なお、この傾向は第三期特有のものである。表7-4の第二期の表に見るよ
うに、同じ父職農商工下層でも第二期には、第三期の都市的府県のような府
県内教育の利用率の高さは見られない。また両時期は、非都市的府県からの
単身流出型移動の比率についてはほとんど差がないが、これを経由して到達
される活躍領域には大差がある。第三期には、単身流出してエリートとなっ
たのは11％に過ぎない。しかし第二期には、単身流出者の70％がエリート

の領域に到達していたのである。これらのことからも、第三期における輩出の機会構造が以前と変容しているのは明らかであろう。

都市的府県の優越を生み出す輩出のしくみ

　こうした第三期著名人に関する輩出の全体像を示したのが、図7-2である。この図は、都市的府県がエリートの主な供給源であり、父職ホワイトが輩出の主流であること、また非都市的府県では父職ホワイトや農商工上層と、父職農商工下層の経路に大きな隔たりが生じていることを、合わせて表示している。つまり、地域原理と職業原理とが、ともに作動していることを示している。輩出原理は、かつての「身分」から「職業」に移行してきたのだったが、この第三期に至るとさらに、職業原理に支配される部分と、地域原理に支配される部分が分かれてきたということである。

　地域原理は、都市的府県の出生者が、非都市的府県出生者には享受できない輩出チャンスを特権的に利用できる構造を作り出している。実際、都市的府県は著名人を多く輩出している。個々の都市的府県の輩出率の高さは既に論じてきたとおりだが、表6-8からわかるように、全国の著名人数（604名）の半数近くにあたる287名を、わずか8つの都市的府県が生み出している。エリートの人数で見ても、都市的府県出生のエリート数225名は、非都市的府県出生のエリート数231名と拮抗するだけの規模を持っている。このように都市的府県出生者は、数字的に見ても、輩出に関して有利である。

　他方、職業原理は、特定の職業階層を府県内教育にアクセスしやすくするとともに、非都市的府県出生という、府県外教育が特に必要となる局面では、それを有利に使える職業階層と、そうではない職業階層とを選別している。ここで特権的な職業階層となりエリートに到達できるのは、父職ホワイトである。この人々は、たとえ非都市的府県の出生でも、有利な移動をすることで都市的府県出生者に準じ、そこに生まれた人々とほぼ同様のメリットを入手する。つまり出生府県によるチャンスの格差が拡大してくるなかで、出生地不問という結果を手に入れられる。このように、都市的府県出生者と父職ホワイトに有利な、新しい輩出のしくみが生まれているのである。

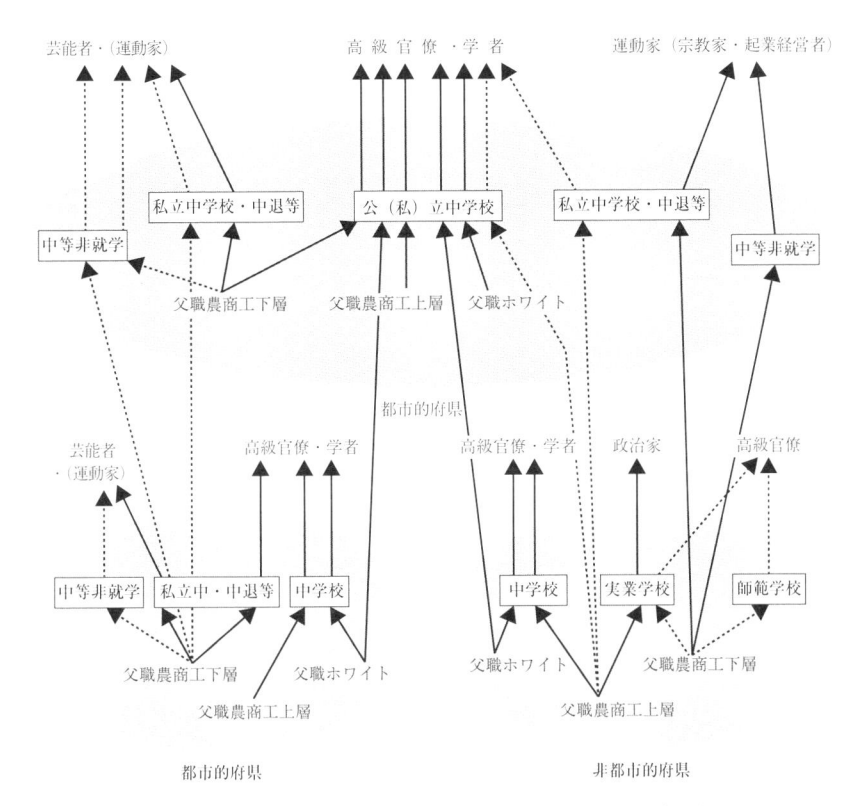

図7-2　第三期の父職・教育型・活躍領域の関係（全著名人）

　第三期の輩出率順位における都市的府県の優越は、この新しいしくみによって支えられていると理解できる。都市的府県はまず、府県内教育を通じて多数者をしかもエリートとして輩出させる優れたしくみを持つ。これが都市的府県の優越を支える基本的な要因となる。しかも都市的府県における府県内教育の利用率は、極めて高い。前掲の表6-8に示されたように、東京出生者については、教育型総数のうちの83%が、またその他の都市的府県出生者については63%が府県内教育の利用である。都市的府県出生者の合算では、73%となる。これに対して非都市的府県出生者のなかでは、府県内教育利用は54%に留まる。

都市的府県はさらに、非都市的府県に比べて父職ホワイトを多く含み、それを職業原理によって有利に府県外教育の経路に乗せることができる。つまり東京以外の7都市から東京への地域移動を典型とする、より大きな教育機会を持つ場への移動を実現できる。これが、都市的府県の優越を側面から支える、もう一つの要因となろう。それに対して非都市的府県は父職ホワイトの比率が低いため、このメリットを十分には利用できない。のみならず非都市的府県には父職農商工が多く、この人々は職業原理によってむしろ不利な事情を抱え込んでいる。そのため非都市的府県はより少ない輩出、より非エリートに偏った輩出を帰結する。これらの総合効果として、両地域の格差は拡大し、都市的府県の優越は決定的になったと考えられるのである。

都市出生者と非都市出生者のドミノ・ゲーム

第三期の輩出率順位、およびエリート輩出のしくみに関する考察は以上で終えたが、最後に、次の議論への伏線として、この機会構造から生まれるもう一つの人の動きを見ておきたい。それは、輩出チャンスの空間的配分の不均等さが、異業種間・階層間の移動や地域移動を促すことで生み出す、著名人に限らない移動の全社会的な対流である。

その要は、父職農商工の人々の動向にある。都市的府県において、農業・商工業の子弟は、豊かな上層からも、貧しい下層からも、文化人1即ちエリートの領域へと流れ込んでいる。父職農商工上層、即ち経済的にゆとりのある商店主等の子弟は、今西錦司の例で見たように、当たり前のように大学を卒業して学者になる。父職農商工下層、即ち貧しい商工業自営の家庭からも、清水幾太郎のように学問の世界に憧れ、実際にその世界に入って行く人々が現れる。都市的府県では、親もこれを後押しする。それは、非都市的府県におけるありようとは非常に異なっている。後者では、まずエリートの領域に移行すること自体が相対的に少ないため、経済的階層や社会的威信の階層は、世代間で保存される可能性が高い。また農業や商工業を営む親たちの意識も、家業継承に配慮する傾向が強く、よって子弟を中学校ではなく、あえて実業学校等に行かせるのであった。

　これが意味するのは、都市的府県の(農)商工業の継承されにくさである。商人の子弟が商人にならない。本来ならば商家を継ぐはずの人々が、家業を捨てて学者になってしまう。生得の職業的階層を離脱し、かつ上昇移動してしまうのである。ここには「空き」ができるが、その空きには一体誰が入るのか。

　『事典』から推測されるその答えは、労働の場としての都市的府県に流入する非都市的府県出生者である。彼らは初等教育を終えただけで、あるいは中等以上の学歴があってもそれを切り札とすることなく、起業したり叩き上げたりする。そこから経済領域の著名人にまで上り詰める人々もいる。その一例が、先にコラム 2 で触れた本田宗一郎である。本田は静岡で生まれたが、東京に働きに出て、やがて自ら会社を興しそれを大企業にまで成長させたのであった。1917 年に山梨の小作農の子として生まれた小佐野賢治も、高等小学校を終えると上京して商会に勤務したが、やがて自分の会社を興し、後に政商として名を遺した。

　とはいえ、流入者の誰もが経営者になるわけではない。まして著名人として名を遺すとは限らない。よって、記録に残らない人々ははるかに多く存在したであろう。そうした人々は当時、どのような地域移動をし、社会移動をしていたのか。そのような無名の人々の移動の履歴を集めた分析は佐藤 (粒来)(2004) で行われているので、以下ではこれを参照しつつ議論を進めたい。

　注目されるのはまず、1965 年の SSM 調査データの分析 (佐藤 (粒来)、2004、pp. 77-83) である。ここには、1896 ～ 1925 年に出生した農家出身者の移動の分析があるが、この時期区分は本稿で第三期に区分した人々の出生年とほぼ重なるものである。この分析によれば、離村のタイプには「就学移動型」即ち最終学歴校修了以前に地域移動を経験しているものと、「離村離農型」即ち最終学歴校修了と初職就職との間に地域移動を経験しているものとがあるが、後者の離村離農型が離村総数の約 3 分の 2 を占めている。彼らは大半が非都市的府県の出身で、高い比率で東京・神奈川・大阪・兵庫・福岡などへと向かい、80% 以上が中等以上の学歴を持たず、22.5% が中小ホワイトへ、26.3% が中小ブルーへ、つまり半数が中小企業に就職している。業

種では販売店員（これが最も多い）や大工、理容師、料理人等の在来産業（＝「生業の世界」）に流入する部分と、職工（鋳物工や圧延工など）等の近代産業（＝「職業の世界」）に流入する部分との両方があるという。つまりこの分析からは、全国から都市的府県へと向かう人々の流れの相当部分が、都市の中小自営のもとへの ―― まずは被雇用者としての ―― 流入であったことがわかる。

　佐藤（粒来）（2004, pp. 95-97）ではさらに、1960 年 SSM データの分析も行われている。こちらは、ほぼ 1901 ～ 1920 年に収まる時期に出生した東京流入者の出身と移動先の分析であるが、就職移動者のなかでは父主職が農業であるもの 49.1％、自営であるもの 30.8％に対し、雇用ホワイトであるものは 3.8％に過ぎないことが明らかにされている。また父主職農業のなかでは、就学移動者は上層が多くて 78％が自作、17％が地主、小作は 0％であるのに対し、就職移動者は 67％が自作、21％が小作であるという。移動先については、100 人未満規模の雇用ブルーに 39％が、また同様の雇用ホワイトに 18％が入っていて、これらは「職業の世界」の下層および、「職業の世界」と「生業の世界」の重なる部分であろうという把握がされている。これらの記述から、非都市的府県出生者のなかでも比較的下層の人々が、都市的府県の中小自営業者のもとに流入していたことが推測できる。1960 年データではさらに、初職で下層雇用となった東京流入者の 24％が 1940 年時点では自営になるのに対し、東京生まれで初職雇用となった人々はあまり自営にならないという。

　これらの研究成果を総合すれば、都市的府県においては、エリートとしてホワイトへ上昇する都市的府県出生の父職農商工と、その後の「空き」へ流入する非都市的府県出生の父職農商工によって行われる、ドミノ・ゲームのような対流が起きていたことは、ほぼ疑いない。このように、輩出の機会構造は、地域間の水平的な対流と地域内での垂直方向の対流を通じて、人を循環させるものでもあった。こうした複合的な経路を辿って、人は動いていたのである。

注

1) 『日比谷高校百年史　上』には、次のような記述がある。「大正の初年頃までは、公立
も私立も授業料はほとんど変わらず、府立中学の方が安いともいえなかった。特に私
立麻布中学校などは府立一中よりずっと安かったのである。しかし大正3年ごろより
物価が次第に上昇しはじめ、……。物価暴騰が続いたのに対し、特に教員の給与が著
しく低かったため、教員のなり手がなくなり、その確保も難しくなった。……こうい
う経済状況において苦境に立ったのは私立中学校であった。校具、教材は暴騰し、し
かも教職員の給与も、公立なみに引き上げなければ、学校を維持していくことは不可
能であった。これをすべて生徒の保護者負担とすれば、授業料を値上げせねばなら
ず、そうなると、生徒は授業料の安い府立中学に殺到して、生徒の定員確保が困難に
なってしまうのである。財政的基盤の薄い日本の私立中学は、物価の上昇が順次に府
立に優位を奪われていくきっかけとなってしまったのである。高学歴を望み、進学熱
が一般の風潮となり、府立中学の授業料の安いのが魅力となって、府立中学の入学試
験は激烈となった」(『日比谷高校百年史　上』, pp. 124-125)。

2) 都市的府県出生者の場合、第二期には一家流出型の67%、単身流出型の55%がエ
リートになっていたが、第三期には一家流出型の81%、単身流出型の50%がエリー
トになっている。よって移動型（細分類）によるエリート比率の差の拡大は都市的府
県にも見られるのであるが、サンプル数が少ないため、ここでは非都市的府県に絞っ
て考察する。

8章
人名事典が語る日本の近代
—— 「複数世代をかけた輩出」をもたらす機会構造

1節　「学歴による秩序」の誕生

輩出地図を塗り替えた「知」の変遷

　本章では、1章に掲げた2枚の著名人輩出地図を架橋するものとして、3つの時期の推移の背景を振り返り、近代日本社会の到達点に関する総体的な把握を試みる。まず1節では、各時期の「社会的に要求される知」の変遷こそが、地図を変化させてきたことを確認する。

　1章で、この社会における著名人輩出が、「政治人から文化人へ」「功績から学歴へ」「西南日本から都市的府県へ」という3つの変容の側面を持つことを述べた。このうち前2者をもたらしたのが、「知」の内容的な変化である。第一期に支配的であったのは、軍事学・政治学や政治思想という「知」であった。それらを使いこなす者が、功績を挙げることにより政治人として輩出した。この時点では、自然・社会科学的な「知」は主流でなく、従って学問の修得を通じた輩出は、ごく細い経路としてあるに過ぎなかった。

　第二期には、自然・社会科学的な「知」の比重が増す。これに応じて、学問を通じた輩出の重要性が増す一方で、功績による輩出はすがたを消していく。しかも第二期著名人たちによる「知」の獲得のプロセスは、各地域の中学校に始まり高等教育に至る順路を忠実に辿るようになり、「学校」経由の輩出という色合いは一層強まった。彼らはこうした教育過程を修了すると、学歴を持つ人として職に就く。こうした輩出が急増してくる第二期は、「知」が本格的に交替を始めた転換期であった。

　第三期に至り、方向転換は完了する。著名人の大半は、高等教育まで終えており、この学歴を切り札にエリートとして輩出する。そうした学歴を持たない者の輩出は稀になり、輩出しても、多くは非エリートの領域へ向かうようになる。この推移に伴い、著名人の比重もまた、術策に長けた政治人から、インテリの文化人へと移行したのである。

　「知」の内容が変われば、それへのアクセスの仕方も変わる。第3の側面即ち輩出率が高い府県の交替の背景には、この種の「知」へのアクセス可能性を規定する、中等教育機会の変容がある。これらの「知」を入手しやすくする諸条件は、士族という身分階層の手を離れ、ホワイトカラーという職業階層のもとへと移行した。彼らの子弟は、整然と配列された教育の階梯を、最終段階まで順調に進む。最強の学歴を取得し、それをエリートとしての輩出の決め手とする。つまり彼らは、「学校」を最大限に利用できる人々であった。また彼らが、そのニーズに見合う教育制度を積極的に整備していった結果、ホワイトカラーの拠点である都市的府県の教育レベルは卓越したものとなり、かつ教育機会も拡大して、そこに住む人々全般、またそこに幼少期から流入できる人々の輩出可能性を増大させた。かくして都市的府県の輩出率は上昇する。このように、輩出地図の塗り替えには、各府県の持つ教育機会の変容が与って力があった。

進路振り分けの転轍機としての「学歴」

　以上のように、本書では中等教育機会という視点から、著名人輩出における地域差の背景を考察してきた。ではこの考察から、近代日本社会はどんな特徴を持つ社会になったといえるのだろうか。

　第三期の社会では、自然・社会科学的な「知」による人の評価はどの府県でも行われ、その意味で、学歴という要素が、社会の中で重要な機能を持つようになっている。ここにはいわゆる学歴エリートの集団が誕生し、彼らによる独特の権力発動の様式も生まれている。しかしそれは、社会全体を学歴という価値基準が覆い尽くした状態を意味するわけではない。つまり、全社会領域において学歴に高い価値が認められ、全ての人が学歴の如何で評価さ

れ、著名人もその全員が、学歴により整然とランキングされるようなことが起きているわけでは、決してない。

第三期著名人たちの活躍領域は、多様である。高級官僚もあれば経営者も、左翼活動家もある。学者もあれば新興宗教の教祖も、演劇人もある。それらの間に優劣はない。演劇人が高級官僚よりも格下であることはなく、起業した大企業経営者が、学者と引き比べて自らの地位に劣等感を持つことも、おそらくないだろう。それぞれの領域では、独自の価値基準によって人が測られ、その道の著名人に、その基準による威信を与えている。

例えば、ある著名な彫刻家が高等学歴を得ていたとしても、その人を著名にしたのは学歴ではなく、卓越した彫刻の技量や独創性であろう。ある政治家が初等教育しか受けずに地方議員から中央に進出し、大きな業績を達成したとしても、その人は「学歴がないにも拘わらず」著名人になったわけではない。その人を支えたのは人脈かもしれず、人望かもしれない。それらによって支持者や協力者を得る力があればこそ、議員に当選もし、派閥のトップにもなれるのである。初等教育を終えたのみで就業し起業し、経営拡大してついに財閥を創設したようなケースでは、重要なのは商才や機敏さ（チャンスをつかむ力）のようなものでもあろう。そこでは、学歴などおよそ顧みられまい。

それにも拘わらず、ここに成立しているものはなお、「学歴による秩序」と呼びうる。それは、人々がこれらの多様な活躍領域へ向かうコースの分岐点に位置するのが、学歴だからである。第三期は、中等以上の教育の意義が広く認められるようになり、多くの人々が初等教育後もさらに学び続けるようになった。そうしたなかで、最も高度なレベルの帝大卒の学歴を達成した者は、高級官僚や学者の地位に到達する。これを達成しなかった者は、学歴が中断されたレベルに応じて異なる人生を歩み、異なる活躍領域に入っていく。このように学歴による進路の振り分けを経て、人をそれぞれの活躍領域に送るメカニズムが、第三期の社会を特徴付けている。つまり学歴は、人を多様な活躍領域へ向かうコースに振り分ける転轍機として作動するようになったのである。

　確かに、学歴を支配的価値とする世界に留まる限り、低い学歴への振り分けは低い社会的地位に甘んじることを意味するかもしれない。高等小学校卒の資格で企業に採用され、その学歴ゆえに職員クラスには上がれないといったケースがそれである。しかし、これまで見てきた著名人たちは通常、低い学歴に振り分けられた時点で、学歴の世界には留まらないという選択肢を選び取っている。つまり著名人たちの学歴の如何はむしろ、どの時点で学歴という価値と決別したかの違いを意味する。学歴から離れた人々は、それ以外のものを切り札として前進する。彼らの価値観は自ずと、人望や商才といった学歴以外のものに準拠し、彼らの生活世界もそれに従って秩序付けられるようになる。

　ゆえに諸々の活躍領域は、水平に切り分けられた地層としてではなく、むしろ分化という形で存在する。彼らが生きているのが相互に異質な生活世界だという意味においては、それは分断でさえある。それでも、その根っこの部分には、「学歴による秩序」が埋まっており、もとを辿れば彼らはそこから分岐してきた人々なのである。このように学歴は、あくまで輩出の様々な経路の要として、人々の地位達成のスタート部分を仕切るメカニズムとして働いている。そのような意味での「学歴による秩序」が、ここには生まれている。

2節　地域原理の台頭と新しい輩出のしくみ

機会構造の地域差を捉える枠組み

　では、この転轍機としての学歴の、地域ごとに異なる作動の仕方は、社会の全体的な機会構造をどう特徴付けているのか。本書で得られた知見は既存の研究に対して、どのような新しい展望を示しうるのだろうか。

　本書では、第三期に至って学歴が、中等・高等と連なる学校教育の階梯を経て取得されるものとなり、一度そこから離脱したらその先に中途から割り込むことはできなくなったことを述べてきた。この点は、既存研究でも指摘

されている。例えば竹内 (1991) はこの事態を、「順路の時代」の到来として明快に位置付けた。竹内は、学校外の経路を辿る者の消滅や、苦学・独学が成功困難となったことなどを挙げて、1890 年代にこの「順路」は形成されたと述べている。天野 (1992, pp. 274-276) も苦学の変質に注目し、学歴がまさに学校教育の諸過程を経て取得されるものになったことを重要視している。

これらの諸研究は、日本社会が学歴によって秩序付けられていく重要な局面を捉えた先行業績として、大きな意義を持つ。しかし問題なのは、その主張が、「中学校等への進学機会には出身階層による大差があった」というもう一つの主張と接続されることで、近代の進展に伴いこの社会は秩序化・階層化を深めてきたという社会・歴史観を流通させてきたことである。例えば前掲の竹内 (1991) は、「順路」の形成を論じるなかで、経済的事情等からそこに参入できなかった階層における苦学・独学の流行を取り上げ、苦学の成功率の低さや、クールアウト効果によって上昇の野心がやがて冷却していった経緯を述べることで、「順路」形成が結局は階層再生産への道をつけたという印象をもたらしている。この点は天野も同様で、1900 〜 1910 年代に「教育と学歴は上昇移動の機会を開放するよりも、統制する役割を強めはじめた」(天野, 1992, p. 270) と明言している [1]。

このような社会・歴史観をもたらす主な原因は、これらの既存研究が地域差をほぼ捨象している点にある。それらは専ら農村の青少年に焦点を当てており、都市にはほとんど目を向けていない。竹内 (1991) は、苦学・独学が「上京遊学」という言葉と結びつけて語られたことを述べ、独学は離村できない農村青年の選んだ選択肢であったことを述べるなどして、非都市的地域における動向を専らに扱っている。東京出身者への言及はなく、また「上京」遊学を言いつつ京都や大阪出身者が東京へ向かった可能性については触れていない。それにも拘わらず、その社会イメージは当時の社会の一般的傾向のように描かれるのである。(少なくとも、読者がそのように錯覚してしまう可能性は十分にある)。天野 (1992) でも、主に論じられるのは地方の青少年の動向だが、それが近代日本社会の一般的特徴のように記述されている。

こうした農村基準の議論展開は、後続する時期の分析でも見られる。例え

ば大門は、1920年代に民衆間に広まった立身熱を論じているが、「第一次大戦を機とする社会変動は、日露戦後からあらわれていた都会熱や教育熱をさらにつよめた」（大門, 1993, p. 159）として、都会志向と教育志向が結びついた農村の青少年の意識変容を、主に描いている。分析では農村部から都市部までの多様な地域がフォロウされているのではあるが、それらの地域間の相違は、農村部から都市部に「向かうにしたがって進学熱・都会熱がつよくなっていく」（同上, p. 162）傾向として総括され、どの地域も向かうべき都会を外部に持つものとして扱われている。向かわれる場としての都市そのものからは、焦点がずらされているのである。

　これに対して本書では、都市的府県と非都市的府県を共通の地平で論じうる枠組みを設定し、両者の比較考察を進めてきた。それにより、次のことが明らかになった。確かに、農村出身者に限定する限りでは、竹内や天野の「学歴による秩序化・階層化」の主張は妥当と考えられる。非都市的府県における中等教育機会は『事典』のデータで見ても、職業の如何によって強く規定されているからである。しかし、都市的府県における中等教育機会は、それとは異なる。そこでは中等以上の教育が、職業や経済的地位の如何を問わず、誰にでも開かれ始めている。どのような経済状態であろうと、進学を望む者や能力の高い者は、中学校に進学し、高校や大学（帝大）まで進むチャンスが実際にある。つまり当時の社会は、「全体が」学歴による秩序化・階層化を強めていたわけでは決してなく、都市的府県出生者には、業績主義的な地位達成の可能性が開かれていたのである。そうした地域差が、従来の研究では見えていなかった。これに対して本書は、地域間の比較を通じて、階層化が限定的であり、地域による違いがあることを、掘り起こすことができたのである。

新たな階層社会の出現か

　しかも、都市的府県と非都市的府県の地域差に注目することで、近代日本社会が持つに至った輩出の機会構造の独特な性格が見えてくる。

　まず考えたいのは、都市的府県に現れた新しい機会構造の意味である。第

三期には、都市的府県が多くの高級官僚や学者を輩出する一方で、非都市的府県からの輩出は劣勢化する傾向が顕著になった。その背景をなすのは、6章で見たような、都市的府県の教育の質的向上による上級学校への接続の良さである。また、そうした質の高さが複数の中学校に共有されることによる、進学ルートへの参入枠の拡大である。そしてさらに、中学校進学の入り口が初等教育の中に埋め込まれたことによる、階層不問の進学可能性の拡大でもある。これらの諸要素が、非都市的府県には欠けていた。そこでの教育は、たとえ質の高いものがあってもそれは局域に留まり、そこにアクセスできるのは特定の社会層に限られた。農商工自営上層やホワイトの子弟はコストをかけて中学校に進学できたが、その他の子弟がそれを実行するのは困難であった。ここには都市的府県と非都市的府県の教育機会の、大きな格差がある。また7章で見たように、府県外教育によってこれを克服しようにも、非都市的府県出生というハンディを乗り越えうるのは、限られた職業階層のみなのであった。

　このように出生府県の如何が「学歴による秩序」の中での有利さを左右するとすれば、エリートとして輩出するチャンスは今や、どこに出生したかによって決定されることになろう。これは、出生府県という「地域」が、輩出を規定する重要な原理となってきたことを意味する。ここに生まれているのは、新たな階層社会であるように見える。都市的府県で生まれ育つことが、そうではない人々に対する優越を可能にし、都市的府県出生者がチャンスを優先的に手に入れることのできる、不平等な構造がここにはあり、しかもそれは、個人の力によっては越え難いものとして存在するからである。

地域原理再考

　しかし、地域によって階層化された社会は、身分などによって階層化された社会と全く同じ意味において、「階層社会」であるわけではない。つまり身分社会のように、生得的要因（＝属性原理）が広汎な規定力を持ち、後天的要因（＝業績原理）の作動する余地の少ない社会とは違う。ある特定の地域に生まれることは、ある特定の身分に生まれることなどとは、その所与性の質

が異なるからである。

　士族身分に生まれることは、本人だけでなく親世代や祖父母世代にとっても、選びようがなく拒みようもない事柄であったろう。ある特定の職業の家に生まれるということも、これに似た性質を持つ。職業への参入には農地や暖簾、資格等が必要で、それは誰にでも得られるものではないからである。これに対して都市的府県に生まれることは、親世代が都市流入を行っておりさえすれば、原則として誰にでも起こりうる。なるほどその行動は、時には身分・職業上の理由から（農業を継ぐため土地を離れられない等）、自由に選択しにくいものだったかもしれない。しかし、後継ぎでない次男・三男や、都市で一旗揚げようと挙家離村する一家などにとっては、決意し行動しさえすれば都市流入は十分可能であった。なかには土地をあえて手放し、都会に出て可能性を試す者もいたかもしれない。流入はしたが商売がうまく行かず、都市下層に滞留する人々もいたであろう。だがそのいずれにせよ、地域移動という行動が取られさえすれば、次世代は移動先の土地で出生する。「都市生まれ」という有利な立場からスタートすることができる。

　このように、ある地域に出生するか否かは前の世代の行った事柄に依存し、その地域を前の世代は十分「自由に選択」している可能性がある。そして、ある地域の出生者が他地域の出生者よりも大きな輩出チャンスを手に入れられるのだとしたら、ここにはいわば、前の世代のなした行為（＝業績）によって次世代のチャンスが左右されるという関係が成り立っている。都市に流入した人々は、本人世代でこそ下層に留まるかもしれないが、都市流入によって次世代で輩出しやすくなる。単身流出型移動を経て非エリートとして輩出した人々も、活躍の場を都市に置くことで、次世代にはエリートとしての輩出チャンスを用意してやれる。つまりここには、敗者復活のメカニズムが埋め込まれている。

　まして親世代が敗者から程遠いエリートの場合には、子世代の達成の度合いは著しいものとなる。彼らの親世代は、流入してホワイトとなり、時には高級官僚や学者として既に成功を収めている。そのおかげで子世代は地の利を極めて有効に活用でき、一路エリートへのコースを直進できる。こうした

意味で、第三期に起きた「地域による階層化」は、業績原理を内に含み、全体社会を巻き込んだ複合的な階層化であったと考えられる。

繰り返される輩出：著名人一族

　実際、これまでに見てきた3つの時期のいずれにも、著名人たちの大量の都市流入が観察された。無論、この都市流入者たち全てが、エリートとして輩出したわけではない。しかし、たとえエリートにならずとも、彼らは都市に流入はした。また、彼ら著名人たちの背後には、著名ではない大量の都市流入者たちのすがたがある。産業の発達、雇用の拡大に伴って、時代を下るほどその規模は拡大してきた。そうだとすれば出生地は、代々その地で家業を営み定住してきた結果として拒みようなく与えられたというよりも、わずか一世代前の行動によって選び取られたものであるほうが多かったかもしれない。都市流入が、著名人たちの前の世代でかくも広く行われていたのならば、著名人の輩出には、この複数世代をかけた階層乗り越えによって達成されたものが、少なからずあったであろう。もしもそのような長いタイムスパンの輩出が相当数に上るのならば、複数世代にわたる・地域移動を媒介とした輩出の機会構造は、十分に機能していたと見ることができよう。

　そもそも第三期著名人には他府県出生者が相当に多いという事実が、複数世代をかけて輩出に辿りついた人々の多さを示唆している。これらの他府県出生者は、全国のあらゆる府県から地域移動をしてきた人々の末裔であり、かつ大半が都市的府県の出生者である。また、第三期著名人においてこの他府県出生者の比率が激増しているのは、父母や祖父母世代での都市流入が第三期の子世代の輩出にとって、実際に大きな意味を持ち始めたことを示すものでもあろう。

　よって以下では、実際の輩出状況を検討してみたい。3つの時期にわたる全著名人について、その親世代の移動までを遡って見てみると、そこには図8-1に示すような4種の輩出パターンが見出される。これは著名人たちの移動を、地域移動という水平方向の成分と、社会移動という垂直方向の成分の組み合わせとして整理したものである。図中の曲線（破線）は、矢印がこれを

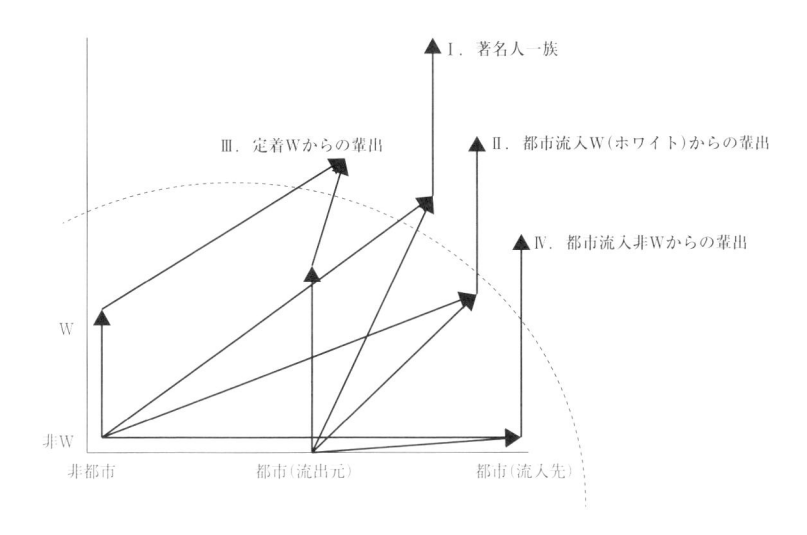

図 8-1　複数世代をかけた著名人の輩出パターン

超えた時点で著名人に到達していることを表している。

　図中のⅠは、第1世代で早くも著名人となった人々とその末裔による、複数世代で繰り返される輩出、即ちいわゆる著名人一族としての輩出パターンである。その一つの主要なグループは、士族の出自を持ち政治エリート（政治人1）として都市的府県、主に東京に流入した第一期著名人と、その末裔である。この親世代は、高い移動性と学問的素養、人脈などを活かして、著名人となり都市在住となったのであった。鹿児島・山口・佐賀・高知を本籍とする人々が多いが、子世代や孫世代はその多くが東京生まれとなり、その地の高い教育を受け、自らも著名人のリストに載るのである。彼らは経済的豊かさや、人脈の豊かさ等に支えられ、兄弟揃って著名人となることもある。連鎖が3代に及ぶこともある。第一期から第二期にわたる著名人一族では、3代目でも第二期末生まれというケースもしばしばあるが、第三期まで継続しているものも見ることができる。

　4章でも触れた三島通庸は1835年に藩士の子として鹿児島に生まれ、幕末の軍事・政治活動を経て、初期官僚として著名人リストに名を連ねた。そ

の子で 1867 年生まれの弥太郎は、父が任地である東京に妻子を呼び寄せたため攻玉社に学び、父の山形赴任に伴い山形師範学校で学び、米国留学もして後に日銀総裁になった。また、その弟で 1878 年生まれの弥彦は東京生まれであり、学習院中等部で学び、後に東京帝大に進んだ。銀行に勤務する傍らオリンピック選手としても活躍した。さらに弥太郎の子の通陽は 1897 年に東京に生まれ（本籍栃木）、学習院に初等科から高等科まで通った。後に貴族院議員となり文部政務次官も務め、ボーイスカウト指導者として名を遺した。

　同じく鹿児島に 1835 年に生まれた松方正義は、郷士の子であったが首相となった。その子で 1862 年生まれの巌は、東京勤務の父のもとへ行って東京で学び、後に銀行家となった。弟で 1866 年生まれの幸次郎はやはり上京して父のもとへ行き、共立学校、大学予備門を経て米国に留学した。首相秘書なども務めたが、後に経営者となり、美術品収集家としても知られた。さらに十三男で 1899 年に生まれた三郎は東京生まれであり、学習院の中等部・高等部を経て京都帝大と東京帝大の大学院まで進み、後にジャーナリストになった。

　このように、政治エリートとなった第 1 世代のもとで恵まれた教育を受け、父とは別な分野に活躍領域を見出していくことも多いのが、このタイプの第 2、第 3 世代たちである。ここでは父が東京勤務となり、しかも高い地位を得ていることが、学習院入学や海外留学といった形で、子の教育に有利に作用していることがわかる。子のうち 2 人ないし 3 人もが揃って著名人になるケースは、三島や松方の他にも幾つもの例がある。

　この著名人一族では、子や孫世代が、親・祖父世代よりもさらにエリート色の強い地位に上ることも珍しくない。例えば 1875 年に新潟に生まれた中川健蔵は、農家の出であったが、上京して正則中学で学び、一高、東京帝大に進んで内務官僚となった。その子で 1911 年生まれの融は、青山師範附属小で学び、東京高校、東京帝大に進み、米国にも留学して後に外交官となった。このケースは父が東京勤務であることによって、子は幼少時からそこのトップクラスの初等教育を利用できたことに加え、一流の教育履歴の仕上げ

に海外留学さえ認められている。これも、父の社会的威信や経済力を背景として実現した事柄といえるだろう。

　著名人の活躍領域には、地域ごとの特色が反映されており、士族の出自ではない著名人や、政治エリートではない著名人を多く生み出す府県もある。こちらのタイプの著名人一族は、薩長土肥ではない府県に比較的多く見られる。

　平民出身の著名人一族の例としては、岡山の犬養毅と健の父子がある。犬養毅は 1855 年に大庄屋の子として生まれ、単身上京して共慣義塾や慶應義塾で学び、新聞社勤務、議員などを経て後に首相となった。子である健は 1896 年に東京で生まれ、学習院中等部・高等部を経て東京帝大に進み、後に政治家になった。岡山には他にも、父が米穀商であった留岡幸助（1864 年生・後の社会事業家）と、その子である幸男（1894 年生・後の内務官僚）、父が商業を営んでいた川田剛（1830 年生・後の漢学者）と、その子の順（東京 1882 年生・後の歌人）などの父子がおり、平民出自の著名人一族が多いのが特徴である。

　文化エリート（文化人 1）としての著名人一族の例としては、京都の古在由直と由重の父子がある。1865 年生まれの由直は、与力の子であったが、17 歳で単身上京し築地英語学校、駒場農学校で学んで農学者となった。子の由重は 1901 年に東京で生まれ、京北中学、一高、帝大を経て哲学者となった。これは文化エリートが 2 世代続いた事例である。

　和歌山の小川琢治（1870 年生・後の地理学者）と、その子である貝塚茂樹（東京 1904 年生・後の東洋史学者）および湯川秀樹（東京 1907 年生・後の物理学者）のケースも、2 世代にわたる文化エリートである。小川は、和歌山中学から一高を経て帝大で学んでいる。湯川と貝塚は、父の農商務省勤務時代に東京で生まれたが、後に父が京大勤務となったため、京都一中から三高そして京都帝大に進んでいる。しかも小川の父は藩儒・私塾主であり、養父も長崎師範学校長であったから、ここでは何世代にもわたり学問の気風が受け継がれてきたことになる。

　京都の、与謝野寛と光および秀の父子は、複数の活躍領域にまたがる著名人一族である。1873 年生まれの寛は住職の子であり、知人の寺を転々とし

ながら学んだため、特定の学校に就学したわけではないが、後には歌人として大成した。子である光は、1903年に東京に生まれ、暁星中学、慶應義塾大学を経て衛生技術者となった。弟の秀は1904年に東京に生まれ、同じく暁星中学から一高、東京帝大に進んで外交官になった。ここでは歌人という、若干亜流の文化エリートの家系から、文化エリートと政治エリートが誕生している。

　これに対して長野には、経済エリート（経済人1）を中核とする著名人一族が集まっている。例えば1881年生まれの小坂順造と、1912年生まれの長男善太郎、1916年生まれの三男徳三郎の父子がいる。順造の父は衆議院議員であったが、代々庄屋を務めた家柄であり、自身も電力会社や銀行などを起こして地域振興を図る地域密着型の政治家であったため、順造は長野で育ち、長野中学に進んだ。しかしこれは支校で、4年生以降は松本本校か東京の中学校に移らなければならなかったため、順造は単身上京して日本中学に転校し、東京高商に進んだ。のち衆議院議員なども務め、経営者として大成した。子の善太郎は長野で生まれたが、生まれたその年に父が衆議院議員に当選したため、一家で渋谷に転居をした。学習院に初等科から入り、のち東京商大に進み、会社役員や衆議院議員などを経て外務大臣、経済企画庁長官などを務めた。弟の徳三郎は、既に東京生まれのようである。7年制の東京

小坂善太郎
東京商大時代。

小坂善太郎の家族写真
前列左から父・順造、母・花子。後列左から弟・善次郎、善太郎、徳三郎

五島慶太
上田中学時代。

五島慶太の家族写真
後列右が慶太、左端が小学校時代の昇。

高校を経て東京帝大に進み、後にはやはり会社役員や運輸大臣などを務めた。
　同じ長野に 1882 年に生まれたのが五島慶太である。実家は中農とされるが、もともと貧しい地域のためゆとりはなく、成績が良いので特別に中学校への進学を許されたというのが実情であった。五島は支校である上田中学に入り、本校の松本中学に進んだ。卒業後は苦学である。小学校の代用教員を経て東京高等師範学校に進み、商業学校教員を経て東京帝大に進み、農商務省に入った。のち民間企業の役員となり、運輸大臣も務め、東急グループの創始者となった。1918 年に生まれた子の昇は東京生まれである。慶太が広大な土地所有者の婿養子になったこともあって、極めてゆとりのある生活を送りながら、学習院の中等科・高等科を経て東京帝大に進み、後には東急電鉄社長、東急百貨店社長となっている。

親の地域・社会移動と子の輩出

著名人一族では、本人一代のうちに地域移動、社会移動をともに成し遂げて著名人となる、いわば即効性の輩出がなされている。それに対して、次に示す3つのパターンは、結果を出すまでに複数世代をかけるもので、いわば遅効性の輩出といいうる。

図8-1中のⅡは、都市的府県に流入した士族子弟や平民子弟が、まずホワイトカラーとなり、その次世代において著名人を輩出するものである。第一期には、平民子弟が移動先として府県内の町場や隣県のような比較的近距離の地域を選び、そこから移動を繰り返して初めて東京に辿り着くのに対して、士族子弟は一気に東京を目指す傾向があったのだった。こうした士族子弟がまず、都市のホワイトカラーの最初のグループを構成する。第二期には、士族子弟のみならず、地方の地主・自作の子弟でも都市に向かうようになり、また大阪・愛知などの富裕な商工業者の子弟も遊学するようになって、都市への強い集中傾向を生み出していた。この身分的に広範な出自の人々が都市的府県、とりわけ東京に流入し、ある程度の学歴を取得した後にはやはり官公吏や教員、銀行員・会社員などのホワイトカラーとなっていた。この流入者たちの子弟は、都市出生でありかつ父職ホワイトであることによる経済的・文化的メリットを基盤とし、高い学歴を得てエリートとして輩出する。ここでは、地域・社会移動と輩出が同一個人の上に重なってはおらず、複数世代に分離している。親世代の行った地域移動とホワイトへの社会移動を踏まえて、子世代が輩出をするという形を取るのである。

このパターンは既に第二期から現れ始めているが、第二期著名人の父世代には、維新で失職した藩士が新しい職を求めたケースが比較的多い。例えば石川本籍で1874年生まれの桑木厳翼（後の西洋哲学者）の父は、旧藩士だったが上京して小役人となっていた。よって桑木は東京生まれとなり、開成中学から第一高等中学を経て帝国大学の大学院まで進んだ（昭和女子大学近代文学研究室編，1986）。

しかし第二期も後半になると、父世代には農家や商家の次三男などが現れ始め、第三期にはこれが父世代の主流となる。つまり父世代の移動に関し

て、出身階層による縛りが緩んでくる。第二期末の事例では、1893 年に生まれた中川一政 (本籍石川・後の洋画家) がいる。中川の父は金沢の彫刻師の家に生まれたが、これを継ぐのを嫌って巡査となり、「巡査になったからには警視総監になろうと」意気込んで上京し本郷に住んだ。そのため中川は東京で生まれ、近隣の誠之小に入ったが、この名門小には「同級生に、二葉亭の長男…、理学博士池田菊苗の長男…、文学博士三上参次の子…、法学博士梅謙次郎の長男…、長岡半太郎の長男…、坪井正五郎の長男…、こういう生徒たちの中に表通りの菓子屋、車夫、金物屋そして私のような巡査の子がいる」。つまり文化エリートの子弟が多く通うなかに、農商工下層や、ホワイトでもその底辺に位置する巡査の子弟も混ざっていた。ここには 6 章で見たような、階層的に開かれた小学校のすがたが早くも現れている。この時点ではまだ、後年ほどの受験準備教育は実施されていないが、それでも児童のほとんどは中学校に進んだといい、中川自身も錦城中学に進学した。

　ところがこの当時中川の父は、妻や娘の相次ぐ病死を機に職を辞め、巻煙草作りに転じていた。このため家計は、「人間がどうしてあんなに貧乏したか」というほど窮してしまったが、「その中で私は中学へいっている。弟妹は小学校へいっている。考えたら出来ない事であろう」と回想されるように、中川は中学校に通いとおした。「月謝を納める頃になると校門に生徒監がいてはいれない。父は半分だけ金をくれる。明日また半分もってくると言えという」といった綱渡りをしながらも、卒業した (中川, 1984, p. 17, 22-24, 26)。ここからは、たとえ貧窮しても、東京という就学しやすい教育環境下では、中等教育まで達成可能であった状況が見て取れる。このような中川の事例は、第二期末の著名人とはいえ第三期にかなり近い性格を示している。それでも、中川が中学校まで進めた背景としてこの時期にはまだ、父の職業 (ホワイト) が重要な意味を持ったのかも知れない。

　流入してホワイトカラーになる父たちには、単身流出して学校で学んだ上で官吏・軍人・教員・会社員等の「勤め人」となったケースも多い。1908 年に東京に生まれた朝比奈隆 (後の指揮者) の事例を見よう。朝比奈の父は、信州の貧農の出だったが、世話する人があって諏訪の中学校に進み、さらに東

310

京府士族の養子となることで大学まで進んだという経歴を持つ。東京工科大学を出て鉄道技官となり、同じく鉄道技官であった先輩同僚の子を養子として貰い受けたのが、隆であった。この養父は教育熱心で、小学校から教育の「程度」を気にかけて学校を選び、小学3年のときには朝比奈に青山師範附属小の補欠募集を受けさせた。彼はそれに合格し、そこで実際「程度」が非常に違う教育を受けた後、やはり養父の熱心な指導を受けて東京高校に合格し、やがて京都帝大に進むのである (朝比奈, 1985)。

1901年に生まれた島秀雄の場合、父は和歌山の薬種問屋の子だったが、次男ゆえ医者にすると言われたため単身上京し、独逸学協会中学に入学した。しかし一高在学中に志望変更し、東京帝大では機械工学を専攻して鉄道院技監となった。ゆえに島は、父の任地の大阪に生まれ、まもなく父が官鉄に引き抜かれたために一家で東京在住となった。府立四中から一高、東京帝大を経て父と同じく鉄道技術者となり、後には同じ新幹線事業に取り組んで、東海道新幹線の建設を成功させた (高橋, 2000)。

1903年に東京に生まれた中島健蔵の場合、その父は福井の、代々庄屋・網元をしている家に生まれた。次男なので外に出なくてはならず、大阪に出て英語を学び、留学して心理学を学んで大学の講師となった。母も東京女高師を出た人で、教員となり公爵家の子女の教育係を務めるなどもしたため、むしろ家計は母が支えたようである。中島は東京高師附属小・中学校に通い、のち松本高校を経て東京帝大に進学し、評論家になった (中島, 1966)。

これらの事例では、島の父のように、実家の家業からして有利に学ぶ条件をもともと持っていたと思われるケースと、朝比奈の父のように、後援者を得るという好運にたまたま恵まれたことが決定的であったケースとが、混在している。また中島の場合のように、父よりも母がホワイトカラーとなったことが、子世代に大きく影響したケースもある。だがそのいずれであるにせよ、親世代が都市のホワイトになりさえすれば、それは子世代の就学機会を拡大し、輩出のチャンスを拡大する効果を持ったということである。

親の社会移動、子の地域移動と輩出

　図8-1中のⅢは、親世代が、（府県外教育のためにも労働のためにも）地域移動をすることなしに府県内でホワイトとなり、次いで子世代が父の転勤を契機に地域移動をして輩出するというパターンである。親世代では、非都市的府県の農家の子弟が軍人や教員、官公吏となるケースや、都市的府県の商工業従事者の子弟が銀行員・会社員や官公吏となるケースがある。これらの職業に伴う転勤によって父が家族をつれて都市に流入すると、その子世代は一家流出という有利な移動と、父職ホワイトのメリットを活かして、レベルの高い教育を受け、著名人として輩出するのである。

　非都市的府県からの輩出の例では、1910年長野生まれの竹内好がいる。竹内の父は松本の医者の家に生まれたが、長男ではないため後継ぎにはならず、松本中学を出て長野の税務署に勤務していた。竹内が5歳のときに、父は東京に転勤となって一家で上京した。もっとも、まもなく父は官吏を辞めて事業を始め、それが順調でなかったために、「父親の事業の失敗から、私の小学校のころ貧乏のどん底にあった。米が買えなくてスイトンを食ったこともあるし、弁当の用意がなくて学校を休ませられたこともある」（鶴見．1995．p. 26）ような状態に陥ってしまった。だが、それにも拘わらず竹内は、麹町区の富士見小を出て府立一中に入学した。そして後には大阪高校を経て東京帝大に進むのである。竹内は、一家流出した後は貧しい商業者の家庭で幼少期を過ごしているから、その時点に注目すればこれは後述のⅣに重なる面も持つ事例といえる。

　ちなみに竹内は中学時代、「一高にゆくのが秀才の正統のコース」（同上．p. 42）という雰囲気の中で、一高志望の秀才たちへの反感から一高以外の高校に進んだ。東京帝大卒業後も、入省することを嫌って中国に留学した。これが機となって中国文学の中に日本を相対化する視点を見出し、そこを自らの活躍領域と定めて中国文学者として大成するのである。こうして政治エリートを忌避し、文化エリートとなっていく生き方には、先述の清水幾太郎との共通性を見ることができる。

　都市的府県からの輩出としては、兵庫の野間宏（1915年生・後の小説家）の例

がある。野間の父は農家の次男であり、苦学して工業学校を卒業し、地元で電気技師の職に就いた。以後、転勤で各地を回ることになったため、野間は神戸の社宅で生まれ、その後も転居を重ねた。中学校は大阪の北野中学に進学し、三高を経て京都帝大に進んだ (野間, 1972)

親の地域移動、子の社会移動と輩出

そして図中のⅣは、大都市に流入したものの、自らは商工業者となりホワイトカラーにはならなかった人々の子世代が、中学校から高校・大学に進学し、高学歴のエリートとして輩出するというパターンである。これは大半が第三期に集中している。ここでは、流入した世代は非都市的府県出生のこともあれば、大阪・愛知等の都市的府県出生のものもある。また、平民の出自でもともと農業や商工業に従事していたものもあれば、士族が維新後に商業に転じたものもある。商売が成功せず、極貧に近い状態の家庭も少なからずあったが、それにも拘わらず子世代は、都市出生の強みを活かし、高い学歴を達成できている。このケースでも、地域移動と社会移動や輩出は、親世代と子世代に分離して行われている。

6章でも触れた1903年京都生まれの西堀栄三郎が、一例である。この場合、都市流入は2世代前に遡る。西堀の祖父は近江商人で、滋賀から京都に単身流出して丁稚奉公から叩き上げた人であり、父の代には京都でも屈指の縮緬問屋となっていた。栄三郎はこの商家に生育し、やがて中学校進学を望むが、その希望を聞いた父は「中学に行って、なんになるのや」と言ったという。科学者になりたいと話しても「科学者？ そんなもんになってどないするんや」とまるで理解されなかったが、結局許可は出て、栄三郎は京都府立一中から三高、京都帝大に進み、後に化学者になった (唐津ほか編, 1991, pp. 5-6)。このケースでは、進学重視の価値観を父は持っていなかった。それでも進学しようと思えば近隣にレベルの高い中学校があり、学びやすい環境が準備されていたわけである。

先述の池島信平 (1909年東京生) も、同様である。池島の両親は新潟の人で、母は没落地主の娘であり、父も農家の出であった可能性が高い。結婚後

に夫婦で上京し、牛乳屋を開業して成功していた。こちらは西堀とは異なり、父が教育に熱心で、子の進学を積極的に後押しした。そして池島は府立一中から新潟高校を経て東京帝大に進んだのであった。

　西堀や池島は、農商工自営のなかでも裕福な家庭の出身だが、そうではない家庭から輩出した人々もいる。例えば 1903 年東京生まれの磯村英一の父は、愛知出身の商人であり、上京して一時は京橋に大きな貿易会社を経営していた。この時点では裕福な商業者だったわけだが、のち連帯保証人の負債をかぶって一転貧困となったため、父は当時小学 6 年であった磯村を小僧に出そうと考えた。だがジャーナリストであった母がこれに反対したおかげで、彼は芝中学に進学でき、アルバイトをしながら通学したのだった（磯村．1985）。磯村は後に東京外国語学校、東京帝大に学び、都市社会学者となった。

輩出の布石としての地域移動

　以上の諸事例が示すのは、機会構造における地域移動の重要性である。輩出にとって決め手となるのは、必ずしも「出生」とは限らない。複数世代をかけた輩出という視点から見直せば、都市的府県出生は、個人単位の視点から見たときほど決定的な差異化要因ではない。優位に立てるのは、都市的府県に生まれたからではなく、むしろ、複数世代の連なりのなかで、早めのタイミングで地域移動をしておけたからである。親世代は、非ホワイトのままでも地域移動だけはしておくことによって、子世代の輩出の道をつけていた。あるいは地元に留まってもホワイトにだけはなっていたが、これも、ホワイトならば子世代がまだ学齢前のうちに地域移動をして都市在住者になれるという点に、重要な意味がある。先に見た磯村や竹内も、経済的には貧困だったが、既に都市生活者であることによって中学校に進学でき、高等学歴を達成できているのである。

　つまり社会移動と地域移動は、輩出のプロセスを支える車の両輪である。複数世代をかけた輩出における「前の世代がなしたこと」のなかで、重要な鍵を握るのが、ホワイトへの移動と都市的府県への移動なのである。ホワイ

トが有利であるなら、まずホワイトになっておくことが、子世代のための重要な布石となる。都市が重要な場となるなら、そこへ予め移動しておくことが効果的である。それらを踏み台にして、子世代での輩出は達成される。そうだとすれば、地域移動という契機は、著名人輩出の全体像を把握する上で必須の項目だったということになる。地域移動分析は、単に社会移動分析の補いといった意味合いのものではなく、むしろ必須の作業であったことに、改めて気付かされるのである。

「複数世代をかけた輩出」の誕生

　以上に見る限り、複数世代をかけた輩出は数多くなされていた。従って、第三期の社会は、この独自なやり方による階層乗り越えの機能を内蔵するようになった社会であるといってよいであろう。そしてこれは、まさに第三期になって成立した特徴である。

　第二期以前から行われていた移動のパターン（図中のⅠからⅢ）では、親世代にも子世代にも、身分的ないし職業的な要因が何らかの形で影響しているものが多かった。例えばホワイトになるのは、誰にでも可能というわけではなかった。古い時期には、大学卒ならば官員になれたが他はそうではなく、そして大学卒は社会の中のごく一部の人々に過ぎなかった。しかも大学卒となるか否かには、士族という身分が大きく影響していた。確かに 1900 年ごろからは、中学校卒業者に実業への道が開かれて、ホワイトとなる人々の裾野も拡大した。しかしこのチャンスが、裕福な平民層の枠を超えて全社会層に向けて開かれるということは、結局なかった。

　地域移動について見ても、古い時期には、誰もが容易に都市的府県に流入できたわけではなかった。第一期や第二期前半の、交通手段が限られ、他府県の情報が全国各地に浸透してもいない時期には、遠路大阪・京都や、まして東京へ向かうことなどは、考えも及ばない人々がたくさんいた。そんななかで、いかに辺鄙な地域からでも上京・上洛や上阪を現実的な選択肢として考え、かつ実行に移せるのは、移動に慣れた士族子弟や経済的ゆとりのある豪農・豪商子弟に限られていた。そうである限り、地域移動の実行可能性の

レベルで既に階層的な縛りがあったのが、当時の状況であった。

　それに対し、「東都遊学」や「苦学」という言葉がより広範な人々を惹きつけ、産業が発達して都市へ行けば仕事があるようになった時期には、——そしてここでようやく——、人々は身分や経済状態に拘わらず、都市に流入するようになる。苦学や労働をしながら、都市的府県の生活者として生きるようになる。こうして都市的府県への流入が一般化して初めて、あらゆる出自の子世代に、都市出生者になるという可能性が開けたのである。

　とはいえ、たとえあらゆる階層から都市的府県への流入が起こり、誰もが都市出生者になれるようになっても、これらの人々全てに対して都市的府県の教育機会が開放されるまでは、誰でもが輩出可能という状態は実現しない。その意味で、都市的府県での教育機会の開放が、こうした歴史的蓄積に重ねて起こったことの意義は大きい。このことのおかげで、都市出生者一般に対する教育機会の開放は、実質的に、階層にとらわれない輩出を実現できたからである。都市という場に準備されている業績原理——望む者は誰しも進学可能である——は、ここで初めて、全国津々浦々の人々に開かれたものとなった。複数世代をかければ誰でも輩出が可能な社会、つまり階層乗り越えの可能な社会が生まれた。

　その意味で第三期とは、これまでの各時期の成果の累積のなかから、新しい効果が創出された時期といいうる。近代というタイムスパンのなかで各時期の人々が重ねてきた地域移動・社会移動が、いわば歴史的な実を結んだのである。

3節　移動の連鎖を見る視点 —— 階層論への一つの提案

階層概念の再定位：どこまでが生得的か

　以上のように、複数世代をかけて階層乗り越えが行われる社会の特徴を捉える上では、複数の移動の連鎖を捉える視点は不可欠である。個々の移動を、その移動者一代限りの視点で捉えれば、近代の大量の地域移動の位置付

けは、「特定の身分や職業の家庭に生まれた者の移動だけが成功（＝輩出）に結びつき、他の大量の移動は全て失敗に終わった」というものになってしまう。本人世代で結果（＝階層を超えた上昇移動）の出なかった移動は、ただの「無意味な移動」とされてしまう。しかしそれが行われなければ次世代の輩出は起こり得なかったのだとすれば、それは決して無意味な移動ではないはずである。

　確かに、本人一代で達成される輩出と数世代をかけて達成される輩出は異なり、前者を実現できるのはたいしたことなのだろう。だが、前者の可能性が特定の社会層 —— 富裕層あるいはホワイト —— に限定されていることだけを見ていたのでは、後者の、遅れてくる輩出を見落とすことになる。また、現に都市的府県出生者だけが大きなチャンスを手にしているからといって、これを「階層化された社会」と断定してしまうならば、その前世代が行った、都市流入の決断やその前後の多様な努力の蓄積を、不当に軽視することになる。実際には、たとえ社会の底辺に流れ込むような地域移動でも、それをなしたことが次世代における輩出の伏線になるという重要な意味合いがそこにはあった。そして地域移動そのものは、原則自由になされ得たのである。

　このように、複数世代をかけての輩出という独特な輩出の仕方が、現に相当数の人々によって経験されていたという事実は、階層という概念の扱いをも、より柔軟にする必要性を示唆している。

　「階層」という言葉には基本的に、個人の意志や努力では変更できない資源や機会の不均等な配分によって、社会経済的地位がはっきりと区切られた状態という含意がある。そして、個人の努力等によって変えられないということは、これが生得的なものであること、即ち属性原理に根差すものであることを意味すると考えられている。

　通常の階層論におけるこうした理解のベースにあるのは、本人一代の移動だけを射程に入れる個人主義的な分析枠組みである。そこでは、個人が自らの判断、意志や努力によって行うことだけを後天的とみなし、活用できる財産や親の権威、家庭の教育的雰囲気などの一切は生得的とみなす。そして、個人が生得的要因の影響を受けずに単独で決定し、独力で地位達成すること

を、自由とみなし望ましい状態とみなす。それは欧米的な、「個人」に極めて強い価値を置き、その意味でかなり特殊な社会観を前提した枠組みともいえるが、日本でもこれまでさほど異議を差し挟まれることなく、適用されてきたものである。

　この個人主義的な視点から見れば、父職、身分、出生地など、出生時点で既にあるものは全て所与であり、個人が選び取るものではない。従って、それらの事柄が個人の移動可能性を左右するのは、まさに生得的要因によって移動が規定されていることに他ならない。第三期の著名人が都市的府県への出生によって有利な立場に立ったのも、やはり生得的要因のなせる技とみなされ、よってここには越えられない階層の壁があるということになる。

　しかし、それらが所与であるのは、あくまでこの個人の視点から見た限りでのことである。この個人を複数世代の連なりの中の一つの項と見る分析ならば、前の世代のなしたこと、即ちある個人にとっては所与と見える事柄それ自体がどのようにして成立したかを、問い返すことができる。父がある職業に就くことや、家族がある地域に居住するといった事柄が、選択の余地なく規定のものとして与えられたのかどうか、またそうでないならそれはどれほど自由に選び取られたのかを、吟味できる。

　親世代でのこうした選択可能性の有無や程度によって、子世代の移動の意味は異なってくる。先述のように、第三期の社会には、どんな出自であろうと親世代や祖父母世代において都市流入が果たされているならば、彼らの行動（個人の選択による行動）によって子世代は、都市の優れた教育にアクセス可能になる。つまり「都市に流入する」というただ一つの条件を先行者がクリアしさえすれば、その次の世代は、かつてなく業績主義的な世界で自分の可能性を試せるようになる。しかも前節で行った複数世代にわたる移動の分析では、実際に著名人たちの親世代の多くが地域移動をしていたことが確認されたのである。

　このような移動を実現させている社会は「階層化された社会」というよりも、むしろ「階層間移動が時間をかけて達成される社会」であり、その意味では「流動性を持つ社会」ともいえるのではないか。親世代のなしたことが

子世代で実を結ぶということも、ある種の業績原理の発動といいうるのではないか。1世代か2世代遅れで実現する輩出のこれほどの多さを踏まえれば、階層の概念は、より柔軟に用いられることが必要と思われるのである。

移動の単位の再定位：時系列的な家族

　階層を以上のような意味合いで捉え返すならば、移動の単位もまたこれに応じ、個人だけでなくその親世代まで、タイムスパンを拡大して考えることができる。これは個人を無効とするのではなく、より広い文脈の中で捉えるということである。

　このような捉え返しは、階層研究において、必ずしも異例のことではない。もともとここには、新しい視野が開けるたびに、新たな階層構成単位（女性など）や、新たな階層構成要素（企業規模など）が持ち込まれてきた。「家族」という単位もそうした経緯で、実は既に持ち込まれている。ただし、家族が視野に入れられたのは、個人の社会経済的地位の規定要因となるのがその本人の職業・学歴等だけではなく、他の家族成員の職業・学歴等でもあることが気付かれたからである。従ってその場合の家族は、空間軸に沿って拡大された「共時的存在としての家族」としてイメージされている。これに対し、本書が提案する新しい家族単位は、むしろ時間軸に沿って引き延ばされた「時系列的な家族」である。違いは、そこだけである。この方法によって見えてくるものがあるなら、そうした捉え方も十分、認められてよいはずである。

　そして、以上に提案してきた「移動の連鎖」と「時系列的な家族」を見る視点は、著名人輩出に限らず社会的上昇を一般的に考える場合にも有効である。著名人を輩出させた機会構造は、他の多くの人々にも、同様の経路を辿らせたはずだからである。また実際、親世代が一般人としてささやかな移動をしたのを踏まえて輩出してきた著名人たちの事例は、著名人の輩出と一般的な社会的上昇が決して断絶したものではなく、グラデーション的に連続していること、両者の違いはいわば程度の差であることを示している。1章で述べたように、もともと著名人の分析は、そうした一般的な機会構造を探る

ための切り口なのであった。よってここでの主張は、この最初の問いへの答えとして、提示されることができよう。ここで近代日本が到達したのは、地域原理による階層化の内部に流動化のしくみを内蔵した、独特の社会的上昇の機会構造を持つ社会である、と。

近代日本における社会的上昇とは

　この新しい枠組みによる分析は、学歴による秩序化・階層化という一面的な見方に代えて、近代日本社会の持つ多面性を捉えることを目指すものであった。だが、この枠組の導入が、現代人の常識を異なる時代に押しつけることになってはならない。新しい枠組みの妥当性の最終的な拠り所となるのは、輩出の当事者自身がその事柄をどう見ていたかということであろう。

　近代日本に生きた人々にとって、著名人としての輩出とは何であったのか。あるいはより広義に、社会的上昇とは何を意味したか。それは個人としての上昇、即ち所与の家族から脱出して自分一人だけが上の世界へ行くといった事柄だったのだろうか。著名人たちの自伝、語録等を見る限り、その答えは否であるように思われる。

　子世代の側から見た場合、自分という個人の社会的上昇は、同時に家族全体の上昇である。それは前の世代が目指してきたことであり、彼らから自分に託された使命である。家族の意思を実現するのが、自分というコマの役回りなのである。例えば先にも触れたが、水呑百姓の家に生まれて小僧奉公から叩き上げ、経済人として大成した山崎種二（群馬 1893 年生・後の経営者）の事例がある。山崎家は、代々富裕な名主であったが祖父が生糸取引で失敗し、負債を抱えた。山崎はこの祖父から、先祖を遡れば偉い侍であったこの家を建て直すのが悲願であるという談義を始終聞かされて育ち、少年のころからその期待を背負って一心に努力を重ねたという（筆内．1985）。あるいはやはり先述の藤原弘達も、広島で景気良く雑貨店を営んでいた父が急死して貧困状態に陥り、「家が没落したことからくる抵抗感や反発心」を小さいころから感じて育った。大叔父からは「学問をして偉い人になれ」と焚きつけられ、母や祖母からも「偉くなって世間を見返してやれ」（藤原．1980．p. 161）と言わ

れ続けるうち、一高・帝大合格を「エリート・コースに乗れる"新幹線"の関門のようなもの」（同上．p. 239）とみなしてひたすら勉強するという生き方を選び取るに至った。このように、かつての地位から転落した人々によって抱かれた、子世代（あるいは孫世代）での敗者復活の期待は相当に根強く、子世代もまたその期待を身に染みついた行動原理となして、ひたすら上昇の努力を重ねる。そうやって実現される社会的上昇を、彼らは「家の再興」と呼んだのである[1]。

　また親世代の側から見た場合、自分の辿ってきた道は自分が終点なのではない。それは子世代まで続く道であり、そうであるからこそ意味を持つ。よって親世代は、それぞれの立場や関心に応じた多様な上昇のイメージを、子の将来のシナリオとして持つ。例えば「お前はきっと偉くなって世間の奴らを見返してやるんだ」と口癖のように言っていたという、没落した職人の事例（東京・木村義雄）を先に見た。これは、自分自身では上昇が果たせない状況にありながら、その現状は子の成功によって逆転できると見る発想であり、そうした将来の展望に基づく子への積極的な働きかけを伴うものである。木村の父の場合、自らは都市の下層に滞留しながらも、子を将来は「弁護士か外交官」にするべく、慶應義塾に進学させたのだった。

　成功した親世代とても、例外ではない。都市流入して叩き上げた親世代はしばしば、子弟の教育には極めて熱心であった。例えば池島信平の父は、新潟から「つづら一つだけを持って」夫婦で東京に流入し、繁盛する店を持つに至った叩き上げ成功者だが、その教育熱心さは先に見たとおりである。こうした親世代における子弟教育への熱意は、自らが切り開きつつある上昇の道を子世代でさらに極めたいという、家族としての上昇を求める意識の現れと理解できる。そして子世代は、これを多少なりとも真剣に受け止める。池島も最終的には、東京帝大卒という最高の学歴を達成する道を歩んでいる。

　これらいずれのケースでも、親世代は子世代が上昇するために必要な支援を惜しまない。それが「学校」を経由する道であるならば、教育のために積極的に投資する。京都の今西や東京の原のように、現在の家業を絶えさせても子弟を進学コースに乗せようとした親たちもいた。石川の杉森のように、

より良い教育を受けさせるために、都市部への転居を決めた親たちもいたのだった。

　確かに、親世代が子の将来のために熱心に支援するというのは、珍しいことではない。親は、現にそこに存在する子に対する愛情等から、時には彼ら自身にとっての合理性—— 経済的な豊かさや名声等——を棚上げにしても、子を最優先した行動を取ることがあろう。しかし著名人たちの親世代による子への熱心な支援は、自分を犠牲にして子の幸せを考えるといった、単なる利他的な行為ではなかったように思われる。むしろ彼らは、自分のことだけでなく次世代のことも、あるいは自分を通して次世代のことを考えていた。つまり彼らの行動には、「自分とともに次世代にも準拠した合理的選択」という面があった。

　その証拠に、彼らは実在する子がなくても、そうした意識を持つ。彼らの到達した地位は誰かに引き継がれねばならず、到達できなかった地位の達成は、次世代に課題として託されねばならない。ゆえに彼らは、もしも実子がないならば養子を迎え、朝比奈の養父のようにこれを熱心に教育するのである。著名人たちのなかに、他家の養子となったケースは多く、幼少時から養子として育てられたものも多い。その多さは、全体の4分の1前後にも及ぶ。この養父母たちは、そうした人為的な手続きに頼っても、家族としての地位の存続ないしは上昇を実現しようとしていたのであろう。

　ここでのキーワードは、「家」である。個人の成功は、自分一人の栄光に終わるものではなく、「家」としての成功である。個人の努力の目的は「家」の創設あるいは再興である。また逆に親世代から見れば、子の上昇は、それによって親たち自身もともに上昇することである。ゆえに、親が財を擲って子に教育的投資をするとしても、それは子ができて突然利他的な価値観に目覚めたことを意味するのでは全くなくて、それまで自分がやってきた事柄の続きに過ぎない。彼らが一貫して取り組んでいるのは、自分を超えて先に続いていくものの創造であり、それを極力安泰にするよう努めることなのである。

　そのような意識を持つ親たちの選び取った行為が都市流入であったのなら、この都市流入は、まさに子世代での社会的上昇のための布石として、家

族という単位で行われた、選択された行為であったことになる。また、こう
した判断や行為の積み重ねの上に、本人の輩出が起きているのならば、先立
つ家族的な事柄は、たまたまそこにあった所与の事柄ではない。それは当事
者たちの意識の中で深く関係しあい、彼らを規制してもいるのである。

　その一つの象徴的な表現形態として、最後に、1907年福岡生まれの火野
葦平（後の小説家）のケースを取り上げよう。ここには親世代の持つ社会的上
昇のイメージ――その複雑さ――と、それが子世代に及ぼす影響とがとも
に現れている。

　火野の父は愛媛の農家の出だったが、夫婦で石炭仲仕として福岡に流入
し、「底辺の浮浪労働者」から荷役請負の会社を興して成功したという、典
型的な叩き上げ者である。自らは小学校も出ていないが子弟の教育には非常
に熱心で、火野ら8人の兄弟姉妹の全員に十分な教育を受けさせ、息子たち
は東京帝大や早稲田大学、九州帝大に進ませた。ここでの父の思惑は、学歴
がなくて苦労した自身の体験から、子弟にはそんな苦労をさせず、十分な学
歴を切り札にして世に出て行けるようにしたいというところにある。つまり
父自身の上昇はまだ道半ばであり、到達されるべき上層の世界がさらにある
という認識である。その意味で、「無学歴の叩き上げ」から始まった上昇の
プロセスは、学歴エリートを生み出すまで、連続していくべきものと捉えら
れている。この期待に応えて次男政雄は、東京帝大の卒業後は学者となった。

　しかし父の思惑には、もう一つ別な側面があった。それは、自らがここま
で築き上げた荷役請負の会社を次世代に繋げたいという、学歴無用の世界に
おける地位継承の期待である。これは、まがりなりにも成功した会社経営と
いう一つの達成状態を、無事に次世代に託すことで形に残したい、確定した
いという願いである。個人の上昇でなく家族の上昇が重要であるからこそ、
個人として成功してもそれで終わりにならない。個人の業績は一代限りで消
えていくものではなく、「家の創設」という継続性のあるものに変換される
までが一続きの作業なのである。

　そして父のこうした期待は、長男である火野の上にかかってくることに
なった。子世代は、親世代のこうした期待を拒みきれない。それに絡めとら

れ、自らの望む形での生き方を阻まれる。火野は自伝的作品としての「思春期」に、次のように書いている。「彼は日本の家族制度に呪われた、と書いたが、実際こちらの方はもう絶望的と云ってよかった。長男、何と言う呪うべき……彼は身悶えした。家をつがなければならない、この**ならない**は彼の心にメスをつっこんだと同様の効果があった。……彼にもっと勇気があったら、彼は断然家をすてて芸術に走ったであろう。否、彼はいくたびとなくその

火野葦平
左から葦平、弟・玉井政雄（昭和3年ごろ）。

ことを考えた。あるときは決しようとした。しかしついに彼も凡庸な孝行者？であった。彼は家のことを考えるとすぐ気が挫けた」（「思春期」：玉井，1981，pp. 33-34）。

　結局、火野は23歳で早稲田大学を中退し、家業を継いで仲仕の親方となった。文学をやりたいという強い願望を抱きつつも、親の期待に沿う人生を選び取ったのである（玉井，1981，p. 114）。「大学を卒業して父の業をつぐということになったら、今より屹度いやになって、父母を悩ますだろうと思った。全く長男なんか、中学位でやめて父の業をつぐのがいいのだ。早稲田卒業の学士が石炭仲仕業たる父の跡をつぐと云ったら、勿体なさすぎて、又一面倒起るだろう。万事なるようにしかならないのだ。自分を殺せばよい」（「思春期」：同上，p. 91）。ここにもまた、親世代の期待を正面から受けとめて、あえて期待どおりのコマになろうとする子世代がいる。火野は最終的に、作家として名を遺すに至ったが、それは彼が親世代からの期待を退けたことを決して意味しない。火野の輩出は、家族としての社会的上昇の枠外に出ることがついに叶わなかった。火野は53歳を目前にして自死するまで、仲仕の親方業と作家業の両立を貫いたのである[2]。

　このように、複数世代をかけた輩出、ないし社会的上昇は、当事者によっ
てもそれとして生きられていた。人名事典が語っているのは、そうした人々
の無数の経験から紡ぎ出された近代日本社会の物語なのである。

注
1)　こうした全面的な階層化のイメージが説得力を持ってしまうのには、1980 年代以降
　　の社会状況と、それを踏まえた社会階層研究の動向も作用している可能性がある。こ
　　のころから、階層研究においてはいわゆる「レジーム分析」が主流となった。以来、
　　社会は「移動の開放」に向かうのではなくむしろ閉鎖化を強めており、しかもその重
　　要な媒介項がまさに学校教育であるという見方が受け入れられている。
2)　家継承の期待は、火野においてはある意味悲劇的な形で現れたが、他の著名人がこの
　　問題と無縁であったわけでは決してない。河盛好蔵の兄が、学問を好みつつも不本意
　　ながら家を継いだように（6 章参照）、社会的上昇の 2 つの側面は、多くの家族の中
　　で、いわば分担して実現されていた。

あ と が き

　近代日本社会とはどういう社会か。誰にどんな社会的上昇の機会を与え、または与えない社会なのか。その中にあることによって人々は、どのような将来を思い描き、そのヴィジョンに従って行為を選択してきたか。またそれらの行為の累積により、社会はさらにどう変わってきたのか。

　本書は、日本社会における「人の移動」を通して近代日本社会のすがたを探る、歴史社会学的考察の第3弾である。最初の論考（中村, 1999）では、明治維新の前と後における社会移動の特徴を探ることを通じて、通常いわれるような「維新を機に人の行動ががらりと転換した」といった見取り図に代えて、「人の行動の変化はそうドラスティックではなく、むしろ移動の見え方が変化した」という連続性の仮説を検証し、この「見え方」の変化自体も階層ごとに時期をずらして進行したことを明らかにした。次の論考（中村, 2002）では、近代社会のなかに、人を組織に長期的に帰属させ「移動させない」システムが作り出される経緯を描き、それが人間関係にもたらす効果——「協調」の誕生——を考察した。そこではいわゆる日本的人間関係なるものが、社会的に共有されたある移動傾向の産物であることが示された。

　それらに続く本書は、最初の論考のほうの問題意識や論点を多く引き継いでいる。社会的な上昇移動を達成した「著名人」を切り口としつつ、彼らを輩出させた近代日本社会の特徴を、前近代からの連続性において捉えようとしている点において。また、前著で論じ足りなかった地域移動を中央に引き出し、それと社会移動との絡みを観察することにより、人の移動をより多面的に捉えようとしている点において。そして第3に、本書では、人々の意識変容とそれに基づく行為選択の累積が、どんな社会をもたらしたかまで、あえて言及しようとした。個人の行為は、社会の構造（本書の用語では「機会の構造」）によって規定される。だが同時に、そういう個人の行為の総体によって作り出されるのが、社会でもある。この「鶏と卵」的なダイナミズム

が、いわゆる近代の仕上げとして出現させた社会のすがたを捉えたかった。

　ここに見出されたのは、ある意味で「上昇の可能性を確保した社会」である。このような側面が切り出されてきたことの背景には、本書執筆の基本的な方向性として、現在のわれわれの立ち位置を相対化しようという問題関心がある。

　現在、著名人としての輩出の機会は、またより広く人々一般の社会的上昇の機会は、出身家庭の経済状態等によって左右され、平等からほど遠い状態に分布すると考えられている。そこには堅固な階層構造があり、それは教育の力をもってしても乗り越え難い、それどころか教育を共犯者として作られた構造であるとされる。いわゆる格差社会の論議が進展するにつれ、この不均等配分こそが至高の真実のように扱われるようになってもいる。

　無論、社会のなかに種々の格差があることは、否定できないし否定するべきでもない。しかし、格差社会のような強烈な社会観は、物事に対する別な見方を排除してしまう危険性を持つように思われる。それは、同時代の社会を見る際だけでなく、近代日本社会のような過去の社会を見る際にさえ、そこに格差的事象を探させ、階層化する傾向を専ら見出させてしまうだけのインパクトを持ちうるのである。

　歴史的事象を考察する上で、これは好ましいものではない。この力に流されれば、歴史社会学は、現代人の持つイメージの単なる投影物になってしまうだろう。従って、そのような社会観が優勢であればあるほど、むしろそうでない側面が意識的に探されねばならない。これは、格差社会論が誕生してもうすぐ1世代が経過しようとしている現在、そしてそのトーンにほとんど翳りが見られない現在にこそ、なされるべきことと思われる。本書が、著名人の輩出機会の変遷を探るなかで、機会がいかに失われたかではなく、いかに多様な変質の方向性があったかを見ようとしているのは、以上述べたような事情によっている。

　人名事典の魅力を最初に教えてくださったのは、関西学院大学出版会の故谷川恭生氏である。数千名の著名人たちの履歴を集めた人名事典からは、その人を育てた地域が見える。それぞれの地域の教育力は実に個性豊かで面白い、と語られた。そのように記憶している。この「人を育てる地域の力」について書いてほしいと託された1冊の人名事典からは実際、地域ごとに特色ある著名人が輩出されてくるのが見て取れ、また各地域が編み出した教育のシステムが持つ独自性が見えてきた。これらを整理してまとめるべく、筆者は人名事典を読んできたはずであった。

　ところが人名事典はいつしか、読まれる前に自ら語り出してしまった。著名人たちはその自伝や回想のなかで、それぞれの重厚な人生を生きてみせており、読み手はそれに否応なく付き合わされてしまう。彼らが何にこだわり、何を求めあるいは何を嫌悪しつつ生きたか、中学時代や高校・大学時代に誰と対話をし、誰に影響されて進路を定めたのか。それらを饒舌に語られてしまえば、読む側で用意した解釈の枠組みなど、簡単に押し返されてしまうことが度々であった。

　だから本書では、可能な限り著名人たちに、その生きざまと言葉で語ってもらおうとした。彼らの個々具体的な体験や思索そのものが、全体を織りなす横糸になると思われたからである。本書が無数のエピソードや引用に溢れかえっているのは、まさにそのゆえである。ここで読み手のなすことは、それらを関連付けて織物にするための、適切なたて糸を通すことだけであるべきだろうと思われた。この試みが成功しているか否かは、読者諸氏の判断にゆだねたい。

　本書執筆にあたっては、多くの方々にお世話になった。先述のように、谷川恭生氏には、そもそも本書のきっかけを作ってくださったという点で多くを負っている。打ち合わせ時にいただいた数々の示唆や後押しなしには、本書の誕生はありえなかった。不幸にして氏はまもなく急逝され、後にこの重い課題を残していかれた。その達成にこぎつけるまでに、これほどに長い時間がかかってしまったことは、大変申し訳なく思っている。

　本書の分析手法や思考法については、大学院時代、指導教官であられた山本泰先生およびそのゼミ生の方々から様々なご教示をいただいたことが基になっている。この経験のなかで、筆者は随分と鍛えられた。その後、興味の向く方向に勝手に進んできてしまったが、「社会」というものをどう捉えるべきかについては、当時叩き込まれた基本的なベクトルにずっと導かれてきたことを、改めて感じる。また、教育社会学や階層論の研究会や集いの折々には、各分野の諸先輩がたの議論やコメントからも、貴重なヒントをたくさんいただいた。

　本書の完成に至るまでには、筆者の個人的事情による作業の中断などがあって、非常に手間取ってしまったが、その間辛抱強く待ってくださった関西学院大学出版会の田中直哉、松下道子の両氏には、同会PR誌『理』への連載時から本書の編集まで、長期にわたり本当にお世話になった。ここに記してお礼申し上げる。

　2018年9月

中村 牧子

文　　献

秋田清伝記刊行会，1969，『秋田清』，秋田清伝記刊行会

秋山雅之介伝記編纂会，1941，『秋山雅之介伝』，秋山雅之介伝記編纂会

浅野長勲，手島益雄編，1937，『浅野長勲自叙伝』，平野書房

朝比奈隆，1985，『朝比奈隆　わが回想』，中央公論社

朝比奈隆，日本経済新聞社編，1984，『私の履歴書　文化人 13』，日本経済新聞社

麻生誠，1991，『日本の学歴エリート』，玉川大学出版部

麻生誠・山内乾史編，2004，『21 世紀のエリート像』，学文社

阿部恒久，1997，『「裏日本」はいかにつくられたか』，日本経済評論社

安倍能成ほか編，1963，『和辻哲郎全集 18』，岩波書店

天野郁夫，1983，『試験の社会史 ── 近代日本の試験・教育・社会』，東京大学出版会

天野郁夫，1996，『日本の教育システム ── 構造と変動』，東京大学出版会

天野郁夫，1992，『学歴の社会史 ── 教育と日本の近代』，新潮社

荒井明夫，2011，『明治国家と地域教育 ── 府県管理中学校の研究』，吉川弘文館

石井満，1935/1992，『新渡戸稲造伝』，大空社

石田和外，1980，『石田和外遺文抄』，石田恭子

石塚裕道，1991，『日本近代都市論 ── 東京：1868-1923』，東京大学出版会

石附実，1990，「新潟県の中等教育」，本山幸彦編著，1990，『明治前期学校成立史 ── 近
　　　　代日本の中等教育史』，臨川書店

磯村英一，1985，『私の昭和史』，中央法規出版

伊藤和男，1990，「京都府会における中学校論議 ── 明治後期」，本山幸彦編著，1990，
　　　　『京都府会と教育政策』，日本図書センター

井上正明編輯，蘇峰徳富猪一郎監修，1935，『伯爵清浦奎吾傳　上』，伯爵清浦奎吾傳刊行
　　　　會

井深大，日本経済新聞社編，1963，『私の履歴書 18』，日本経済新聞社

今西錦司，伊谷純一郎ほか編，1994，『今西錦司全集 10』，講談社

岩井章，1971，『総評とともに』，読売新聞社

岩淵潤子・ハイライフ研究所山の手文化研究会編著，1998，『東京山の手大研究』，都市出
　　　　版

氏原正治郎，1966，『日本労働問題研究』，東京大学出版会

宇野東風，1931/83，『我観熊本教育の変遷』，第一書房

海原徹，1990，「山口県の中等教育」，本山幸彦編著，1990，『明治前期学校成立史 ── 近
　　　　代日本の中等教育史』，臨川書店

梅原末治，1973，『考古学六十年』，平凡社

江上照彦，1984，『西尾末広伝』，「西尾末広伝記」刊行委員会

江木翼君伝記編纂会，1939，『江木翼伝』，江木翼君伝記編纂会

330

衛藤瀋吉・許淑真，1984，『鈴江言一伝――中国革命にかけた一日本人』，東京大学出版会

江波戸昭，1987，『東京の地域研究』，大明堂

大門正克，1992，「学校教育と社会移動――都市熱と青少年」，中村政則編，1992，『日本の近代と資本主義』，東京大学出版会

大門正克，2000，『民衆の教育経験――農村と都市の子ども』，青木書店

大門正克，1993，「農村から都市へ」，成田龍一編，1993，『近代日本の軌跡9　都市と民衆』，吉川弘文館

大河内一男，1979，『暗い谷間の自伝――追憶と意見』，中央公論社

大下英治，2006，『錬金術師　昭和闇の支配者4』，大和書房

大森定光，1990，「福岡県の中等教育」，本山幸彦編著，1990，『明治前期学校成立史――近代日本の中等教育史』，臨川書店

岡潔，日本経済新聞社編，1984，『私の履歴書　文化人16』，日本経済新聞社

岡田孝一，2004，『東京府立中学』，同成社

岡田功司，1971，『慕将軍南喜一』，永田書房

小汀利得，日本経済新聞社編，1984，『私の履歴書　文化人18』，日本経済新聞社

貝塚茂樹，日本経済新聞社編，1984，『私の履歴書　文化人17』，日本経済新聞社

鹿毛基生，1984，『大分県の教育史』，思文閣出版

笠井助治，1960，『近世藩校の総合的研究』，吉川弘文館

葛西富夫，1985，『青森県の教育史』，思文閣出版

梶木剛，1996，『正岡子規』，勁草書房

加藤文三，2010，『渡辺政之輔とその時代』，学習の友社

金沢嘉市，1967，『ある小学校長の回想』，岩波書店

金沢市史編さん委員会編，2001，『金沢市史　資料編15』，金沢市

加太邦憲，1931/1982，『自歴譜』，岩波書店

唐津一ほか編，1991，『西堀栄三郎選集1　西堀栄三郎自伝』，悠々社

川島武宜，1978，『ある法学者の軌跡』，有斐閣

川村貞四郎，古橋茂人編，1997，『三河男児川村貞四郎1　生立ちの記』，雄山閣

河盛好蔵，1990，『老いての物語』，学芸書林

木川田一隆，日本経済新聞社編，1980，『私の履歴書　経済人13』，日本経済新聞社

菊池城司，1967，「近代日本における中等教育機会」，日本教育社会学会編，『教育社会学研究22』，東洋館出版社

菊池城司，2003，『近代日本の教育機会と社会階層』，東京大学出版会

北川隆吉・貝沼洵，1985，『日本のエリート』，大月書店

北原かな子，2002，『洋学受容と地方の近代――津軽東奥義塾を中心に』，岩田書院

木村秀政，1997，『木村秀政――わがヒコーキ人生　人間の記録31』，日本図書センター

木村義雄，日本経済新聞社編，1958，『私の履歴書5』，日本経済新聞社

京都府教育会，1983，『京都府教育史　上』，第一書房

Kinmonth, Earl H., 1981, *The Self-Made Man in Meiji Japanese Thought: from Samurai*

　　　to Salary Man, University of California Press. ＝廣田照幸ほか訳, 1995, 『立身出
　　　世の社会史』, 玉川大学出版部

久保田万太郎, 日本経済新聞社編, 1983, 『私の履歴書　文化人 1』, 日本経済新聞社

熊本県, 寺本広作編, 1961, 『熊本県史　近代編第 1』, 熊本県

桑原武夫ほか編, 1982, 『吉川幸次郎』, 筑摩書房

慶應義塾編, 1932, 『慶應義塾七十五年史』, 慶應義塾

校史編集委員会編, 1972, 『京一中洛北高校百年史』, 京一中 100 周年洛北高校 20 周年記
　　　念事業委員会

国立教育研究所編, 1974a, 『日本近代教育百年史 3』, 教育研究振興会

国立教育研究所編, 1974b, 『日本近代教育百年史 4』, 教育研究振興会

国立教育研究所編, 1974c, 『日本近代教育百年史 5』, 教育研究振興会

小崎弘道, 1927/92, 『七十年の回顧 —— 伝記・小崎弘道』, 大空社

越井和子, 1990, 「鹿児島県の中等教育」, 本山幸彦編著, 1990, 『明治前期学校成立史
　　　—— 近代日本の中等教育史』, 臨川書店

越沢明, 1991, 『東京の都市計画』, 岩波書店

小林峻一, 2002, 『ソニーを創った男井深大』, ワック

小林嘉宏, 1990, 「京都府会における中学校論議 —— 明治前期」, 本山幸彦編著, 1990,
　　　『京都府会と教育政策』, 日本図書センター

小針誠, 2015, 『〈お受験〉の歴史学 —— 選択される私立小学校選抜される親と子』, 講談
　　　社

古森義久, 1987, 『嵐に書く —— 日米の半世紀を生きたジャーナリストの記録』, 毎日新
　　　聞社

雑賀博愛, 1987, 『大江天也伝記』, 大空社

斉藤利彦, 1995, 『競争と管理の学校史 —— 明治後期中学校教育の展開』, 東京大学出版
　　　会

佐賀県教育史編さん委員会, 1990, 『佐賀県教育史 2　資料編 2』, 佐賀県教育委員会

桜井役, 1942, 『中学教育史稿』, 受験研究社増進堂

桜内幸雄, 1952, 『桜内幸雄自伝　蒼天一夕談』, 蒼天会

佐治敬三, 1994, 『へんこつなんこつ　私の履歴書』, 日本経済新聞社

佐々克堂先生遺稿刊行会編, 1936, 『戦袍日記 —— 克堂佐佐先生遺稿』, 改造社

佐藤（粒来）香, 2004, 『社会移動の歴史社会学 —— 生業／職業／学校』, 東洋館出版社

澤田節蔵, 澤田壽夫編, 1985, 『澤田節蔵回想録 —— 一外交官の生涯』, 有斐閣出版サー
　　　ビス

塩澤実信, 1984, 『雑誌記者池島信平』, 文藝春秋

清水幾太郎, 清水礼子編, 1992, 『清水幾太郎著作集 6』, 講談社

清水幾太郎, 清水礼子編, 1993, 『清水幾太郎著作集 14』, 講談社

渋沢栄一（口述）, 1938/1993, 『渋沢栄一自叙伝』, 大空社

清水唯一朗, 2013, 『近代日本の官僚 —— 維新官僚から学歴エリートへ』, 中央公論新社

昭和女子大学近代文学研究室, 1986, 『近代文学研究叢書 59』, 昭和女子大学近代文学研

332

　　　　究所

白柳夏男，1992，『脇街道一人旅　白柳秀湖伝』，秀湖伝刊行会

紫友同窓会七十年史刊行刊行委員会編，1988，『立志・開拓・創作—五中・小石川高の七十年』，紫友同窓会

新谷恭明，1997，『尋常中学校の成立』，九州大学出版会

末永國紀，2000，『近江商人——現代を生き抜くビジネスの指針』，中央公論新社

杉森久英，1983，『美酒一代——鳥井信治郎伝』，毎日新聞社

杉森久英，1984，『能登』，集英社

鈴鹿市教育委員会編，1970，『佐佐木信綱小伝』，鈴鹿市教育委員会

須藤直勝，1994，『東京府立第一中学校（日比谷高校の前身）——エリート校の現代に生きる英才教育と遊びの進化』，日本国書刊行会

誠之学友会編，寺崎昌男監修，1988，『誠之が語る近現代教育史』，誠之学友会

創立八十周年記念事業委員会編，1977，『神中・神高・希望ヶ丘高八十周年記念誌』，神奈川県立希望ヶ丘高等学校

総理府統計局，『国勢調査報告』（各年版），総理府統計局

園田英弘・濱名篤・廣田照幸，1995，『士族の歴史社会学的研究——武士の近代』，名古屋大学出版会

第一高等學校，1911，1920，『第一高等學校一覽』，第一高等學校

第二高等學校編，1940，『第二高等學校一覽』，第二高等學校

第二高等学校史編集委員会，1979，『第二高等学校史』，第二高等学校尚志同窓会

高根正昭，1976，『日本の政治エリート——近代化の数量分析』，中央公論社

高橋団吉，2000，『新幹線をつくった男——島秀雄物語』，小学館

高橋誠一郎，日本経済新聞社編，1984，『私の履歴書　文化人 16』，日本経済新聞社

高橋広満，2007，『吉行淳之介——人と文学』，勉誠出版

武石典史，2012，『近代東京の私立中学校——上京と立身出世の社会史』，ミネルヴァ書房

竹内途夫，1991，『尋常小学校ものがたり——昭和初期・子供たちの生活誌』，福武書店

竹内洋，1991，『立志・苦学・出世——受験生の社会史』，講談社

竹内洋，2012，『メディアと知識人——清水幾太郎の覇権と忘却』，中央公論新社

武知京三，1992，『近代日本交通労働史研究——都市交通と国鉄労働問題』，日本経済新聞社

田中耕太郎，日本経済新聞社編，1984，『私の履歴書　文化人 15』，日本経済新聞社

田中純一郎，1995，『新版　大谷竹次郎』，時事通信社

田中美知太郎，1971，『時代と私』，文藝春秋

玉井政雄，1981，『兄・火野葦平私記』，島津書房

千葉県教育会編，1979，『千葉県教育史 2』，青史社

鶴見俊輔，1995，『竹内好——ある方法の伝記』，リブロポート

戸板康二，1983，『久保田万太郎』，文藝春秋

東京統計協會，1982a，『統計集誌』第 9 巻，雄松堂書店

東京統計協會，1982b，『統計集誌』第 10 巻，雄松堂書店

東京統計協會，1982c，『統計集誌』第 21 巻，雄松堂書店

東京都立教育研究所編，1992，『東京都教育史資料総覧 2』，東京都立教育研究所

東京都立教育研究所編，1994，『東京都教育史　通史編 1』，東京都立教育研究所

東京都立教育研究所編，1995，『東京都教育史　通史編 2』，東京都立教育研究所

東京都立教育研究所編，1996，『東京都教育史　通史編 3』，東京都立教育研究所

東京都立日比谷高校，1958，『八十年の回想 —— 尋中・一中・日比谷高校』，如蘭会

東京府第一中學校編，1900，『東京府第一中學校一覽』，東京府第一中學校

同窓会桜蔭会百年史編集委員会編，1998，『神中・神高・希望ヶ丘高校百年史　歴史編』，
　　　神奈川県立希望ヶ丘高等学校創立百周年記念事業合同実行委員会

徳田球一ほか，1948，『私の青春時代』，九州評論社

外山幹夫，1984，『長崎県の教育史』，思文閣出版

内務省内閣統計局編，1992，『国勢調査以前日本人口統計集成 2』，東洋書林

内務省内閣統計局編，1993a，『国勢調査以前日本人口統計集成　別巻 1』，東洋書林

内務省内閣統計局編，1993b，『国勢調査以前日本人口統計集成 15』，東洋書林

永井輝，1986，『幻の自由教育 —— 千葉師範附属小の教育改革』，教育新聞千葉支局

『永井柳太郎』編纂会編，1959，『永井柳太郎』，『永井柳太郎』編纂会

長岡高人，1986，『岩手県の教育史』，思文閣出版

中川一政，日本経済新聞社編，1984，『私の履歴書　文化人 8』，日本経済新聞社

中島健蔵，1966，『自画像 1』，筑摩書房

中野重治，1959，『梨の花』，新潮社

長野県教育史刊行会，1978，『長野県教育史 1』，長野県教育史刊行会

長野県教育史刊行会，1981，『長野県教育史 2』，長野県教育史刊行会

中部博，2001，『定本本田宗一郎伝』，三樹書房

中村牧子，1999，『人の移動と近代化 ——「日本社会」を読み換える』，有信堂高文社

中村牧子，2002，『学校の窓から見える近代日本 ——「協調」の起源と行方』，勁草書房

中村牧子，2005，「『都市出生エリート』の誕生」，『応用社会学研究 47』，立教大学社会学
　　　部

中村牧子，2018，「近代日本における地位達成と地域の関係 —— 戦前期生まれ著名人の中
　　　等教育歴が語るもの」，若林幹夫ほか編，『社会が現れるとき』，東京大学出版会

七十周年記念特輯号・編輯委員会編，1992，『朝陽 —— 東京府立六中都立新宿高校創立 70
　　　周年記念特輯号』，東京都立新宿高等学校（旧府立六中）朝陽同窓会

西野辰吉，1985，『伝記　戸田城聖』，第三文明社

庭野日敬，1982，『私の履歴書』，日本経済新聞社

野澤正子，1990，「長野県の中等教育」，本山幸彦編著，1990，『明治前期学校成立史 ——
　　　近代日本の中等教育史』，臨川書店

野中一也，1990，「山形県の中等教育」，本山幸彦編著，1990，『明治前期学校成立史 ——
　　　近代日本の中等教育史』，臨川書店

野間宏，1972，『鏡に挟まれて —— 青春自伝』，創樹社

袴田里見，1978，『私の戦後史』，朝日新聞社

長谷川伸ほか，1980，『日本人の自伝15』，平凡社

秦郁彦，1983，『官僚の研究——不滅のパワー・1868-1983』，講談社

秦郁彦編，2002，『日本近現代人物履歴事典』，東京大学出版会

秦郁彦編，2013，『日本近現代人物履歴事典　第2版』，東京大学出版会

濱口惠俊，1979，『日本人にとってキャリアとは——人脈のなかの履歴』，日本経済新聞社

浜田庄司，日本経済新聞社編，1984，『私の履歴書　文化人7』，日本経済新聞社

林尚男，2001，『中野重治の肖像』，創樹社

林文雄，1970，『荻原守衛——忘れえぬ芸術家』，新日本出版社

速水融，1992，『近世濃尾地方の人口・経済・社会』，創文社

速水融・小嶋美代子，2004，『大正デモグラフィ——歴史人口学で見た狭間の時代』，文藝春秋

原文兵衛，1986，『元警視総監の体験的昭和史』，時事通信社

土方苑子，1994，『近代日本の学校と地域社会——村の子どもはどう生きたか』，東京大学出版会

日比谷高校百年史編集委員会編，1979，『日比谷高校百年史　上』，日比谷高校百年史刊行委員会

飛竜会，1996，『卒業60周年記念文集—飛翔の跡　東京府立第六中学校・第九回卒業生』，飛竜会

ひろたまさき・倉地克直，1988，『岡山県の教育史』，思文閣出版

藤原弘達，1980，『藤原弘達の生きざまと思索　1』，藤原弘達著作刊行会

筆内幸子，1985，『相場の偉人・山崎種二伝』，善本社

古厩忠夫，1997，『裏日本——近代日本を問いなおす』，岩波書店

星亮一，1990，『敗者の維新史——会津藩士荒川勝茂の日記』，中央公論社

星亮一，2001，『幕末の会津藩——運命を決めた上洛』，中央公論新社

前尾繁三郎，日本経済新聞社編，1974，『私の履歴書　50』，日本経済新聞社

益谷秀次，日本経済新聞社編，1967，『私の履歴書11』，日本経済新聞社

松阪広政伝刊行会編，1969，『松阪広政伝』，松阪広政伝刊行会

松本興，1963，『聖火をかかげて——スポーツ市長・平沼亮三伝』，聖火をかかげて刊行会

万成博，1965，『ビジネス・エリート——日本における経営者の条件』，中央公論社

三井原仙之助編，1898，『全國公立尋常中學校統計書』，冨山房

三浦隆夫，1999，『一燈園　西田天香の生涯』，春秋社

三上一夫，1985，『福井県の教育史』，思文閣出版

三木会編，1958，『三木武吉』，三木会

三島佑一，1992，『増補　堀辰雄の実像』，林道舎

溝淵増巳，1973，『巡査の記録』，立花書房

源川真希，2007，『東京市政——首都の近現代史』，日本経済評論社

南喜一，1980，『ガマの闘争』，蒼洋社

宮下弘ほか，1978，『特高の回想——ある時代の証言』，田畑書店

宮本常一，田村善次郎編，2008，『宮本常一著作集 42　父母の記——自伝抄』，未来社

村上重良，1978，『評伝　出口王仁三郎』，三省堂

本山幸彦，1990，「中央の教育政策と地方中等学校の関係」，本山幸彦編著，1990，『明治前期学校成立史——近代日本の中等教育史』，臨川書店

森川英正，1975，『技術者——日本近代化の担い手』，日本経済新聞社

文部省編，1972a，『日本教育史資料 8』，臨川書店

文部省編，1972b，『日本教育史資料 9』，臨川書店

文部省，『文部省年報』（各年版），大蔵省印刷局

文部省普通学務局編，1988，『全国中学校ニ関スル諸調査』第 1 〜 12 巻，大空社

文部省専門學務局編，各年度，『高等學校高等科入學者選抜試験ニ關スル諸調査』，文部省専門學務局

柳田国男ほか，1981，『日本人の自伝 13』，平凡社

矢野健太郎，1982，『一幾何学者の回想　上』，日本評論社

山内乾史，1995，『文芸エリートの研究——その社会的構成と高等教育』，有精堂出版

山口誓子，日本経済新聞社編，1983，『私の履歴書　文化人 3』，日本経済新聞社

湯沢雍彦監修，1993a，『戦前期国勢調査報告集　大正 9 年　1』，クレス出版

湯沢雍彦監修，1993b，『戦前期国勢調査報告集　大正 9 年　2』，クレス出版

横浜市立元街小学校編，1973，『元街の百年』，横浜市立元街小学校

吉川英治，1989，『忘れ残りの記』，講談社

吉村康，蜷川虎三伝記編纂委員会編，1982，『蜷川虎三の生涯』，三省堂

米田俊彦，1992，『近代日本中学校制度の確立——法制・教育機能・支持基盤の形成』，東京大学出版会

Rubinger, Richard, 1979, *SHIJUKU---Private Academies of the Tokugawa Period*, Princeton University Press. ＝石附実・海原徹訳，1982，『私塾——近代日本を拓いたプライベート・アカデミー』，サイマル出版会

脇村義太郎，1991，『回想九十年——師・友・書』，岩波書店

渡辺孝蔵編，1994，『順天百六十年史』，順天学園

渡辺光風，1909/1992，『立志之東京』，日本図書センター

人名索引

著者紹介

中村 牧子（なかむら・まきこ）
1962 年東京生まれ神奈川育ち。1993 年東京大学大学院社会学研究科博士課程単位取得退学。社会学博士。著書に、『人の移動と近代化──「日本社会」を読み換える』(1999 年, 有信堂)、『学校の窓から見える近代日本──「協調」の起源と行方』(2002 年, 勁草書房)、『日本の階層システム 1　近代化と階層』（共著, 2000 年, 東京大学出版会)、『社会が現れるとき』（共著, 2018, 東京大学出版会）など。翻訳書に『人というカテゴリー』（マイクル・カリザス他編, 共訳, 1995 年, 紀伊国屋書店)、『ナチスとのわが闘争』（セバスチャン・ハフナー著, 2002 年, 東洋書林）など。

著名人輩出の地域差と中等教育機会
「日本近現代人物履歴事典」を読む

2018 年 11 月 10 日 初版第一刷発行

著　者　中村 牧子

発行者　田村和彦
発行所　関西学院大学出版会
所在地　〒 662-0891
　　　　兵庫県西宮市上ケ原一番町 1-155
電　話　0798-53-7002

印　刷　株式会社クイックス

©2018 Makiko Nakamura
Printed in Japan by Kwansei Gakuin University Press
ISBN 978-4-86283-265-8